GESELLSCHAFT UND THEOLOGIE

Systematische Beiträge
Sozialwissenschaftliche Analysen
Praxis der Kirche

Abteilung: Praxis der Kirche. Nr. 30

Herausgegeben von Christof Bäumler, Hans-Dieter Bastian, Rudolf Bohren, Norbert Greinacher, Manfred Josuttis, Franz Kamphaus, Peter Krusche, Norbert Mette, Helmut Peukert, Yorick Spiegel, Arnold Uleyn, Rolf Zerfaß.

Nr. 1: H.-D. Bastian (Hg.), Experiment Isolotto
Nr. 2: E. M. Lorey, Mechanismen religiöser Information
Nr. 3: Y. Spiegel (Hg.), Pfarrer ohne Ortsgemeinde
Nr. 4: H. Bartsch (Hg.), Probleme der Entsakralisierung
Nr. 5: W. Marhold, Fragende Kirche
Nr. 6: M. K. Bowers / E. N. Jackson / J. A. Knight / L. LeShan, Wie können wir Sterbenden beistehen
Nr. 7: H.-D. Bastian (Hg.), Kirchliches Amt im Umbruch
Nr. 8: H. J. Clinebell, Modelle beratender Seelsorge
Nr. 9: J. W. Knowles, Gruppenberatung als Seelsorge und Lebenshilfe
Nr. 10: U. Kleinert (Hg.), Strafvollzug
Nr. 11: W. Zijlstra, Seelsorge-Training
Nr. 12: R. Bohren / N. Greinacher (Hg.), Angst in der Kirche – verstehen und überwinden
Nr. 13: O. Seeber / Y. Spiegel (Hg.), Behindert – Süchtig – Obdachlos
Nr. 14: Y. Spiegel, Der Prozeß des Trauerns
Nr. 15: Homiletische Arbeitsgruppe Stuttgart/Frankfurt (Hg.), Die Predigt bei Taufe, Trauung und Begräbnis
Nr. 16: K.-W. Dahm / H. Stenger (Hg.), Gruppendynamik in der kirchlichen Praxis
Nr. 17: A. Reiner, »Ich sehe keinen Ausweg mehr«. Suizid und Suizidverhütung – Konsequenzen für die Seelsorge
Nr. 18: H. Müller-Pozzi, Psychologie des Glaubens
Nr. 19: D. K. Switzer, Krisenberatung in der Seelsorge
Nr. 20: D. und E. Schirmer, Deklassiert? Arbeiterjugendliche in der Kirche
Nr. 21: H. Harsch, Hilfe für Alkoholiker und andere Drogenabhängige
Nr. 22: H.-G. Heimbrock, Phantasie und christlicher Glaube
Nr. 23: K.-F. Daiber, Grundriß der Praktischen Theologie als Handlungswissenschaft
Nr. 24: H. Andriessen, Pastorale Supervision
Nr. 25: F. Kamphaus / R. Zerfaß (Hg.), Ethische Predigt und Alltagsverhalten
Nr. 26: M. Affolderbach, Kirchliche Jugendarbeit im Wandel. Analysen zur Bibelfrömmigkeit
Nr. 27: H. Steinkamp, Jugendarbeit als soziales Lernen. Ziele und Aufgaben kirchlicher Jugendarbeit
Nr. 28: A. Hämer, Rehabilitation von unten
Nr. 29: H.-D. Bastian / D. Emeis / P. Krusche / K.-H. Lütcke, Taufe, Trauung, Begräbnis
Nr. 30: N. Greinacher / N. Mette / W. Möhler (Hg.), Gemeindepraxis

NORBERT GREINACHER / NORBERT METTE /
WILHELM MÖHLER (Hg.)

Gemeindepraxis

Analysen und Aufgaben

KAISER · GRÜNEWALD

CIP-Kurztitelaufnahme der Deutschen Bibliothek

Gemeindepraxis: Analysen u. Aufgaben / Norbert
Greinacher . . . (Hg.). – München: Kaiser; Mainz:
Grünewald, 1979. (Gesellschaft und Theologie:
Abt. Praxis d. Kirche; Nr. 30)
NE: Greinacher, Norbert [Hrsg.]

© 1979 Chr. Kaiser, München ISBN 3-459-01196-3
Matthias Grünewald-Verlag, Mainz. ISBN 3-7867-0731-6

Alle Rechte vorbehalten, auch die des auszugsweisen Nachdrucks, der fotomechanischen
Wiedergabe und der Übersetzung; Fotokopieren nicht gestattet. – Umschlaggestaltung:
Kröhl/Offenberg. Gesamtherstellung: Georg Wagner, Nördlingen. Printed in Germany.

INHALT

Vorwort 7

1 Analysen

1.1 *Norbert Greinacher*, Analyse der kirchlichen Gemeinde 9
1.2 *Karl-Wilhelm Dahm*, Verbundenheitsmodell »Volkskirche« . . 15
1.3 *Günter Kehrer/Dierk Schäfer*, Kirchenaustritte in Württemberg. Eine Studie über kirchliche Stabilität 35
1.4 *Ursula Boos-Nünning*, Soziale Schicht und Religiosität 52
1.5 *Rolf Zerfaß*, Die Gemeindeanalyse als pastorales Praktikum . . 68
1.6 *Hermann Steinkamp*, Gemeindestruktur und Gemeindeprozeß. Versuch einer Typologie 77

2 Zielvorstellungen

2.1 *Norbert Mette*, Gemeinde – wozu? Zielvorstellungen im Widerstreit 91
2.2 *Christof Bäumler*, Erwägungen zur Zielbestimmung der Gemeindearbeit 108
2.3 *Norbert Greinacher*, Zielvorstellungen einer kirchlichen Gemeinde von morgen 126
2.4 *Hans Schilling*, Pastorale Praxis im gesamtgesellschaftlichen Kontext 142
2.5 *Rüdiger Schloz*, Gemeinde als konziliare Gemeinschaft 158

3 Leitung

3.1 *Norbert Greinacher*, Leitungsprobleme der Gemeinde 171
3.2 *Karl-Fritz Daiber*, Leitung in der Ortsgemeinde 180
3.3 *Bernhard Honsel*, Der Dienst des Priesters in der Pfarrei. Erfahrungen und Überlegungen einer Gemeinde 198
3.4 *Ernst Lange*, Die Schwierigkeit, Pfarrer zu sein 212
3.5 *Heinrich Grosse*, Was kann getan werden, damit Kirchenvorsteher ihre Aufgaben sachgemäß wahrnehmen können? 224
3.6 *Norbert Greinacher*, Das Problem der nichtordinierten Bezugspersonen in katholischen Gemeinden 236

4 Handlungsfelder

4.1 *Wilhelm Möhler*, Handlungsfelder der Gemeinde 249
4.2 *Dieter Emeis*, Die Gruppe in der Kirche. Ein Weg zur Überwindung von Identitätskrisen im Glauben 257
4.3 *Robert Leuenberger*, Taufbeginn und Katechumenat: Die Umgestaltung der Kindertaufe 268
4.4 *Rolf Zerfaß*, Die Einbindung der Sakramentenkatechese in den Gemeindeaufbau. Chancen und Grenzen einer neuen Praxis . 280
4.5 *Georg Kugler*, Familiengottesdienst als zweites Programm . . . 294
4.6 *Martin Koschorke*, Das gegenwärtige Beratungsangebot und die Unterschichten 307

VORWORT

So unterschiedlich das Urteil über die gegenwärtige Situation der christlichen Kirchen sein mag, so wird man doch einen breiten Konsens darüber feststellen können, daß die Reform der Kirche aufs engste mit der Erneuerung der kirchlichen Gemeinde verbunden ist. Die kirchliche Gemeinde ist deshalb in den letzten Jahren auch immer mehr in den Mittelpunkt des Interesses der Praktischen Theologie gerückt.
In diesem Buche wird nun von den Herausgebern der Versuch unternommen, wichtige Veröffentlichungen der letzten Jahre im deutschsprachigen Raum sowie einige neue Arbeiten zum Thema der kirchlichen Gemeinde in einem Reader zusammenzustellen. Diese wurden ausgewählt im Hinblick auf die Aspekte Analyse, Zielvorstellungen, Leitung und Handlungsfelder der kirchlichen Gemeinde. Die Auswahl fiel schwer: Ein hoffnungsvolles Zeichen für die Praktische Theologie!
Damit werden zugleich Elemente einer Praxistheorie herausgestellt, auf das Spannungsfeld hinweisend, in dem diese Artikel zu sehen sind. Sie bauen auf Erfahrungen auf, die in der kirchlichen Praxis gewonnen wurden. Sie analysieren und reflektieren diese Praxis. Sie versuchen, Impulse zu eruieren, die ihrerseits wieder einer erneuerten Praxis dienen sollen.
Daß das Bemühen um eine Annäherung der beiden großen christlichen Kirchen sich nicht nur in Sitzungszimmern von Kommissionen, sondern auch in der kirchlichen Praxis vollzieht, war für die Herausgeber eine nachträgliche, freudige Überraschung. Die einzelnen Beiträge wurden überhaupt nicht nach konfessionellen Gesichtspunkten ausgesucht. Doch konnten wir feststellen, daß sowohl die Probleme und Schwierigkeiten wie die Lösungsvorschläge und theoretische Ansätze ein so hohes Maß an Übereinstimmung aufweisen, daß selbst bei einer unterschiedlichen Terminologie oder verschiedenen Traditionen es um dieselbe Sache geht. Dort, wo unterschiedliche Auffassungen zu Tage treten, liegen diese quer zu den Konfessionsgrenzen. Man könnte sagen: eine Selbstverständlichkeit. Gewiß! Aber es gibt Selbstverständlichkeiten, die sich noch nicht überall herumgesprochen haben.

Tübingen-Münster, Frühjahr 1979
Norbert Greinacher – Norbert Mette – Wilhelm Möhler

1 Analysen

1.1 Norbert Greinacher
ANALYSE DER KIRCHLICHEN GEMEINDE

1. Notwendigkeit

Die kirchliche Gemeinde lebt in keinem luftleeren Raum. Sie ist kein in sich geschlossenes soziales System, sondern sie ist Teil einer lokalen Gesellschaft: eines Dorfes, einer Kleinstadt, eines Stadtviertels. Die Grenzen zwischen kirchlicher Gemeinde und kommunaler Gemeinde sind nie klar zu ziehen. Die kirchliche Gemeinde ist geprägt durch die Gesellschaft, in der sie lebt. Es ist zu hoffen, daß von der kirchlichen Gemeinde auch Impulse ausgehen für das Verhalten der Menschen in der lokalen Gesellschaft.

Aus dieser vielfältigen Bedingtheit der kirchlichen Gemeinde durch die Umwelt, in der sie lebt, ergibt sich die dringende Notwendigkeit für den pastoralen Dienst, die sozialen Zusammenhänge in der kirchlichen Gemeinde selbst, die Wechselwirkungen zwischen kirchlicher und kommunaler Gemeinde und das soziale Umfeld der kirchlichen Gemeinde auch wirklich zu kennen. In unserer heutigen Gesellschaft, die sehr komplex und differenziert ist, ist dies aber nur möglich, wenn man sich bei dieser analytischen Arbeit der Methoden der empirischen Sozialforschung bedient. In einer überschaubaren, klar strukturierten, relativ geschlossenen Gesellschaft konnte sich der Pfarrer vielleicht noch auf sein intuitives Urteil, auf seine Primärerfahrung, auf seine langjährigen Kenntnisse seiner Pfarrei verlassen. Heute ist dies nicht mehr zu verantworten.

Zwar kann man davon ausgehen, daß ein verbreitetes Mißtrauen der kirchlichen Amtsträger gegen die Soziologie in den letzten Jahren etwas abgebaut wurde. Heute würde wohl kaum ein Pfarrer mehr behaupten, daß die Religionssoziologie die Weisheit dieser Welt sei, die der Teufel unserer Generation aufschwätzen will, wie dies 1952 noch geschah[1]. Dennoch aber wird man auch heute noch von einem verbreiteten Wirklichkeitsdefizit derjenigen ausgehen müssen, die für die kirchliche Gemeinde verantwortlich sind. Immer wieder muß man feststellen, daß kirchliche Amtsträger bei der Beurteilung der sozialen und religiösen Situation von falschen Voraussetzungen ausgehen, sich Illusionen hingeben, ja von einer Art »Betriebsblindheit« geschlagen sind, die sie daran hindert, die soziale Wirklichkeit nüchtern zur Kenntnis zu nehmen. Nicht selten spielt dabei wohl auch ein gewisser Verdrängungsmechanismus eine Rolle. Instinktiv wendet man sich oft dagegen, die tatsächliche Situation zu sehen, weil dies viele Erwartungen, liebgewordene Vorstellungen enttäuschen, viel Mühen und Einsatz als relativ erfolglos darstellen und vor allem auch entscheidende Konsequenzen für die eigenen Einstellungen und Verhaltensweisen mit sich bringen würde.

Aus diesen und anderen Gründen ist der zu betrachtende Realitätsverlust vieler Verantwortlichen im kirchlichen Bereich oft erschreckend. Wie anders läßt es sich sonst erklären, daß die Verkündigung oft so wirklichkeitsfremd ist, die katechetischen Bemühungen sich oft in einem Getto bewegen, das mit dem Leben der Betroffenen so gut wie nichts zu tun hat, daß auch gutgemeinte und arbeitsintensive pastorale Bemühungen so oft ins Leere stoßen?

Sorgfältige soziologische Analysen der kirchlichen Gemeinde und ihres sozialen Umfeldes stellen angesichts dieser Defizite ein wirksames Mittel dar, das vorhandene Kommunikationsnetz, die sozialen Strukturen und Funktionen und damit auch die Bedingtheiten des individuellen und sozialen Lebens der Menschen zu erhellen. Im Grunde geht es um nichts anderes, als die Menschen, die Mitglieder der Kirchengemeinde und ihre Zeitgenossen besser zu kennen und zu verstehen, um ihnen dadurch wirksamer zu helfen.

2. *Konzeptionen*

Es wäre aber nun falsch, davon auszugehen, daß der Gegenstand der Analyse, nämlich die kirchliche Gemeinde und ihr soziales Umfeld, völlig objektiv untersucht werden könne. Zwar wird derjenige, der eine solche Analyse vornimmt, sich immer um ein möglichst sachliches, nüchternes, nachprüfbares und damit auch möglichst objektives Vorgehen mühen müssen. Aber sowohl Subjekt wie Objekt der Analyse sind so sehr in die Dynamik des geschichtlichen und gesellschaftlichen Prozesses mithineingenommen und von den verschiedensten Motiven und Interessen beeinflußt, daß es naiv wäre zu meinen, eine solche Analyse gebe nichts als die Wirklichkeit wieder. Das Vorurteil, vorurteilslos zu sein, ist das gefährlichste Vorurteil. In jede Analyse gehen von vornherein bestimmte Vorstellungen, Interessen und theoretische Voraussetzungen mit ein, die maßgeblich die Methoden und die Kriterien beeinflussen, mit denen der Gegenstand analysiert und bewertet wird.

Diese der Soziologie spätestens seit dem Positivismusstreit[2] vertraute Fragestellung ist auch für unseren Zusammenhang von großer Bedeutung. Je nach dem, von welcher Vorstellung von Kirche ausgegangen wird, wird auch die Analyse anders aussehen. So hat z. B. K.-W. Dahm – im Anschluß an C.-D. Schulze[3] – folgendes Schema verschiedener Konzeptionen von Kirche vorgelegt[4]:
a) Kirche als Heilsanstalt, die für die geistlich-seelische Dimension des Menschen zuständig ist und in betonter Distanz zu »weltlichen« Institutionen steht;
b) Kirche als bekennende Gemeinde derer, die »mit Ernst Christ sein wollen«;
c) Kirche mit der Tendenz der entschlossenen Hinwendung zu weltlichen Aufgaben; Kirche also als Dienstgruppe von Christen;
d) Kirche mit der Tendenz zur kritischen Annahme des geschichtlich gewordenen volkskirchlichen Rahmens.
Anders geht W. Marhold vor[5]. Er hat eine Analyse von 115 im Bereich der evangelischen Kirche vorgenommenen Analysen durchgeführt und dabei folgende theoretische Ansätze der analysierten Untersuchungen herausgefiltert:
a) der volksmissionarische Ansatz;
b) der kerygmatische Ansatz;
c) der sozialdiakonische Ansatz;
d) der dogmatische Ansatz;
e) der instrumentelle Ansatz.
Vor allem im katholischen Bereich wird seit Jahren eine Diskussion geführt, ob die Kirche auch weiterhin ihren volkskirchlichen Charakter, wenn auch in einer reformierten Gestalt, behalten soll oder ob sich nicht im Hinblick auf die heutige und zukünftige gesellschaftliche Situation und in der Rückbesinnung auf das christliche Selbstverständnis der Kirche eine neue Sozialgestalt der Kirche ergeben müsse: die Gemeindekirche[6].
Es ist einleuchtend, daß eine Analyse verschieden ausfällt, je nach dem, welchen Ausgangspunkt man wählt, welches Interesse man hat, welcher theoretische Ansatz vorausgesetzt wird. Wichtig ist es deshalb, sich selbst und den anderen gegenüber Rechenschaft zu geben, von welcher Konzeption man bei der Analyse ausgeht.

3. Methode

Bei der Analyse der kirchlichen Gemeinde kann man von vornherein zwei grundlegend verschiedene Arten unterscheiden. Zunächst wäre hier zu nennen eine gründliche soziologische Analyse wissenschaftlicher Art, die von Fachsoziologen oder soziologischen Forschungsinstituten mit Hilfe der verschiedenen Methoden der empirischen Sozialwissenschaft in einem längeren Zeitraum und unter erheblichem Kostenaufwand vorgenommen werden[7]. Solche Untersuchungen sind unbedingt notwendig. Wenn sie gut fundiert sind, können sie auch weit über den Rahmen der untersuchten Gemeinde hinaus wichtige Einsichten vermitteln. Es ist zu bedauern, daß in den letzten Jahren kaum mehr solche Untersuchungen durchgeführt wurden.

Neben dieser auf wissenschaftlicher Basis durchgeführten Untersuchung gibt es aber noch eine andere Art der Analyse, die man »action research« nennt. Gemeint ist damit eine Bestandsaufnahme – in unserem Fall der kirchlichen Gemeinde –, die im Hinblick auf den pastoralen Dienst der Gemeinde von denen selbst durchgeführt wird, die im pastoralen Dienst stehen. Eine solche Bestandsaufnahme erfordert also nicht unbedingt eine fachsoziologische Ausbildung. Dennoch kann sie, wenn sie gut vorbereitet und sorgfältig durchgeführt wird, für den pastoralen Dienst in der betreffenden Gemeinde von großem Nutzen sein. Der Beitrag von R. Zerfass in diesem Buch bezieht sich auf eine solche »action-research-Analyse«. Sie hat natürlich den großen Vorteil, daß sie ohne größeren finanziellen Aufwand durchgeführt werden kann, daß die Durchführenden eine gute Kenntnis des Gegenstandes besitzen und der Übergang von der Untersuchung zu einem pastoralen Tun, das der Situation gerechter wird, leichter vermittelt werden kann.

4. Gegenstand

Es sind vor allem drei soziale Wirklichkeiten, über die man sich in einer Analyse der kirchlichen Gemeinde einen Überblick verschaffen sollte und die im Vergleich miteinander wichtige Einblicke geben:
1. die lokale Gesellschaft;
2. die soziale Struktur der kirchlichen Gemeinde;
3. die Gottesdienstgemeinde.

Zunächst handelt es sich darum, daß man versucht, die lokale Gesellschaft, d. h. also die Stadt, den Kreis oder das Dorf, in welche die kirchliche Gemeinde hineingebettet ist, zu analysieren, ihre Strukturen und Entwicklungstendenzen zu erkennen. Es geht hier um den Bereich, der in der Soziologie Gemeindesoziologie genannt wird[8]. Es liegt auf der Hand, welche Bedeutung dieser lokalen Gesellschaft für die kirchliche Gemeinde zukommt. Denn wie schon betont wurde, ist diese kirchliche Gemeinde ja nicht ein Gegenüber zu dieser lokalen Gesellschaft. Kirchliche und kommunale Gemeinden sind nicht zwei getrennte Wirklichkeiten, sondern die kirchliche Gemeinde ist Teil dieser lokalen Gesellschaft. In diesem Zusammenhäng wäre also unter anderem zu analysieren die Grundtendenzen der geschichtlichen Entwicklung dieser lokalen Gesellschaft, die demographischen Strukturen der Bevölkerung, die wirtschaftlichen Strukturen, die soziale Struktur der Bevölkerung, die sozialen Grenzen der Wohnviertel, Nachbarkreise usw., die sozialen und politischen Gruppen, die in dieser lokalen Gesellschaft existieren usw. Der Sinn dieses Teiles der Untersuchung im Hinblick auf die lokale Gesellschaft muß es sein, einen Überblick zu vermitteln über die sozialen Kräfte und Strukturen, die in dieser lokalen Gesellschaft eine Rolle spielen.

Die zweite Wirklichkeit, die es in Verbindung und Abhebung von der lokalen Gesellschaft zu analysieren gilt, ist die kirchliche Gemeinde. Hier geht es darum, sich einen Überblick zu verschaffen über die vergangene und gegenwärtige Situation der kirchlichen Gemeinde, über ihre Entwicklungstendenzen, vor allem im Hinblick auf die religiöse Praxis, über die sozialen Strukturen der Mitglieder der kirchlichen Gemeinde. Dabei ist natürlich der Vergleich dieser sozialen Strukturen der kirchlichen Gemeinde mit den sozialen Strukturen der lokalen Gesellschaft von Bedeutung.

Der dritte Gegenstand einer solchen Analyse ist die sogenannte Gottesdienstgemeinde, d. h. jene Mitglieder der Gemeinde, die mehr oder weniger regelmäßig am sonntäglichen Gottesdienst teilnehmen. In diesem Zusammenhang ist es wichtig, die soziale Strukturierung dieser Gottesdienstgemeinde zu kennen.

Wie oft in der Soziologie, so ist auch hier der Vergleich eine wichtige Methode zur Gewinnung von Erkenntnissen. Der Vergleich der Strukturen der lokalen Gesellschaft, der Mitglieder der Kirchengemeinde und der Mitglieder der Gotesgemeinde macht deutlich, inwieweit die kirchliche Gemeinde die Struktur der ganzen Gesellschaft widerspiegelt oder inwieweit etwa die Gottesdienstgemeinde nur ein Randphänomen im ganzen der lokalen Gesellschaft darstellt.

5. *Konsequenzen*

Ist eine Analyse der kirchlichen Gemeinde einmal durchgeführt worden, so bleibt das wichtigste noch zu tun: Die Vermittlung der Ergebnisse der Analyse mit einer pastoralen Praxis, die der untersuchten Wirklichkeit besser entspricht und deshalb wirksamer werden kann. Für die einzelne kirchliche Gemeinde ist es notwendig, auf der Grundlage der Ergebnisse einen pastoralen Plan zu erstellen, der bestimmte Schwerpunkte im Rahmen des pastoralen Dienstes festlegt. Es wurde schon ausgeführt, daß eine solche Vermittlung der Ergebnisse einer Analyse in die pastorale Praxis hinein bei

1.1

einer »action research« im allgemeinen leichter möglich ist, da die Subjekte der Analyse und des pastoralen Tuns identisch sind. Geschieht diese Umsetzung in die Praxis nicht, kann es leicht geschehen, daß noch so kostspielige Untersuchungen nur als Alibi für eine Reform der pastoralen Praxis dienen. Es gibt nicht wenige Analysen im kirchlichen Bereich, die mit großem Aufwand an Zeit und Geld und mit viel Mühe durchgeführt wurden, deren Ergebnisse aber in einem Aktenschrank versinken oder gar zur geheimen Verschlußsache erklärt wurden.
Wird aber dieser Brückenschlag von der Analyse hin zu einer verbesserten pastoralen Praxis vollzogen, dann kann die Analyse genau dem Defizit begegnen, von dem eingangs die Rede war. Der Realitätsverlust, welcher in der kirchlichen Arbeit viel zu oft festzustellen ist, wird überwunden. Der pastorale Dienst setzt bei den wirklichen Problemen und Leiden der Menschen an. Er gibt nicht Antworten auf Fragen, die nie gestellt wurden, sondern nimmt die Menschen in ihrer Situation ernst.

Anmerkungen:

1. Vgl. Herder-Korrespondenz 7 (1952/53) 315.
2. Vgl. vor allem: Th. W. Adorno u. a., Der Positivismusstreit in der deutschen Soziologie, 1969.
3. Reformation oder Performation der Kirche?, in: Pastoraltheologie 58 (1969) 106–122.
4. Reform und Realität. Versuch einer Analyse der gegenwärtigen Schwierigkeiten in der evangelischen Kirche, in: Pastoraltheologie 58 (1969) 297–311.
5. Fragende Kirche. Über Methode und Funktion kirchlicher Meinungsumfragen, 1971.
6. Vgl. vor allem: N. Greinacher, Die Kirche in der städtischen Gesellschaft, 1966; dagegen: H. Schilling, Kritische Thesen zur »Gemeindekirche«, in: Diakonia 6 (1975) 78–99, ferner Diakonia 6 (1975) 106–120 und 192–206; K. E. Apfelbacher, Reform zwischen Utopie und Getto. Ein Beitrag zum Thema Gemeindekirche, in: Herder-Korrespondenz 29 (1975) 515–522; N. Greinacher, Volkskirche oder Gemeindekirche?, in: Herder-Korrespondenz 30 (1976) 51–53.
7. Vgl. etwa T. Rendtorff, Die soziale Struktur der Gemeinde, ²1958; J. Freytag, Die Kirchengemeinde in soziologischer Sicht, 1959; R. Köster, Die Kirchentreuen, Stuttgart 1959; O. Schreuder, Kirche im Vorort. Soziologische Erkundung einer Pfarrei, 1962.
8. Vgl. vor allem R. König, Grundformen der Gesellschaft: Die Gemeinde, 1958.

1.2 Karl-Wilhelm Dahm
VERBUNDENHEITSMODELL »VOLKSKIRCHE«*

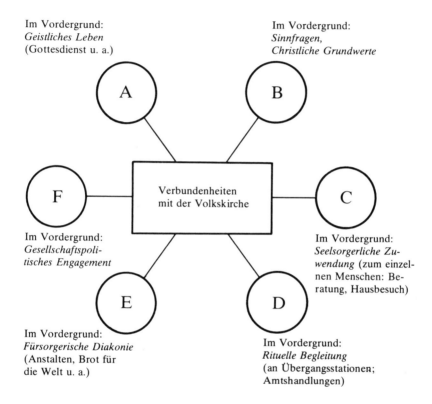

Es geht um bestimmte, als typisch erscheinende Einstellungssyndrome; diese Syndrome ließen sich auch als *Begründungsfelder* kennzeichnen. In jedem dieser sechs herausisolierten Begründungsfelder wird das Hauptgewicht der Verbundenheitsbegründung auf einen anderen Schwerpunkt gelegt. Natürlich gilt dieser Schwerpunkt nicht als das einzige Motiv der Kirchenzugehörigkeit; mit ihm verbinden sich vielmehr, eben in einer Art Syndrom, auch Elemente der anderen angegebenen Hauptmotive. Doch soll für jedes Feld je ein bestimmter Akzent als dominierend gelten; diesen machen wir sozusagen zum Kennzeichen des betreffenden Typs, um überhaupt eine relevante, d. h. eine sowohl für die deskriptive Identifizierung wie eine hinsichtlich der kirchlichen und gesellschaftlichen Bedeutung aussagekräftige Profilierung zu gewinnen. Wir gehen diese sechs Begründungsfelder im Sinne einer genaueren Beschreibung ... nacheinander durch ...

A. Geistliches Leben

Hier wird gewöhnlich explizit theologisch argumentiert. Der Schwerpunkt der Verbundenheit mit der Kirche liegt in der Nähe dessen, was in der theologischen Tradition als ekklesiologisches Selbstverständnis der Kirche formuliert wurde: Wichtig sind Predigt, Sakramente, Gebet, Gemeinschaft im Glauben, Gottesdienst, Bibelstunde usw. – Andere kirchliche Aktivitäten wie Beratende Seelsorge oder Fürsorgerische Diakonie werden zwar bejaht, aber vorwiegend als »Früchte des Glaubens« interpretiert; sie werden gleichsam als abgeleitete Größen einer vorrangigen Prämisse kritisch daraufhin geprüft, ob es bei ihnen wirklich primär um Verkündigung und »missionarische Gelegenheiten« geht – oder ob diese »Werte« inzwischen den »Glauben« verdrängt haben und zu einer solchen Eigengewichtigkeit gelangt sind, daß die Institution Kirche der des Roten Kreuzes immer ähnlicher wird und ihre eigentliche Aufgabe preisgibt.

Ähnliches gilt aus der Perspektive vieler, die ihre Verbundenheit mit der Kirche streng an »Verkündigung« oder Dogma orientieren, auch für die kirchliche Arbeit im Bereich von »Sinnfragen«; solange es hierbei primär um das Evangelium geht, wird sie als legitim erachtet; man ist aber skeptisch, wo diese Arbeit als eine Art Volkshochschule alle gerade aktuellen Themen aus Wissenschaft und Kultur aufnimmt und dabei den Verkündigungsauftrag vernachlässigt oder aufgibt.

Doch darf diese bewußt biblische oder bekenntnisgebundene Begründung der Kirchenmitgliedschaft nicht auf diejenigen beschränkt werden, die die erwähnten Fragen gerne alternativisch oder, theologisch gesprochen, »gesetzlich« beantworten und die Verbindungen zwischen Evangelium und »weltlichen« Aufgaben der Kirche nach Meinung ihrer Kritiker rigide und eng eingrenzen. Das Spektrum der primär über unser Begründungsfeld A mit der Kirche verbundenen Christen ist vielmehr breit: Es finden sich darin »bewußte Lutheraner« ebenso wie »bewußte Reformierte«; bewußte Anhänger der Bekenntnisbewegung ebenso wie Vertreter einer historischkritischen oder einer existential-philosophisch beeinflußten Theologie; Anhänger einer asketisch-weltabgewandten Frömmigkeit ebenso wie solche eines aktiven »Christentums der Tat«.

Trotz dieses breiten Spektrums darf, so scheint mir, die Zahl derer, die ihre

Verbundenheit mit der Kirche unter Hinweis auf das Begründungsfeld A legitimieren oder illustrieren, nicht überschätzt werden. Selbst als Pfarrer begegnet man im Gespräch mit Gemeindegliedern selten dem expliziten Bezug auf Bibel, Bekenntnis oder Geistliches Leben: noch seltener werden Argumente dieser Art in der Alltagskonversation der Kirchenmitglieder verwendet. Zwar haben wir darüber keine genauen Daten; doch scheinen mir die Ergebnisse der sogenannten SPIEGEL-Erhebung »Was glauben die Deutschen?« (1968) noch immer quantitativen Orientierungsanhalt zu geben, nach dem der Anteil derer, die das Syndrom A als Hauptgrund für ihre Kirchenmitgliedschaft angeben, maximal bei 10% liegen dürfte, in vielen Regionen aber weit darunter.

Die Studie »Wie stabil ist die Kirche?«[1] wurde nicht nach den Fragestellungen unseres Verbundenheitsmodells und seiner verschiedenen Begründungsfelder entwickelt; sie erfaßt darum auch nicht explizit jenen Personenkreis, um den es uns hier geht, also Kirchenmitglieder, die sich bewußt auf Glauben oder Bekenntnis beziehen. Der hohe Prozentsatz derer, die nach dieser Studie (138. Tabelle) auf die Frage nach der Begründung für ihre Kirchenmitgliedschaft den vorgegebenen Antworten »weil ich Christ bin« (51%) oder »weil ich an Gott glaube« (48%) zustimmen, dürften, jedenfalls nicht ohne weiteres, dem Einstellungstyp A zuzurechnen sein.

Das wird u. a. in zwei anderen Ergebnissen der Untersuchung deutlich: Zunächst schon im Zusammenhang derselben Tabelle (138) über die Begründung der eigenen Kirchenmitgliedschaft; zwei für Typ A sicher entscheidend wichtige Antwortvorgaben (»weil sie mir Antwort auf die Frage nach dem Sinn des Lebens gibt«; »weil sie mir Trost und Hilfe in schweren

Ich bin in der Kirche	Trifft genau zu	Trifft überhaupt nicht zu
weil ich Christ bin	51%	17%
weil ich an Gott glaube	48%	20%
weil sie mir Antwort auf die Frage nach dem Sinn des Lebens gibt	25%	41%
weil sie mir Trost und Hilfe in schweren Stunden gibt	23%	42%

Zum Vergleich:

weil ich auf kirchliche Trauung oder Beerdigung nicht verzichten möchte	45%	22%

1.2

Stunden gibt«) erfahren je nur von einem Viertel der Befragten eine klare Zustimmung; über 40% lehnen jeweils diese beiden Antwortvorgaben sogar ausdrücklich als für sie unzutreffend ab.

Ein anderes Hindernis dafür, die 51% derer, die »in der Kirche sind, weil sie Christ sind«, denen einfach zuzurechnen, die ihr Christsein in einem pointiert bekenntnismäßigen Sinn verstehen, gewissermaßen also »mit Ernst Christen ein wollen«, besteht in der für die Masse der Mitglieder erhobenen mehr oder minder großen Distanz zu dem, »was die Kirche in religiösen Fragen sagt« (172. Tabelle).

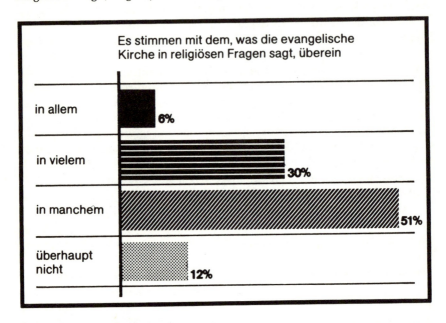

Es scheint demnach, daß die Begründungsvorgabe »Weil ich Christ bin« nicht so sehr mit dem bekenntnishaften Christsein im strengen Sinne, etwa des Pietismus, assoziiert wurde, sondern daß »Christ-Sein« eher als übergreifender Gesamtnenner für all das verstanden wird, was mit Kirche und christlicher Tradition zusammenhängt; in unserem Modell gesprochen also für all das, was in allen sechs Begründungsfeldern (B, C, D, E und F) an Teilargumenten erscheint.

Obwohl offenbleiben muß, wie groß zahlenmäßig die Gruppe derer ist, die ihre Kirchenmitgliedschaft hauptsächlich durch Begründungsfeld A legitimieren, erscheint doch für unser Thema sehr wichtig, daß Gewicht und Einfluß dieser Gruppe innerhalb der gesamten Volkskirche sicher größer ist, als es zahlenmäßig ihrem Anteil an der Gesamtmitgliedschaft entspricht;

wichtig ist auch, daß sich Kirchenleitungen sowohl in ihren öffentlichen Äußerungen als auch in ihren Entscheidungen meist stark an den Einstellungen dieses Typus orientieren oder sich mit ihm identifizieren.

B. Sinnfragen, christliche Grundwerte

Vertretern dieses zweiten Einstellungstyps begegnet der Pfarrer am häufigsten unter Konfirmanden-Eltern. In schlichter Alltagssprache wird das hier dominierende Interesse an der Kirche etwa mit folgenden Worten ausgedrückt: »Herr Pfarrer, helfen Sie mit, daß mein Kind ein guter Mensch wird...« – und dann, gleichsam zur Abgrenzung gegenüber Verbundenheitstyp A, fährt der Konfirmandenvater fort:
». . . ein Heiliger braucht es ja nicht gleich zu werden.« »Heilig« steht dabei meist für »zu fromm«, weltfremd, hinterwäldlerisch, irrational, vorgestrig. Statt dessen sollen die christlichen Tugenden der Nächstenliebe, Vergebung, Ehrlichkeit usw., gelernt und eingeübt werden.
Über diese Art der Beziehung zur Kirche wird heute vielfach in abwertenden Worten gesprochen: Modern ist die Meinung, daß es hier um »law and order« gehe; daß die Kirche der Erziehungsmühsal der Eltern durch soziale Kontrollen Nachdruck verleihen solle – oder sogar, daß sie durch ihre Versöhnungspredigt die wirklichen (Klassen-)Gegensätze zu verschleiern helfen solle. In der älteren Theologen-Generation äußert sich eine ähnlich abwertige Einschätzung meist so, daß das Evangelium doch nicht zu moralinsaurem Gesetz, die Kirche nicht zur moralischen Anstalt degradiert werden dürfe.
Diese Tendenz zur verbalen Negierung von kirchlichen Aufgaben im Zusammenhang der Vermittlung und Repräsentation gesellschaftlicher Grundwerte geht sicherlich auf viele nachweisbare Beispiele von Mißbrauch, Unzulänglichkeit oder Versagen in diesem Aufgabenbereich seitens der Kirche zurück. Doch ist es wohl nicht nur einseitig, sondern auch falsch, die Schuld an diesen Unzulänglichkeiten allein bei der Kirche zu suchen: Die rapide Veränderung unserer Wertauffassungen im Zuge des Gesellschaftsprozesses konnte offenbar so schnell, wie es nötig gewesen wäre, gar nicht von der Kirche und ihrer jahrhundertelang eingelebten Wertsymbolik und Wertsystematik mitvollzogen werden[2]. Welche Schwierigkeiten die Kirche selbst mit diesen notwendigen Erneuerungen hat, wird deutlich genug in den derzeitigen Konflikten im Bereich der Erziehungsmoral, der politischen Ethik (Theologie der Revolution, Klassenkampf usw.) und der Sexualmoral (Pille, § 218, Ehescheidung usw.)[3].
Andererseits darf gerade wegen dieser rapiden Veränderungen unserer Wertauffassungen nicht außer acht bleiben, daß wichtige überkommene

1.2

Grundwerte (z. B. Schutz des Lebens, Nächstenliebe, Völkerfrieden, Solidarität mit Schwachen, soziale Gerechtigkeit u. a.) grundsätzlich in Geltung geblieben sind, daß sie gewissermaßen genauso »fraglos gültig« sind wie vor 100 oder vor 1000 Jahren. Es ist kaum Streit darüber, daß diese Grundwerte auch weiterhin »bewahrt«, d. h. repräsentiert, interpretiert und vermittelt werden müssen. Umstritten ist allerdings, ob sie de facto in Geltung stehen, wie grundsätzlich, ob sie unter den gegenwärtigen gesellschaftlichen Bedingungen überhaupt ihrem eigentlichen Ziel entsprechend verwirklicht werden können und welche Rolle die Kirche unter diesem Aspekt in unserem Gesellschaftssystem spielt.
Traditionell fast allgemein, heute besonders in den Augen derer, die unserem Begründungsfeld B zuneigen, werden diese grundsätzlich zu bewahrenden Grundwerte hauptsächlich der christlichen Religion als Aufgabe zugeschrieben. Wenn also viele Kirchenmitglieder ihre kirchliche Identität und ihre Zugehörigkeitsbegründung in dem Bereich christlich-humanitärer Grundwerte lokalisieren, dann kann das genausogut (und mit größerer Wahrscheinlichkeit) auf diese bewahrens-notwendigen Auffassungen bezogen sein wie auf die vielfach vermuteten »moralinsauren« Erziehungshilfen oder Verschleierungsethiken.
Neben diesem Interesse an christlichen Grundwerten, also primär an christlicher Ethik, wird häufig auch ein Interesse an den christlichen Antworten auf sogenannte Sinnfragen angegeben. Mit dem sehr vieldeutigen Sinnbegriff scheint bei den meisten, die ihn verwenden, zunächst einmal die Frage nach dem Tod, nach dem Leiden, nach wahrem Glück, nach dem, »was die Welt im innersten zusammenhält«, gemeint zu sein. Dabei müssen die überkommenen dogmatischen Antworten des Christentums von den Interessierten keineswegs unmittelbar als Lösung empfunden werden; es können genauso auch ihre symbolischen Gehalte sein, ja sogar die künstlerische Interpretation dieser Symbole (etwa Choräle der Matthäuspassion als Hilfe zur Bewältigung des Todes), die für viele Kirchenmitglieder eine entscheidende Brücke zwischen eigenen »Sinnfragen« und christlichem Bewältigungspotential darstellen.
Über diesen mehr alltagssprachlichen Gebrauch des Wortes »Sinnfrage« hinaus läßt sich der Zusammenhang zwischen Sinn, Religion und Gesellschaftssystem auch auf anderen Ebenen der Abstraktion bestimmen[4]. Etwa so, daß Religion in den vorneuzeitlichen Kulturen jenen »Sinn« verwaltet habe, der das betreffende Gesellschaftssystem nach innen integriert und gegenüber seiner sozialen Umwelt abgegrenzt habe (beispielsweise die Religion im alten Israel)[5]. Ohne daß dieser Zusammenhang im Detail oder gar in wissenschaftlicher Abstraktheit auf die gegenwärtige Situation hin reflektiert wird, tendieren dennoch nicht wenige Kirchenmitglieder vom Einstellungstyp B in diese Richtung: sei es, daß sie sich von der Kirche

unter dem Stichwort »Christliches Abendland« eine zentrale Sinngebung erhoffen; sei es, daß sie in einer der verschiedenen Kombinationen von Christentum und Sozialismus den Sinn einer zukünftigen und jetzt zu erkämpfenden Gesellschaftsordnung sehen[6]; sei es schließlich, daß sie das Sinnproblem insgesamt und ohne nähere Konkretion als Grundaufgabe von Kirche an diese delegieren.

Fragt man nun, wie die Gruppe, die diesem Begründungsfeld B zuzuordnen ist, in den neueren empirischen Erhebungen und besonders in »Wie stabil ist die Kirche?« in Erscheinung tritt, und ob sie überhaupt als typische Gruppe identifizierbar oder gar zahlenmäßig profilierbar wird, so stellen sich ähnliche Schwierigkeiten wie im vorigen Abschnitt ein: Als hypothetischer und überprüfbarer Untersuchungsaspekt war unsere Typologie nicht in die Erhebung wegen deren anderer Zielstellung einbezogen. Geht man aber von dem jetzt vorliegenden und unter anderen Fragestellungen gewonnenen Material aus, dann sind es vor allem drei Ergebniskomplexe, die sich auf das Begründungsfeld B beziehen lassen:

a) Aus der Tabelle »Begründung für die eigene Kirchenmitgliedschaft« (138) sind die Zustimmungen auf folgende Antwortvorgaben aufschlußreich:

Ich bin in der Kirche	Trifft genau zu	Trifft überhaupt nicht zu
weil ich der Auffassung bin, daß das eine gute Sache ist.	31%	27%
weil sie für das Gute und gegen das Böse ist	30%	27%
weil sie mir Antwort auf die Frage nach dem Sinn des Lebens gibt	25%	41%

b) Aus der Tabelle »Eigene Erfahrungen im Konfirmandenunterricht« (153) könnte der Satz:
»Im Konfirmandenunterricht habe ich mir Grundsätze angeeignet, die für mein weiteres Leben wichtig waren« (Zustimmung: 41%)«
nicht nur Erinnerungen, sondern auch Äußerungen darüber ausgelöst haben, welche Aufgabe man heute dem Konfirmandenunterricht zuschreibt. In dieser Einschätzung des KU finden sich allerdings recht schwerwiegende Unterschiede in den verschiedenen Altersgruppen. Zwar hat die gesamte Untersuchung gezeigt, daß die jüngeren Altersgruppen (14–24 J., 25–35 J.) der Kirche durchweg distanzierter und kritischer gegenüberstehen, doch kommt dieser Unterschied in den Fragebereichen verschieden stark zum Ausdruck:

1.2

	Insgesamt	14–24 J.	25–34 J.	35–49 J.	50–65 J.	älter
Im KU habe ich mir Grundsätze angeeignet, die für mein weiteres Leben wichtig waren	41%	22%	32%	41%	51%	61%

Zum Vergleich:

	Insgesamt	14–24 J.	25–34 J.	35–49 J.	50–65 J.	älter
Im KU haben wir manches gemeinsam unternommen, an das ich mich gerne erinnere	55%	48%	50%	58%	57%	66%

Hier wird deutlich, daß die jugendlichen Altersgruppen den kirchlich vermittelten »wichtigen Grundsätzen für mein weiteres Leben« weit skeptischer gegenüberstehen als etwa der Erinnerung an bestimmte Gemeinschaftserfahrungen gemessen am Gesamtdurchschnitt der Antworten. Sollte sich in diesen Zahlen die vorhin geäußerte Vermutung bestätigen, daß die kirchliche Wertvermittlung durch die rapide Veränderung des Gesellschaftsprozesses zunehmend ins Hintertreffen gerät und darum für Jugendliche immer schwerer akzeptierbar wird?

c) In der sonst sehr aufschlußreichen Tabelle »Änderungen oder Beibehalten von Aktivitäten« (210) läßt sich unser Begründungsfeld wiederum nur etwas gewaltsam auf den Satz »Die evangelische Kirche bemüht sich um die Erziehung der Kinder« beziehen. Von dieser Aktivität meinen:

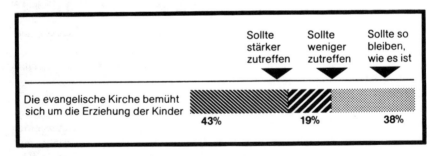

Man kann aus diesen drei Ergebniskomplexen sicher den Schluß ziehen, daß 30–40% der Kirchenmitglieder an dem Aufgabenfeld »Vermittlung christlicher Grundwerte, Erziehung, usw.« vital interessiert sind, wobei das Interesse in jugendlichen Altersgruppen wohl zurückgeht und die Kompetenz der Kirche hier kritischer beurteilt wird. Ob freilich die Interessenten an diesem Aufgabenfeld aus diesem Feld auch die Hauptgründe für ihre Kirchenmitgliedschaft herleiten, läßt sich aus dem vorliegenden Material nicht herausholen. Dagegen signalisiert die Skepsis der Jugendlichen gerade in diesem Feld eine gefährliche Entwicklung: wenn die von der Kirche vermittelten Werte (»Grundsätze«) nicht mehr auf das Alltagsleben ihrer Mitglieder bezogen werden können, verliert sie sozusagen ihren »Sinn«. Ein solcher Sinnverlust aber greift an den Kern der gesellschaftlichen Funktion einer Religion.

C. Seelsorgerliche Zuwendung zum einzelnen Menschen

Viele Kirchenmitglieder haben eine eher gefühlsmäßige als kognitiv-theologische oder in ethischer Reflexion durchgearbeitete Beziehung zur Kirche. Positiv beeinflußt wird diese Beziehung vor allem durch die Erfahrung einer starken persönlichen Zuwendung durch den Pfarrer oder auch durch einen anderen anerkannten kirchlichen »Amtsträger«, etwa die Gemeindeschwester oder einen im dörflichen oder städtischen Leben als vorbildlich-christlich bekannten Kirchenvorsteher (Presbyter). Diese Erfahrung verbindet sich, wie die Studie »Wie stabil ist die Kirche?« bestätigt (257–283), besonders häufig mit dem Konfirmandenunterricht wie mit dem »Hausbesuch« (Besuch bei Kranken, Trauernden, Alten usw.) durch den Pfarrer. Sie mag früher, während einer patriarchalisch bestimmten Auffassung von Kirche und Pfarramt, ihre Prägung wesentlich in väterlicher Ermutigung oder Ermahnung gefunden haben. Seit einiger Zeit dürfte die seelsorgerliche Zuwendung mehr und mehr Züge des eher partnerschaftlich bestimmten »Berater«-Gespräches angenommen haben: dürfte also an die Stelle des Ratschlages anhand vorgefertigter Antworten eine Haltung des gemeinsamen Fragens und Suchens getreten sein[7].
Trotz der unterschiedlichen anthropologischen und emanzipationspolitischen Implikationen dieser beiden seelsorgerlichen Haltungen haben beide offenbar eine Gemeinsamkeit darin, daß sie als zuwendungsintensiv erlebt werden: als eine besondere Art, ernstgenommen zu sein. Anscheinend bestehen in diesem Bereich gegenwärtig besonders deutlich ausgeprägte Interessen und Anforderungen, die wohl durch die Prozesse zunehmender Anonymität und zunehmender Entfremdungen in Arbeitswelt und Kleinfamilie ausgelöst sind. Jedenfalls weisen die uns zugänglichen Erhebungen darauf hin, daß dieses Aufgabengebiet im Kontext des gesamten volkskirchlichen Aufgabenkatalogs als vorrangig empfunden wird[8].
So ergab sich in der Erhebung »Wie stabil ist die Kirche?« auf die Frage, ob und in welcher Richtung die evangelische Kirche ihre Aktivitäten verändern sollte, folgende Tendenz:

Von zwölf vorgegebenen Aufgabenbereichen wurden drei als besonders verstärkungsbedürftig bezeichnet: Seelsorge, Diakonie und Verkündigung:

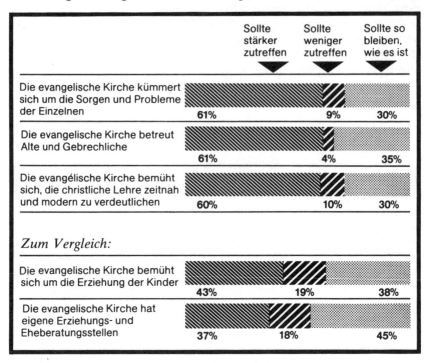

Obwohl auch der Satz »Die evangelische Kirche kümmert sich um die Sorgen und Probleme des Einzelnen« nicht einfach kongruent auf unser Begründungsfeld »Seelsorgerliche Zuwendung« übertragen werden kann, darf doch von sinnparallelen Tendenzaussagen ausgegangen werden. So soll also die sogenannte Einzelseelsorge nach Meinung einer großen Mehrheit der Kirchenmitglieder vorrangig verstärkt werden; in gleicher Intensität wie »fürsorgerische Liebestätigkeit« und »Verdeutlichung der christlichen Lehre«; andere Aktivitäten sollen auch verstärkt werden, erscheinen aber als nicht so vorrangig (z. B. Kindererziehung).
Nun bedeutet wiederum die Anforderung an die Kirche, bestimmte Aktivitäten zu intensivieren, keineswegs, daß man speziell oder vorrangig dieser Aktivitäten wegen auch Mitglied der Kirche sei; daß also derjenige, der verstärkt »Seelsorge« fordert, auch in diesem Aufgabenfeld seine Mitgliedschaft begründet. Gerade die Erhebung »Wie stabil ist die Kirche?« zeigt vielmehr, daß zwischen einem *»Begründungsbereich«* und einem *»Anforderungsbereich«* genau unterschieden werden muß . . .

Auf die direkte Frage nach den Gründen für die eigene Mitgliedschaft in der
Kirche kommt nämlich unser Begründungsfeld »Seelsorge« in der Erhebung (136 ff.) nicht als deutlich abgegrenzter Eigenbereich vor; vielleicht
geht das übrigens auch darauf zurück, daß er in den Voruntersuchungen
über Problemabgrenzungen im Bewußtsein der Befragten so klar wie
andere Bereiche (beispielsweise wie das im nächsten Abschnitt zu erörternde Begründungsfeld der Amtshandlungen) nicht in Erscheinung trat. Zwar
tauchen Teilaspekte dieses Bereiches in dem Katalog von 20 vorgegebenen
Begründungen des Satzes »Ich bin in der Kirche, weil . . .« durchaus auf;
doch rangieren diese in der Skala der Zustimmungen ziemlich hinten:

10. Position: ». . . weil sie mir einen inneren Halt gibt« (28%)
14. Position: ». . . weil sie mir Trost und Hilfe in schweren Stunden gibt (23%)

Zum Vergleich:
3. Position: ». . . weil ich auf kirchliche Trauung oder Beerdigung nicht verzichten möchte
(45%)

Während also im Anforderungsbereich 61% der Mitglieder eine Intensivierung der kirchlichen Seelsorge-Tätigkeit forderten, bringen im Begründungsbereich nur ca. 25% zum Ausdruck, daß sie ihre eigene Mitgliedschaft
(auch) mit dem Interesse an der kirchlichen Seelsorge legitimieren. Die
Diskrepanz dieser Zahlen könnte für einen Großteil von Kirchenmitgliedern (bis zu 35%) folgende Einstellung als charakteristisch erscheinen
lassen: <u>wir sind zwar nicht primär wegen der kirchlichen Seelsorgetätigkeit
Mitglied der Kirche und halten unsere Mitgliedschaft auch nicht speziell
dieser Tätigkeit wegen aufrecht; da wir aber nun einmal Mitglieder der
Kirche sind, fordern wir eine Intensivierung der kirchlichen Arbeit auf
diesem Sektor, weil er uns wichtig und vordringlich erscheint.</u>
Soweit ein vermutlich ziemlich weit verbreitetes Denken. Darüber hinaus
aber darf nicht außer acht bleiben, daß es daneben eine (im Augenblick
quantitativ wiederum nicht bestimmbare) Gruppe gibt, für die die »Seelsorgerliche Zuwendung« auch hinsichtlich der »Legitimation« des Begründungsbereiches im Vordergrund ihrer Verbundenheit mit der Kirche steht.

D. *Rituelle Begleitung an Übergangsstationen*

Sogenannte Rites de passage[9], also Formen ritueller Bewältigung an den
großen biologisch-sozialen Übergangsstationen des menschlichen Lebens
(Geburt, Pubertät – Reife, Hochzeit, Tod), waren überall dort, wo wir
institutionalisierte Religion antreffen, eng mit dieser verknüpft. In unserem

I.2

engeren Kulturbereich, bei Protestanten wie Katholiken, waren die entsprechenden Handlungen der Kirchen meist die wichtigste oder sogar die einzige Gelegenheit für einen Großteil der Kirchenmitglieder, mit ihrer Kirche in direkten und persönlichen Kontakt zu treten.
Die Untersuchung »Wie stabil ist die Kirche?« gibt über dieses Begründungsfeld D (Rituelle Begleitung) konkretere und direktere Aufschlüsse als über andere Verbundenheitstypen unseres Modells.
Die Antwort: »Ich bin in der Kirche, weil ich auf kirchliche Trauung oder Beerdigung nicht verzichten möchte« wird in dem mehrfach herangezogenen Katalog von 20 möglichen Antworten zur Begründung der eigenen Kirchenmitgliedschaft vorgegeben (138). Wegen dieser mit unserem Typ D sehr ähnlichen Fragestellung läßt sich das Ergebnismaterial hier auch unmittelbarer und direkter aufnehmen und diskutieren als bei den anderen Feldern.
Es zeigt sich zuerst, wie wichtig dieses, im kirchlichen Sprachgebrauch als Kasual- oder Amtshandlungsbereich bezeichnete, Handlungsfeld der Kirche für die Zugehörigkeitsbegründung der Mitglieder auch heute noch ist. In dem vorgegebenen Antwortkatalog erhält die unseren Typ betreffende Vorgabe den dritthöchsten Teil von Zustimmungen (45%); unter den zustimmenden Reaktionen auf die Katalog-Vorgaben Bejahung (»Trifft genau oder fast genau auf mich zu«) ist »Trauung–Beerdigung« in folgende Reihenfolge eingeordnet:

Ich bin in der Kirche	
weil ich Christ bin	51%
weil ich an Gott glaube	48%
weil ich auf kirchliche Trauung oder Beerdigung nicht verzichten möchte	45%
weil ich so erzogen bin	41%
weil sie etwas für Arme, Alte und Kranke tut	35%
Zum Vergleich:	
weil ich an das denke, was nach dem Tode kommt	26%
weil sie mir Antwort auf die Frage nach dem Sinn des Lebens gibt	25%
weil sie mir Trost und Hilfe in schweren Stunden gibt	23%

Für fast die Hälfte der Kirchenmitglieder hat also die religiöse Begleitung an Übergangsstationen eine nach wie vor zentrale Bedeutung. Unser Verbundenheitsmodell und die bisherige Argumentationsweise könnten wiederum das Mißverständnis aufkommen lassen, daß diese 45% ausschließlich oder primär über das Handlungsfeld der Kasualien mit der Kirche verbunden sind. Dies geben natürlich die von der EKD-Untersuchung ermittelten Prozentsätze nicht her. Nach dem vorgegebenen Katalog kann ein Befragter sein ja »Das trifft genau für mich zu« sowohl angeben bei: »weil ich Christ bin« als auch bei »Kasualien« oder bei »Trost und Hilfe in schweren Stunden«. Angaben darüber, wie viele Mitglieder ihre Verbundenheit primär oder gar ausschließlich mit dem Interesse an »kirchlicher Trauung oder Beerdigung« begründen, sind, wie auch in den anderen Feldern, kaum zu erheben und liegen jedenfalls bisher nicht vor.

Wie in anderen kirchlichen Einstellungen ist auch hier die Frage interessant, ob diejenigen 45% der Kirchenmitglieder, für die das Interesse an »kirchlicher Trauung und Beerdigung« konstitutiv für ihre Mitgliedschaft ist, in allen Bevölkerungsgruppen gleichmäßig vertreten sind. Tatsächlich stimmen Jugendliche diesem Satz weniger häufig zu als ältere Menschen; Abiturienten seltener als Volksschüler ohne abgeschlossene Lehre. Doch sind diese Alters- und Bildungsunterschiede, wie schon mehrfach zu sehen war, keineswegs auf das Interesse an den Kasualien begrenzt; sie treten vielmehr, teilweise noch weit eklatanter, in fast allen Fragestellungen der Untersuchung auf. In unserem Fall erscheint eher bemerkenswert, daß der Faktor »rituelle Begleitung an Übergangsstationen« gerade für die sonst als »kritisch-distanziert« erscheinende Befragungsgruppe der Jugendlichen und Abiturienten doch eine so hohe Zustimmung erfährt (Materialband 63–65).

Besonders der Vergleich der Altersgruppen zeigt, daß die Zahl der Zustimmungen zu der Vorgabe »Kasualien« zwar bei 65jährigen ca. doppelt so hoch ist wie bei 15jährigen, daß dieser Unterschied in bezug auf »Trost und Hilfen in schweren Stunden« bei 65jährigen aber sechsmal so groß ist wie bei den Jugendlichen. Dies sowohl wie die absoluten Zahlen für das Interesse aller Altersgruppen kann als Indiz dafür angesehen werden, daß den Amtshandlungen auch für die Zukunft seitens eines großen Teiles (ca. der Hälfte) der Kirchenmitglieder eine vorrangige Bedeutung für ihre Kirchenmitgliedschaft eingeräumt wird. Die gelegentlich sowohl von soziologischer wie von theologischer Seite geäußerten Zweifel an der »Stabilität der Amtshandlungen«[10] mögen daher auf bestimmte regionale Gebiete (Großstadt, Ballungszentrum) zutreffen; eine zahlenmäßig ins Gewicht fallende Erosion dieser volkskirchlichen Sitte ist zumindest nach den Ergebnissen von »Wie stabil ist die Kirche?« nicht zu erwarten; nach dieser Untersuchung erscheinen sogar die Bewohner der Trabanten-Städte als fast

1.2   27

Vergleich nach Altersgruppen	Insges.	14–24 J.	25–50 J.	50–64 J.	65 J. und älter
Weil ich auf kirchliche Trauung und Beerdigung nicht verzichten möchte	45%	31%	43%	49%	63%
Weil sie etwas für Arme, Alte und Kranke tut	35%	19%	31%	43%	54%
Weil sie mir Trost und Hilfe in schweren Stunden gibt	23%	7%	21%	31%	44%

Vergleich nach Schulbildung	Insges.	Abitur-Hochsch.	Mittelsch. Fachsch.	Volksschule mit/ohne abgeschl. Lehre
Weil ich auf kirchliche Trauung und Beerdigung nicht verzichten möchte	45%	28%	36%	46%	58%
Weil sie etwas für Arme, Alte und Kranke tut	35%	26%	28%	34%	46%
Weil sie mir Trost und Hilfe in schweren Stunden gibt	23%	15%	19%	21%	35%

ebenso gleichmäßig interessiert an diesem Handlungsfeld der Kirche wie die Bewohner ländlicher Regionen (Tabellen und Zahlen: Materialband 63–72).

Abschließend darf nicht unerwähnt bleiben, daß innerhalb des Systems Kirche selbst, also unter Pfarrern, Kirchenvorstehern und anderen Mitarbeitern, diesem mit dem Vorzeichen »Ritueller Begleitung« versehenen Verbundenheitssyndrom gegenüber große Interpretations- und Legitimationsschwierigkeiten bestehen. Ob »unsere Kasualpraxis eine missionarische Gelegenheit« sei oder nicht; ob und wie Kindertaufe theologisch verantwortet werden kann; ob man sich als Pfarrer bei solchen »Passage-Riten« nicht notwendig als Zeremonienmeister vorkommen müsse – das alles wird unter Theologen immer wieder diskutiert[11]. In dieser Diskussion spielen bisher allerdings die soziologischen und sozialpsychologischen Implikationen nur eine untergeordnete Rolle. Dabei könnten Einsichten in die Bedeutung von liturgisch standardisierten (z. B. soziodramatischen) und auch die vom persönlichen Mitvollzug des gläubigen Bekennens entlasteten Vollzüge zur kollektiven Bewältigung von Trauer durchaus mithelfen, das Interesse an volkskirchlichen Kasualen besser zu verstehen und vielleicht auch theologisch besser zu akzeptieren[12].

E. Karitative Diakonie

Hatten wir es bisher mit vier Begründungsfeldern zu tun, die in der einen oder anderen Form mit allen uns bekannten Religionssystemen verbunden sind, so gilt das für die beiden verbleibenden Begründungsfelder nicht in gleichem Maße. Die orthodoxen Ostkirchen beispielsweise unterhalten kaum größere karitative Einrichtungen im Gesundheits- und Fürsorgewesen. Doch geht dieses Begründungsfeld in der christlichen Religion bis auf neutestamentliche und frühkirchliche Traditionen zurück. So galt für Bischöfe in den ersten Jahrhunderten, daß ein Viertel der kirchlichen Finanzen für karitative Zwecke (Unterstützung von Witwen, Waisen, Kranken) zu verwenden sei: je ein weiteres Viertel ging an den Klerus, an den Kirchenbau und an die Bistumsleitung (Administration, Repräsentation usw.). Theologisch bestehen schon aufgrund dieser Tradition mit dem Bereich »Diakonie« weit weniger Schwierigkeiten als etwa mit dem vorhin erörterten Feld der rituellen Begleitung an Übergangsstationen.

Als Hauptbegründung für die Mitgliedschaft in der Kirche wird »Karitative Diakonie« sicher seltener angegeben als andere Bereiche. So zeigten die Tabellen des vorigen Abschnittes, daß der Satz »Ich bin in der Kirche, weil sie etwas für Arme, Alte und Kranke tut« mit 35% deutlich weniger Zustimmung erfährt, als der Satz ». . . weil ich auf kirchliche Trauung oder Beerdigung nicht verzichten möchte« (45%). Doch sind es immerhin mehr als ein Drittel der Kirchenmitglieder, für die das Feld der »kirchlichen Liebestätigkeit« auch von großer Bedeutung für ihre Mitgliedschaftsbegründung ist.

Das Feld der institutionalisierten Diakonie selbst ist breit und in viele verschiedenartige Teile gegliedert; es kann darum sehr unterschiedlichen, vielleicht sogar einander widerstreitenden Identifikationen mit der Kirche eine Möglichkeit geben: der eine denkt vielleicht an das kirchliche Krankenhaus- und Anstaltswesen (z. B. an Bethel), der andere an »Brot für die Welt« und die Aktivitäten der kirchlichen Entwicklungshilfe; ein dritter steht gerade diesen Aktivitäten aus politischen Gründen skeptisch gegenüber, identifiziert sich aber mit den örtlich-parochialen Einrichtungen der kirchlichen Diakonie; mit Kindergarten, Beratungsstelle, Gemeindeschwesternstation usw.

Gerade auf die Erwähnung der örtlichen Einrichtungen stößt man wohl deshalb häufig, weil ganze Bevölkerungsgruppen die Kirche konkret nur via Kindergarten oder via Sammlungen »Brot für die Welt« begegnen, und in diesen Bereichen auch eine akzeptable Verwendung ihrer Kirchensteuer sehen; das gilt wohl besonders für die Zeit, in der ihnen suggeriert wurde, daß die Kirche »im Geld schwimme«, und sie darum anderen Verwendungsangaben skeptisch gegenüberstanden.

Das Begründungsfeld »Karitative Diakonie« ist außer durch die konkrete Vielfalt von Identifikationsmöglichkeiten noch durch weitere Besonderheiten zu kennzeichnen. Beispielsweise wird es, wie man in alltäglichen Diskussionen immer wieder erlebt, gerne von denjenigen angeführt, die einen anderen Grund für ihre Kirchenmitgliedschaft nicht angeben wollen (oder auch nicht angeben können). Denn die Unterstützung der karitativen Anstrengungen der Kirche ist im Blick auf gesellschaftliches Image sozusagen risikolos: jedermann kann sicher sein, daß diese Unterstützung auf positives Verständnis stößt und Anerkennung findet. Dies aber gilt für die anderen Begründungsfelder keineswegs mehr in dem früher wohl selbstverständlichen Umfang. Sich in einem dezidierten Sinn zum Glauben, zu christlichen Werten oder zur Seelsorge zu bekennen, kann den Gesprächspartner durchaus zu verständnislosen oder negativen Reaktionen führen.
Doch nicht nur gegenüber anderen Menschen, sondern auch für sich selbst kann ein nach den Gründen seiner Mitgliedschaft Befragter in echte Verlegenheit geraten: Seit Jahren vielleicht wird er nicht über diese Frage nachgedacht haben; früher gelernte Argumente haben ihre Durchschlagskraft verloren; so greift er zurück auf ein Begründungsfeld, das ohne ideologische Umwege aus sich selbst heraus als notwendig und sinnvoll erscheint: auf die Diakonie.
Gelegentlich begegnet man ferner dem... Argument, daß die sozialkaritativen Einrichtungen der Kirche schon deshalb unterstützt werden müßten, weil sie eine gewisse Alternative oder sogar einen konkurrierenden Widerstand zu den Tendenzen einer wohlfahrtsstaatlichen Bürokratisierung des Gesundheitswesens bilden.
Die Bedeutung auch dieser Argumentationsrichtung kann durch bestimmte Ergebnisse der Studie »Wie stabil ist die Kirche?« belegt werden.
Auf die Frage nach dem Vorrang kirchlicher oder staatlicher Zuständigkeiten im Gesundheitswesen und Fürsorge wurde eine Skala von 5 Antwortmöglichkeiten vorgegeben:

Nur Staat	12%	
Vor allem Staat, aber auch Kirche	28%	
Staat und Kirche gleichermaßen	50%	100%
Vor allem Kirche, aber auch Staat	7%	
Nur Kirche	2%	
Keine Antwort	1%	

Die Prozentzahlen geben den Schnittwert für folgende sechs Teilbereiche diakonischen Handelns der Kirche an:
Kindergartenbau, Leitung und Betreuung von Krankenhäusern, Armenfür-

sorge, Betreuung von Straffälligen (-entlassenen) und Betreuung von Rauschgiftsüchtigen (vgl. 222, Tabelle).
Das Ergebnis zeigt sowohl in den einzelnen Teilbereichen wie auch im oben angegebenen Durchschnitt, daß sich für die Nennung »Staat und Kirche gleichermaßen« die Hälfte und für »vor allem Staat, aber auch Kirche« fast 30% der Kirchenglieder ausspricht. Die Tendenz geht also eindeutig auf eine gemeinsame Verantwortung oder eine Art Balance von staatlichen und kirchlichen Einrichtungen zu; man kann auch sagen: <u>sie geht gegen das Monopol des Staates</u>. – Eben diese Tendenz findet sich häufig als <u>Argument</u> unter denen wieder, die hohe Kirchensteuern zu zahlen haben und diese nicht zuletzt mit Blick darauf begründen, daß die Kirche ein Gegengewicht gegen wohlfahrtsstaatliche Entwicklungen sei oder doch sein solle.

F. *Gesellschaftliches Engagement*

Mehr noch als bei dem Feld »Karitative Diakonie« zeigt der unbefangene Betrachter unseres Verbundenheitsmodells in der Regel Verständnisschwierigkeiten gegenüber dem letzten hier ausgegrenzten Begründungsfeld: dem des »Gesellschaftspolitischen Engagements«. Vor allem zwei Fragen sind es, die bei der ersten Begegnung mit Bereich und Bezeichnung dieses Feldes sofort auftauchen: einmal, ob denn »politisches Engagement« als Verbundenheitsmerkmal überhaupt vergleichbar sei mit den anderen fünf wenigstens relativ eigenständigen Begründungsfeldern; ob nicht vielmehr »gesellschaftspolitisches Engagement« eine Kategorie anderer Art sei; eine Haltung beispielsweise, die sich sowohl mit anderen Mitgliedschaftsbegründungen aktiv verbinden als auch ganz außerhalb des Kirchlichkeitsbewußtseins liegen kann. Die andere Frage geht meist dahin, ob denn diese Motivation, wenn sie denn schon bei einzelnen Christen ... eine zentrale Rolle spielt, quantitativ überhaupt ins Gewicht fällt; denn bei denen, die ihre Verbundenheit mit der Kirche gesellschaftspolitisch begründen, handele es sich um die verschwindende Minderheit von ein paar jungen Theologen oder ehemaligen Studentengemeindegliedern.
Beide Fragen signalisieren deutlich die grundsätzliche Problematik unseres Modells und die der dahinterstehenden Methode der »funktionalen Vergleichbarkeit«. ... Es kann aber gerade am Thema »politisches Engagement« deutlich werden, wie stark hinsichtlich der Verbundenheit mit der Volkskirche quantitative und qualitative Aspekte ineinander übergehen: fragt man nämlich danach, welchen Bedeutungsgrad die verschiedenen Verbundenheitsbegründungen gegenwärtig in der kirchlichen (und darüber hinaus in der gesellschaftlichen) Öffentlichkeit haben, dann tritt die quantitativ gewiß kleine Schar der primär gesellschaftspolitisch Motivierten plötz-

1.2   31

lich stark in den Vordergrund; sie wird unter dem Gesichtspunkt »Bedeutungsgrad« gleichsam *funktional vergleichbar* mit den anderen Motivationssyndromen.
Empirisch greifbar wird dieser Bedeutungsgrad, insbesondere der »Linken«, sowohl auf Synodaltagungen wie in der kirchlichen Presse; offensichtlich kommt immer dann eine besondere Art der Emotionalität auf, wenn es um gesellschaftspolitische Stellungnahmen (etwa Antirassismus) und zumal, wenn es um die sogenannten »linken Pfarrer«, im Extremfall um die DKP-Mitgliedschaft von Pfarrern, geht. In der nichtkirchlichen Presse sind es fast nur diese politischen Aktivitäten, Verlautbarungen oder Beschlüsse, die aus dem Gesamtgebiet des kirchlichen Lebens als interessant genug für eine Berichterstattung erscheinen. Auf die aus primär gesellschaftspolitischen Gründen mit der Kirche Verbundenen – auf das, was sie tun, and darauf, wie ihnen Kirchenleitung und Gemeinden begegnen – achten insgesamt wohl weit mehr Beobachter, Gegner und Sympathisanten als auf diejenigen, bei denen andere Gründe im Vordergrund ihres Interesses an der Kirche stehen. Diese Aufmerksamkeit und der damit zusammenhängende Bedeutungsgrad weisen wahrscheinlich auch darauf hin, daß der Faktor Politik für das Kirchenzugehörigkeitsbewußtsein zur Zeit eine vielleicht fundamentale Bedeutungsverschiebung erfährt. Je mehr die Fragen nach dem Jenseits und nach einer spekulativen Metaphysik in den Hintergrund der theologischen Erörterungen und der kirchlichen Interessen traten, um so mehr schob sich die Frage in den Vordergrund, ob und wie Religion und Kirche denn heute mit den Verhältnissen des Diesseits umzugehen hätten. Umstritten ist hauptsächlich, ob das mehr in einem seelsorgerlich auf die Nöte von Individuen gerichteten Sinne, ob es mehr in Richtung auf Verinnerlichung, Meditation und Spiritualität – oder ob es im Sinne unmittelbarer politischer Aktivitäten zugunsten von mehr Menschlichkeit, mehr Gerechtigkeit, mehr Freiheit geschehen solle. Dieser Streit wird zwar nur selten im Wege einander ausschließender Alternativen ausgetragen; tiefgreifende Unterschiede werden jedoch dann sichtbar, wenn Schwerpunkte und Prioritäten von Kirchenleitungen oder Gemeinden gesetzt werden müssen. Seit dem Zweiten Weltkrieg ist die dezidierte Verstärkung des politischen Akzentes insbesondere in den engen Verbindungen zwischen den Jungen Kirchen und den Freiheitsbewegungen der Dritten Welt, aber etwa auch in Aktionen gegen den Vietnamkrieg seitens der westlichen Kirchen in Erscheinung getreten.
Diese Verstärkung des politischen Akzentes im Aufgabenkatalog kirchlichen Handelns findet sich gerade unter Theologen und jungen engagierten Christen oft in einem Maße, das das »gesellschaftspolitische Engagement« als Hauptmerkmal ihres Interesses an der Kirche erscheinen läßt. Um dieser Tendenz angemessen Rechnung zu tragen, erschien es mir notwendig, ein

neues durchaus eigenständiges Begründungsfeld in unserem Verbundenheitsmodell herauszuarbeiten. Dieses Begründungsfeld kann, so scheint es, in einigen Jahren durchaus auch quantitativ mit beispielsweise dem Begründungsfeld »Seelsorgerliche Zuwendung« vergleichbar werden.
Im Ergebnismaterial der Erhebung »Wie stabil ist die Kirche?« kommt meines Erachtens die Tendenz einer tiefgreifenden Wandlung der Bestimmung des Verhältnisses von Kirche und Politik durchaus zum Ausdruck. Zwar kommt die Frage nach der Politik in den Tabellen des »Begründungsbereiches« (»ich bin in der Kirche, weil...«, 138 ff.) nicht vor; sie kann es auch nicht, weil tatsächlich die Zahl derer, die etwa eine Antwortvorgabe »... weil ich darin eine Chance für wirksames politisches Handeln sehe« bejahen würde, so gering sein dürfte, daß sie prozentual nicht in Erscheinung tritt.
Das Thema Politik kommt in der Untersuchung jedoch an anderer Stelle vor, nämlich im »Anforderungsbereich«: unter den 12 Antwortvorgaben auf die Frage nach Änderung oder Beibehalten kirchlicher Aktivitäten (210, Tabelle):

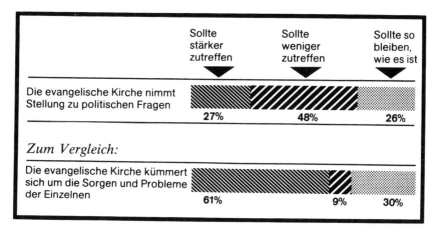

Der erste Eindruck bei der Lektüre dieser Zahlen ist wohl, daß politische Aktivitäten der Kirche entweder ganz abgelehnt oder im Verhältnis zu anderen Aufgaben weit hinten angesiedelt werden. Beides ist sicher auch richtig. Dennoch sind diese Zahlen für den, der mit früheren Erhebungsergebnissen vertraut ist, fast sensationell – was nämlich den Anteil derer betrifft, die das gegenwärtige Engagement der Kirche in politischen Fragen bejahen (26%) oder es noch verstärkt sehen wollen (27%). Beide Gruppen zusammen machen 53% aus; ein Anteil, der noch vor zehn Jahren undenkbar gewesen wäre: In der »Spiegel-Umfrage« von 1967 äußerten jedenfalls noch 65% der Befragten, »daß die Kirchen sich zuviel in Politik einmischen« (Harenberg 36). Wenn heute demgegenüber 53% der Befragten die politischen Aktivitäten der Kirche akzeptieren oder unterstützen, dann kommt darin sicherlich auch eine generationsmäßige Verschiebung zum Ausdruck. Insgesamt stützt dieser Anteil von 53% die vorhin geäußerte These von fundamentalen Veränderungen im Verhältnis von Kirche und Politik, gerade auch für das Bewußtsein der Kirchenmitglieder.

Die Entwicklung der Beziehungen zwischen der Volkskirche und dem Begründungsfeld »gesellschaftspolitisches Engagement« dürfte in den nächsten Jahren zu einem der wichtigsten Indikatoren dafür werden, wo die Schwerpunkte der gesellschaftlichen Funktion einer zukünftigen Kirche liegen werden; genauer gesagt: ob es der Kirche gelingt, die Spannung zwischen seelsorgerlich-therapeutischen, meditativ-spirituellen und prophetisch-politischen Aufgaben zu erhalten und produktiv zu gestalten.

Anmerkungen:

* Quelle: J. Matthes (Hg.), Erneuerung der Kirche – Stabilität als Chance? Burckhardthaus-Verlag, Gelnhausen/Berlin 1975, 127–149.
1. H. Hild (Hg.), Wie stabil ist die Kirche?, Gelnhausen 1974.
2. W. Harenberg (Hg.), Was glauben die Deutschen?, München 1968.
3. Ausführlicher dazu K.-W. Dahm, Beruf: Pfarrer, München ³1974.
4. Vgl.: N. Luhmann, Sinn als Grundbegriff der Soziologie; in: J. Habermas / N. Luhmann, Theorie der Gesellschaft oder Sozialtechnologie. Neuwied/Berlin 1971, 25–100. Ferner: N. Luhmann, Religion als System, in: K.-W. Dahm / N. Luhmann / D. Stoodt, Religion – System und Sozialisation. Neuwied/Berlin 1972, 11 ff.
5. K.-W. Dahm / V. Hörner, Religiöse Sinndeutung in gesellschaftlicher Komplexität, in: R. Volp (Hg.), Chancen der Religion. Gütersloh 1975.
6. Vgl. z. B. H. Gollwitzer, Krummes Holz aufrechter Gang. München 1970; D. Sölle, Das Recht, ein anderer zu werden. Neuwied/Berlin 1971.
7. Vgl. z. B. D. Stollberg, Therapeutische Seelsorge. München 1969; R. Riess, Seelsorge. Göttingen 1973.
8. Vgl. die Dokumentation bei Dahm, Pfarrer 105–109.
9. Vgl. grundlegend: E. Durkheim, Les formes élémentaires de la vie religieuse, Paris 1912.
10. Vgl. H. O. Wölber, Das allmähliche Ende der Volkskirche, in: EvKom 1974, 397–400.
11. Z. B. R. Bohren, Unsere Kasualpraxis – Eine missionarische Gelegenheit? München 1960.
12. Vgl. Y. Spiegel, Gesellschaftliche Bedürfnisse und theologische Normen, in: Theologia Practica 1971, 212–230.

1.3   Günter Kehrer / Dierk Schäfer
KIRCHENAUSTRITTE IN WÜRTTEMBERG
Eine Studie über kirchliche Stabilität

In der bundesrepublikanischen Gesellschaft ist die Mitgliedschaft in einer der beiden großen Kirchen der statistische Normalfall. Nach der Volkszählung des Jahres 1970 waren insgesamt 93,6% der Wohnbevölkerung entweder evangelisch (49,0%) oder katholisch (44,6%). Die sonstigen christlichen Gemeinschaften wie auch die nicht-christlichen Religionen liegen ebenso unter 5% wie auch der Anteil der Konfessionslosen. Selbst ein relativ starker Anstieg der Kirchenaustritte, wie wir ihn ab 1968 verzeichnen können, wird dieses Bild in den nächsten Jahrzehnten nicht wesentlich verändern, da die Austritte nie über 5% der Kirchenmitglieder stiegen. Der Rückgang der Mitgliedszahlen in den beiden großen Kirchen wird also sehr langsam sein, wenn auch immerhin von Volkszählungstermin zu Volkszählungstermin bemerkbar. Nimmt man diese Überlegungen zum Ausgangspunkt für Prognosen, so wird man ohne weiteres voraussagen dürfen, daß die Kirchen stabil sind und stabil bleiben werden, selbst wenn sie langfristig einige Prozent ihres heutigen Mitgliederbestandes verlieren werden[1].
Die beiden großen Kirchen rekrutieren sich durch einen Modus, der der biologischen Fortpflanzung recht nahe kommt (Kindertaufe). Doch auch hier sind einige Anzeichen für Labilität festzustellen[2], so daß man der These von der ungebrochenen Stabilität der Kirchen skeptischer gegenüberstehen wird. Vollends problematisch wird es aber, wenn man aus der zweifelsohne noch vorhandenen statistisch-demografischen Stabilität der beiden großen Kirchen auf die Relevanz dieser Kirchen im Leben ihrer Mitglieder und im Sozialsystem der Gesellschaft schließen will. Die Annahme, daß alles in einer Gesellschaft Bestehende notwendig auch strategisch bedeutsame soziale Funktionen erfüllen müsse, ist ein von keinem Sozialwissenschaftler ernsthaft mehr vertretener Panfunktionalismus[3]. Es ist ohne Schwierigkeiten denkbar, daß selbst große Organisationen bestehen, denen fast alle Mitglieder der Gesellschaft angehören, ohne daß für die Mehrheit dieser Mitglieder diese Organisationen einen subjektiv erlebbaren Sinn erfüllen. Das heißt natürlich keinesfalls, daß diese Organisationen für niemanden einen Sinn haben (mindestens für die in ihnen hauptberuflich Tätigen haben sie den Sinn, Quelle des Erwerbs des Lebensunterhalts zu sein), sondern gemeint ist lediglich, daß man eine Organisation sogar finanziell unterstüt-

zen kann, ohne über ihre Daseinsberechtigung nachzudenken, besonders wenn es aus dieser Organisation nur ein »contracting out«, aber faktisch so gut wie kein »contracting in« gibt[4]. Und genau dies ist in Westdeutschland bei den beiden großen Kirchen der Fall. Insofern besagt eigentlich der Kirchenaustritt viel mehr als der Verbleib in einer der beiden großen Kirchen, denn es bedarf einer Motivation zum Kirchenaustritt, aber keiner zum Verbleib in der Kirche. Allenfalls sagen noch Zahlen über kirchliche Trauungen und Taufen etwas über Stabilität aus, weil das Nachsuchen um Amtshandlungen wenigstens eine gewisse Eigenaktivität voraussetzt.

In den folgenden Ausführungen geht es nicht um den Versuch, eine Erklärung für den Kirchenaustritt zu finden. Vielmehr gehen wir davon aus, daß es gar keine eindeutig zu bestimmenden Motive gibt, die gewissermaßen notwendig zum Kirchenaustritt hinführen. Anstelle einer Ätiologie des Kirchenaustritts versuchen wir vielmehr, durch Gegenüberstellung von Daten für Kirchenaustreter und in der Kirche Verbliebenen Aufschluß darüber zu gewinnen, ob sich die Kirchenaustreter aus einem Potential rekrutieren, das atypisch für volkskirchliche Verhältnisse ist oder nicht. Es geht also darum
– das soziale und religiöse Feld zu orten, in dem Kirchenaustritt typischer Weise vorkommt,
– indirekt die Bedingungen für Stabilität bzw. Labilität der Kirchen zu bestimmen.

Die folgenden Überlegungen stützen sich auf eine Untersuchung, die im Institut für christliche Gesellschaftslehre der Universität Tübingen durchgeführt wurde. Sie umfaßt eine Zufallsstichprobe der Kirchenaustreter beider Konfessionen der Jahre 1968 bis 1970 in den württembergischen Landesteilen von Baden-Württemberg[5].

Bevor wir die eigentlich religionssoziologischen Befunde diskutieren, soll auf eine Besonderheit hingewiesen werden, die bei der Interpretation aller Ergebnisse berücksichtigt werden muß. Die statistische Gruppe der Kirchenaustreter ist demografisch gesehen in mehrfacher Hinsicht hoch selektiv. Drei Merkmale sollen dies verdeutlichen: Haushaltseinkommen, Alter und Geschlecht. Im Jahre 1972 (zum Zeitpunkt der Befragung) verfügten 23% aller Privathaushalte in der Bundesrepublik Deutschland über ein Nettoeinkommen von mehr als DM 1800,- pro Monat. Bei den in die Konfessionslosigkeit ausgetretenen Kirchenmitgliedern betrug der entsprechende Anteil 67%. Ebenso sind die Männer und die jüngeren und mittleren Altersjahrgänge bei den Kirchenaustretern stark überrepräsentiert. Aus diesen Daten allein auf das Kirchensteuermotiv schließen zu wollen, wäre gewiß voreilig. Aus methodischen Gründen haben wir in unserer Untersuchung die hohe Selektivität in bezug auf das Haushaltseinkommen (und damit wohl auch indirekt in bezug auf die soziale Schichtzugehörigkeit) beibehalten, als wir die Stichprobe für eine Kontrollgruppe von Kirchenmitgliedern erstellten, während wir in bezug auf Alter und Geschlecht weitgehend eine übliche Verteilung anstrebten. Alle Ergebnisse sind zu interpretieren in Hinsicht auf vorhandene bzw. nicht vorhandene Unerschiede zwischen Kirchenaustretern und Kirchenmitgliedern.

Methodische Besonderheiten

Bevor wir die wichtigsten Ergebnisse referieren, ist auf eine methodische Besonderheit der Untersuchung hinzuweisen, die geeignet ist, Differenzen zu ähnlichen Untersuchungen zu erklären. Aus der Besorgnis heraus, die Befragten könnten bei einem monothematischen »kirchlichen« Fragebogen kirchliche Wiedergewinnungsversuche argwöhnen und verschlossen reagieren, betteten wir die uns interessierenden Kirchenfragen in die allgemeinere Thematik von »Freizeitverhalten« und Fragen zum sozialen Wandel ein. Nicht einmal die Interviewer kannten den wahren Zweck der Untersuchung, und wir haben keinen Anlaß zu vermuten, irgendeiner der Befragten oder der Interviewer habe etwas vom Charakter dieses Doppelblind»versuchs« bemerkt. Der Vorteil dieser »Geheimhaltung« besteht zusätzlich darin, daß durch das Fehlen einer Themavorgabe kein wie auch immer gerichteter »Lupeneffekt« zustandekommt: Der Befragte wird kaum veranlaßt, durch direkte und umfassende Thematisierung den Befragungsgegenstand positiv oder negativ gewichtiger darzustellen, als es seiner Denk- oder Erlebniswirklichkeit entspricht.

Diese Methode wurde flankiert durch das weitgehende Fehlen von Antwortvorgaben. Die Fragen wurden in der Regel offen gestellt und der Befragte mußte seine Antwort selbst formulieren. Wenn dagegen dem Befragten bei geschlossenen Fragen eine Anzahl von Antwortkärtchen vorgelegt werden, wird er mit einem ganzen Spektrum von Meinungen ausgestattet, deren Aufgreifen durch den Interviewten häufig eine erhebliche Verstärkung nur spurenhaft vorhandener Antwortbereitschaft und -fähigkeit darstellt. Gewiß läuft man dagegen bei offenen Fragen Gefahr, oft die Antwort »weiß ich nicht« zu erhalten. Uns erscheint dies aber als weniger problematisch als zu riskieren, daß der Befragte in der Absicht nicht »dumm« erscheinen zu wollen, notgedrungen ihm vorgelegte Antworten als die seinigen ausgibt.

Als Beispiel unterschiedlicher Ergebnisse aufgrund unterschiedlicher Befragungsmethoden seien die Zustimmung zu kirchlichen Aktivitäten und die Beliebtheit kirchlicher Fernsehprogramme dargestellt. Bei der Stabilitätsumfrage (Wie stabil ist die Kirche?, Gelnhausen 1974) wurden den Befragten zwölf Aktivitäten der evangelischen Kirche genannt. Diese fanden eine durchschnittliche Zustimmung von 82,5% (d. i. die Kirche sollte die genannten Aktivitäten in diesem Umfang beibehalten oder gar ausbauen). Wir stellten in unserer Untersuchung die offene Frage: »Was finden Sie positiv an den Kirchen?« (Vorher war in gleicher Weise nach Gewerkschaften, Parteien und Sportvereinen gefragt worden.) Bezogen auf die Gesamtheit der Befragten der in diesem Zusammenhang vergleichbaren Gruppe (nämlich die evangelischen Kirchenmitglieder) ergab sich eine spontane Bereitschaft, der Kirche positiv bewertete Aktivitäten zuzuschreiben, von durchschnittlich 9,6%. Die Differenz von mehr als 70 Prozentpunkten ist nun sicher nicht ausschließlich auf die offene Frageweise zurückzuführen. Einen Beleg dafür sehen wir in der Tatsache, daß von der Antwort »nichts« in unterschiedlicher Weise auch in unserer Stichprobe Gebrauch gemacht wird: Doppelt so viel Befragte finden nichts »Negatives« an den Kirchen, als wir »nichts« als Antwort auf die Frage nach den Positiva erhielten. Wäre die Bequemlichkeit der Interviewten der einzige Grund für das geringere Antwortaufkommen, so dürfte es derart große Unterschiede der Antwortbereitschaft in unserer Untersuchung nicht geben. Erst aus der Erkenntnis der Randbedeutung der Kirche für das durchschnittliche Kirchenmitglied wird sich die Frage nach der Stabilität annähernd realitätsnah beantworten lassen; eine Stabilität nämlich, die ihren Grund mehr in der historisch begründeten Präsenz der Kirche als Institution mit einem bestimmten Besitzstand (an Realien, Rechten und als gegeben tolerierten Zuständigkeiten) hat als im Bewußtsein ihrer Mitglieder.

Für die Beliebtheit kirchlicher Fernsehsendungen lassen sich ähnliche Befunde aufzeigen. Die Stabilitätsuntersuchung hatte gefragt: »Wie oft sehen Sie im Fernsehen Sendungen, in denen Fragen zu Religion und Kirche behandelt werden?« Die fünfstufige Antwortskala reicht von »regelmäßig« bis »überhaupt nicht«. Wir fragten nicht nach den faktischen Fernsehgewohnheiten, sondern nach der Wertschätzung von Fernsehsendungen (fünf politische, fünf unpolitische und drei kirchliche Fernsehsendungstitel wurden vermischt präsentiert). Die ebenfalls fünfstufige Antwortskala umfaßte bei uns die Dimension »sehr gern« bis »sehr ungern«. Interessant ist nun, daß die Ablehnung kirchlicher Fernsehsendungen in beiden Untersuchungen fast gleich hoch liegen, während die Unterschiede bei den Antworten »gleichgültig«, »gern«, »sehr gern« oder »nur gelegentlich«, »ziemlich häufig«, »regelmäßig« auftreten. Ergeben sich bei uns (in genannter Reihenfolge) die Prozentwerte 50; 5; 0, so bei der Stabilitätsuntersuchung 37; 12; 3 (korrigierte Werte). Wir erklären uns diese Unterschiede als Resultat unterschiedlicher Fragestellung. Die Stabilitätsuntersuchung fragt zwar nach dem faktischen Verhalten des Fernsehkonsumenten, was zunächst exaktere Ergebnisse erwarten läßt als die Frage nach Meinungen. Dieser Schein trügt aber. Bekanntlich sinkt in großstädtischen Wasserwerken während des »Wort zum Sonntag« der Wasserdruck, was die Erklärung nahelegt, daß diese Sendung nicht nur geistlichen Bedürfnissen entgegenkommt. Die im Raum verbleibenden Fernseher bekommen das eine oder das andere aus diesem Programm mit und horchen vielleicht auch – trotz durchgängiger Gleichgültigkeit – bei dem einen oder anderen Reizwort auf. – Solche Befragten sind natürlich überfordert, wenn sie ihr Verhalten in die oben beschriebene Häufigkeitsskala einordnen sollen. Es bedarf schon einer pointierten Unkirchlichkeit, um für einige Minuten hier den Apparat auszuschalten. Eine solche Unkirchlichkeit wird in beiden Untersuchungen etwa gleich stark belegt. Die breite Kategorie der »Gleichgültigkeit« wird in der Stabilitätsuntersuchung durch die Fragestellung eher in Richtung eines Wohlwollens gegenüber der Kirche gedrängt.

Die Interviewmethode ist eine Art von indirekter Beobachtung. Sie erlaubt, Sachverhalte zu erheben, die der direkten Beobachtung nur sehr vermittelt, wenn überhaupt zugänglich sind. Außerdem ermöglicht sie, statistisch-repräsentative Ergebnisse zu erhalten, was bei direkter Beobachtung faktisch ausgeschlossen ist. Die Nachteile sind: Herstellen einer künstlichen Situation, Schwierigkeiten der Übertragung der so gewonnenen Ergebnisse auf Prognosen für ein Verhalten, das sich im realen sozialen Vollzug abspielt. Diese Problematik wurde kürzlich in einer Arbeit von Baldo Blinkert direkt untersucht[6]. Dabei geht er u. a. auch ausführlich auf das Problem offene Fragen versus geschlossene Fragen ein. Blinkert konnte zeigen, daß durch das Vorgeben von Antwortkategorien Antworten produziert wurden, die bei offenen Fragen nicht in den Blick kamen. Dabei ist zu beachten, daß »gleich viel ... dafür *und* dagegen (spricht), (einen) Themenkomplex mit einer offenen oder aber mit einer geschlossenen Frage zu untersuchen« (Blinkert, 362). Blinkert kommt zu dem Schluß, »daß Befragungsmethoden sehr oft gerade in solchen Bereichen eingesetzt werden, für die sie nicht geeignet sind. Vielfach werden Umfragen durchgeführt (vor allem in der Auftragsforschung) und auch einem breiten Publikum zugänglich gemacht, in denen es darum geht, die Verteilung von Meinungen und Einstellungen zu einem recht abstrakten Thema ... zu beschreiben. Angesichts der Möglichkeiten durch eine absolut zulässige Ausnutzung methodischer Ermessensspielräume fast beliebige Ergebnisse zu erzeugen, ist der Einsatz von Befragungsmethoden für solche Zwecke kaum sinnvoll« (aaO. 371). Es gibt Hinweise in Blinkerts Arbeit, daß mit dem Bildungsgrad die Resistenz gegenüber instrumentbedingten Veränderungen der Meinungsäußerung wächst (aaO. 371). Da unsere Befragungsgruppen ein hohes Bildungsniveau aufweisen, während bei der Stabilitätsumfrage eine Normalverteilung vorliegt, liefert unsere Untersuchung Ergebnisse, die deutlich instrumentunabhängiger sind als die der Stabilitätsumfrage.

Ergebnisse der Untersuchung

Ab 1968 ist eine steigende Tendenz der Kirchenaustritte festzustellen. So verließen 1968 bezogen auf 10 000 evangelische Kirchenmitglieder in Württemberg 9,7 ihre Kirche, 1969 15,5 und 1970 31,8. Für die katholische Kirche lauten die entsprechenden Zahlen: 8,3; 10,6 und 21,8. Unter Vernachlässigung von teilweise beträchtlichen Schwankungen ist seitdem das hohe Niveau der Kirchenaustrittszahlen nicht mehr verlassen worden. Der überwiegende Anteil aller Kirchenaustreter wird konfessionslos. In unserer Stichprobe von insgesamt 152 Kirchenaustretern wurden 109 (72%) konfessionslos. Im folgenden wird immer nur die Gruppe der in die Konfessionslosigkeit Ausgetretenen berücksichtigt[7].

Völlig zurückweisen kann man jede Vermutung, daß Kirchenaustritt und politische Einschätzung der Befragten in irgendeinem erkennbaren Zusammenhang stehen. Damit ist auch die Hypothese hinfällig, daß Kirchenaustritte die Folge von zu starkem oder zu geringem politischen Engagements der Kirchen seien. Wir konnten feststellen, daß zwischen Kirchenmitgliedern und Ausgetretenen gleichen sozialen Milieus in politischer Hinsicht kein Unterschied besteht. Bei aller Vorsicht wird man höchstens sagen können, daß sich die Ausgetretenen auf keinen Fall erkennbar im linken Feld des politischen Spektrums verorten lassen; eher wäre ein liberal-konservativer Trend zu konstatieren. Die politische Unauffälligkeit der Ausgetretenen spricht für die Vermutung, daß der Kirchenaustritt weder weltanschauliche Prämissen noch weltanschauliche Konsequenzen hat.

Die Religiosität der Befragten

Gerade bei dem Kirchenaustritt in die Konfessionslosigkeit wird die Frage nach eventuell fortdauernder Religiosität (Einstellungen, gegebenenfalls auch Handlungen) interessant. Solche Rudimente religiöser Einstellungen wollten wir mit einer Reihe einzelner Items erfassen, die Rückschlüsse erlauben sollten, a) ob der Austritt die letzte Konsequenz einer Entfremdung vom kirchlichen Leben ist. Religiöse Vorstellungen dürften dann nicht mehr bewußt bejaht werden. Wenn darüber hinaus die Entkirchlichung einer Verweltlichung im Sinne von Diesseitsbezogenheit entspricht, so ist auch keine Beschäftigung mit »letzten Dingen« oder pseudoreligiösen Ideen zu erwarten; oder b) ob der Austritt in erster Linie als Protest gegen *diese* Kirche zu verstehen ist, deren wahrgenommene Handlungen kritisiert werden (z. B. politische Richtung, Verfall von Glaubenswahrheiten, Umgang mit dem Geld, Art des Kirchensteuereinzugs etc.). In diesem Fall könnten Items, die nicht institutionstypisch oder gar nicht als religiös erkennbar sind, die Austretergruppe nicht von den Mitgliedern trennen. Den deutlichsten Unterschied brachte das Item »Der Glaube an göttliche Führung, an das Schicksal als das Werk Gottes ist zu einem zufriedenen Leben in der Welt nötig« (Tab. 1). Dieses Item überprüft die Wirkung transzendierenden Denkens für ein positiv zu bewertendes Leben in dieser Welt. Über die Realität dieser göttlichen Führung wird nichts ausgesagt. In der Bejahung dieses Items können sich also fast alle Religionen und Konfessionen unterschiedlichster religiöser Bewußtseinsgrade wiederfinden, da es einen Minimalkonsens außerweltlich festgemachten sinnhaften Lebens in dieser Welt ausdrückt (und sei es nur funktionell-instrumental). Wären die Begriffe »göttlich« und »Schicksal als Werk Gottes« nicht vertreten, würde das Statement auch geschichtsimmanente Heilslehren erfassen.

Die Konfessionslosen reagierten entschieden auf dieses Item. Nur 9% ordneten es auf der siebenstufigen Zustimmungs/Ablehnungsskala bei null ein. Die Ablehnung fällt mit 65% so hoch aus, daß im wesentlichen die von uns bevorzugte Annahme a) bestätigt wird. Aber immerhin ein gutes Viertel (26%) der befragten Austreter stimmt diesem Item zu, ist also zumindest als diffus religiös zu klassifizieren. In der Kontrollgruppe ist auffällig, daß immerhin 52% diesen religiösen Minimalkonsens nicht bejahen, wobei insgesamt 16% zu diesem Statement keine Meinung haben. Hier – und gemessen an der relativ geringen Zustimmung (47%) – wird die schwache Basis der beiden großen Religionsgemeinschaften bezüglich der religiösen Vorstellungen ihrer Mitglieder deutlich; diese Aussage gilt besonders für die evangelische Kontrollgruppe und dürfte den Vorsprung der evangelischen Kirche in der Austrittsstatistik erklären. Auffällig ist die im Vergleich zu den konfessionslosen Männern niedrige Ablehnung des Items durch konfessionslose Frauen (65% gegen 45%). Als härtestes Ergebnis ist aber die überwiegende Ablehnung durch die männlichen Konfessionslosen zu sehen. Dieses läßt sich nur so interpretieren, daß bei den ausgetretenen Männern Sätze mit eindeutig traditional religiösen Assoziationsmöglichkeiten auf fast automatische Ablehnung stoßen. Nimmt man eine innere Logik des Zusammenhanges von Kirchenmitgliedschaft bzw. Konfessionslosigkeit auf der einen Seite und Zustimmung bzw. Ablehnung bestimmter religiöser Sätze auf der anderen Seite an, dann könnte man formulieren, daß das höchste Maß innerer Logik die männlichen Ausgetretenen aufweisen, gefolgt von den weiblichen Kirchenmitgliedern, während die männlichen Kirchenmitglieder und die weiblichen Ausgetretenen erst in weitem Abstand folgen. Dieses Ergebnis bestätigt zwei Vermutungen: 1. Das mögliche Austrittspotential bei den Männern ist noch recht umfangreich. 2. Der Kirchenaustritt der Frauen ist meistens Folgeaustritt. Auf jeden Fall kann

1.3

als gesichert gelten, daß die Basis der Volkskirchlichkeit in den mittleren Schichten unserer Gesellschaft nicht die ungefährdet vorhandene Volksreligiosität ist, auf deren Grundlage die Kirchen die spezifische Religiosität des Christentums entwickeln könnten. Vielmehr wird man davon ausgehen müssen, daß die traditionalen Momente der Volksreligiosität immer mehr zu einer Sache von Minderheiten werden.

Tab. 1:

	ablehnend (-1 bis -3)	weder – noch	zustimmend ($+1$ bis $+3$)		
				Austreter	n = 109
				Kontroll ev. + kath.	n = 118
				Kontroll ev.	n = 82
				Kontroll kath.	n = 36
			Angaben in Prozent		
a) »Der Glaube an göttliche Führung, an das Schicksal als das Werk Gottes ist zu einem zufriedenen Leben in der Welt nötig.«	65	9	26	Austreter	
	36	16	47	Kontroll ev. + kath.	
	38	21	41	Kontroll ev.	
	33	6	61	Kontroll kath.	
Für Austreter/Kontroll ev. + kath. $x^2 = 18,3$; df = 2; p < 1%; ss.					
b) »Viele Leute spotten darüber, aber die Astrologie kann doch viele Dinge erklären.«	55	21	24	Austreter	
	39	26	35	Kontroll ev. + kath.	
	39	29	33	Kontroll ev.	
	40	20	40	Kontroll kath.	
Für Austreter/Kontroll ev. + kath. $x^2 = 5,56$; df = 2; 10% > p > 5%; Trend					
c) »Ich denke des öfteren an den Tod.«	56	14	30	Austreter	
	34	24	43	Kontroll ev. + kath.	
	33	24	43	Kontroll ev.	
	36	22	42	Kontroll kath.	
Für Austreter/Kontroll ev. + kath. $x^2 = 10,62$; df + 2; p < 1%; ss.					

Es liegt nahe, zu vermuten, daß die Ablehnung traditioneller Stücke der Volksreligiosität hoch korreliert mit dem Glauben an die unbegrenzte Effizienz naturwissenschaftlicher Erkenntnisse. Dieser erwartete Befund könnte dann so verstanden werden, daß die Ausgetretenen eine andere Sinnwelt aufbauen, die sich auf die exakten Wissenschaften stützt. Unser Material bietet aber keine Basis für diese Vermutung. Das Ergebnis kann nur so gedeutet werden, daß es in unserer Gesellschaft keine nennenswerte Grundlage für eine konsequent monistische Idee auf naturwissenschaftlicher Basis gibt. Die aus der Kirche ausgetretenen Individuen bilden keine antireligiöse Gegenwelt aus, sondern lehnen anscheinend ersatzlos die überlieferten religiösen Vorstellungen in noch stärkerem Maße ab als die Kirchenmitglieder. So scheinen auch die Ausgetretenen nur wenig immun gegen Formen pseudo-religiösen Denkens zu sein, wie sie etwa durch astrologische Vorstellungen repräsentiert werden. Das Item »Viele Leute spotten darüber, aber die Astrologie kann doch viele Dinge erklären« (Tab. 1) wird zwar von 54% der ausgetretenen Männer abgelehnt und von 51% der Frauen aus dieser Gruppe, aber immerhin auch von 38% der männlichen und 40% der weiblichen Mitglieder. Ganz abgesehen von der Tatsache, daß Kirchenmitglieder leichter zu religiösem Aberglauben neigen als Ausgetretene (der Unterschied ist allerdings statistisch nur schwach signifikant), ist es bemerkenswert, daß der Glaube an die Macht der Sterne bei den Ausgetretenen auf weniger Widerspruch stößt als der Glaube an göttliche Führung. Man darf das Ergebnis allerdings nicht so interpretieren, als bauten die Ausgetretenen eine astrologische religiöse Ersatzwelt auf. Gegen diese Deutung spricht, daß die Konfessionslosen insgesamt gegenüber der Astrologie kritischer sind als die Kirchenmitglieder. Vielmehr scheint es in unserer Gesellschaft noch ein bedeutsames Potential für astrologische Vorstellungen zu geben, das ziemlich unabhängig von den sonstigen religiösen Vorstellungen ist. Die Hypothese von der Parzellierung der Sinnwelten, durch die jeweils bestimmte Stücke aus komplexen Überlieferungsprozessen thematisch werden, scheint durch unsere Befunde bekräftigt zu werden.

In der Kaufmannschen Kirchlichkeitsskala[8] wurde eine hohe positive Korrelation zwischen dem Item »Ich denke oft an den Tod« und Kirchlichkeit festgestellt. Unser Material bestätigt diesen Zusammenhang (Tab. 1): Knapp über die Hälfte der Ausgetretenen lehnen diesen Satz als für sie unzutreffend ab, während es bei den Kirchenmitgliedern nur ein Drittel ist. Die Beschäftigung mit dem Tod bzw. die Ablehnung einer solchen Beschäftigung kann verschieden interpretiert werden: Einmal als die Bereitschaft zu einer in die »Tiefe« gehenden Lebenseinstellung, zum andern als die Konzentration auf eine aktive Lebensbejahung unter Hintansetzung von Gedanken über die Zerbrechlichkeit menschlicher Existenz. Je nach gewählter Interpretation wird man den Ausgetretenen eine stärkere Hinwendung zu innerweltlichen Aktivitäten attestieren oder den Kirchenmitgliedern ein stärkeres Bewußtsein für existentielle Fragestellungen. Gleichermaßen gilt aber, daß das Denken über den Tod als Anknüpfungspunkt für religiöse Gedankenwelten bei den Kirchenmitgliedern eher vorausgesetzt werden kann als bei den Ausgetretenen.

Zusammenfassend läßt sich feststellen, daß für den weitaus größten Teil der Austreter keine Ablehnung der nur kirchenspezifischen Form religiösen Lebens zu vermuten ist. Dem Austritt liegen vielmehr Phänomene der Entzauberung dieser Welt zugrunde, in der die Sinnsetzung – soweit nicht

weitgehend auf sie verzichtet wird – eine immanente geworden ist. Die zunehmende Plausiblität diesseitigen Lebens im Zusammenhang mit der weitgehend zersprungenen Plausibilität nicht immanenter Erklärungen hat den transzendierenden Denksystemen die Grundlagen entzogen.
Solange die Kirchen den Teil ihres Dienstleistungsangebots, der auch unter Absehung von der jenseitigen Welt sinnvoll erscheint, nicht vergrößern und deutlich herausstellen, wird eine Kosten–Nutzen-Analyse, in der der Himmel als »quantité negligeable« angesetzt werden kann, immer zum Nachteil der Kirchen ausgehen. Damit scheint uns die wichtigste Vorbedingung für den »Kirchensteueraustritt« formuliert zu sein: Die Einschätzung des Jenseitigen als Nullposten. Als historisches Gegenbeispiel sei an das Ablaßwesen erinnert, das die Reformation auslöste: Die Explosion des Ablaßwesens setzte voraus, daß das Jenseits von den Betroffenen als (fast) unendlich hoher Wert veranschlagt wurde. Die reformatorische Überzeugung, mit diesseitigen Werken hinsichtlich des Jenseits nicht bewirken zu können, dürfte erheblich zur Entwertung der Jenseitsinvestitionen beigetragen haben und ein Hinweis darauf sein, warum besonders die Kirche der Reformation von den Kirchenaustritten nicht mehr religiöser Individuen betroffen ist.

Die Kirchen im Urteil der Befragten

Ob eine Organisation stabil ist in dem Sinne, daß ihre Mitglieder bereit sind, sie auch in der Zukunft durch Leisten von Support existenzfähig zu halten, wird auch davon abhängen, welche Meinung die Mitglieder über diese Organisation haben. Im Fall der Kirchen liegt jedoch ein komplexerer Sachverhalt vor. Wir können nämlich nicht davon ausgehen, daß Kirchenmitglieder bewußt durch Leistungen irgendwelcher Art die Kirchen am Leben erhalten. Obwohl die finanziellen Leistungen an die Kirchen (Kirchensteuern) theoretisch nicht alternativenlos sind, erscheinen sie wahrscheinlich vielen Kirchenmitgliedern so. Wenn dies der Fall ist, dann haben aber auch die Meinungen über die Kirchen keinen direkten Einfluß auf das Verhalten gegenüber den Kirchen, besonders auch im Hinblick auf einen möglichen Austritt aus dieser Kirche. Allerdings hat diese Annahme auch eine für die Stabilität der Kirchen negative Bedeutung: Die Kirchen verdanken ihren Bestand nicht der bewußten Bejahung der Institution und ihrer Funktionen.
Um diesen etwas komplizierten Gedankengang abzuklären, sollen zwei Tabellen folgen, die einen auf den ersten Blick schlichten Sachverhalt darstellen: die positiven und die negativen Meinungen der Befragten über die Kirchen (wobei bewußt zwischen evangelischer und katholischer Kirche

nicht unterschieden wurde). Es muß vorab erwähnt werden, daß die Fragen offen gestellt wurden, Antwortkategorien waren nicht vorgegeben.

Tab. 2: Befragte nach positiver Meinung über die Kirchen (Mehrfachnennungen, deshalb mehr als 100 Prozent!)

	evangelische und katholische Kirchenmitgl.	konfessionslose Kirchenaustreter
Glaubensbewahrung	8%	5%
Bewahrung der Moral	6%	6%
Einzelseelsorge	14%	9%
Soziale Dienste (Diakonie)	31%	30%
Kindererziehung	5%	5%
»gut für andere«	11%	12%
sonstiges	19%	12%
nichts	13%	28%
n	118	101

$x^2 = 10{,}65$; df $+$ 7; p $\sim$ 20%; n.s.

Tab. 3: Befragte nach negativer Meinung über die Kirchen (Mehrfachnennungen, deshalb mehr als 100 Prozent)

	evangelische und katholische Kirchenmitgl.	konfessionslose Kirchenaustreter
Kirchensteuer	7%	20%
Reichtum der Kirchen	14%	15%
Heuchelei	5%	9%
Einmischung in Politik	13%	14%
Antiquiertheit	16%	15%
Einmischung in pers. Angelegenheiten	9%	3%
Doktrinarismus	7%	8%
verdummende Wirkung	3%	10%
sonstiges	19%	33%
nichts	19%	8%
n	118	107

$x^2 = 26{,}25$; df $=$ 9; p $<$ 1%; ss.

Am verblüffendsten an den in den Tabellen dargestellten Daten ist zunächst, daß Kirchenmitglieder an ihren Kirchen kaum mehr Positives finden als aus der Kirche Ausgetretene. Einziger Befund ist, daß Austreter schneller bereit sind zu sagen, sie fänden nichts positiv an den Kirchen, als dies Kirchenmitglieder sind. Aber auch dieser Unterschied von 15 Prozentpunkten macht die Tabelle insgesamt noch nicht signifikant. Sowohl den Kirchenmitgliedern als auch den Kirchenaustretern fällt zu »Kirche« wenig ein. Selbst die noch am häufigsten erwähnten sozialen Dienste (Diakonie) werden von weniger als einem Drittel der Befragten genannt und können anscheinend die Kirchenaustreter nicht motivieren, diese sozialen Dienste durch Kirchensteuer weiter zu finanzieren. Ähnlich wird das Bild, wenn wir die negativen Meinungen über die Kirchen betrachten. Zwar ist der Unterschied zwischen Kirchenmitgliedern und Kirchenaustretern hoch signifikant, aber nur, weil in drei von insgesamt elf Kategorien signifikante Unterschiede bestehen, wovon eine Kategorie wieder »nichts« ist. Es war zu erwarten, daß Kirchenaustreter schon aus Gründen der Minderung potentieller kognitiver Dissonanzen eher in der Lage sein werden, irgend etwas Negatives über die Kirchen zu sagen als die Kirchenmitglieder. Überraschend ist jedoch, daß unter Absehung der Kirchensteuerkategorie und der Sammelkategorie »sonstiges« die klassischen Vorwürfe gegen die Kirchen anscheinend Kirchenmitgliedern und Kirchenaustretern gleich präsent sind und auch gleich stark bejaht werden.

Es gibt zwei Möglichkeiten, diese Befunde zu interpretieren:
– Man kann fragen, warum die Austreter eigentlich bei diesen Urteilen über die Kirchen ausgetreten sind oder
– man kann fragen, warum die Kirchenmitglieder bei diesen Urteilen über die Kirchen nicht ausgetreten sind.

Gerade weil beide Fragen gleich sinnvoll sind und letztlich gleich unbeantwortet bleiben, wenn wir sie im Kontext des sozialen Systems Kirche belassen, scheint uns ein Indiz dafür zu sein, daß Stabilität oder Labilität der Kirchen unabhängig von den Meinungen der Mitglieder oder der ehemaligen Mitglieder über die Kirchen sind. Die Kirchenaustrittswelle, die vor etwa zehn Jahren einsetzte und – wenn auch ohne steigende Tendenz – bis heute anhält, hat nach allen bisher erkennbaren Befunden kein eindeutig bestimmbares politisches, weltanschauliches, religiöses oder kirchliches »Milieu«. Dies unterscheidet diese Welle von allen vorhergegangenen in diesem Jahrhundert. Es gibt keinen Kirchenkampf, keine gesellschaftlich bedeutsame »Raus-aus-den-Kirchen-Bewegungen«. Die Austreter verlassen anscheinend die Kirche ohne Groll. Kirche ist für sie kein Thema, aber für die Kirchenmitglieder scheint dies auch der Fall zu sein. Wir meinen, daß genau dies ein Zeichen extremer Instabilität für die Kirchen ist.

Es soll aber nicht verschwiegen werden, daß es auch Ergebnisse gibt, die zeigen, daß Kirchenmitglieder und Kirchenaustreter sich in bezug auf ihre Meinung über die Kirchen stark unterscheiden. Es geht um das Urteil der Befragten über die Stärke des Einflusses der Kirchen in unserer Gesellschaft.

Auf beide Fragen antworten die Ausgetretenen signifikant häufiger mit der Kategorie »viel zu viel Einfluß« als die Kirchenmitglieder. Besonders ausgeprägt ist dies bei der Frage nach dem Einfluß der katholischen Kirche. Völlig unerwartet zeigt sich aber bei einer weiteren Aufsplitterung der

Tab. 4: Befragte nach dem Ausmaß des Einflusses der katholischen Kirche

	konfessionslose Kirchenaustreter	ev. und kath. Kirchenmitglieder
viel zu viel Einfluß	59%	29%
etwas zu viel Einfluß	29%	43%
gerade richtigen Einfluß	8%	22%
zu wenig Einfluß	4%	6%
n	108	116

$x^2 = 21,73$; df = 3; p < 1%; ss.

Tab. 5: Befragte nach dem Ausmaß des Einflusses der evangelischen Kirche

	konfessionslose Kirchenaustreter	ev. und kath. Kirchenmitglieder
viel zu viel Einfluß	28%	6%
etwas zu viel Einfluß	35%	27%
gerade richtigen Einfluß	33%	45%
zu wenig Einfluß	4%	22%
n	106	112

$x^2 = 32,74$; df = 3; p < 1%; ss.

Ergebnisse (die hier nicht tabellarisch dargestellt wird), daß diese Urteile unabhängig von der ehemaligen bzw. aktuellen Konfession der Befragten sind. Faßt man die Nennungen »viel zu viel Einfluß« und »etwas zu viel Einfluß« zusammen, so ergibt sich folgendes Bild: 67% der jetzigen Katholiken, 72% der ehemaligen Katholiken, 75% der jetzigen Protestanten und 90% der ehemaligen Protestanten meinen, die katholische Kirche habe viel zu viel oder etwas zu viel Einfluß. Die Differenz, die auch die statistische Signifikanz produziert, liegt zwischen den Nennungen »viel zu viel Einfluß« und »etwas zu viel Einfluß«. In dem Milieu, in dem die Befragung stattfand (städtische Mittelschichten), scheint das Urteil über den zu starken Einfluß der katholischen Kirche allgemein verbreitet zu sein und zwar bei Katholiken und bei Protestanten. Man kann deshalb ausschließen, daß es sich hier um Resultate der Kontroverstheologie handelt. Tritt aus diesen Schichten jemand aus der Kirche aus (wobei es keine besondere Rolle spielt, ob die katholische oder die evangelische Kirche verlassen wird), so wird dieses Urteil nicht erst erworben, sondern lediglich verfestigt. Das heißt: man ist jetzt bereit, ein eher negatives Urteil mit größerer Entschiedenheit vorzutragen als vordem. Daß es sich nicht um eine Auseinandersetzung mit der eigenen Kirche handelt, kann man daran erkennen, daß es gerade die ehemaligen Protestanten sind, die jetzt vehement der katholischen Kirchen viel zu viel Einfluß zuschreiben (57%), während die ehemaligen Katholiken hier zurückhaltender sind (45%). Man kann geradezu den Eindruck gewin-

1.3

nen, als träten viele Protestanten aus ihrer Kirche aus, weil die katholische Kirche zu einflußreich sei. Allerdings ist dieser Eindruck nicht verwunderlich, wenn man berücksichtigt, wie blaß die evangelische Kirche im Urteil der Ausgetretenen und der Kirchenmitglieder ist. Zwar meinen mehr als ein Viertel der Ausgetretenen, die evangelische Kirche habe viel zu viel Einfluß, aber immerhin ein Drittel meint, sie habe gerade richtigen Einfluß. Selbst wenn man nur die ausgetretenen Protestanten berücksichtigt, meinen nur 36%, ihre ehemalige Kirche habe viel zu viel Einfluß, während immerhin noch ein Viertel ihr gerade richtigen Einfluß attestiert, also eigentlich keinen Grund haben dürfte, diese Kirche zu verlassen. Wir müssen noch erwähnen, daß sich weiterhin keine Unterschiede ergeben, wenn man danach fragt, auf welche Feldern denn die entsprechende Kirche viel zu viel Einfluß habe. Auch hier fällt den Kirchenaustretern nichts anderes ein als den Kirchenmitgliedern.

Fassen wir die bisherigen Befunde, die das Verhältnis der Befragten zu den Kirchen betreffen, zusammen, so kann man feststellen, daß die Ausgetretenen insgesamt den Kirchen kritischer gegenüberstehen als die Kirchenmitglieder. Dabei handelt es sich aber nicht um absolute Gegensätze, sondern um Verschiebungen in einem Nuancenbereich. Tendenziell urteilen beide Gruppen ähnlich. Lediglich scheinen die Kirchenmitglieder eher geneigt zu sein, eine vorsichtig kritisch-negative Position zu wählen, während die Ausgetretenen diese Position negativ verstärken. Sicher ist auf jeden Fall, daß die Ausgetretenen über keinen besonderen Wissens- oder Glaubensvorrat verfügen, die eine spezielle Plausibilität ihrer Handlungen begründen könnten. Man kann dies auch anders sehen: Die Kirchenmitglieder verfügen über keine Plausibilitätsstruktur, innerhalb derer die Kirchenmitgliedschaft sinnvoll nachvollziehbar wäre. Man darf darin kein Defizit kirchlicher Sozialisation sehen, sondern eher das zwangsläufige Ergebnis volkskirchlicher Situation, das nur dann problematisch für die Kirchen werden kann, wenn erstens das Verlassen der Kirche eine rechtliche und gesellschaftliche Möglichkeit werden kann und zweitens die sozialen Gerüste wegfallen, innerhalb derer bis jetzt Kirchenmitgliedschaft eine unhinterfragte Selbstverständlichkeit war bzw. nur durch die Gegenwelt eines besonderen politischen oder religiösen Glaubenssystems in Frage gestellt werden konnte. Beide Bedingungen scheinen heute für weite Kreise unserer Gesellschaft gegeben zu sein.

Die soziale Lebenswelt der Befragten

Bisher haben wir kaum Ergebnisse gefunden, die es erlauben, irgendeinen Hinweis auf den sozialen Ort, in dem der Kirchenaustritt geschieht, zu

geben. Als letzten Bereich wollen wir das Gebiet kurz untersuchen, das gemeinhin als »soziale Kontrolle« bezeichnet wird. Wir gehen dabei von der Überlegung aus, daß soziale Kontrolle heute nur noch sehr vermittelt in Richtung auf Beibehaltung der Kirchenmitgliedschaft wirken wird. Von besonderen regionalen und lokalen Verhältnissen abgesehen, stehen auf Kirchenaustritt keine Sanktionen mehr. Allerdings erscheint es plausibel anzunehmen, daß die Einbindung eines Individuums in einem gegebenen lokalen Rahmen bewirken wird, daß die Kirchenmitgliedschaft aufrechterhalten wird. Dies erscheint uns deshalb plausibel, weil Kirche in erster Linie auf der Gemeindeebene d. h. lokal präsent wird. Sofern ein Kirchenmitglied keine Bezüge zu der Lokalität hat, in der er lebt, wird er auch eher bereit sein, seine Kirchenmitgliedschaft aufzugeben, da ihm ein wesentlicher Bereich der Anschauung lokal präsenter Kirche fehlen wird. Von den Bereichen, an denen diese Vermutung überprüft wurde, wollen wir zwei darstellen:
1. der Kontakt zu am Ort lebenden Verwandten,
2. die in Vereinen und Clubs verbrachte Freizeit.

Tab. 6: Befragte nach Geschlecht und nach dem Kontakt mit Verwandten am selben Ort

	ev. und kath. Kirchenmitgl.		konfessionslose Kirchenaustr.	
	männlich	weiblich	männlich	weiblich
ja	52%	51%	20%	33%
nein	48%	49%	80%	67%
n	52	65	74	33

$x^2 = 18,88$; df $= 3$; $p < 1\%$; ss.

Tab. 7: Befragte nach verbrachter Freizeit in Vereinen und Clubs

	Kirchenmitglieder		Austreter	
	männlich	weiblich	männlich	weiblich
ja	46%	20%	26%	27%
nein	54%	80%	74%	73%

$x^2 = 10,78$; df $+ 3$; $p < 2\%$; s.
Für die Untergruppe der Männer: $x^2 = 5,70$; df $= 1$; $p < 2\%$; s.
Für die Untergruppe der Frauen: $x^2 = 0,73$; df $= 1$; $p > 30\%$; n.s.

Es soll gleich bemerkt werden, daß die Unterschiede in diesen Tabellen nicht auf die unterschiedlich lange Zeit der Ansässigkeit in den entsprechenden Wohnorten zurückgeführt werden können. Weiterhin ist bemerkenswert, daß alle Unterschiede nur zwischen den männlichen Kirchenmitgliedern und den männlichen Ausgetretenen auftreten, während bei den Frauen nur geringe Unterschiede festgestellt werden können. Wir führen dies

darauf zurück, daß der Kirchenaustritt von Frauen sehr häufig ein »Folgeaustritt« auf den Kirchenaustritt des Ehemannes ist. Wenn man dies alles berücksichtigt, so ist die Vermutung bestätigt, daß ein funktionierendes lokales Verwandtschaftssystem und eine Einbindung in die Vereinswelt des Wohnortes die Tendenz zum Kirchenaustritt wesentlich schwächt.
Dies bedeutet aber auch, daß die Kirchen weitgehend nicht mehr aus eigener Substanz leben, sondern eine Art »parasitärer« Stabilität genießen, sie leben von der Stabilität ihrer Umwelt. So wird auch erklärlich, warum ab 1968 plötzlich die Kirchenaustrittszahlen ansteigen. Man darf dabei nicht in erster Linie an politische Stabilität denken, sondern an eine Stabilität der Lebenswelt, wie sie in Zukunft wohl schon allein aus ökonomischen Gründen nicht zu erwarten sein wird. Horizontale Mobilität erschwert eine fraglose Einbindung in die lokale Lebenswelt und damit indirekt auch die unhinterfragte Mitgliedschaft in einer Kirche. Eine strategisch bedeutsame Rolle dürfte dabei das Verwandtschaftssystem spielen, das ja bekanntlich gelegentlich sich mit Hilfe kirchlicher Riten darstellt. Dabei macht es anscheinend einen bedeutenden Unterschied aus, ob die Verwandten aus verschiedenen Orten anreisen oder zu einem beträchtlichen Anteil am selben Ort präsent sind, in dem sich Verwandtschaft auch kirchlich-rituell repräsentiert. Diese sekundäre Stabilität der Kirchen jedoch, die über Jahrhunderte selbstverständlich war, ist am Zurückgehen. Nicht weil Verwandtschaft insgesamt an Bedeutung verlöre, sondern weil Verwandtschaft eher im Sinne von Bekanntschaft bewußt aktiviert wird und nicht mehr selbstverständliche Matrix des Lebens ist.
Ähnliches gilt für die Welt des Vereinslebens. Nicht das Interesse an Vereinen geht zurück. Zurück geht aber die selbstverständliche Zugehörigkeit zu lokal definierten Vereinen, die zwar auch einen außerhalb der Geselligkeit liegenden Zweck haben, aber dennoch zugleich Kommunikationszentren sind. Der reine Zweckverein, auch als Freizeitverein, erfüllt zwar bestimmt auch gesellige Funktionen, aber eben nur einen bestimmten Ausschnitt von ihnen. In ihm findet damit weniger soziale Kontrolle statt.

Ausblick

Man wird nicht sagen können, daß die Kirchen in einem Zustand völliger Instabilität existieren. Man wird aber auch nicht verhehlen können, daß die reale gesellschaftliche Basis für soziale Stabilität der Kirchen zunehmend geringer wird und daß es bis heute den Kirchen nicht gelungen ist, bei ihren Mitgliedern eine plausible Sinnwelt aufzubauen, die es ermöglichen könnte, auch dann weiter zu bestehen (auf einer entsprechenden Massenbasis), wenn eine Existenz auf der Basis geborgter Stabilität nicht mehr möglich ist.

Anmerkungen:

1. Allerdings ist zu berücksichtigen, daß dies nur für die Gesamtpopulation gilt. Für spezielle, hoch selektive Gruppen kann sich ein völlig anderes Bild ergeben. So stellen die Konfessionslosen bei den Lesern der Zeitschrift »Psychologie heute« die zweitgrößte Gruppe (32% bei den Männern) nach den Protestanten (35%) und noch vor den Katholiken (31%). Psychologie heute 7 (1978) 58.
2. Vgl. G. Kehrer, Stabile Kirche in einer stabilen Gesellschaft, in: D. Henke / G. Kehrer / G. Schneider-Flume (Hg.), Der Wirklichkeitsanspruch von Theologie und Religion, 1976, 133–149.
3. R. K. Merton, Manifest and Latent Functions, in: ders., Social Theory and Social Structure, Glencoe 1957, 19–84, bes. 30 ff.
4. Die Termini »contracting in« bzw. »contracting out« sind ursprünglich auf die Situation der britischen Labour Party bezogen worden und bezeichnen den Sachverhalt, daß ein Gewerkschaftsangehöriger automatisch Mitglied der Labour Party ist, sofern er nicht förmlich erklärt, daß er *nicht* dieser Partei angehören wolle (to contract out). Auf die Situation der beiden großen Kirchen in der Bundesrepublik Deutschland ist diese Begrifflichkeit natürlich nur im übertragenen Sinne anwendbar.
5. Für mehr ins einzelne gehende Ergebnisse verweisen wir auf: G. Kehrer und D. Schäfer, Kirchenaustritte in Württemberg, in: Wissenschaft und Praxis in Kirche und Gesellschaft 66 (1977) 394–421.
6. B. Blinkert, Methodische Realitätskonstruktion oder soziale Tatbestände?, in: Soziale Welt 29 (1978) 358–373.
7. Den Standards sozialwissenschaftlicher Forschung entsprechend werden nur solche Unterschiede erklärungsrelevant, die statistisch signifikant sind. In den Tabellen ist dies bei Signifikanz mit »s« (bei sehr hoher Signifikanz »ss«) vermerkt. Nichtsignifikanz wird »n.s.« bezeichnet. Unter Umständen signifikante Ergebnisse werden durch »Trend« gekennzeichnet. Für den statistisch geschulten Leser sind die genauen x^2 Angaben mit abgedruckt.
8. F. X. Kaufmann, Zur Bestimmung und Messung von Kirchlichkeit in der Bundesrepublik Deutschland, in: Internationales Jahrbuch für Religionssoziologie IV (1968) 63 ff.

1.4 Ursula Boos-Nünning
SOZIALE SCHICHT UND RELIGIOSITÄT*

Theoretische Vorüberlegungen und Hypothesen

Die Beziehung zwischen sozialer Schicht und Religion wird in der religionssoziologischen Literatur unter zwei Gesichtspunkten analysiert: als Erforschung des Einflusses der Religion auf den sozialen Status und als Untersuchung der Bedeutung der Schicht als Determinante der religiösen Praxis oder religiöser bzw. kirchlicher Einstellungen. Für beide Erklärungsversuche, soweit sie empirische Daten einbeziehen, gilt die Einschränkung, »daß soziale Schichtung wie auch das Phänomen der Religion absolut und isoliert gesehen werden, obgleich es nur Ausschnitte aus dem gesamten gesellschaftlichen System sind. Dadurch entfernt man sich immer weiter von einer soziologischen Theorie der Gesellschaft«[1]. Obwohl die Aufstellung und Überprüfung eines solchen allgemeinen Ansatzes vordringlich erscheint, kann in diesem Beitrag nur die verengte Fragestellung nach dem Einfluß des Berufes oder der Zugehörigkeit zu einer bestimmten sozialen Schicht auf die Religiosität berücksichtigt werden, da für die Prüfung weitergehender Theorien das empirische Material fehlt. Die Darstellung beschränkt sich auf die Diskussion der in der Religionssoziologie häufig vertretenen Hypothese von der besonderen Kirchenferne oder sogar Areligiosität der Arbeiter- oder Unterschicht.
Auch bei dieser eingegrenzten Fragestellung, der Untersuchung schichtspezifischer Unterschiede in der Religiosität der Menschen, stellen sich zwei methodische Probleme, die für die Einordnung und Interpretation der Ergebnisse von Bedeutung sind: das Problem der Kriterien, mit denen Religiosität oder Kirchlichkeit erfaßt wird, und das der Wahl der Indikatoren für die Messung der sozialen Schicht.
Zunächst müssen wir uns vor Augen halten, daß ein großer Teil der Untersuchungen in der Bundesrepublik Deutschland den Kirchgang als das äußerlich sichtbare Zeichen der Teilnahme am kirchlichen Leben als einziges Merkmal für Religiosität oder Kirchlichkeit versteht. Diese Untersuchungen führten alle zu dem Ergebnis, daß die nicht oder nicht mehr berufstätigen Gruppen (Kinder, Hausfrauen und Rentner) beim Kirchgang weitaus überrepräsentiert, die im Berufsleben stehenden Gruppen im Verhältnis zu ihrem Anteil an der Bevölkerung unterrepräsentiert sind. Außer-

dem deuten die empirischen Daten auf eine besondere Unkirchlichkeit der Arbeiter hin; die Autoren schließen daraus, daß die wirtschaftlich benachteiligten Gruppen unserer Gesellschaft, die Arbeiter, am wenigsten von der Kirche erreicht werden und daß ihre Mitglieder die geringste kirchliche Aktivität aufweisen[2]. Obgleich nur vom Kirchgang und der Teilnahme an kirchlichen Organisationen ausgegangen wird, folgert man daraus häufig eine Areligiosität der Arbeiterschicht.

Lenski nennt zwei Einschränkungen der Hypothese von der Areligiosität der Arbeiter. Erstens zeigen systematische Erhebungen in den USA, daß Angehörige der Arbeiterschicht gegenüber jeder Form organisatorischer Betätigung auffallend zurückhaltend sind; sie weisen in allen Bereichen eine so geringe Teilnahmebereitschaft auf, daß die Vermutung begründet scheint, es handele sich bei der geringen Beteiligung am kirchlichen Leben nur um einen Ausdruck der ablehnenden Haltung gegenüber jeder organisierten Aktivität. Eine mögliche Erklärung dafür läßt sich in der stärkeren Einbeziehung der Arbeiter in die verwandtschaftlichen Gruppenbeziehungen sehen, wobei entweder die Verwandtengruppe für die Arbeiterschaft der Ersatz für formale Organisationen oder die formale Organisation für die Mittelschicht ein Ersatz für verwandtschaftliche Lebensformen sein kann[3]. Eine wichtige Überlegung ist zweitens, daß man zu von dieser Hypothese abweichenden Ergebnissen kommt, wenn Religiosität nicht allein durch den Kirchgang erfaßt wird. Neuere Untersuchungen gehen davon aus, daß sich Religiosität in mehreren Aspekten oder Dimensionen äußern kann, die teilweise voneinander unabhängig sind. Überprüft man den Zusammenhang zwischen Religiosität und sozialer Schicht mit Hilfe einer anderen Dimension als der religiösen Praxis, so wird der Unterschied zwischen den sozialen Schichten geringer. Fukuyama und Demerath z. B. fanden schichtspezifische Unterschiede nicht nur in der Intensität der Religiosität, sondern auch in der Art religiöser Äußerungen[4]. Die mittleren und oberen Schichten zeigen eine Form der Religiosität, die sich auf religiöse Handlungen konzentriert, während die unteren Schichten ihre Religion »mehr glauben und fühlen«. Wie eng und in welcher Richtung Religiosität und sozialer Status zusammenhängen, richtet sich teilweise nach dem Indikator, mit dem Religiosität gemessen wird[5]. Erfaßt man Religiosität nur durch die Häufigkeit des Kirchenbesuches, so kann vermutet werden, daß der Unterschied zwischen den sozialen Schichten überhöht erscheint; zieht man andere Kriterien der Religiosität heran, vor allem die persönliche Religiosität oder den religiösen Glauben, so wird der Unterschied aufgehoben oder die Unterschichten erweisen sich sogar als deutlicher religiös gebunden[6].

Lenski macht noch auf einen anderen Punkt aufmerksam, der allerdings nicht überprüft werden konnte. Unterschiede in der religiösen Einstellung zeichnen sich nicht nur nach der sozialen Schicht, sondern auch nach dem Beruf des Familienvorstandes ab. Bei einer solchen Analyse helfen die groben Einstufungen in Arbeiter, Angestellte, Beamte und Selbständige, wie sie üblicherweise in Kirchenbesucherzählungen verwendet werden, nicht weiter. Bei einer Erhebung über religiöses Interesse weisen Ingenieure und Angehörige neuerer technischer Berufe ein stärkeres Interesse als Angehörige freier Berufe auf, und innerhalb der Facharbeitergruppe ist dieses Interesse bei den Druckern ausgeprägter als bei den Maschinensetzern[7]. Derartige differenzierte Auswertungen nach Unterschieden innerhalb der sozialen Schichten liegen für die Bundesrepublik Deutschland nicht vor.

Auf die zweite methodische Schwierigkeit, die in der Bestimmung der sozialen Schicht besteht, wurde in der Einleitung zu diesem Band hingewiesen.[8] Die vorhandenen religionssoziologischen Untersuchungen beziehen weiterreichende theoretische Überlegungen zur Bestimmung der sozialen Schicht nicht in die Erhebung und Analyse der Daten ein. Sie gehen entweder von der Stellung im Beruf, geordnet nach den Kategorien: Arbeiter, Angestellte, Beamte und Selbständige bzw. von einer aus den genauen Berufsangaben abgeleiteten Prestigerangordnung aus, legen Einkommen oder Schulbildung zugrunde oder benutzen einen kombinierten Index aus diesen drei Merkmalen.

Untersuchungen, die der Forderung nachkommen, die Religionszugehörigkeit und alle mit ihr verbundenen Orientierungen und Meßvariablen von vornherein in die Theoriebildung über Schichten einzubeziehen[9], gibt es nicht. Bei der Auswertung des vorhandenen Materials sind wir deshalb darauf verwiesen, die theoretisch ungenügenden Schichtungsbegriffe und die nicht hinreichenden Operationalisierungen zu gebrauchen.

Wir stehen vor der Schwierigkeit, daß weder die soziale Schicht noch die Religiosität in den meisten Erhebungen zuverlässig erfaßt werden, aber dennoch etwas über den Zusammenhang zwischen den Variablen ausgesagt werden soll. Als zusätzliches Problem muß erwähnt werden, daß es kaum repräsentative Untersuchungen zur Religiosität für die Bundesrepublik Deutschland gibt[10]. Zwar lassen sich auch aus nicht-repräsentativen Erhebungen Aussagen über den Zusammenhang zwischen Variablen ableiten, der Geltungsbereich der Ergebnisse ist aber schwer abschätzbar. Unter Berücksichtigung dieser methodischen Probleme und Einschränkungen sollen folgende Hypothesen auf der Grundlage der von 1958 bis 1970 durchgeführten Untersuchungen in der Bundesrepublik Deutschland überprüft werden:

1. Die sozialen Unterschichten beteiligen sich – absolut und im Verhältnis ihres Anteils an der Gesamtbevölkerung – weniger als die Mittelschichten am kirchlichen Leben. Sie weisen nach dem Merkmal des Kirchgangs und

den anderen Formen der öffentlichen kirchlichen Praxis die geringste religiöse Bindung auf.
2. In anderen Dimensionen der Religiosität, vor allem im Bereich des religiösen Glaubens und der persönlichen Religiosität, bestehen keine schichtspezifischen Unterschiede.
3. Die Loslösung der Unterschichten von Religion und Kirche bezieht sich auf alle Bereiche, in denen persönliche Kontakte zu anderen Gläubigen und Kirchenmitgliedern oder der kirchlichen Organisation, repräsentiert durch den Pfarrer, notwendig sind, nicht aber auf die Bereiche der Religiosität, in denen derartige Kontakte nicht erforderlich sind.
4. Die Hausfrauen als eigene Berufsgruppe passen sich in ihrem religiösen Verhalten der übrigen Bevölkerung an. Eine überdurchschnittlich hohe Beteiligung an kirchlichen Aktivitäten weisen lediglich die nicht mehr Berufstätigen, die Rentner und Pensionäre, auf.

Ergebnisse der religionssoziologischen Untersuchungen

Alle Erhebungen, die auf den Zusammenhang zwischen sozialer Schicht und Kirchgangshäufigkeit eingehen, bestätigen, daß – bei insgesamt sinkenden Zahlen der Kirchenbesucher – die Gruppe der Arbeiter weit unterrepräsentiert ist. Der Anteil der Arbeiter an den Kirchenbesuchern beträgt 1964 in den Städten Marl, Dortmund, Essen, Trier und München bei den Katholiken zwischen 15 und 19%, während der der Selbständigen bis zu 40%, der der Beamten bis zu 50% ansteigt[11]. Eine 1958 veröffentlichte Studie über die Kirchgangshäufigkeit von Protestanten in Hamburg belegt ebenfalls einen überdurchschnittlich hohen Anteil von Kirchgängern mit Oberschul- oder Universitätsbildung; in dieser Gruppe gab es 33% Kirchgänger gegenüber 24% mit Mittelschule und 15% mit Volksschule[12].
Spätere Untersuchungen (1970–1971) führen nicht mehr zu solch eindeutigen Aussagen. Sie bestätigen zwar den Trend, daß nicht mehr im Beruf stehende Personen (Rentner, Pensionäre) in beiden Konfessionen einen großen Teil der Kirchgänger bilden, während die Hausfrauen nur bei den Katholiken bis zum heutigen Tag überrepräsentiert sind. Katholische Hausfrauen stellen in den Großstädten des Ruhrgebietes zwischen 31 und 38% der Kirchenbesucher[13], so daß in dieser Konfession nach den Kirchenbesucherzählungen zwei Drittel der Kirchgänger als Hausfrauen nicht, als Kinder noch nicht oder als Rentner nicht mehr berufstätig sind. Bei den Protestanten dagegen sind, anders als in früheren Erhebungen[14], nur noch geringe Unterschiede festzustellen, was darauf hindeutet, daß sich die Hausfrauen an die übrigen Berufsgruppen angepaßt haben[15]. Dabei muß jedoch berücksichtigt werden, daß die Hausfrauen aus den verschiedensten

sozialen Schichten stammen, also eine sehr inhomogene soziale Gruppe bilden. Es kann vermutet werden, daß sich die protestantischen Ehefrauen in neuerer Zeit den Kirchgangsgewohnheiten ihrer Männer angleichen, während bei den Katholiken dieser Prozeß weniger weit fortgeschritten ist.
Betrachtet man statt der allgemeinen Gruppen – Rentner, Hausfrauen, Berufstätige – Unterschiede in den einzelnen Berufsgruppen, so wird die Analyse schwieriger. Ein geringes kirchliches Engagement der Arbeiter und Facharbeiter läßt sich an allen Erhebungen ablesen. Die Arbeiter sind stets erheblich unterrepräsentiert, wenn man ihren Anteil bei den Kirchgängern mit dem an der gesamten Bevölkerung vergleicht. Über alle anderen Berufsgruppen sind derartig eindeutige Aussagen nicht möglich[16]. Während 1955/56 noch jeweils 32% der protestantischen Angestellten und Angehörigen der freien Berufe gegenüber nur 12 bis 15% der Arbeiter und Handwerker zum aktiven Kern der Gemeinde gehörten, sind die protestantischen Angestellten in neueren Erhebungen stets, die katholischen in einem Fall unterdurchschnittlich am Gottesdienstbesuch beteiligt[17]. Das kirchliche Verhalten der Angestellten läßt eine Änderung in der Richtung vermuten, daß sich diese traditionell kirchlich aktive Gruppe vom Gottesdienst stärker zu lösen beginnt, als es aufgrund des allgemeinen Rückgangs der Besucher zu erwarten ist.
Bergers Schlußfolgerung, daß die Kirche eine Angelegenheit der Mittelschicht sei und es eine Trennungslinie zwischen Bürgertum und den »niedrigeren« Volksschichten gebe[18], läßt sich für die heutige Zeit anhand der Aufgliederung nach Berufsgruppen nicht mehr aufrechterhalten. Die Kirche wird in immer stärkerem Maße eine Angelegenheit der Nicht-Berufstätigen, bei den Katholiken der Rentner und Hausfrauen, bei der evangelischen Bevölkerung nur noch der Gruppe der im Ruhestand Lebenden. Allenfalls für den katholischen Bevölkerungsteil gilt noch, daß die Hausfrauen die aktivste Kerngruppe für die Kirche darstellen.
Die Unterschiede zwischen den sozialen Gruppen werden deutlicher, wenn statt der Berufsangabe ein Index für »soziale Schicht« mit der Kirchgangshäufigkeit korreliert wird. Von den Katholiken einer Großstadtpfarrei geben in einer Befragung 64% der Mitglieder der oberen Mittelschicht an, jeden Sonntag zur Kirche zu gehen, 22% nur an Festtagen, seltener oder nie, von den Angehörigen der sozialen Unterschicht dagegen besuchen nur 35% jeden Sonntag und 42% nie den Gottesdienst[19]. Mit der sozialen Schicht steigt der Anteil derjenigen, die jeden Sonntag den Gottesdienst besuchen. Dieser Zusammenhang läßt sich auch bei den anderen Formen der öffentlichen Praxis, z. B. Kommunionempfang und Beichte, feststellen. Ebenso wird die Verpflichtung zum Sonntagsgottesdienst von den Angehörigen der sozialen Mittelschicht weitaus stärker als von denen der Unter-

schicht bejaht, was darauf hinweist, daß die Normakzeptierung bei der höheren sozialen Schicht ebenfalls in stärkerem Maße gegeben ist.
Die erste Hypothese wird durch diese Ergebnisse bestätigt. An der Häufigkeit des Kirchgangs gemessen, hat sich die Arbeiter- oder Unterschicht am weitesten von der Kirche getrennt, ihr kirchliches Verhalten ist gleichförmig niedrig. Der Prozeß der Lösung von der Kirche hat sich aber auf die berufstätigen Gruppen der Mittelschichten ausgedehnt, wobei vor allem die Angestellten in den letzten Jahren kirchliches Engagement preisgegeben haben. Es bleiben bei den Katholiken die Hausfrauen und Rentner, bei den Protestanten nur noch die Rentner als überdurchschnittlich aktive Gruppen übrig. Außerdem kann die vierte Hypothese von der Anpassung des religiösen Verhaltens der Hausfrauen an die Kirchgangsgewohnheiten der Männer für den protestantischen Bevölkerungsteil als bestätigt gelten, während bei den katholischen Hausfrauen dieser Prozeß noch nicht offenkundig ist. Hypothetisch kann eine ähnliche Entwicklung angenommen werden, da Loslösungstendenzen sich bei den Protestanten stets eher und intensiver zeigen, aber auf die Katholiken mit oft erheblichem Zeitabstand übergreifen.
Zusätzlich soll erwähnt werden, daß, nach einer Untersuchung von J. Peter-Habermann, Unterschiede im Image des Kirchgängers bei den verschiedenen sozialen Schichten nicht vorhanden sind, da die Stereotypen einander deutlich gleichen[20]. Bei den Spontannennungen zum Gesamteindruck des »Kirchgängers« werden zwar von der Mittelschicht weitaus mehr positive Nennungen als von den anderen Schichten vorgebracht, aber sie benennen gleichzeitig den Nichtkirchgänger stärker positiv. Die größere Zahl der Äußerungen resultiert vermutlich eher aus dem besseren Ausdrucksvermögen der Mittelschicht als aus deren positiver oder negativer Einstellung[21].
Ein entscheidender Aspekt tritt in der Frage zutage, ob die Unterschiede in der Religiosität nach den sozialen Schichten erhalten bleiben, wenn statt des Kirchgangs andere Ausdrucksformen der religiösen Einstellung untersucht werden. Eine der Hypothesen ging davon aus, daß die Unterschicht in anderen – noch genauer zu bestimmenden – Dimensionen ebenso stark oder sogar stärker religiös gebunden sei als die Mittelschichten. In der Bundesrepublik Deutschland liegen dazu kaum ausreichende Untersuchungen vor, da die religiösen Einstellungen in den seltensten Fällen differenziert erfaßt wurden. Eine 1967 in der gesamten Bundesrepublik durchgeführte Erhebung wies zwar nach, daß Volksschüler ohne abgeschlossene Lehre stärker an Gott und an ein Leben nach dem Tode glauben, die Bedeutung der Bibel orthodoxer interpretieren und in ihrem katholischen Teil sich insgesamt überdurchschnittlich stark orthodox äußern; aber bei einer Aufgliederung nach Berufen bestätigt sich die Vermutung einer stärkeren Orthodoxie der

Unterschicht nicht. Von den Berufstätigen sind nur Angehörige landwirtschaftlicher Berufe überdurchschnittlich in der Gruppe »Katechismus-Katholiken« vertreten, Angestellte und Arbeiter sind hier unterrepräsentiert[22]. Ansatzpunkte für eine differenziertere Darstellung bieten die vorliegenden Aufschlüsselungen nicht.

F. X. Kaufmann ermittelte in einer 1963 durchgeführten Untersuchung, daß die Arbeiter beider Konfessionen signifikant höhere Kirchlichkeitswerte aufweisen als die Angestellten[23]; in der evangelischen Bevölkerungsgruppe sind außerdem die um- und angelernten Arbeiter deutlicher kirchlich orientiert als die gelernten. Die geringste Kirchlichkeit zeigen bei den Katholiken die Beamten, bei den Protestanten die Angestellten; die stärkste bei den Katholiken – mit weitem Abstand von den übrigen Berufsgruppen – die Landwirte, während diese zusammen mit den Beamten bei der protestantischen Bevölkerung zwar ebenfalls an der Spitze liegen, aber der Abstand zu den Angehörigen anderer Berufe viel geringer ist. Den Schluß auf eine besondere Unkirchlichkeit der Arbeiterschicht im Vergleich zur Mittelschicht lassen die Ergebnisse weder für die Katholiken noch für die Protestanten zu. Kaufmann folgert daraus, daß nicht so sehr die Arbeiter als vielmehr die Angestellten oder genauer: die mittleren Bildungsschichten den Trend zur Entkirchlichung in der Bundesrepublik Deutschland am stärksten bestimmt[24].

Zwei 1964 und 1970 im Ruhrgebiet durchgeführte Untersuchungen erlauben eine Präzisierung dieser Aussagen; die erste beruht auf einer Zufallsstichprobe der Bevölkerung der Städte Dortmund, Essen, Herne und Marl, die zweite auf einer repräsentativen Befragung der Katholiken Bochums. Beide Erhebungen erfassen die soziale Schicht durch einen kombinierten Index und die Religiosität durch Einstellungsskalen oder Faktoren[25]. Von den Ergebnissen der ersten Untersuchung soll zunächst die Abhängigkeit des Faktors Religiosität von der sozialen Schicht herausgestellt werden[26]:

soz. Schicht Religiosität	Unter- schicht	Mittel- schicht	Obere Mittel- schicht/Obersch.
nicht religiös	11	8	5
mittelmäßig religiös	62	55	52
sehr religiös	27	37	43
	100 (n = 731)	100 (n = 981)	100 (n = 243)

Die in vielen Untersuchungen feststellbare geringere religiöse Bindung der Unterschicht wird hier bestätigt; etwa ein Viertel der Angehörigen der

Unterschicht gegenüber mehr als 40% der oberen Mittel- und Oberschicht sind als »sehr religiös« zu bezeichnen. Im weiteren Verlauf der Untersuchung wurde versucht, den Einfluß einer großen Zahl von sozialen Variablen auf den Faktor Religiosität, das ist die Stärke der religiösen Orientierung zum Zeitpunkt der Befragung, mit Hilfe der Regressionsanalyse zu bestimmen. Dabei wurde der Einfluß jeder einzelnen Variablen unter Konstanthaltung aller übrigen geschätzt[27]. Als wichtigste Einflußgrößen erwiesen sich – in der Reihenfolge der Stärke des Einflusses – Kontakte mit dem Pfarrgeistlichen, gleichkonfessionelle Kontakte zum Zeitpunkt der Befragung, der Einfluß der Eltern auf das religiöse Verhalten nach dem 14. Lebensjahr und, schon an vierter Stelle, die soziale Selbsteinstufung, gefolgt vom Geschlecht, der religiösen Erziehung im Elternhaus, der Konfession, einer sittlich strengen Erziehung sowie einem gleichkonfessionellen Milieu im Elternhaus und der Kirchlichkeit der Eltern. Keinen Einfluß auf die Religiosität zum Befragungszeitpunkt haben die Variablen Ortsansässigkeit, die Mitgliedschaft in einer konfessionellen Jugendgruppe, die Mobilität und Berufsresidenz, die soziale Kontrolle über den Kirchgang und die allgemeine Kontaktfreudigkeit. Es ist festzuhalten, daß die soziale Schicht – bei der Regressionsanalyse durch die Selbsteinschätzung des sozialen Status erfaßt – entscheidenden Einfluß auf die Religiosität hat; sie übertrifft die anderen sozialen Faktoren Geschlecht und Konfession an Bedeutung. Diese Aufgliederung bestätigt wiederum den Zusammenhang zwischen sozialer Schicht und Religiosität, wobei in dieser Studie Indikatoren aus verschiedenen Bereichen in den Faktor Religiosität eingingen.

Das Untersuchungsmaterial erlaubt uns eine weitere Differenzierung, die für die Beantwortung der Frage notwendig erscheint, ob in allen Bereichen der Religiosität ein Zusammenhang zwischen der sozialen Schicht und der religiösen Einstellung nachweisbar ist. Bei weiterer Aufgliederung stellen wir fest, daß zwischen der sozialen Schicht und einigen Dimensionen der Religiosität, etwa der des religiösen Glaubens und der persönlichen Religiosität, keine signifikante Beziehung besteht. Die Mittel- und Oberschicht ist hier nicht stärker religiös gebunden als die Unterschicht; in allen Gruppen weist rund ein Drittel eine starke, ein Fünftel eine geringe persönliche Bindung an die Religion auf[28].

Noch geringer sind die Unterschiede zwischen den sozialen Schichten im Bereich des religiösen Glaubens, wobei hier insgesamt das Niveau der religiösen Bindung am stärksten ist; etwa 70% antworten orthodox, d. h. im Sinne der kirchlichen Lehren, nur etwa 15% lehnen den Glauben in der vorgegebenen Form ab[29]. Wird also Religiosität unter dem Aspekt des persönlichen Engagements oder dem des Glaubens an Gott und Christus erhoben, so lassen sich keine Unterschiede nach den sozialen Schichten

1.4

Persönliche Religiosität \ soziale Schicht	Unterschicht	Mittelschicht	Obere Mittel-/Oberschicht
gering	23	19	21
mittelmäßig	44	44	40
stark	33	37	39
	100	100	100

feststellen. Legt man hingegen andere Kriterien, z. B. die Einstellung zur Kirche zugrunde, so erweisen sich die Angehörigen der oberen Mittel- und der Oberschicht als religiös stärker gebunden, wie die folgende Tabelle verdeutlicht[30]:

Einstellung zur Kirche \ soziale Schicht	Unterschicht	Mittelschicht	Obere Mittel-/Oberschicht
negativ	16	13	8
neutral	57	58	56
positiv	27	29	36
	100	100	100

Der Anteil der Befragten mit einer negativen Einstellung zur Kirche ist bei der Oberschicht geringer, der mit positiver Einstellung größer als in der Unterschicht. In die gleiche Richtung weisen die Ergebnisse der Skala »Öffentliche religiöse Praxis«[31]: nur 23% der Unterschicht – gegenüber 29% der Mittelschicht und 34% der oberen Mittel- und der Oberschicht – praktizieren konsequent und kommen damit den Vorschriften der kirchlichen Institution nach.

Noch deutlicher wird unsere Hypothese, daß Unterschiede in den religiösen Einstellungen der sozialen Schichten nur in einigen Dimensionen der Religiosität bestehen, durch die zweite Untersuchung bestätigt. Hier muß die Einschränkung wiederholt werden, daß die Ergebnisse sich nur auf den katholischen Bevölkerungsteil beziehen. In dieser Erhebung wurden aus 78 Fragen zu unterschiedlichen Dimensionen der Religiosität folgende Faktoren herausgelöst[32]:

Allgemeine Religiosität,
Kirchliche Kommunikation und Information,

Glaube an Gott,
Religiöses Wissen,
Öffentliche religiöse Praxis.
In dem Faktor »Allgemeine Religiosität« sind die Items, die sich auf das Vertrauen auf Gott oder den religiösen Glauben richten, als bestimmend anzusehen, da sie die höchsten Faktorladungen aufweisen[33]. Zwischen der sozialen Schicht und diesem Faktor der Religiosität läßt sich kein Zusammenhang erkennen; ebensowenig zeigen sich schichtspezifische Unterschiede in dem Bereich des »Glaubens an Gott«[34]. In den übrigen drei Faktoren gibt es dagegen deutliche Abweichungen in der religiösen Bindung, wie am Beispiel des Faktors »Kirchliche Kommunikation und Information« dargestellt werden soll[35]:

Kirchl. Kommunikation	soziale Schicht Unterschicht	Mittelschicht	Obere Mittelschicht
gering	60	59	56
	24	13	18
	11	14	22
stark	5	14	4
	100	100	100

Bei – im Vergleich zu den Faktoren der Allgemeinen Religiosität und des Glaubens an Gott – geringerer religiöser Bindung sind hier klare Unterschiede zwischen den sozialen Schichten zu finden. Die Unterschichten haben besonders wenig persönliche Kontakte zu den Pfarrangehörigen und zu der kirchlichen Gemeinde; sie sind noch weniger als die übrigen Gruppen in die Pfarrgemeinde integriert. Damit korrespondiert das niedrige Niveau der öffentlichen religiösen Praxis der Unterschicht[36] (s. Schaubild, S. 62).
Die Ergebnisse dieser Erhebung bestätigen also ebenfalls, daß die obere Mittelschicht den Normen der Kirche im Bereich der öffentlichen religiösen Praxis und der Bindung an Kirche und Pfarrgemeinde im stärkeren Maße nachkommt als die unteren Schichten. Dagegen sind in den Aspekten, die sich auf eine sich nicht äußerlich dokumentierende Form der Religiosität beziehen, wie Glauben und persönliche Orientierung, die Unterschiede zwischen den Schichten aufgehoben. Durch diese Ergebnisse ist unsere zweite und dritte Hypothese belegt.
Zusätzlich soll erwähnt werden, daß die Angehörigen der oberen Mittelschicht und der Mittelschicht auch mehr über ihre Religion und ihren

Religiöse Praxis \ soziale Schicht	Unterschicht	Mittelschicht	Obere Mittelschicht
gering	59	52	48
mittel	22	27	19
hoch	19	21	33
	100	100	100

Glauben wissen als die der Unterschicht, die zur Hälfte nichts oder sehr wenig über zentrale Probleme und Glaubenssätze aussagen können.

Kirche und Arbeiterklasse

Die Untersuchungen lassen insgesamt den Schluß zu, daß die sozialen Unterschichten in der Bundesrepublik Deutschland sich zwar an der öffentlichen religiösen Praxis (Kirchgang, Abendmahl oder Kommunion etc.) in geringerem Maße beteiligen, daß in den meisten anderen Dimensionen der Religiosität – vorab im Bereich des religiösen Glaubens und dem einer persönlichen, sich emotional äußernden religiösen Einstellung – jedoch keine Abweichungen in der Intensität der Bindung im Vergleich zu den anderen Schichten festzustellen sind.
In der Stärke des Glaubens und der persönlichen religiösen Praxis (Beten und Einstellung zum Gebet, Hoffen auf den Glauben als Hilfe bei der persönlichen Lebensgestaltung und als Sicherheit in Krisensituationen) sind schichtspezifische Unterschiede nicht nachweisbar. Die Unterschichten zeigen nur da, wo eine religiös-kirchliche Aktivität Kommunikationen mit den Pfarrangehörigen und den Pfarrgeistlichen erfordert, eine besonders starke Zurückhaltung. Es handelt sich hier gerade um die Bereiche, bei denen die Bindung der Kirchenmitglieder insgesamt besonders gering ist und die sich ständig weiter zu verringern scheint. In der Untersuchung von 1970 konnte der Faktor »Allgemeine Religiosität« als die momentan gültige Sozialform der Religiosität herausgestellt werden. In dieser Form der Religiosität, die die gemeinsamen Grundelemente der »Sinnwelt religiöser Menschen« enthält, sind die Unterschiede aufgehoben. Daraus kann der Schluß gezogen werden, daß Arbeiter nicht deutlicher areligiös als die anderen sozialen Schichten sind, sondern nur – gemessen an der öffentlichen Praxis, den Kommunikationen mit der Kirche und der Einstellung zur Kirche – unkirchlicher; sie haben sich am weitesten von einer direkten Beeinflussung durch die Kirche und der formell erwarteten Kirchlichkeit

gelöst, ohne aber kirchlich beeinflußte religiöse Gedanken abzulehnen. Ihr Glaube und ihre emotionale Bindung an die Religion ist nicht geringer als bei den übrigen sozialen Gruppen, obschon die äußeren Formen, die formalen Erwartungen der Kirche, sie kaum berühren.

Der Versuch, die reduzierte formelle Kirchlichkeit der Unterschichten zu erklären, führt uns zu einigen weitergehenden Überlegungen, die einer zusätzlichen empirischen Absicherung und Interpretation bedürfen.

– Man kann davon ausgehen, daß die im kirchlichen Kult gebrauchte Sprache und Symbolik der Unterschicht besonders fremd sind. Zwar entspricht die kirchliche Sprache auch nicht der in der Mittelschicht gebräuchlichen, aber in dieser sozialen Schicht ist eine im Sozialisationsprozeß erworbene stärkere Bereitschaft zur Anpassung an »Fach- und Spezialsprachen« zu vermuten; auch die Fähigkeit dieser Gruppe, Symbole zu »verstehen«, d. h. adäquat zu deuten und damit umzugehen, ist deutlicher ausgeprägt.

– Die »Funktionäre« der Kirche, wozu auch die Pfarrgeistlichen gezählt werden, stammen entweder größtenteils aus der Mittelschicht (wie in der evangelischen Kirche) oder haben sich trotz ihrer Rekrutierung aus der Unterschicht weitgehend den Normen und Werten der Mittelschicht angepaßt (wie in der katholischen Kirche). Die Lebensbedingungen und -chancen der Priestergruppe ähneln mehr denen der Mittelschicht und sogar der Akademikergruppe als der Situation der Unterschichten, wofür als Beispiele nur die Wohnsituation, die Arbeitsbedingungen, die Sicherheit des Arbeitsplatzes und die Höhe des Einkommens genannt werden sollen. Kirchliche Funktionäre haben Quasi-Beamtenstatus, und ihr Beruf genießt – gemessen am Ansehen des Arbeiters – hohes Prestige. So entsprechen auch ihre Lebensgewohnheiten und Vorstellungen denen der Mittelschicht, woraus Verständnislosigkeit für die Probleme der Arbeiter entstehen kann.

– Hinzu kommt verschärfend, daß die Wahrung der kultischen Regeln und die Kontrolle ihrer Einhaltung als wesentliche Funktion des Priesterstandes angesehen werden können[37]. Eine überwiegend auf Sicherung der Kontinuität des religiösen Systems ausgerichtete Gruppe wird vor allem »bewahren« wollen, wobei das dem Priesterstand zugeschriebene Festhalten an der »seit Jahrzehnten überlieferten berufsständigen Struktur«[38] die konservative Haltung verstärkt. Nicht nur die Amtskirche, sondern auch ihre Vertreter auf der Pfarrebene vertreten daher Normen und Werte, die von einem großen Teil der Gesellschaft, vor allem aber von den gesellschaftspolitisch weniger konservativen Unterschichten nicht geteilt werden.

– Die Institution Kirche solidarisiert sich in unseren Gesellschaften mit den Besitzenden, nicht mit der arbeitenden Bevölkerung, was oberflächlich darin eine erste Erklärung findet, daß sie selbst und ihre Funktionäre zu den

1.4

Begüterten, Besitzenden zählen. Bei den Angehörigen der Unterschichten kann so der Eindruck entstehen, daß Staat, Kirche und die herrschenden Gruppen unserer Gesellschaft, deren Repräsentanten größtenteils der Mittelschicht entstammen, ein Bündnis gegen die Arbeiterschicht eingegangen sind. In den Vorstellungen der Arbeiter gehören die Kirchen und deren Vertreter zu »denen da oben«, die ihre Probleme nicht kennen und nicht verstehen können. Begünstigt wird diese Stereotypenbildung durch das dichotomische Gesellschaftsbild der Arbeiter[39].

– Weder die kirchlichen Institutionen noch die Mehrzahl der Geistlichen solidarisieren sich mit den benachteiligten Gruppen unserer Gesellschaft, mit den nicht-ehelichen Kindern, mit den Asozialen, mit streikenden Arbeitern; die Hoffnung auf und der Wunsch nach Unterstützung durch die Kirchen sind bei den Unterprivilegierten geschwunden.

Kontakte zwischen der Kirche und den Unterschichten fehlen; aber diese Gruppe bleibt dennoch an die Kirche gebunden. Ihre Mitglieder verlassen die Institution nicht. Sie verweigern die Zeichen der formalen Bindung, die über Minimalkontakte zu offiziellen Anlässen hinausgeht. Es ist zu vermuten, daß sie einen Glauben – irgendeinen – brauchen und daß Glauben ohne Kirche für sie kaum vorstellbar ist. Sie behaupten zwar, daß Religiosität ohne Kirche möglich sei, aber konkret halten sie die minimale Bindung an die Kirche aufrecht und wollen oder können auf sie nicht verzichten: sie zahlen Kirchensteuer, lassen ihre Kinder taufen, heiraten kirchlich und wollen kirchlich beerdigt werden.

Anmerkungen:

* Quelle: Y. Spiegel (Hg.), Kirche und Klassenbindung (es 709), Suhrkamp Verlag, Frankfurt/M. 1974, 100–116, 323–326.
1. G. Kehrer, Das religiöse Bewußtsein des Industriearbeiters, 1967, 79.
2. Vgl. G. Kehrer, aaO.
3. G. Lenski, Die Religionssoziologie in den Vereinigten Staaten von Amerika. Ein Bericht über die theoretisch orientierte Forschung, in: G. Goldschmidt und J. Matthes (Hg.), Probleme der Religionssoziologie ³1971, 128.
4. Vgl. R. Stark, Class, radicalism and religious involvement in Great Britain, in: American Sociological Review (1964) 698–706. Stark weist auf die nur hektographiert vervielfältigten Untersuchungsberichte von N. J. Demerath hin: Religious orientations and social class, Berkeley 1961, und J. Fukuyama, Styles of church membership, New York 1961.
5. So N. J. Demerath, Social stratification and church involvement: The church-sect distinction applied to individual participation, in: Review of Religious Research 2 (1961) 146–154, hier 150.
6. So auch G. Lenski, Religionssoziologie, 128.
7. G. Lenski, Some social correlates of religious interest, in: American Sociological Review (1953) 533–544.
8. S. dazu die Einleitung von Y. Spiegel.
9. J. Matthes, Kirche und Gesellschaft, Einführung in die Religionssoziologie II, 1969, 64.

10. Als Ausnahme kann die »Spiegel«-Untersuchung genannt werden, s. W. Harenberg (Hg.), Was glauben die Deutschen?, 1968.
11. Soll die Kirche sich mit aktuellen Fragen befassen? Untersuchung des Axel-Springer-Verlages, 1958, 4, zitiert nach I. Peter-Habermann, Kirchgänger-Image und Kirchgangsfrequenz, 1967, 25.
12. E. Golomb, Ergebnisse und Ansätze pfarrsoziologischer Bemühungen im katholischen Raum, in: D. Goldschmidt / J. Matthes, Probleme der Religionssoziologie, aaO. 209.
13. Vgl. die Kirchenbesucherzählungen des Institutes für Kirchliche Sozialforschung des Bistums Essen, B 59, Differenzierte Kirchenbesucherzählung im Stadtdekanat Bochum, Essen 1970, B 65 Differenzierte Kirchenbesucherzählung in den Gelsenkirchener Stadtteilen Neustadt, Rotthausen und Ückendorf, Essen 1971; vergleiche dazu die Untersuchungen (Erhebungen durch Interviews) des IFK-Instituts für Kommunikationsforschung e. V., Image im Dienste eines Dekanates, Meinungsumfrage zur Situationsanalyse, 1970. Die Erhebungen wurden in den katholischen Kirchengemeinden in Kassel und Hanau durchgeführt. Wir sind bei unseren Ausführungen gezwungen, teilweise auf unterschiedliche Daten zurückzugreifen, auf Angaben aus Kirchenbesucherzählungen oder auf Selbstangaben bei Befragungen. Die Befragungsdaten sind erfahrungsgemäß überhöht, d. h. der Gottesdienstbesuch ist aus der Sicht der Befragten nach deren Eigeneinschätzung stärker als nach den objektiveren Kirchenbesucherzählungen.
14. In der 1955/56 von Berger durchgeführten Untersuchung gehört noch die Hälfte der Hausfrauen zum aktiven Kern der Gemeinde. Vgl. P. L. Berger, Die soziologische Struktur einer Kirchengemeinde. Ergebnisse einer Untersuchung in Reutlingen zu dem Problem »Beruf und Kirchlichkeit«, in: Zeitwende. Die neue Furche (1960) 326.
15. S. dazu IFK-Institut für Kommunikationsforschung e. V., Image der Dienste und Kommunikationsfaktoren in Modellstrukturen eines Kirchenkreises, Meinungsumfrage zur Situationsanalyse, 1970 (Evangelische Bevölkerung in Celle); dass., Erwartungen kirchlicher Dienste in einer entstehenden Kirchengemeinde im Neubaugebiet, 1970 (Koblenz).
16. Der Anteil der Selbständigen und vor allem der Angestellten schwankt in den einzelnen Erhebungen entscheidend.
17. Die Untersuchung des IFK in Kassel stellt bei der katholischen Bevölkerung insgesamt 16% Angestellte fest. Zur Kerngemeinde zählen nur 13% Angestellte, dagegen machen sie in der Gruppe der Fernstehenden 18% aus.
18. P. L. Berger, Die soziologische Struktur, 326.
19. Institut für Kirchliche Sozialforschung des Bistums Essen, B 58, Kirchliches Verhalten, religiöse Einstellung und pastorale Wünsche in der Pfarrei Christ-König, o. J. Die Untersuchung wurde 1969 durchgeführt; für die protestantische Bevölkerung liegen derartige Erhebungen nicht vor. Der Index »soziale Schicht« setzt sich aus Angaben zur Schulbildung, zum Einkommen und zum Berufsprestige zusammen.
20. I. Peter-Habermann, aaO. 111 f.
21. I. Peter-Habermann, aaO. 78 und 82.
22. W. Harenberg (Hg.), aaO. 98. »Katechismus-Katholiken« sagen u. a., daß es Gott und Jesus gibt, glauben an ein Leben nach dem Tode, daß Jesus der Sohn Gottes und von der Jungfrau Maria geboren ist. Sie glauben weiter, daß mit der Erbsünde gemeint sei, daß alle Menschen durch Adams Sündenfall sündig geworden seien und sagen, daß ein Tag ohne Gebet ein verlorener Tag sei und daß der Mensch von Adam und Eva abstamme. Sie würden ein nach der Geburt schwer erkranktes Kind noch taufen lassen und betonen den Vorrang des Papstes.
23. Die Skala Kirchlichkeit wird aus den Items gebildet: »Gewisse Erlebnisse haben mich veranlaßt, mehr als früher am Leben der Kirche teilzunehmen«; »Bei uns zu Hause wird vor dem Essen ein Tischgebet gesprochen«; »Ohne Religion und Kirche ist für mich das Leben leer«; »Der Glaube an eine göttliche Fügung, das Schicksal als Werk Gottes, ist zu

einem zufriedenen Leben in der Welt notwendig«. »Ein christliches Elternhaus gehabt zu haben, ist für den späteren Lebensweg besonders wichtig.« Vgl. F. X. Kaufmann, Zur Bestimmung und Messung von Kirchlichkeit in der Bundesrepublik Deutschland, in: J. Matthes, Kirche und Gesellschaft, 207–242.

24. F. X. Kaufmann, Zur Bestimmung und Messung von Kirchlichkeit, aaO. 242.

25. Die soziale Schicht wird in der Untersuchung von 1964 durch einen Index aus den Indikatoren: Stellung im Beruf, Ausbildungsgrad, Einkommen, die Selbsteinstufung in eine soziale Schicht und den Besitz eines Hauses oder einer Eigentumswohnung ermittelt; in der späteren Erhebung durch den Beruf, die Schulbildung und das Einkommen.

26. Die Faktorenanalyse wurde nach der Hauptkomponenten-Methode durchgeführt, wobei der erste der fünf extrahierten Faktoren einen so großen Teil der Gesamtvarianz erklärt, daß die anderen Faktoren vernachlässigt werden können. Mit Hilfe der Faktorscores wird dann für jeden Befragten sein Religiositätsmaß ermittelt. Zu dem Faktor zählen folgende 16 Indikatoren, wobei die entsprechenden Faktorladungen in Klammern angegeben werden: Persönliche Religiosität (Skala –.85), Einstellung zum Beten (Skala –.78), Öffentliche religiöse Praxis (Skala –.78), Religiöser Glaube (Skala –.73), Einstellung zur Kirche (Skala –.70), Besitz religiöser Gegenstände (–.63), das Bedürfnis nach Glauben (–.56), Wandel der religiösen Einstellung (Skala –.53), Der Glaube an die Sünde (–.51), Der Glaube an ein Leben nach dem Tod (–.51), Die Bedeutung der Bibel (–.51), der Glaube an die Vorsehung Gottes (–.44), Gespräche über religiöse Fragen (–.43), Egoismus (–.41), Betonung der Nächstenliebe (–.32), der Glaube an ein höheres Wesen (–.32).

27. Die multiple Regressionsanalyse setzt sich zum Ziel, eine abhängige Variable, ausgehend von mehreren abhängigen Variablen, optimal zu schätzen. Die Bezeichnung »unabhängige Variable« ist dabei insofern irreführend, als diese Variablen voneinander und mit der abhängigen Variablen zusammenhängen müssen, wenn eine Schätzung überhaupt möglich sein soll. Sie sind nur in dem Sinne unabhängig, daß sie getrennt bestimmbar sind und experimentell variiert werden können, während die abhängige Variable lediglich gemessen wird. Ziel der Regressionsanalyse ist es, eine Größe aus einer Reihe anderer Variablen für jede Person so zu schätzen, daß die Schätzfehler möglichst gering werden. Dabei wird der Regressionskoeffizient zwischen den einzelnen Variablen und dem Kriterium, hier der Religiosität, berechnet; d. h. der Zusammenhang jeweils einer abhängigen Variablen mit der abhängigen Variablen Religiosität wird unter Konstanthaltung aller anderer unabhängigen Variablen geschätzt. Diese Berechnung wird so oft durchgeführt, bis alle Regressionskoeffizienten auf dem 1%-Niveau signifikant sind.

28. Die Skala setzt sich aus sieben Fragen oder Behauptungen zusammen: die Selbsteinschätzung der Religiosität; das Gefühl, im heutigen Leben einen Glauben in irgendeiner Form zu brauchen; die Betonung der Wichtigkeit des Glaubens; das Einholen der Zustimmung Gottes zu wichtigen Entschlüssen; die Bejahung des Glaubens an Gott als lebensbestimmend und die Akzeptierung der Bedeutung der Religion für die Gesellschaft sowie des Christentums als Lebensanschauung, die am ehesten geeignet ist, ein menschenwürdiges Leben zu ermöglichen.

29. Die Skala »Religiöser Glaube« enthält Behauptungen aus dem Bereich des Gottesglaubens (Gott als himmlischer Vater, das Beten zu ihm, Strafe und Belohnung durch ihn), aus dem Bereich des Glaubens an Christus (Christus als Sohn Gottes, die Erlösung der Welt durch ihn, das Vertrauen auf ihm) und auf die Interpretation der Bibel als Wort Gottes.

30. Hohe Werte auf der Skala »Einstellung zur Kirche« werden durch eine positive Assoziation bei dem Wort »Kirche« und »Aufgaben der Kirche«, die Ablehnung des Statements, daß man ohne Kirche religiös sein könne, die Einräumung eines Mitspracherechts der Kirche in politischen Fragen und durch Kontakte zum Pfarrer erreicht.

31. Die öffentliche religiöse Praxis wurde durch Fragen nach der Häufigkeit des Kirchgangs, der Teilnahme an Kommunion oder Abendmahl, der Konfessionszugehörigkeit, des

Lesens eines konfessionellen Blattes und die Mitgliedschaft in einem konfessionellen Verein bzw. die Bereitschaft, Mitglied zu werden, erfaßt.

32. In der Untersuchung wurde zunächst von den fünf Dimensionen der Religiosität nach Ch. Y. Glock ausgegangen, der zwischen der Dimension der religiösen Praxis, des Glaubens, des Wissens, der emotionalen Bindung und der Konsequenz aus religiösen Überzeugungen unterscheidet; hinzugefügt wurde der Aspekt der Zugehörigkeit zur Pfarrgemeinde. Diese theoretisch angenommenen Dimensionen ließen sich jedoch nach den Antwortverteilungen der Befragten nicht nachweisen, sondern sechs – teilweise abweichende – Faktoren. In diesen Ausführungen wird der Faktor »Ehe- und Sexualmoral« nicht berücksichtigt. Zu den theoretischen Überlegungen und den empirischen Ergebnissen zur Gewinnung der Instrumente zur Messung der Religiosität s. U. Boos-Nünning, Dimensionen der Religiosität. Zur Operationalisierung und Messung religiöser Einstellungen, 1972.

33. Von den 38 Items, die auf den Faktor entfallen, haben die höchsten Ladungen: Glaube als Hilfe gegen Verzweiflung, Geborgenheit durch den Glauben, Religion als Sicherheit in den letzten Lebensstunden, Gott bestimmt Vergangenheit und Zukunft, Erfahrung der Nähe Gottes, Gott als Schöpfer des Alls. Vgl. U. Boos-Nünning, Dimensionen der Religiosität, aaO. 134.

34. Hierzu zählen fünf Items: der Glaube an Gott, Gott als Vergeber der Sünden, Interesse an der Frage nach Gott, Gott als Geber der Naturgesetze, die persönliche Bedeutung des Betens.

35. Der Faktor wird durch 16 Behauptungen erfaßt, wobei die Items: Kontakt mit Gruppen in der Pfarrei, Treffen von Mitgliedern der Pfarrei, Mitglied in kirchlichen Vereinen, Besprechen von Problemen mit Pfarrangehörigen, subjektive Bindung an die Pfarrgemeinde, die höchsten Ladungen aufweisen.

36. Der Faktor »öffentliche religiöse Praxis« enthält die Items: Kommunionempfang, Beichte, Gottesdienstbesuch, Meßbesuch in der Pfarrgemeinde, Teilnahme an der Pfarrprozession, Begleitung beim Kirchgang.

37. J. Matthes, Kirche und Gesellschaft, 101.

38. J. Matthes, Kirche und Gesellschaft, 102.

39. Vgl. dazu H. Popitz, H. P. Bahrdt u. a., Das Gesellschaftsbild des Arbeiters. Soziologische Untersuchungen in der Hüttenindustrie, 1957; Zur Erklärung der geringen Kirchentreue der Arbeiterschicht s. auch G. Singer, Sozio-kulturelle Determinanten religiöser Orientierungen, in: J. Wössner (Hg.) Religion im Umbruch. Soziologische Beiträge zur Situation von Religion und Kirche in der gegenwärtigen Gesellschaft, 1972. Singer geht – anhand der Untersuchungen von Kehrer und Köster – von den in dieser globalen Formulierung nicht zutreffenden Grundannahmen der »religiösen Abstinenz« der Arbeiter und der »relativ hohen Religiosität« der Beamten aus (189 und 191 f).

1.4

1.5 Rolf Zerfaß
DIE GEMEINDEANALYSE ALS PASTORALES PRAKTIKUM*

I. Theoretischer Hintergrund

1. Zielsetzung: Gemeindeanalyse und Didaktik des Pastoralkurses

Die nachstehenden Materialien wollen zunächst eine Anleitung dazu geben, wie die »amateursoziologische Gemeindeanalyse«, die für eine solide pastorale Planung seit langem gefordert[1], aber nur selten verwirklicht wird[2], praktisch durchgeführt werden kann. Darüber hinaus wollen sie einen Beitrag zur Didaktik von Pastoralkursen und pastoralen Praktika liefern, insofern die Gemeindanalyse hier als Arbeitsprojekt aufgefaßt wird, das dem Praktikanten einen Einstieg in das pastorale Feld Gemeinde erleichtern soll und ihn zugleich zur Reflexion seines pastoralen Handelns befähigen möchte[3]. Das Ziel jeder methodisch durchgeführten Praxisanleitung (Supervision)[4] ist ein doppeltes: Erstens soll der Praktikant das Feld beobachten lernen, in dem er sich bewegt; dazu braucht er einen Beobachtungsraster, der die Komplexität des Faktischen auf einige zentrale hier und jetzt interessierende Problemkreise reduziert und dem Praktikanten damit die Möglichkeit gibt, seine Einzelbeobachtungen einzuordnen. Zweitens soll der Praktikant befähigt werden, sich selbst besser wahrzunehmen und seine Spontaneindrücke, emotionalen Reaktionen und Werturteile nachträglich in einem pastoral-theologischen Reflexionsgang einzuholen und zu überprüfen.

2. Der Bericht als Herzstück

In der Supervisionsarbeit hat man die Erfahrung gemacht, daß sich beide Ziele am einfachsten und wirksamsten durch die Erstellung eines Praxisberichts erreichen lassen. Er zwingt dazu, das Gesamtfeld in den Blick zu nehmen, Beobachtungen zu objektivieren, Zusammenhänge wahrzunehmen und Konfliktzonen oder Bewußtseinsausfälle aufzuspüren. Er hilft dem Praktikanten, die notwendige Distanz zum pastoralen Feld zu gewinnen und zu bewahren und ermöglicht schließlich, die schriftlich festgehaltenen Beobachtungen (z. B. mangelnde Kooperation zwischen den Hauptamtlichen oder unfruchtbare Konkurrenz der kirchlichen Vereine untereinander)⁵ derart zum Ausgangspunkt eines Auswertungsgesprächs zu wählen, daß auch die Beurteilung des Beobachteten durch den Praktikanten und die in solchem Urteil steckenden Wertmaßstäbe überprüft und evtl. korrigiert werden können. Entsprechend besteht die hier gebotene Hilfestellung konkret im Angebot eines Gliederungsschemas zur Erstellung einer Gemeindenanalyse. In diesem Schema stecken natürlich pastoraltheologische und didaktische Vorentscheidungen, die nun noch zu explizieren sind.

3. Das Gemeindekonzept des Schemas

Zentraler Beobachtungsgegenstand ist das Leben der Gemeinde (s. Schema, Ziff. 3); es wird analytisch unter den vier großen Perspektiven des Gottesdienstes, der Brüderlichkeit, des Verkündigungsdienstes und des Dienstes an den Notleidenden entfaltet. Aber dieses gemeindliche Leben pulsiert innerhalb vorgegebener gemeindlicher Strukturen, die es fördern oder behindern können (deshalb Ziff. 2 vor Ziff. 3) und beides ist eingebettet in die örtliche Gesellschaft und hat ihr zu dienen (deshalb Ziff. 1 vor Ziff. 2 und 3). Weil die Kirche nur Kirche ist, wenn sie Kirche für andere ist (Dietrich Bonhoeffer), muß eine theologisch verantwortbare Gemeindeanalyse bei der Aufarbeitung des sozialen Umfeldes der Einzelgemeinde einsetzen⁶; dafür spricht auch der pragmatische Umstand, daß statistisches Datenmaterial aus EDV-Anlagen nur für den größeren sozialen Raum zu erhalten ist, auf den sich mittlerweile ja auch die kirchliche Raumplanung hin orientiert (Pfarrverband/Region).

4. Das didaktische Konzept

Im Gegensatz zum Sozialarbeiter lernt der akademische Theologe im Rahmen seiner Ausbildung nicht, wie man mit den Methoden der empirischen Sozialforschung ein pastorales Feld erheben kann⁷. Deshalb benötigt er zusätzlich zu der Gliederungshilfe (die hier gleichzeitig als heuristischer Raster dient) Hinweise und Hilfsmittel zur Durchführung dieser Arbeit (Ziff. 5 und 6).
Wenn der Praktikant lernen soll, seine eigene Praxis zu reflektieren, dann müssen innerhalb des Gemeindeberichts auch seine Erfahrungen mit dem Projekt eingebracht werden können (Ziff. 4).

Zahlen lesen lernen
Ein durchgängiges Lernziel ist sodann die Interpretation von Datenmaterial; er muß lernen, daß Zahlen erst zu sprechen beginnen, wenn man sie mit anderen Zahlen vergleicht. Als Vergleichsmaterial bietet sich an:
– der Vergleich der einzelnen Berichte des Pastoralkurses untereinander;

– der Vergleich mit dem Zahlenmaterial vom Gemeindeleben der untersuchten Gemeinde vor zehn Jahren (wodurch die Dimension des sozialen Wandels in den Blick kommt);
– der Vergleich mit den Durchschnittszahlen des betreffenden Bundes- oder Landesdurchschnitts der nationalen Kirche oder Diözese[8].

Fakten von Deutungen unterscheiden
Ein weiteres Lernziel, auf das man in jedem Auswertungsgespräch achten muß, ist die Fähigkeit, zwischen den Fakten und ihrer Deutung zu unterscheiden. Aus diesem Grund wird in unserem Schema immer wieder zwischen Beobachtung und Bewertung unterschieden (z. B. 1.29; 1.37; 1.44; 1.54; 2.12; 3.12 u. ö.). Der Praktikant darf und soll die Situationen, die er vorfindet, bewerten (ohne Bewertung keine Möglichkeit der Veränderung!), aber er muß sich seiner Wertungen bewußt sein und sie kenntlich machen.

Pastorale Probleme exponieren
Darüber hinaus geben die Auswertungsgespräche über die Berichte der Teilnehmer dem Einzelnen Gelegenheit, pastorale Probleme, die ihm wichtig erscheinen und ihn partiell ratlos machen, vor der Gruppe geordnet zu entwickeln (vgl. Ziff. 6.33) und sich Rat zu holen. Sowohl die Entwicklung eines pastoralen Problems wie auch seine Erörterung scheitert in den Dekanatskonferenzen vielfach an einer ungesteuerten Emotionalität der Diskussionspartner.

5. Einige abschließende Bemerkungen zur zeitlichen Disposition

Vereinbarung mit den Teilnehmern
Die Erstellung und die gemeinsame Auswertung der Berichte müssen als indispensabler Teil des Praktikums allen Teilnehmern von vornherein deutlich gemacht und zeitlich entsprechend eingeplant werden; die Vorbereitung muß vor allem die Motivation abklären, wobei es besonders hilfreich ist, schon erarbeitete Praxisberichte rundzureichen oder einen Kaplan bzw. Pastoralassistenten, der bereits eine Gemeindeanalyse durchgeführt hat, zu bitten, die Analyse und die sich aus ihr ergebenden pastoralen Schwerpunkte vorzustellen. Im übrigen sollte man diese Einführungsphase so knapp wie möglich halten.

Klientenzentrierte Besprechung
Bei den Auswertungsgesprächen in der Gruppe, die auf die Phase des Praktikums selbst folgen und zu denen möglichst schon alle Praxisberichte vorliegen sollten, sollte schwerpunktmäßig das vom Praktikanten angemel-

dete Problem behandelt werden (Ziff. 4.5). Dabei können die Anwesenden Erfahrungen aus ihrem eigenen Feld zum Thema einbringen; der Seminarleiter muß jedoch darauf achten, daß wirklich die Problematik des Vortragenden bearbeitet und er nicht mit unverbindlichen Ratschlägen aus fremden Milieus abgespeist wird. Die bisherigen Erfahrungen mit solchen Auswertungsgesprächen lassen erkennen, daß sich das Engagement und die Sicherheit der Diskussionsteilnehmer von einer zur anderen Fallbesprechung steigern und daß somit das Erfahrungslernen als eigener und neuer Lernstil[9] zunehmend leichter gelingt und mehr befriedigt.

II. Schema zur Erstellung einer Gemeindeanalyse

Beschreibung der Pfarrei XY

vorgelegt von ... am ...

1. *Das soziale Umfeld der Pfarrei* (nächstgrößerer soziologischer Raum)
1.1 *Territoriale Gliederung*
1.11 Geographische Gliederung und Besiedelungsgeschichte (Stadtteile, Eingemeindungen, Baugeschichte als erste Hinweise auf bestimmte »Milieus« bzw. Kommunikationsbarrieren)
1.12 Einwohnerzahl des Gesamtraumes und der Substrukturen (nach Ausweis der statistischen Daten, die erreichbar sind)
1.2 *Wirtschaftliche Situation* (Infrastruktur)
1.21 Zuordnung innerhalb der Kommunalverwaltung
1.22 Verkehrsanbindung
1.23 Industrieansiedlung
1.24 Handel und Gewerbe
1.25 Bildungsinstitutionen (Vorschulen/Kindergärten, Schulen, VHS, Kulturdenkmäler)
1.26 Vereinsleben und gesellschaftliches Leben
1.27 Gastronomie/Freizeit/Tourismus am Ort
1.28 Ärztliche und sozialtherapeutische Versorgung (Krankenhäuser, Beratungsstellen usw.)
1.29 Zusammenfassende Chrakterisierung (z. B. Konfliktzonen, Behinderungen der Seelsorge)
1.3 *Bevölkerungsstruktur* (soziale Schichtung usw.)
1.31 Altersstruktur (Geburt- und Sterbestatistik, Rentneranteil, Tendenzen der letzten Jahre)
1.32 Haushalte (Einzel-, Mehrpersonenhaushalt, Kopfzahl pro Haushalt)
1.33 Prozentsatz der Arbeiter/Angestellten/Beamten/Freiberuflichen

1.34 Pendler (Berufs- und Ausbildungspendler)
1.35 Berufstätige Frauen
1.36 Gastarbeiteranteil
1.37 Zusammenfassende Charakterisierung (Was ist das typische Gesicht des Ortes im Vergleich zum BRD-Durchschnitt? Welche Probleme sind damit gestellt?)
1.4 *Politische Situation*
1.41 Die Parteienlandschaft vor Ort
1.42 Wer ist an der Regierung (im Gemeinderat, als Bürgermeister usw.)
1.43 Örtliches Verhältnis zwischen Kirche und Parteien
1.44 Zusammenfassende Charakterisierung (u. a. Querverbindungen zu 1.27)
1.5 *Religiöse Situation*
1.51 Statistische Daten
   - Prozentzahl der Konfessionen bzw. Religionen
   - Mischehenkoeffizient
   - Kirchenaustrittsquote
1.52 Historische Daten
   - Zeugnisse örtlicher Glaubensüberlieferung (Wallfahrten, Kapellen, Brauchtum)
   - Reformationszeit
   - Kirchenkampf/19. Jh./Nazizeit
1.53 Organisatorische Daten
   - Wieviele katholische Pfarreien und Filialen?
   - Welche überpfarrlichen katholischen Einrichtungen (z. B. Schwesternstationen, Ordensgemeinschaften, katholische Heime)?
   - Welche evanglischen Gemeinden und kirchlichen Organisationen?
   - Welche nichtchristlichen Gemeinden und Organisationen?
1.54 Zusammenfassende Charakterisierung: Probleme, Vermutungen, Zusammenhänge zu 1.2, 1.4, 1.52

2. *Die Situation der Pfarrei XY*
2.1 *Territorialstruktur der Pfarrei*
2.11 Beschreibung der geographischen Lage der Pfarrei im größeren sozialen Raum (zentral-peripher? s. o. 1.1). Aus welchen geographischen »Teilen« setzt sich die Pfarrei zusammen?
2.12 Charakterisierung: Auswirkung dieser territorialen Gegebenheiten auf das Gemeindeleben.
2.2 *Bevölkerungsstruktur des Pfarrvolkes*
2.21 Vermutungen, Probleme (Auswirkungen für die Seelsorge)

2.3 *Vereine und Gruppen in der Pfarrei*
2.31 Bestand (bitte vollständig!)
2.32 Charakterisierung der sozialen Zusammensetzung, der Arbeitsweise, der Kooperation und der Konfliktzonen

2.4 *Die Gemeindeleitung*
2.41 Hauptamtliche
2.42 Nebenamtliche Mitarbeiter
2.43 Ehrenamtliche Mitarbeiter
2.44 Pfarrgemeinderat
2.45 Charakterisierung der sozialen Zusammensetzung der Gemeindeleitung, der Kooperationsfähigkeit, der Konfliktbereiche usw.

3.   *Das Gemeindeleben der Pfarrei XY*

3.1 *Das gottesdienstliche Leben* (Leiturgia)
3.11 Daten und Beobachtungen (z. B. Kirchgang, Sakramentenempfang)
3.12 Bewertung (Probleme usw.)

3.2 *Gelebte Brüderlichkeit* (Koinonia)
3.21 Aktivitäten, Feste, Gruppen (s. o. 2.3)
3.22 Bewertung

3.3 *Der Verkündigungsauftrag* (Martyria)
3.31 Aktivitäten im Bereich Predigt/Schule/Erwachsenenbildung/Kindergartenerziehung/Öffentlichkeitsarbeit (Presse, Pfarrbrief)
3.32 Bewertung

3.4 *Caritatives Apostolat* (Diakonia)
3.41 Aktivitäten
3.42 Bewertung

3.5 *Versuch einer Gesamtcharakteristik des Gemeindelebens*
3.51 Welche Schwerpunkte sind für die Pfarrei charakteristisch und woher erklären sie sich (im Rückgriff auf die Daten in 1.1–1.5 und 2.1–2.4)? Nach welcher Seite hin hat die Gemeinde »Schlagseite« und wie ist dies zu erklären?
3.52 Welche Korrekturen wären wünschenswert, warum und unter welchen Bedingungen?

4.   *Persönliche Erfahrungen und Bemerkungen*
     Hier soll Raum gegeben werden zur Reflexion des eigenen Einstiegs in die Pfarrei und der eigenen Arbeit am Bericht.

4.1 *Einstieg in die Gemeinde*
— Über welchen Zugangsweg kamen Sie »richtig hinein« in die Gemeinde (z. B. durch den Pfarrer, durch ein Gemeindefest, über die Firmlinge usw.)?
— Wo und wann gelang Ihnen die Kontaktnahme am besten, wo war sie schwierig?
— Was werden Sie beim nächsten Mal anders machen, um rascher hineinzukommen?

4.2 *Arbeitsstörungen*
— Schwierigkeiten bei der Informationsbeschaffung (Hilfsbereitschaft? Informationsfreudigkeit? Vorurteile?)
— Schwierigkeiten mit der Auswertung und Darstellung des Datenmaterials

4.3 *Verbesserungsvorschläge*
— Wo sind Sie unzufrieden mit Ihrem Bericht? Welche Bereiche hätten Sie gerne genauer bearbeitet und warum ging das nicht?
— Wie könnte dieses Schema verbessert werden, so daß man sich leichter an ihm orientieren könnte?

4.4 *Lerngewinn*
— Was haben Sie persönlich über der Arbeit am Bericht gelernt?
— Warum halten Sie die Arbeit an einem solchen Bericht im Rahmen des Pastoralkurses für sinnvoll bzw. für wenig sinnvoll?
— Wie wurde die Arbeit am Bericht von Dritten beurteilt, gefördert, ernst genommen oder lächerlich gemacht (z. B. von Pfarrer, Pfarrgemeinderat, übrigen Kursteilnehmern)?

4.5 *Auswertungsgespräch*
— Auf welche Punkte soll sich das Auswertungsgespräch konzentrieren?
— Setzen Sie Prioritäten und formulieren Sie Ihr Problem möglichst genau.

5. *Anhang des Schemas*

5.1 In den Anhang sollten alle Informationsmaterialien (primäre Daten) eingeheftet werden, damit sie für später anschließende vertiefende Arbeiten greifbar sind.

5.2 Soweit die Primärmaterialien nicht beigeheftet werden können, sollten wenigstens genaue Quellenangaben gemacht werden.

6. *Hinweise und Hilfsmittel zur Erstellung der Arbeit – Leitfragen*
6.1 *Was will ich wissen?*
6.11 Wir sind keine Sozialarbeiter, sondern Seelsorger. Deshalb interessieren uns gesellschaftliche Daten nicht an sich, sondern sofern sie Aufschluß darüber geben, wie die Menschen, unter denen wir unseren Dienst tun, leben und welche Rolle der Glaube bei der Bewältigung ihres Lebens spielt (und spielen könnte). Die Erhebung der Verhältnisse und Bedürfnisse vor Ort soll uns helfen, bei der Verkündigung des Evangeliums und in der seelsorglichen Begleitung *situationsgerecht* zu handeln: »nicht als Herren eueres Glaubens, sondern als Diener an euerer Freude« (2 Kor 1,24).
6.12 Deshalb fragen wir stets: welcher verborgene Zusammenhang könnte zwischen diesen statistischen Daten und dem religiösen Leben dieser Menschen bestehen? Welche religiöse Praxis (oder welches Defizit) läßt sich von dorther verstehen?
6.2 *Woher kann ich die nötigen Informationen erhalten?*
6.21 Örtliche Unterlagen: Gemeindearchiv, Gemeindeblätter, Festschriften, Berichte von einer Regionalmission, Geschichte der Gemeinde, Pfarrchronik usw. Genaue Karte – Gemeindeamt!
6.22 Interview mit den örtlichen »Funktionären«: Pfarrer, Nachbarpfarrer, evangelischer Pfarrer, Krankenhausgeistlicher, Chefarzt, Stationsschwester; Kreisjugendamt – Fürsorgerin – Caritaszuständige – Vereinschefs, Parteichefs – Volkshochschulleiter – Bestattungsinstitutsleute – Lehrer – Polizisten.
6.3 *Wie kann ich die gewonnenen Informationen verarbeiten?*
6.31 Eintragen in einen Stadtplan bzw. in eine Karte des Pfarrbereichs, wie sie auf dem Katasteramt oder Bürgermeisteramt leicht per Fotokopie erreichbar ist. Die lokale Fixierung der Schwerpunkte (Industriegebiet, Fabriken, Sportzentren, evangelische Kirche usw.) hat eine gute ordnende Kraft.
6.32 Die Teilinformationen über die Kommune, die konfessionellen und politischen Gruppen usw. ordnet man zunächst am besten in Sammelmappen. Karteikarten empfehlen sich für Gesprächsprotokolle mit Informationen über die Bedürfnisse, die Lebenseinschätzung, die Stellung zur Kirche, die wir bei Hausbesuchen und informellen Gesprächen gewinnen können.
6.33 Überlegen Sie eigens, welche Medien Sie beim Vortrag über Ihre Gemeinde innerhalb des Pastoralkurses einsetzen können (Overhead-Projektor, Dias, Prospekte, Pfarrblätter), welches Datenmaterial alle Teilnehmer in Händen haben sollten (Tischvorlage), um sich qualifiziert an der Diskussion beteiligen zu können.

Anmerkungen:

* Quelle: Diakonia 8 (1975) 395–400.
1. Handbuch der Pastoraltheologie III, 1972, 130; F. Boulard, Wegweiser in die Pastoralsoziologie, 1954, 121–159; H. Fischer / W. Schöpping (Hg.), Materialdienst Gemeindearbeit, 1971, Art. Soziographie; G. Hungerbühler, Gemeinwesenarbeit – Ziele und Schritte zur Verwirklichung, in: Lebendige Seelsorge 22 (1971) 6–10.
2. Ein vorbildliches Modell für die Ebene des Bistums hat jetzt P. M. Zulehner erstellt: Zur Lage der Kirche von Passau. Prioritäten für die Pastoral in der Diözese Passau, hg. v. Seelsorgeamt Passau 1977.
3. Solche Orientierungspraktika werden sowohl von der Ratio fundamentalis und nationalis wie von der Studienreformkommission des Deutschen Fakultätentages gefordert; vgl. E. Feifel (Hg.), Studium kath. Theologie 5 (1975) 34.
4. Vgl. H. Andriessen, Pastorale Supervision, 1976; D. Caemmerer, Praxisberatung (Supervision), 1970; F. Haarsma, Supervision: ein Modell von Reflexion kirchlicher Praxis sowie H. Korsten u. a., Klientenzentrierte Aus- und Fortbildung, in: F. Klostermann / R. Zerfaß, Praktische Theologie heute, 1974, 586–600. 609–623.
5. Auch die Gemeindeberatung setzt bewußt bei den Konfliktzonen an; vgl. I. Adam / E. R. Schmidt, Gemeindeberatung. Ein Arbeitsbuch, 1977.
6. Zum zugrundeliegenden pastoraltheologischen Gemeindekonzept vgl. R. Zerfaß, Gemeinde als Thema des Religionsunterrichtes, in: KatBl 100 (1975) 449–467.
7. Beschreibung dieser Arbeitsgänge finden sich bei K. F. Daiber, Grundriß der Praktischen Theologie als Handlungswissenschaft, 1976 und Ch. Bäumler u. a., Empirische Methoden in der Praktischen Theologie, 1976.
8. Für die BRD wären heranzuziehen: Statistisches Jahrbuch für die BRD, 1976; Kirchliches Handbuch. Amtliches Statistisches Jahrbuch für die Kirche Deutschlands 27 (1969–1976).
9. Vgl. C. Rogers, Lernen in Freiheit, 1974; F. M. J. Siegers, Praxisberatung in der Diskussion, 1974.

1.6 Hermann Steinkamp
GEMEINDESTRUKTUR UND GEMEINDEPROZESS
Versuch einer Typologie

1. Definition und Wirklichkeit

Christliche Gemeinde ist immer zugleich religiös definierte Wirklichkeit und empirisches Sozialsystem. So banal und selbstverständlich diese Aussage auch sein mag, bei näherer Betrachtung entbergen sich sich dahinter sehr komplexe theologische und soziologische Problemstellungen.

Die unterschiedlichen theologischen Inhalte, die mit den Bildern der Ekklesiola, der societas perfecta, des Leibes Christi oder Volkes Gottes assoziiert werden, wirken sich auf das religiöse Erleben und Handeln des einzelnen und der Gemeinde ebenso aus wie bestimmte soziologische Vorstellungsgehalte.

Ob die Gemeinde als kleinste kirchliche Verwaltungseinheit definiert ist oder selbst als kleine Organisation, als »Pfarrfamilie« oder als Gemeinwesen bedeutet nicht nur einen Unterschied von beliebig austauschbaren Etiketten. Solche Definitionen machen selbst ein Stück sozialer Realität aus und beeinflussen individuelles und kollektives Verhalten.

Ein anschauliches Beispiel hierfür ist der bekannte Versuch, sich Gemeinde nach dem Bild einer großen Familie vorzustellen. Dabei gehen nicht nur bestimmte, oft unbewußte Wünsche und Bedürfnisse in die Definition ein, es werden auch vorhandene Rollen mit entsprechenden Inhalten gefüllt (Pfarrer = Familienvater) und die Auswirkungen der entstehenden Veranschaulichung reichen bis tief in die Erlebnisweisen, Kommunikationsmuster und das soziale Klima hinein.

Die Komplexität der Problematik erhöht sich nochmals, wenn in den Definitionen und dem dadurch beeinflußten sozialen Handeln bestimmte theologische Bilder (die ja ihrerseits nochmals soziologische Gehalte aus der Zeit ihrer Entstehung mittransportieren) mit bestimmten Sozialformen in Beziehung gebracht werden, z. B. »Leib Christi« mit »Pfarrfamilie« oder »Volk Gottes« mit »Gemeinwesen«. Vergleicht man die mystisch-pietistischen Assoziate des ersten Begriffspaares mit den eher nüchtern – unpathetischen des zweiten, so wird deutlich, welche Bandbreite von Möglichkeiten es gibt, Gemeinde zu konzipieren und zu erleben. Ähnlich groß dürfte die Gefahr von Mißverständnissen sein, wenn ohne hinreichende Differenzie-

rung von Realität, Definition der Realität und der Wechselwirkung beider normativ über »gute« und »schlechte« Gemeinden geurteilt wird.
Die folgenden Überlegungen wollen vor allem als Vorschlag zur Differenzierung und Typisierung verstanden werden; ihr Beitrag zur gegenwärtigen praktisch-theologischen Diskussion um die Gemeindereform ist eher pragmatischer Art: diese Diskussion scheint mir u. a. daran zu kranken, daß weder die genannten theologischen Chiffren noch die gegenwärtig gängigen normativen Etikette (»versorgte«, »offene«, »lebendige« usw. Gemeinde) hinreichend operationalisierbar sind, um mit ihnen empirische Gemeinden zu analysieren[1]. Der hier vorgelegte Versuch führt demgegenüber soziologische Kategorien ein, die eine differenziertere Klassifizierung erlauben. Daß die meisten der verwendeten analytischen Begriffe zunächst eine möglichst wertfreie Beschreibung ermöglichen sollen, bedeutet nicht, daß nicht das Schema als Ganzes Wertungen beinhaltet, die mögliche Wege zur Innovation andeuten.
Methodisch verbindet die folgende Darstellung zwei geläufige soziologische Denkoperationen: eine idealtypische Klassifizierung empirischer Gemeindemodelle und eine strukturell-funktionale Analyse. Diese Kombination legte sich durch das erkenntnisleitende Interesse nahe, vorfindliche Gemeinden auf die jeweiligen Anteile und das je konkrete »Mischungsverhältnis« von sozialer Struktur und sozialem Prozeß hin zu untersuchen, alltagssprachlich vereinfacht: auf das Verhältnis von statischen und dynamischen Anteilen der Gemeinderealität[2].
Unter strukturellen Merkmalen einer Gemeinde werden dabei alle relativ dauerhaften Einrichtungen und Aspekte sozialen Handelns verstanden: Rollen (des Pfarrers, Gemeindeassistenten etc.), Gremien, normierte Zeiten für Gottesdienste etc.
Als typische Merkmale des Prozesses einer Gemeinde können wichtige Ereignisse und Begebenheiten in ihrer Geschichte angesehen werden, wie der plötzliche Tod eines beliebten Priesters, die Zerstörung des Kirchengebäudes im Krieg oder manifeste Untergrund-Tätigkeit gegenüber dem Nazi-Regime; es können aber auch aktuelle, die Gemeinde als Ganze oder Teilgruppen betreffende Ereignisse sein wie plötzlich auftretende Arbeitslosigkeit, der Abbruch einer Obdachlosensiedlung u. ä. Je nach gemeindeeigener Definition ihres System-Umwelt-Verhältnisses gehören zum Prozeß einer Gemeinde aktuelle Ereignisse der »großen« Politik wie Kernkraftwerkbau, Ökologieprobleme, Dritte-Welt-Fragen und Bewegungen alternativer Lebenspraxis, und zwar dann, wenn diese Fragen nicht nur – wie traditionell – als Themen von Bildungsveranstaltungen firmieren, sondern als die Gemeinde als Gemeinde angehende begriffen, im Licht des Evangeliums reflektiert und die Ergebnisse solcher Reflexion gegebenenfalls in soziales und politisches Handeln umgesetzt werden.

Nun kann es nicht darum gehen, Strukturelemente und Prozeß wertend gegenüberzustellen, so als sei das eine oder das andere denkbar und sinnvoll. Jede noch so spontane Bewegung oder Basisaktivität bedarf eines Minimums an Struktur. So wird sich eine von einer Mehrheit der Gemeinde getragene Bürgerinitiative »Kinderspielplatz« sinnvollerweise der vorhandenen Gremien (Gemeinderat) und Ressourcen (Pfarrbüro) bedienen, um effektiv wirksam zu werden.
Gleichwohl lassen sich hinsichtlich der Gewichtung sowie der jeweiligen Vor- bzw. Nachordnung struktureller und prozessualer Aspekte empirische Gemeinden deutlich voneinander unterscheiden.

2. Von der »struktur«-orientierten zur »prozeß«-orientierten Gemeinde: drei Idealtypen

2.1 Gemeinde als kleinste kirchliche (Verwaltungs-)Einheit

Das wichtigste Merkmal dieses Typus besteht in dem – individuellen wie kollektiven – Vorstellungsgehalt, der die einzelne Kirchengemeinde am unteren Ende eines Strukturgefüges sieht, in dem es weiter oben die Bistumsleitung und schließlich, an der Spitze der Pyramide, Rom und den Papst gibt. Die einzelne Gemeinde wird vor allem unter dem Aspekt ihrer Zugehörigkeit zur Gesamtkirche betrachtet, wobei diese einerseits als die machtvoll – bergende Weltkirche erlebt, andererseits durchaus analog zu bürokratischen Großorganisationen vorgestellt wird.

2.1.1 Funktionen der Gemeinde
Im Erleben und Verhalten der Gemeindemitglieder, einschließlich ihrer Leitung, dominiert die Vorstellung, vorgegebene Ziele und Aufgaben zu verwirklichen: sei es in Form der Weitergabe und Verarbeitung von Information (Verkündigung, kirchliche Lehre), der je neuen Einschärfung und Kontrolle von einzuhaltenden Regeln (Gebote, Verhaltensnormen), sei es in Form konkreter Aufgaben wie Caritassammlungen, Vertrieb von Kirchenzeitungen etc. Dabei wird zwischen eigentlich Vorgegebenem (Tradierung der Sache Jesu) und kontingent Vorgegebenem bewußtseinsmäßig nicht unterschieden. Das durchschnittliche Gemeindemitglied versteht sich – sofern es überhaupt Identifikation entwickelt und emotional Zugehörigkeit empfindet – als »Endverbraucher« einer religiösen Versorgungs-Organisation. Je nach Besonderheit der System–Umwelt-Definition (z. B. Gemeinde als religiöse Insel in einer bedrohlichen gottlosen Umwelt, als Kerngemeinde mit missionarischem Auftrag an die Außenstehenden) entwickeln einzelne darüber hinaus Motivation/Aktivität zur »Weitergabe« des Empfange-

nen. Die Grenzen zwischen den verschiedenen Abstufungen des »Endverbraucher«-Status sind jedenfalls amorph.

2.1.2 Funktion der Gemeindeleitung

Innerhalb der Funktion des Gemeindeleiters bzw. der Gemeinddeleitung dominieren die Aspekte Multiplikation/Dienstleistung und Kontrolle. Der Pfarrer versteht sich als verlängerter Arm der Amtskirche und weiß sich im Konfliktfall seinen Vorgesetzten stärker verpflichtet als seinen Gemeindemitgliedern. Seine Eigeninitiative beschränkt sich in der Regel darauf, aus den vielen »von oben« kommenden Aufgaben, Anweisungen und Programmen auszuwählen sowie unter den ständig anfallenden religiös-kirchlichen Handlungen (Gottesdienst, Katechese, Diakonie) Schwerpunkte zu setzen. Beide Selektionen fallen notwendigerweise subjektiv und damit willkürlich aus, insofern ihre Kontrolle durch die Gemeinde entfällt. Die – im Kontext der Grunddefinition »Organisation/Verwaltung« durchaus konsequente – Tendenz, alle wichtigen Entscheidungen an die Pfarrer-Rolle zu delegieren, hat – sozialpsychologisch gesehen – zur Folge, daß zu der Aufgabenorientierung die Leiterorientierung verstärkend hinzukommt: beide zeitigen den gleichen Effekt, sie verhindern Basisinitiative und Mitverantwortung durch die Gemeinde.

2.1.3 Funktion der »Basis«

Innerhalb dieses Denkmodells wird die Basis der Gemeinde als die Summe von untereinander isolierten Individuen vorgestellt, die nominell (»Taufscheinchristen«) oder durch Annahme der religiösen Angebote und Dienstleistungen als Adressaten/Mitglieder der Gemeinde identifizierbar sind. Dem entspricht in der Regel ein individualistisches Konsumentenverhalten sowie eine passive Rollendefinition der Gemeindemitglieder. Diese nehmen wenig oder keinen Einfluß auf das Geschehen in der Pfarrei, Mitverantwortung erfolgt allenfalls in Rollen wie Kirchenvorstandsmitglied oder Caritashelfer, die in der Regel eher durch Beauftragung durch den Pfarrer denn durch Wahl übernommen werden. Allgemein entspringt Beteiligung stärker aufgrund religiös-ethischer Motivation als durch die Erfahrung, eigene Ideen und Interessen via Partizipation verwirklichen zu können. Individuell – religiöse Partizipation (z. B. Gottesdienstbesuch) ist daher wahrscheinlicher als soziale Partizipation (z. B. Mitarbeit in Ausschüssen und Gruppen).

2.1.4 Strukturen

Entsprechend den 2.1.1 genannten Funktionen sind die Strukturelemente dieses Gemeindetyps durch hierarchische Muster gekennzeichnet: »oben

– unten«-Orientierung im Bereich der Erwartungen (Normen), minimale Rollendifferenzierung, Fehlen funktional-differenzierter Subsysteme. Die vorhandenen Interaktionsnormen modifizieren vor allem die Erwartungen der Gemeindemitglieder an den Pfarrer, was Orientierungshilfen und kirchliche Dienstleistungen betrifft. Neben den vorhandenen hauptberuflichen Rollen (Pfarrer, Gemeindehelferin, Küster) sind andere Rollen kaum ausgeprägt, die Gemeindemitglieder teilen die nivellierte Rolle des »Hörers«. Wo ein Gemeinderat besteht, funktioniert er zumeist als Beratungsorgan des Pfarrers »gegenüber« der Gemeinde, da er Basisinteressen nicht vertreten kann, weil solche nicht vorhanden oder nicht organisiert sind.

2.2 Gemeinde als Organisation

Gegenüber der »Gemeinde als Verwaltungseinheit« betont dieser Typus stärker die Tatsache, daß sich die Gemeinde als Subjekt ihres Handelns begreift, als relativ unabhängige (Teil-)Organisation sowie den in beiden Definitionen enthaltenen Aspekt der Selbstreferenz und Selbststeuerung. Der Orientierung an den allgemeinen Zielen der Großkirche steht die Orientierung an den konkreten Interessen und Bedürfnissen der Gemeinde(-mitglieder) als gewichtiges Pendant gegenüber. Das Ausbalancieren beider Orientierungen im Sinne eines ausgewogenen Verhältnisses von »Angebot und Nachfrage« ist selbst eine wichtige Funktion der Organisation Gemeinde. Dabei gerät die Aktivierung möglichst vieler Gemeindemitglieder – im Sinne der Teilnahme an Veranstaltungen, Aktionen und Gruppen – zu einem bedeutsamen Sekundärziel, das nicht selten unter der normativen Chiffre »aktive Gemeinde« zum Hauptzweck wird.

2.2.1 Funktion der Gemeinde
Die wesentliche Funktion der Gemeinde besteht in der Organisation von Diensten, Angeboten und Aktivitäten religiöser und sozialintegrativer Art, wobei situativen realen bzw. vermuteten Bedürfnissen (»Nachfrage«) ein mindestens ebenso großes Interesse gewidmet wird wie dem Problem des Mindestmaßes an Verkündigung. Das potentiell unbegrenzte Angebot an religiösen, kulturellen und Freizeitaktivitäten wird weniger durch eine konkrete pastorale Strategie selektiert als durch die oft unreflektierte Maxime, möglichst viele an möglichst vielen Aktivitäten zu beteiligen.
Diese Maxime ist dabei hinsichtlich ihrer inhaltlichen Begründung doppeldeutig: sie kann einerseits als Ausdruck eines Anpassungsvorgangs und Konkurrenzverhaltens verstanden werden, zu dem sich die Kirche im Zuge ihres Funktions- und Bedeutungsverlustes gedrängt sieht, seit ihr ehemals

monopolartige Zuständigkeiten in den Bereichen Sinndeutung und Lebenshilfe von anderen Institutionen streitig gemacht werden[3].
In diesem Sinne konkurriert dann Gemeinde häufig mit Volkshochschule u. ä. Einrichtungen.
Andererseits kann die Maxime möglichst großer Partizipation auch von bestimmten theologischen Begründungsversuchen her verstanden werden, die Teilnahme und Kirchlichkeit normativ identisch setzen. Demnach wäre bereits eine Aktivierung der Gemeinde ohne nähere Qualifizierung des Wozu ein pastorales Ziel. In diesem Sinn verstehen sich solche organisatorisch gut funktionierenden, aktiven Gemeinden selber als »personales Angebot« an Fern- und Außenstehende, auf die solche Aktivität anziehend wirken soll.

2.2.2 Funktionen der Gemeindeleitung
Die Gemeindeleitung versteht sich mehr als Aktivitäts-Zentrum denn als »Spitze« eines möglichst breit verzweigten Organisationsnetzes. Der Gemeinderat wird in diesem Modell im allgemeinen als wichtigstes Instrument von Gemeindeleitung (selten als Stabsfunktion im Sinne der klassischen Organisationstheorie) konzipiert und ist zumeist Forum organisatorischer Planung und Entscheidung. Letztere variiert hinsichtlich ihres Gegenstandes entsprechend der jeweiligen Notwendigkeit zu stärkerer Konsens-Produktion oder stärkerer Kontroll-Ausübung bezüglich Angebot und Nachfrage. Die Entscheidungsbefugnis des Gemeinderates kann in diesem Konzept sehr weit gehen, sie endet spätestens bei der vorgegebenen Funktionsbestimmung (»aktive Gemeinde«), die ihrerseits nicht mehr hinterfragbar erscheint.

2.2.3 Funktionen der »Basis«
Die Gemeindebasis läßt sich vor allem durch die Aspekte »Konsumenten eines Angebots« und »(potentielle) Mitglieder der Subsystemen« beschreiben. Beiden Aspekten eignet dabei sowohl die Qualität »aktiv« wie der Gehalt »aktivierungsbedürftig«. Diese Ambivalenz wird besonders daran deutlich, daß Gruppen, Arbeitskreise, Aktionen (z. B. Sammlungen) nicht als spontane Basisaktivitäten konzipiert werden, sondern ebenfalls als »Angebote« zu sozialer Partizipation. Der wichtigste Machtfaktor der Basis besteht in der Möglichkeit, das Angebot durch Annahme bzw. Ablehnung zu jeder Zeit zu kontrollieren. Dominierte im »Verwaltungs«-Modell die religiöse über die soziale Partizipation in dem Sinne, daß erstere ohne letztere möglich war, so gewinnt innerhalb dieses Idealtyps soziale Partizipation insofern tendenziellen Vorrang, als Teilnahme an religiösen Veranstaltungen lediglich als spezifische Form von Teilnahme überhaupt erscheint. Andererseits tragen die Partizipationsmodi deutliche Merkmale

von sozialem in Abgrenzung zu politischem Verhalten: »Teilnahme an Veranstaltungen« dominiert im Bewußtsein, nicht so sehr »Teilnahme als Interessenvertretung«. Die Definition der Gemeinde als Gemeinschaft, in der es zwar persönliche, nicht jedoch politische und religiöse Interessen-Unterschiede gibt, wird prinzipiell nicht in Frage gestellt.

2.2.4 Strukturen
Bei diesem Gemeindetyp vermischen sich hierarchische und demokratische Strukturelemente.
War für den ersten Typus das Strukturmuster der Pyramide kennzeichnend, so läßt sich diesem Typ am ehesten das Bild der konzentrischen Kreise zuordnen. Der Grund hierfür liegt in den Auswirkungen der Angebot–Nachfrage-Strategie: die Grenze zwischen aktiven und nicht aktiven[4] Gemeindemitgliedern wird deutlicher und empirisch faßbarer als im ersten Typus. Drei Kreise lassen sich deutlich ausmachen: ein Innenkreis, bestehend aus Gemeindeleitung, Gemeinderat und ehrenamtlichen Mitarbeitern (ihnen ist gemeinsam das Merkmal »Anbieter«/Veranstalter), einem Kreis der aktiven (d. h. die Angeboten annehmenden, konsumierenden) Gemeindemitglieder und der »passive« Außenkreis, bestehend aus nominellen bzw. potentiellen Mitgliedern.
Außer mit dem Bild konzentrischer Kreise wird die Struktur solcher Gemeinden auch als »Verkreisung« beschrieben, womit einerseits ausgesagt wird, daß sich Gemeinde in vielen Kreisen aktualisiert, andererseits aber auch die Tatsache gemeint ist, daß die Kontakte der einzelnen und Gruppen untereinander punktuell bleiben bzw. als zufällig erlebt werden[5].
Die Rollen sind stärker differenziert als im ersten Modell, zumindest lassen sich zwei Rollengruppen ausmachen: religiöse Berufsrollen (Pfarrer, Pastoralassistent, Diakon, Gemeindehelferin) und religiöse Freizeitrollen (Gemeinderatsvorsitzender, Arbeitskreisleiter, Referent für Öffentlichkeitsarbeit). Gleichwohl bleibt die Rollendifferenzierung begrenzt, einerseits durch die – u. a. durch meist monopolartige theologische Sachkompetenz begründete – Dominanz der Pfarrerrolle, zu der alle übrigen Rollen letztlich komplementär definiert sind; andererseits durch die Zweiteilung in Veranstalter- und Konsumenten-Rollen.
Die Ausdifferenzierung des Gesamtsystems in Funktionsbereiche (Liturgie, Sozialarbeit, Bildung, Freizeit) bzw. Teilsysteme (Gruppen, Interessenkreise, Gremien) ist weitaus stärker ausgeprägt als im »Verwaltungsmodell«; gleichwohl spielen diese Subsysteme auf der Ebene der Entscheidungsfindung und Machtverteilung eine ähnliche marginale Rolle wie Abteilungen in einer Produktions-Organisation.
Zusammenfassend läßt sich sagen: obwohl dieser Gemeindetyp eine sehr viel differenziertere Struktur aufweist als der Typus 1, obwohl also »mehr«

1.6

Struktur vorhanden ist, kann man gleichwohl das Verhältnis von Struktur und Prozeß, von statischen und dynamischen Elementen als ausgewogen bezeichnen. Es bleibt die kritische Frage: was ist hier Prozeß? Handelt es sich wirklich um authentische »Geschichte« der Gemeinde oder nicht vielmehr um künstlich produzierte Dynamik? Kann eine solche Gemeinde, die – am Marktmodell von Angebot und Nachfrage orientiert – in ihrem Innenbereich immer mehr Aktivität entwickelt[6], dabei noch genügend Umweltprobleme wahrnehmen und verarbeiten? Tendiert nicht das dem soziologischen Modell der »aktiven Gesellschaft« (A. Etzioni) entlehnte Idealbild – auf Gemeinde bezogen – entweder zu Introversion oder zu blindem Aktivismus?
Diese kritischen Überlegungen leiten über zu einem dritten Typus:

2.3 Gemeinde als Gemeinwesen

Wir haben bislang als Bezugsrahmen für die idealtypische Klassifizierung von Gemeindemodellen das Verhältnis von Struktur und Prozeß sozialer Systeme gewählt und den »Fortschritt« vom ersten zum zweiten Typus in der Zunahme von Prozeßanteilen gesehen: wachsende Abhängigkeit des Gemeinde-»Programms« von historisch wandelbaren Einflüssen, z. B. Wandel der Interessen und Bedürfnisse.
Wenn nun der Anteil von Prozeßverarbeitung (konkret-historische Ereignisse als Inhalte des Gemeindeprogramms statt religiöser Routinehandlungen) weiter zunimmt, kommt ein Gemeindetyp in den Blick, der Gemeinde als Großgruppe oder Mini-Gesellschaft oder Gemeinwesen begreift und die sich darin ereignende gesellschaftlich-geschichtliche Wirklichkeit als »Programm« christlicher Gemeinde definiert.
Der Prozeß eines Gemeinwesens – verstanden sowohl im Sinne von Wohnviertel, Nachbarschaft, Dorf wie auch im Sinne funktionaler Gemeinwesen wie Studentengemeinde, Großkrankenhaus u. ä. – wäre dann identisch mit dem Prozeß der Gemeindebildung als einem zugleich sozialen, politischen und – eben darin – religiösen Lernprozeß.

2.3.1 Funktionen der Gemeinde
Christliche Gemeinde wäre dann zunächst weniger durch die Differenz zu als durch die Identität mit sozialen und politischen Gemeinwesen bestimmt. Aushandeln von unterschiedlichen Interessen, Bedürfnissen, Anschauungen mit dem Ziel des Kompromisses, Konflikt und Ringen um Machtausgleich zwischen starken und schwachen Gruppen, Suche nach adaequaten Entscheidungsmodi wären kennzeichnende Aktivitäten. Das unterscheidend Christliche einer solchen Gemeinde bestünde in der vom Evangelium inspirierten Reflexion auf die sozialen und politischen Prozesse sowie die

solcher Reflexion entspringende alternative Weise kommunikativen Handelns: Teilen, Versöhnung, Parteinahme für die Schwachen, Feier als Erinnerung und Ausdruck von Hoffnung.
Da diesem Gemeindemodell noch vergleichsweise wenig und nicht-repräsentative kirchliche Praxis zugrundeliegt (z. B. Isolotto, Basisgemeinden), sind die folgenden Systematisierungen eher extrapolativer Art denn – wie bei den vorangegangenen Modellen – generalisierte Beobachtungen.

2.3.2 Funktion der Gemeindeleitung

Gemeindeleitung bestünde hier im wesentlichen in der Ausführung von Entscheidungen des Gemeinderates, dessen Entscheidungskompetenz lediglich von der regulativen Norm begrenzt ist, daß christliche Gemeinde niemals einfach am Modell der genossenschaftlichen Demokratie (autokephal), sondern immer auch als bruderschaftliche Christokratie (christokephal) definiert ist. Wie immer im einzelnen Funktionen und soziale Auswirkung von Amt in diesem Modell aussehen mögen: Gemeinderat als Repräsentationsorgan von (gerade auch religiösen) Basisinteressen, als Ort politischer Aushandlung solcher Interessen und -gegensätze dürfte damit nicht ausgeschlossen sein.

Der Gemeinderat hätte dann – analog zu Vorstellungen aus der methodischen Gemeinwesenarbeit – eine Art Steuerungsfunktion des als Inter-Gruppen-Prozeß verstandenen community-development-Prozesses[7]. Detailfragen von der Art, ob eine Orientierung der herkömmlichen Gemeindeleiter-Rolle an Rollendefinitionen des Gemeinwesenarbeiters erfolgen könnte und sollte, können hier nicht erörtert, müssen aber im Auge behalten werden.

2.3.3 Funktionen der Basis

Unter Basis wird in diesem Modell nicht eine Summe von Individuen verstanden, sondern eine Summe von Basisgruppen. Deren Hauptmerkmal besteht in ihrem Charakter als Interessengruppe, wobei der Interessenbegriff einerseits politisch definiert ist, andererseits jedoch weiter gefaßt wird, etwa im Sinn von Gruppen mit einem bestimmten Interessenschwerpunkt (Meditation, Alternative Lebensformen, Theologie des Volkes, u. ä.), Aktionsgruppen, Selbsthilfegruppen.

Neben die – oder an die Stelle von – traditionellen Kriterien der Gruppenbildung wie Altershomogenität (Jugendgruppen, Altenverein), Stand, Beruf tritt das Kriterium der Selbstorganisation von (u. a. auch religiösen) Bedürfnissen.

Diese Basisgruppen sind die eigentlichen Subjekte des gemeindlichen Handelns. Im Sinne politischer Partizipation sehen sie als zentrale gemeinsame Aufgabe die Aushandlung ihrer unterschiedlichen Interessen zu einem

1.6

gemeinsamen »Programm«, wobei der Gemeinderat eine Art Parlament darstellt, in dem die verschiedenen Ideen, Vorstellungen und gegebenenfalls Kontroversen zur Sprache kommen. Gleichzeitig ist dieses Gremium ein wichtiger Ort der Reflexion auf den Gesamtprozeß der Gemeinde.
Nach außen wird die Gemeinde in der Linie der hier skizzierten politischen Grundprinzipien tätig, sowohl innerhalb der Kirche wie in das soziale und politische Umfeld hinein.

2.3.4 Strukturen

Wichtige Strukturelemente sind die Differenzierung des Gemeinwesens in Subsysteme sowie die in der Konsequenz davon liegende Definition des Gemeinderates als inter-group. Das zentrale Entscheidungs-, Steuerungs- und Reflexionsgremium der Gemeinde setzt sich also aus den Vertretern der Basisgruppen sowie der Gemeindeleitung zusammen. Dadurch wird strukturell die Unmittelbarkeit der Beziehung zwischen Gemeindeleitung und Gemeindebasis gesichert, die bei den derzeit gängigen Strukturmodellen von Gemeinderäten insofern permanent gefährdet wird, als diese sich sehr leicht von der Basis absondern und ein Eigenleben zu führen neigen.
Die Priorität des Strukturprinzips »Subsystem – Interaktion« bestimmt dann auch stärker die Strukturelemente »Rollen« und »Normen« als in den anderen Modellen. So wird z. B. die Rolle des Gemeindeleiters durch die Tätigkeitsmerkmale Koordination, Inter-Gruppen – Intervention (beide würde man theologisch durch die Funktion der Einung beschreiben) sowie des Konflikt-Management (theologisch: Versöhnung) bestimmt.
Hinsichtlich der systemeigenen sozialen Normen wäre vor allem deren zweiwegige Aushandlung und dynamische Veränderbarkeit charakteristisch, d. h. die in der Gemeinde geltenden Gesetze des Miteinander wären – für alle Beteiligten erfahrbar – selber Produkte der dauernden, am Handeln Jesu orientierten, Reflexion des eigenen kommunikativen und interaktiven Handelns als Gemeinde.

3. *Schlußbemerkungen*

Demjenigen, der gewohnt ist, von Gemeinde theologisch zu reden, mögen die vorstehenden Überlegungen laizistisch und unfromm erscheinen; das darin implizite Ansinnen an Reform kann dann allzu leicht mit dem Hinweis abgewehrt werden, hier wäre ja nicht eigentlich von christlicher Gemeinde die Rede, sondern allenfalls von irgendwelchen wünschenswerten Formen menschlichen Zusammenlebens. Gemeinde im christlichen Sinn jedoch stünde nun mal nicht zur Disposition menschlicher Sozialutopien.
Der Einwand ist sehr ernstzunehmen. Abgesehen von der Tatsache, daß das »Gemeinwesen«-Modell ja nicht eine Schreibtisch-Utopie darstellt, son-

dern reale Entwicklungen⁸ im underground oder bestimmten Subkulturen der Kirche mit traditionellen Gemeindemodellen in Zusammenhang zu bringen sucht, scheint mir seine noch fehlende theologische Legitimation ein Manko darzustellen, das pastoraltheologisch möglichst bald angegangen werden muß. (Daß einige Basisgemeinden nicht nur eine originäre Theologie, sondern auch eine für sie selbst vollauf befriedigende gemeindetheologische Legitimation entworfen haben, darf nicht über die Schwierigkeiten hinwegtäuschen, daß deren Fehlen in der offiziellen Theologie einer der Gründe für die Schwierigkeit ist, die derzeitige Kluft zwischen normalen und Basisgemeinden zu schließen, d. h. progressive Gemeinden, etwa im Hochschulbereich, hindert, sich deutlicher an bestimmten Praktiken von Basisgemeinden zu orientieren.)
An dieser Stelle kann jedoch lediglich das Desiderat erhoben und eine Grobskizze des zu leistenden Argumentationsweges beigefügt werden. Biblisch-theologisch und historisch wäre der Nachweis der Pluriformität frühkirchlicher Gemeindemodelle⁹ zu präzisieren hinsichtlich der Frage, ob es sich dabei auch um – im heutigen Sinne – prinzipielle Strukturunterschiede handelt. Dazu wären weitere Detailuntersuchungen von Einzelgemeinden in bezug auf ihren konkret-geschichtlichen Werdegang als Sozialsystem wünschenswert¹⁰. Im systematischen Teil müßte eine Art Mikro-Ekklesiologie (analog zur Mikrosoziologie) versuchen, als induktive theologisch-wissenschaftliche Reflexion auf den Prozeß empirischer Gemeinden zu generalisierbaren Aussagen zu kommen. Dabei müßte sowohl deren jeweiliger geschichtlich-gesellschaftlicher Kontext, dessen Verarbeitung in den jeweiligen gemeindeeigenen Definitionen (s. o. S. 81 f) sowie die dialektische Wechselwirkung von Gemeindeprozeß und seiner (volks-)theologischen Reflexion mitbedacht werden. Deduktiv im Sinne traditioneller Ekklesiologie wären dabei theologische Gehalte von der Art des Exodus-Motivs¹¹ insoweit an das empirische Material heranzutragen, wie diese in den entsprechenden Motiven der gemeindlichen Theologie ansatzhaft enthalten oder aber ihnen – wie z. B. deutlich zwischen dem Exodus-Impuls und dem »Gemeinwesen«-Modell erkenntlich – affin erscheinen.
Was – um eine weitere Assoziation anzufügen – hier in der soziologischen Sprache zur Interdependenz von Struktur und Rollendifferenzierung gesagt wurde, müßte bezüglich der letzteren zu amtstheologischen Problemen und zur Charismen-Lehre in Beziehung gebracht werden.
Schließlich hätte eine im engeren Sinne praktisch-theologische Reflexion intensiver auf den Zusammenhang von »Gemeinde als Prozeß« und religiöser Sozialisation einzugehen und dabei die spezifischen Chancen des »Gemeinwesen«-Modells für das pastorale Ziel der »Einübung in Kirche« als eines zugleich und untrennbar sozialen, politischen und religiösen Lernprozesses aufzuweisen.

1.6 87

Anmerkungen:

1. Als erste Schritte und wichtige Vorarbeiten zu einer soziologischen/sozialpsychologischen Typologie, an denen hier angeknüpft wurde, vgl. O. Schreuder, Die Kirchengemeinde: Typen und Leitbilder, in: O. Betz (Hg.), Gemeinde von morgen, 1969, 53–104; ders., Die deprivierte Mitte, in W. Weymann-Weyhe, Offene Kirche, 1974, 234–264; sowie N. Hepp, Neue Gemeindemodelle, 1971, hier besonders der Versuch einer gruppendynamischen Typologie, 283–305.
2. Zur allgemeinen soziologischen Problemstellung vgl. T. Bottomore, Struktur und Geschichte, sowie M. S. Lipset, Soziale Struktur und sozialer Wandel, beide in: P. M. Blau (Hg.), Theorien sozialer Strukturen, 1978. Zur systemtheoretischen Perspektive, die Struktur und Prozeß insofern in Beziehung setzt, als erstere als Mechanismus der Reduktion von Komplexität des letzteren konzipiert wird, vgl. B. Sievers, System-Organisation-Gesellschaft. Niklas Luhmanns Theorie sozialer Systeme, in: Jahrbuch für Sozialwissenschaft 22 (1971) 24–57.
3. Vgl. N. Luhmann, Funktion der Religion, 1977, 283. Genau an diesem Punkt wäre übrigens die Luhmannsche Unterscheidung von Funktion und Leistung (von Religion) zu problematisieren (vgl. aaO. 54 ff, 261 und passim), wie auch im Blick auf pastorale Grundentscheidungen kritisch zu überdenken.
4. Die Klassifizierung in »aktiv« und »passiv« ist – übrigens ebenso wie Luhmanns Vorschlag, aktive und rechnerische Mitglieder zu unterscheiden (vgl. aaO. 300) – insofern unbefriedigend, als sie die »passive« (Konsumenten-)Attitüde innerhalb dieser Form von Aktivität (im Gegensatz zu der unter 2.3.3 zu diskutierenden) nicht erfaßt.
5. Dieses Phänomen, oft gerade in (zumal in ihren Gruppen und Teilsystemen) aktiven Gemeinden als Klage artikuliert, trotz/wegen aktiver Kreise sei »die Gemeinde selbst« undynamisch, im Bewußtsein kaum vorhanden, scheint mir sozialpsychologisch durch das Fehlen von »sozialem Treibsatz« erklärbar, wie er z. B. in einer politischen Motivation enthalten ist, mit anderen im Gesamtsystem Interessen auszuhandeln oder (funktional äquivalent) über die Verteilung knapper Mittel (Geld) erreicht wird. Diese spezifische Form der Motivation »auf das Ganze hin« dürfte durch den in diesem Modell enthaltenen Grundimpuls zur »Versorgung« eher verschüttet werden.
6. Man braucht nicht einmal die Analogie zu den immanenten Gesetzen des kapitalistischen Marktes zu strapazieren: auf die hier lauernde Gefahr haben Watzlawik u. a. aus kommunikationstheoretischer und sozialpsychologischer Sicht eindrucksvoll hingewiesen: die Fixierung des Apathie-Problems und die Reaktion darauf nach dem Muster »mehr desselben« erzeugt oft ein viel gravierenderes Folgeproblem. Vgl. P. Watzlawik u. a., Lösungen, 1974, 51–59.
7. Es ist im Rahmen dieser Arbeit nicht möglich, auch nur skizzierend die Ideen und Denkanstöße zur Gemeindeaktivierung und Gemeindereform wiederzugeben, die in den letzten Jahren von der Gemeinwesenarbeit ausgegangen sind. Statt des Versuchs einer auch nur annähernd repräsentativen Literaturauswahl daher auch nur zwei Titel: als erster Überblick eignet sich A. Seippel, Handbuch aktivierende Gemeinwesenarbeit, 1976; zum gemeindetheologischen Kontext neuerlich Ch. Bäumler, Gemeinde als kritisches Prinzip einer offenen Volkskirche, in: Rechtfertigung, Realismus, Universalismus in biblischer Sicht. Festschrift für Adolf Köberle zum 80. Geburtstag, 1978, 245–266.
8. Vgl. neben der bekannten Literatur über Isolotto neuerlich R. J. Kleiner, Basisgemeinden in der Kirche, 1976; J. Lell / F. W. Menne (Hg.), Religiöse Gruppen. Alternativen in Großkirchen und Gesellschaft. Berichte, Meinungen, Materialien, 1976.
9. Vgl. J. Blank, Kirche – Gemeinde oder/und Institution, in: H. Merklein / J. Lange (Hg.), Biblische Randbemerkungen. Schülerfestschrift für R. Schnackenburg zum 60. Geburtstag, 1974, 79–93.

10. Vgl. als Modell-Studie für das, was hier gemeint ist, die originelle Arbeit von A. Schreiber, Die Gemeinde in Korinth. Versuch einer gruppendynamischen Betrachtung der Entwicklung der Gemeinde von Korinth auf der Basis des ersten Korintherbriefes, 1977.
11. Vgl. A. Exeler, Theologie des Volkes, Manuskript, 1976.

2 Zielvorstellungen

2.1 Norbert Mette
GEMEINDE – WOZU?
Zielvorstellungen im Widerstreit*

I

»Es gibt keine christlichen Gemeinden« – es sei denn »in theologischen Büchern und in Köpfen geistlicher Ideologen, die Selbsttäuschungen unterliegen«[1]. Das ist das Fazit, das aufgrund seiner Erfahrungen – zumindest bezogen auf die kirchliche Realität in der Bundesrepublik Deutschland – H. R. Schlette ziehen zu müssen glaubt. Theologische Redlichkeit gebietet es nach seiner Meinung, von christlicher Gemeinde nur noch im Konjunktiv oder Optativ zu sprechen: »Die christliche Gemeinde, gäbe es sie, wäre...«[2] In schöpferischer Phantasie gelte es, »die Möglichkeiten auszudenken, die in der Sache Jesu immer noch liegen«[3]. Solche Utopien zu skizzieren, hält Schlette für unverzichtbar; ansonsten betreibe man nämlich nichts anderes als die nachträgliche Legitimierung einer geschichtlichen Entwicklung, im Verlauf derer nach und nach praktisch bedeutungslose Konventionen den lebendigen Glauben im Sinne der Nachfolge Jesu abgelöst hätten.

W. Kasper demgegenüber vermag in solchen Visionen keinen konstruktiven Beitrag zu erblicken[4]. In ihrer hämischen Absetzung von der konkreten kirchlichen Wirklichkeit offenbaren sie ein hohes Maß an Überheblichkeit. Utopien, die gar nicht mehr mit der Realität vermittelbar seien, bewirkten nicht Hoffnung, sondern Resignation und Defätismus. Ist es denn wahr, so fragt W. Kasper, »daß unsere Gemeinden nur Verwaltungseinheiten sind? Gibt es gar nichts an Liebe und Treue, an Brüderlichkeit und Hilfsbereitschaft, an sozialem Engagement und echter, recht verstandener Frömmigkeit?«[5]

Sehr pointiert legt diese Kontroverse eine Reihe von Streitfragen offen, die seit einiger Zeit die Diskussion über die kirchliche Gemeinde bestimmen; entsprechend variieren die Zielkonzepte, die in ihrer Spannungsbreite folgendermaßen zu umreißen wären[6].

1. *Pfarrei – Gemeinde.* Diese begriffliche Unterscheidung und ihre Implikationen hat maßgeblich die pastoraltheologische Diskussion im katholischen Raum bestimmt[7]. Stark vereinfacht folgt sie folgendem Schema: »Pfarrei« steht für ein vorkonziliares Kirchenbild; vorherrschend ist die Betonung der rechtlich-institutionellen Aspekte: hierarchische Ordnung, klerikale Konzeption der Pastoral, individualistisches Seelsorgeverständnis etc . . .[8] Demgegenüber entspricht der Gemeindegedanke dem nachkonziliaren Kirchenverständnis; eine fast schon klassisch zu nennende Umschreibung hat er im Gemeindefaszikel des »Pastorale« gefunden: Die Gemeinde stellt eine Gruppe von Menschen dar, die an Jesus Christus glauben und versuchen, ihr individuelles und gemeindliches Leben an der Botschaft des Neuen Testaments auszurichten; die Gemeindemitglieder sind in der Gemeinde in ein Geflecht von sozialen Beziehungen hineingebunden und übernehmen bestimmte Funktionen in der Gemeinde; den Mittelpunkt des Gemeindelebens bildet die Gemeindeversammlung, besonders der eucharistische Gottesdienst; die Gemeinde stellt aber kein Getto dar; sie versteht sich als integrierter Teil der Gesamtkirche und weiß sich verpflichtet zum Dienst an der Gesellschaft«.[9] Die Konsequenzen dieser Definition liegen auf der Hand: In der gegenwärtigen kirchlichen Wirklichkeit sind Pfarrei und Gemeinde – in der Regel – nicht deckungsgleich. Als Zielvorstellung ergibt sich daraus: »Unsere Pfarreien müssen zu Gemeinden werden.«[10]

»Kirchenpolitische« Brisanz erfuhr diese Unterscheidung bei den Beratungen der Gemeinsamen Synode der Bistümer in der Bundesrepublik Deutschland (1971-75), auf der das Thema Gemeinde überhaupt eine zentrale Rolle gespielt hat[11]. Insbesondere die Bischöfe, aber auch einflußreiche Theologen votierten vehement gegen die in einer Vorlage enthaltene und nicht zuletzt vom genannten Gemeindefaszikel inspirierte Vorstellung, »das Modell von Gemeinde ganz oder fast ausschließlich im Anhalt an personal erfahrbare Kommunikationsstrukturen zu entwickeln«[12] und somit diesen Begriff ausschließlich kleinen und homogenen Gruppen vorzubehalten. Es setzte sich schließlich ein Gemeindeverständnis durch, »das kommunikativ-personale und institutionelle Elemente in sich einbegreift«[13]. Folgende Definition faßt die wesentlichen Gesichtspunkte zusammen: »Die Gemeinde ist an einem bestimmten Ort oder innerhalb eines bestimmten Personenkreises die durch Wort und Sakrament begründete, durch den Dienst des Amtes geeinte und geleitete, zur Verherrlichung Gottes und zum Dienst an den Menschen berufene Gemeinschaft derer, die in Einheit mit der Gesamtkirche an Jesus Christus glauben und das durch ihn geschenkte Heil bezeugen. Durch die eine Taufe (vgl. 1 Kor 12,13) und durch die gemeinsame Teilhabe an dem einen Tisch des Herrn (vgl. 1 Kor 10,16 f) ist sie ein Leib in Jesus Christus.«[14] Soll diese Umschreibung auch einem Auseinanderdriften von Pfarrei und Gemeinde Einhalt gebieten, so ist immerhin ihre durch und durch christologisch-ekklesiologische Ausrichtung bemerkenswert; dem herkömmlichen Verständnis von Pfarrei als bloßem kirchlichen Verwaltungsbezirk ist damit eindeutig der Abschied gegeben. Entsprechend drängt das Leitmotto, das die Synode für die konkrete Gemeindepraxis ausgegeben hat, auf die Realisierung des neuen Kirchenverständnisses: »Aus einer Gemeinde, die sich pastoral versorgen läßt, muß eine Gemeinde werden, die ihr Leben im gemeinsamen Dienst aller und in unübertragbarer Eigenverantwortung jedes einzelnen gestaltet.«[15]

2. *Volkskirche – Gemeindekirche.* An dieser Alternative hat sich eine zum Teil unerquickliche Polemik entzündet[16]. Im Interesse einer sachlichen, wenngleich engagierten Auseinandersetzung soll hier lediglich kurz auf einige Mißverständnisse und Unterstellungen, die in der Diskussion immer wieder auftauchen, eingegangen werden.
Neben K. Rahner und F. Klostermann ist N. Greinacher als ein dezidierter Verfechter der Gemeindekirchenkonzeption bekanntgeworden[17]. In seinem Beitrag macht er das zentrale Anliegen, von dem sich diese theologische Position leiten läßt und an dem sie unbeirrt festhält, überaus deutlich: Wie kann, so läßt sich als Frage formulieren, christlicher Glaube heute in der Gesellschaft relevant und vor allem wie kann er den kommenden Generationen tradiert werden? Insbesondere auf den zweiten Teil der Frage sind die Gegner der gemeindekirchlichen Position bisher eine überzeugende Antwort schuldig geblieben. Sicherlich ist man – nicht zuletzt in Gefolge der großen kirchensoziologischen Erhebungen – mittlerweile zu Recht darauf aufmerksam geworden, daß die gegenwärtige Situation (noch?) »eine erstaunliche Stabilität des volkskirchlichen Rahmens bei wachsender distanzierter Kirchlichkeit«[18] auszeichnet. Das ist im Rahmen des pastoralen Zielspektrums gebührend zu berücksichtigen, wie H. Schilling zu Recht fordert. Die neuere Diskussion über die kirchlich distanzierte Christlichkeit hat inzwischen bemerkenswerte Korrekturen an einer allzu rigoristischen Durchsetzung der gemeindekirchlichen Konzeption angebracht[19]. Auch ist, ausgehend von sozialpsychologischen Erkenntnissen, auf Gefahren der Gemeindekirchenkonzeption hingewiesen worden, die nicht von der Hand zu weisen sind und darum Modifikationen erforderlich machen[20]. Aber daß eine distanzierte Kirchlichkeit hinreichende Garantie für die Tradierung des christlichen Glaubens darstellt, wird nirgendwo ernsthaft vertreten und ist wohl auch kaum plausibel zu machen. Eindeutig erklärt z. B. W. Pannenberg, daß das Christentum zur Bewahrung seiner Identität – besonders im Hinblick auf die nächste Generation – unweigerlich auf die Kirche angewiesen ist. Das hat nichts mit einem Plädoyer zu tun, alles so zu lassen wie es

2.1

ist. Keineswegs garantieren bereits die Konfessionskirchen in ihrer bloßen Existenz die Fortdauer des Christentums. Im Gegenteil, das Aufkommen und die weite Verbreitung eines Christseins ohne Kirche hängt sicherlich auch mit der mangelnden Christlichkeit eben dieser Kirchen zusammen[21]. Genau hier setzt das Konzept der Gemeindekirche an; ihm geht es um nichts anderes, als in der kirchlichen Gemeinschaft und durch sie die sinnstiftende Kraft des christlichen Glaubens wirklich erfahrbar werden zu lassen. Daß dafür auch Strukturreformen unerläßlich sind, liegt auf der Hand.

Im übrigen wird die Kritik an der Position der Gemeindekirche allein dadurch relativiert, daß auch von der anderen Seite die Unabdingbarkeit lebendiger, auf der personalen Glaubensentscheidung des einzelnen basierender Gemeinden für die Zukunft der Kirche betont wird. Theologisch dürfte auch kaum eine andere Alternative im Blick sein. Kirche – auch die Volkskirche – kommt ohne lebendige Zellen der bewußt und entschieden Glaubenden und sich im Glaubenden Engagierenden nicht aus; selbst eine Pastoral, die stärker auf die Situation der kirchlich distanzierten Christen eingehen will, kommt daran nicht vorbei.

3. *(Basis-)Gruppe – Gemeinde.* Wie bereits angedeutet, hat in dieser Hinsicht die »Gemeinsame Synode« eine eindeutige Aussage getroffen: Eine Substrukturierung der Kirche – auch der Ortsgemeinde – in überschaubare und erfahrbare Gemeinschaften wird zwar als notwendig anerkannt; es wird jedoch betont, daß solche spontanen und freien Gruppen nicht im Vollsinn Gemeinde sind[23]. Ohne Zweifel entspringt diese begriffliche Differenzierung einem wichtigen Anliegen und bietet auch praktische Vorteile: Zum einen läßt sie nicht zu, die herkömmliche Pfarrei auf eine bloße rechtlich verfaßte pastorale Verwaltungseinheit zu reduzieren, sondern würdigt sie als eine auch theologisch relevante Größe. Zum anderen eröffnet sie einen größeren Freiraum an pastoralen Handlungsmöglichkeiten, insofern solche Gruppen, die sich zwischen dem einzelnen und der Gemeinde ansiedeln, nicht aufgrund der Verpflichtung dem Ganzen gegenüber zu bestimmten Rücksichtsmaßnahmen gezwungen sind. Die Unterscheidung zwischen Gruppe und Gemeinde ermöglicht es, daß sich Initiativen mit bewußt stärkerer Akzentuierung zu einer bestimmten Seite hin bilden, ohne daß damit bereits die Identität einer christlichen Gemeinde gefährdet wäre[23].

Darin besteht aber zugleich die restriktive Tendenz dieser Differenzierung. Nicht zuletzt wurde sie auf dem Hintergrund eines Vorganges formuliert, der zunehmend auch im deutschsprachigen Raum zu beobachten ist: Teils innerhalb der Ortsgemeinden, teils neben ihnen finden sich gläubige Christen zusammen in der bewußten Intention, »Gemeinde« zu realisieren[24].

Diese Selbstbezeichnung als »Gemeinde« soll zwar auch einen Protest gegen die Kirche in ihrer jetzigen Verfaßtheit zum Ausdruck bringen; legitimiert wird sie jedoch letztlich durch die engagierte Spiritualität dieser Gruppen, die sich zumeist der »mystisch-politischen Doppelverfassung der Nachfolge« (J. B. Metz) verpflichtet weiß.
Natürlich widerspricht eine solche Bezeichnung dem Interesse einer sauberen Begriffsbildung. Doch nun – gleichsam im Umkehrverfahren zu entgegengesetzten Tendenzen – den Begriff »Gemeinde« so gut wie ausschließlich für die herkömmliche Pfarrei als intermediärem Gebilde zwischen Gruppe und (Teil-, Landes- und Welt-) Kirche reservieren zu wollen[25], ist in verschiedener Hinsicht problematisch: Abgesehen davon, daß soziologische Gesichtspunkte[26] noch kein theologisches Argument darstellen, dürfte es, wenn die volkskirchliche Ortsgemeinde der Gegenwart zum Maßstab erhoben wird, schwierig werden, frühere Sozialformen der Kirche – vor allem in neutestamentlicher Zeit – noch als Gemeinden zu bezeichnen. Damit zeichnet sich ein erheblicher Rückschritt hinter die theologische Rückbesinnung auf die Gemeinde ab. Die »neue Gemeindetheologie«, wie sie bisweilen genannt wird, begeht nicht, obwohl es ihr häufig vorgeworfen wird, den Fehler eines terminologischen Monismus – als würde sie einfach Gemeinde mit Kirche gleichsetzen. Ihre Rede von Gemeinde dient vielmehr dem Anliegen, zu einem Verständnis von Kirche zu gelangen, das ihre verschiedensten Aspekte und Dimensionen (z. B. Einheit und Vielfalt) zu umfassen erlaubt; und manches spricht dafür, daß sich dazu der vom neutestamentlichen ekklesia-Begriff her inspirierte Gemeindegedanke besser eignet als »Kirche«, nicht zuletzt weil dieser Begriff sowohl aufgrund seines Alltagsverständnisses als auch aufgrund der nachtridentinischen Ekklesiologie vorbelastet ist. Gemeinde in diesem Sinn ist etwas, was sich auf den verschiedenen Ebenen der Kirche ereignen kann und ereignet. Auf jeden Fall meint sie mehr als bloß die jeweilige historisch u. a. bedingte soziale Erscheinungsform der Kirche; sie bildet – wie Chr. Bäumler es genannt hat – deren »kritisches Prinzip«[27].
Im übrigen scheint bezüglich einer umfassenderen Verwendung des Gemeindebegriffs die außerdeutsche Theologie und Pastoral weniger Skrupel zu besitzen, wie z. B. ein Blick auf die Bewegung der »Basisgemeinden« zu belegen vermag[28].

4. *Territorialprinzip – Kategorial- bzw. Funktionalprinzip.* Dieser Punkt hängt eng mit den übrigen zusammen. Denn eine theologische und pastorale Aufwertung und Intensivierung des Gemeindeprinzips fordert die Frage geradezu heraus, ob sich zu seiner Verwirklichung die herkömmliche territoriale Untergliederung überhaupt noch eignet oder ob diese nicht durch andere Strukturierungsprinzipien abgelöst werden muß. Inzwischen

scheint die Diskussion hierüber einen vorläufigen Abschluß gefunden zu haben: Auch wer der Meinung ist, daß »das bisher fast allein dominierende Territorialprinzip ... in den Gemeinden von morgen zurücktreten und durch funktional-kategorial-personale Pfarr-, Gemeinde- und Gruppenbildungen ergänzt werden«[29] wird, hält daran fest, daß »die Territorialpfarrei und -gemeinde ... als Grundraster der amtlichen kirchlichen Basisorganisation und -verwaltung weiterhin erhalten bleiben«[30] wird. Nicht nur soziologische und verwaltungstechnische Gesichtspunkte sprechen dafür, sondern auch theologische. Wichtige Ziele der Gemeinde – so wird argumentiert – lassen sich bei einer lokalen Gliederung am ehesten verwirklichen, insbesondere ihre Berufung zur universalen Stellvertretung und Solidarität.[31] So sieht beispielsweise W. Kasper folgende drei Vorteile in der ortsgemeindlichen Gliederung.[32] Für jeden Christen gibt es eine für ihn zuständige und verantwortliche Gemeinde, an die er sich wenden kann; die Vorgegebenheit der Kirche wird zum Ausdruck gebracht; Menschen aller Schichten und gesellschaftlichen Gruppen kommen zusammen.

Doch muß gerade zu dem letzten Aspekt, den auch die »Gemeinsame Synode« stark hervorhebt[33], bemerkt werden, daß er im faktischen Leben einer durchschnittlichen Territorialpfarrei kaum zur Geltung kommt; demgegenüber haben insbesondere die »Basisgemeinden« dafür eine starke Sensibilität ausgebildet[34]. Statt das Territorialprinzip theologisch zu überfrachten, empfiehlt sich, realistisch seine Chancen, aber auch seine Grenzen wahrzunehmen[35]. Dazu gehört auch die vorbehaltlose Würdigung, daß wichtige Impulse für die Arbeit in der Ortsgemeinde immer wieder von freien charismatischen Gruppen in den Kirchen ausgegangen sind und ausgehen und daß darum eine Konkurrenz unterschiedlicher Gliederungsprinzipien keineswegs zum Nachteil gereicht.

II

Wenn man sich diese Kontroverspunkte, die ja in sich jeweils bereits bestimmte Zielvorstellungen enthalten, vor Augen hält, kann es nicht verwundern, daß in der in den letzten 10–20 Jahren zur Gemeindearbeit erschienenen Literatur ein Programm das andere, ein Slogan den anderen abgelöst hat.[36] Es dürfte kaum verfehlt sein, hinter den verschiedenen Streitfragen und Programmen ein generelleres Problem zu erblicken: nämlich die Schwierigkeit, heute Gemeinde zu sein. In dieser Situation sind systematisch-theologische Überlegungen über Wesen, Struktur und Funktion einer christlichen Gemeinde nur beschränkt hilfreich; in besonderer Weise trifft das für solche Versuche zu, die meinen, jenseits aller Tagesstreitigkeiten die divergierenden Elemente zu einer theologischen Synthese zusammenfassen zu können. Mehr als einige generelle Orientierungen, die zudem noch angesichts der konkreten Nöte der Praxis äußerst blaß wirken, sind auf diese Weise nicht zu erhalten[37]. Schwierig wird es, wenn es an die Konkretisierung geht, an die Transformation dieser Zielvorstellungen in die Gemeindepraxis. Nicht umsonst entzünden sich gerade hier die Kontroversen.

Die im ersten Abschnitt aufgeführten Streitpunkte veranschaulichen, welche Faktoren bei der Zielbestimmung der Gemeindearbeit offensichtlich eine Rolle spielen. Sie zu theologisch irrelevanten Randbedingungen zu erklären, ist darum unzulässig. Ihnen gebührende Aufmerksamkeit zukommen zu lassen, ist Aufgabe einer Praxistheorie der kirchlichen Gemeinde, die ergänzend zur dogmatischen Ekklesiologie entwickelt werden muß. »Gegenüber dem Monopol eines dogmatischen Ansatzes, der den Pluralismus in Kirche und Theologie als Auflösung der Substanz beklagt, muß zunächst die Vielfalt der Konzepte der Gemeindearbeit als Bedingung der Möglichkeit einer für ihre soziale Umwelt und ihre gegenwärtigen Probleme offenen Praxis der Kirchengemeinde erkannt werden.«[38] Mit dieser Charakterisierung stellt Chr. Bäumler ein solches Konzept in eine fruchtbare Spannung zu dem herkömmlichen, ausschließlich an der Dogmatik orientierten Denken: »Wird die Praxistheorie der Kirchengemeinde unmittelbar aus der Ekklesiologie abgeleitet, dann entsteht die Neigung, von ›der‹ Gemeinde, ihren Aufgaben und Zielen zu sprechen, ohne die konkreten Bedingungen zu erfassen, unter denen diese Aufgaben zu bewältigen und diese Ziele zu verfolgen sind. An die Stelle einer brauchbaren Praxistheorie tritt die bloße Aneinanderreihung von Postulaten, die sich kaum verwirklichen lassen.«[39] Systematisch-theologische Reflexionen sollen damit nicht als überflüssig hingestellt werden; sie liefern die Kriterien für die Identifizierung spezifisch christlichen Handelns, die Voraussetzung für die Praxistheorie sind, will diese nicht lediglich die jeweilige Realität mit affirmativen Stützkonzeptionen versehen.

Vordringliche Aufgabe einer Praxistheorie der kirchlichen Gemeinde kann es allerdings nicht sein, dem Konzert von Zielvorstellungen neue Stimmen hinzuzufügen, auch wenn sie nicht daran vorbeikommt, im Widerstreit der Positionen dezidert Stellung zu beziehen. Vielmehr müssen selbst noch einmal die Voraussetzungen reflektiert werden, von denen sich die verschiedenen Positionen unreflektiert leiten lassen und die auch in der Praxis eine bislang zu wenig beachtete Rolle spielen[40].

2.1

III

In der gegenwärtigen kontrovers geführten Gemeindediskussion sind es vor allem folgende Punkte, die hinsichtlich der Zielbestimmung der Gemeindearbeit eine Praxistheorie stärker zu berücksichtigen hat:

1. *Die Vernachlässigung der soziohistorischen Dimension im Gemeinbegriff läßt die politische Implikation von Zielvorstellungen leicht aus dem Blick verlieren.*
Daß überhaupt eigens thematisiert wird, welche Ziele der Arbeit in einer kirchlichen Gemeinde zugrundeliegen sollen, ist nicht selbstverständlich. Solange Bürgergemeinde und Kirchengemeinde weitgehend deckungsgleich waren, bestanden in dieser Hinsicht kaum Probleme. »Erst die rechtliche Trennung der politischen und kirchlichen Belange stellte den Kirchen die Aufgabe, eigene Formen des sozialen Lebens zu entwickeln, besonders im Hinblick auf die einzelnen Gemeinden.«[41] Es kann darum nicht verwundern, daß sich in den Programmen, die seitdem auftauchen – etwa der Ruf nach dem Aufbau »lebendiger Gemeinden« –, auch die jeweilige Einschätzung der Gesellschaft widerspiegelt.
Y. Spiegel hat in seiner Pfarrerstudie exemplarisch aufgewiesen, wie sehr der Aufbau einer selbständigen Gemeindeorganisation die praktische und theologische Reaktion auf das Aufkommen der großstädtischen Gesellschaft darstellt[42]. Deren Interpretation durch die Kirche gab dem Gemeindegedanken seine inhaltliche Füllung: z. B. die kirchliche Gemeinde als Gesinnungsgemeinschaft angesichts einer als areligiös und bindungslos erlebten modernen Gesellschaft; als romantischer Protest gegen die Kälte der abstrakten Strukturen der anonymen Massengesellschaft; als brüderlicher Organismus angesichts der in Parteien zerstrittenen Gesellschaft. Auch die zentrale Stellung, die nunmehr dem Gottesdienst für den Gemeindeaufbau zugeschrieben wird, ist auf diesem Hintergrund zu sehen: da die Konstitution der Gemeinde nicht mehr über die vorgegebenen sozialen Bezüge erfolgen konnte, bedurfte es eines Ortes, an dem die Gemeinschaft sichtbar in Erscheinung trat.
Die undifferenzierte Anwendung des Gemeindebegriffs, »wie auf die Urgemeinde? so auf die staatskirchliche Gemeinde des christlichen Mittelalters, auf die bürgerliche Parochie und schließlich die volkskirchliche Gemeinde der Industriegesellschaft«[43], unterschlägt also wesentliche Probleme. Die Ausbildung einer »abstrakten« Gemeindeidee, die so etwas fördert, muß selbst noch einmal als Reaktion auf das Zerbrechen der Einheit von Kirche und Gesellschaft in der Neuzeit begriffen werden. Die theologische Reflexion ist darum aufgefordert, kritisch die jeweilige ideenpolitische Funktion

des Gemeindebegriffs zu analysieren, um dadurch eine kurzschlüssige Adaption von Zielvorstellungen an bestimmte soziohistorische Entwicklungen zu verhindern[44].

Daß so etwas keineswegs bloß im Interesse der Theoriebildung zu fordern ist, zeigt ein Blick auf die Gemeindepraxis. Dort wirkt sich nämlich das mangelnde Bewußtsein für das Eingebundensein der Gemeinde in eine konkrete Gesellschaft massiv aus. Daß der Diskussion über die Zielvorstellungen der Gemeindearbeit nicht selten etwas Gekünsteltes anhaftet, belegt das sehr eindringlich. Krampfhaft wird Jahr für Jahr nach Programmen Ausschau gehalten, um eine »lebendige Gemeinde« zu gestalten. Häufig genug fördert das einen »Gemeindeintegralismus«, der die Gemeinde zum Maßstab allen Handelns erklärt. Aber selbst dann gehen von der Gemeinde immer noch Wirkungen auf das gesellschaftliche Umfeld aus, und sei es dessen Stabilisierung.

Erst dann leisten die kirchlichen Gemeinden unbegriffenen politischen Interessen keinen Vorschub mehr, wenn sie anerkennen und ernst nehmen, daß sie sich den Ort ihrer Nachfolge nicht aussuchen können, sondern sich in einer bestimmten Gesellschaft vorfinden, deren Bestandteil sie sind[45]. Entsprechend schreibt Chr. Bäumler: »Der gesellschaftliche Kontext der volkskirchlichen Ortsgemeinde ist das Dorf, die Kleinstadt, der Stadtteil, in dem sie liegt. Deren Probleme sind auch ihre Probleme, in deren Konflikte ist auch die Kirchengemeinde verwickelt. Sich da heraushalten, hieße, die jeweils am längeren Hebelarm Sitzenden zu unterstützen.«[46] Gemeinde, die sich als Gemeinwesen begreift[47], das in konfliktreiche gesellschaftliche Prozesse verflochten ist, braucht nicht erst nach einem großartigen Programm zu suchen; sie findet es in ihrem normalen Alltag. »Als Gemeinschaft der in Freiheit liebenden Freunde Jesu nimmt sie an den Problemen, Konflikten und Aporien der Gesellschaft teil, eben weil es ihre eigenen sind, und arbeitet in der Kraft des Geistes daran mit, Probleme zu entdecken und zu benennen, Konflikte zu lösen oder zu regeln, Aporien aushaltbar zu machen.«[48]

Die Tatsache, daß zunehmend auch innerhalb der Kirche Gruppen sich bilden, die sich einem solchen Programm verpflichtet wissen, und daß auch in einigen Ortsgemeinden die Sensibilität für eine solche Aufgabenstellung zunimmt, kann als Symptom dafür gewertet werden, daß hier keiner leeren Utopie das Wort geredet wird[49]. Die »Gemeinsame Synode« hat von dem »Zeugnis einer Hoffnungsgemeinschaft« gesprochen, das »wir uns selbst und unserer Lebenswelt mehr denn je« schulden[50]. Damit ist ja wohl überaus deutlich zum Ausdruck gebracht, daß »die Art, wie von der (sc. kirchlichen) Gemeinschaft und in ihr Leben durch die Hoffnung geprägt wird, ... sich nicht einfach auf den niedrigsten gemeinsamen Nenner der Rahmenkultur unserer pluralistischen Gesellschaft beschränken« kann,

sondern sie »Alternativen gegenüber falschen Selbstverständlichkeiten ...,
die die ›Allgemeinheit‹ zu beherrschen drohen«, entwickeln muß[51].
Man wäre allerdings unrealistisch, wollte man nicht die ebenfalls in den
hiesigen Kirchen herrschende – wie J. B. Metz es genannt hat – »Gigantomachie der Angst« zur Kenntnis nehmen, die dazu führt, daß jegliche
Experimente von vornherein abblockiert werden[52]. Gerade angesichts dessen kann sich eine Praxistheorie der kirchlichen Gemeinde nicht darauf
beschränken, ihr Augenmerk nur auf die faktische Praxis der »normalen«
Gemeinden zu richten, sondern sie muß auch aufmerksam sein für neue
alternative Formen gemeinsamer christlicher Praxis und sich dafür einsetzen. Das Bewußtsein für die soziohistorische Bedingtheit der Gemeinde
– sowohl in ihrer Sozialform als auch in ihrer Zielsetzung – verlangt
entschiedene Abschiednahme von einem uniformen Gemeindemodell. Gibt
es eine legitime Vielfalt von Gemeinden und können diese durchaus verschiedene Funktionen für das Ganze der Kirche – und der Gesellschaft
– haben[53], dann entspricht dem am ehesten ein Verständnis von Kirche als
»konziliarer Gemeinschaft«[54]. Erst dann wäre eine produktive Auseinandersetzung um die Wahrheit des Evangeliums in der konkreten Situation
möglich[55].

*2. Zielvorstellungen der Gemeindearbeit zu formulieren, ist nicht Sache
einiger Theologen; sondern die Gemeinde selbst ist das Subjekt bei der Suche
nach einem verbindlichen Konsens über das Funktionsprinzip ihrer
Praxis*[56].
Im Anschluß an die bisherigen Überlegungen ist diese These nur konsequent und bedarf keiner eigenen Erläuterung. Das mittlerweile allgemein
anerkannte Prinzip der gemeinsamen Verantwortung des Gottesvolkes für
die Sendung der Kirche schließt sowohl eine theologische als auch eine
kirchenamtliche Bevormundung aus, was nicht bedeutet, daß Theologie
oder kirchliches Amt funktionslos würden.
Faktisch liegen jeder Gemeindearbeit zumindest implizit Ziele zugrunde.
Diese verdanken sich nicht allein theologischen Überlegungen. Sondern sie
speisen sich darüber hinaus teils aus Vorstellungen der Gemeindepfarrer
über ihre Arbeit, teils aus den Erwartungen der Gemeindemitglieder. Dies
alles auf einen Nenner zu bringen, ist – wie Umfragen erkennen lassen
– unmöglich[57]. So sehr also immer schon subjektive Momente in der
Gemeindearbeit eine Rolle spielen, wenn nicht gar leitend sind, so wenig
bedeutet das, daß die Gemeinden bereits als mündige Subjekte ihres Wirkens bezeichnet werden können. Davon, daß sich potentiell alle Gemeindemitglieder an dem Prozeß des Gemeindeaufbaus beteiligen, sind die meisten
Gemeinden noch weit entfernt. Das bedeutet nämlich auch Abschied
nehmen von liebgewordenen Gewohnheiten, z. B. daß ein »Kern« einer

Gemeinde mit seinen Bedürfnissen die Arbeit bestimmt und dadurch ausschließt, daß sich innerhalb dieser Gemeinde differenziertere soziale Formen der Kirchlichkeit und Christlichkeit entwickeln, mit denen sich auch die, die nicht zum »Kern« zählen und es bewußt nicht wollen, identifizieren könnten[58]. Das Dilemma vieler Territorialgemeinden besteht darin, daß sie von bestimmten Gruppen dermaßen in Beschlag genommen werden, daß anderen jegliche Möglichkeit genommen wird, ihrem Glauben eine wirklich überzeugende soziale Gestalt zu verleihen. Eine solche Verwechslung des Totalitätsanspruchs des christlichen Glaubens mit einem Allzuständigkeitsanspruch der hergebrachten parochialen Strukturen, wie sie die Kerngemeinde zu bewahren versucht, ist auf die Dauer – T. Rendtorff hat darauf bereits vor zwanzig Jahren hingewiesen[59] – für die Praxis der Kirchen ruinös. Gemeinde in jedem ihrer Mitglieder als Subjekt ihres Wirkens ernst nehmen, heißt, daß nicht »ohne weiteres vom Vorhandensein der Gemeinde ausgegangen und die Integration in diese vorhandene Gemeinde als Ziel angesehen«[60] werden kann. Darauf nimmt das »Modell eines differenzierten Gemeindeaufbaus«, wie es von R. Schloz programmatisch beschrieben worden ist, Rücksicht[61].

Es ist nicht zu übersehen, daß in diesem Zusammenhang noch eine Reihe von Fragen und Problemen offen steht, die eine Praxistheorie der kirchlichen Gemeinde zu bearbeiten hätte. Insbesondere über die Motive der Gemeindezugehörigkeit gibt es bisher noch mehr Spekulationen als gesicherte Aussagen[62]. Über latente »religiöse Ressourcen« in der Bevölkerung und deren Aktivierbarkeit ist so gut wie nichts bekannt. Gravierend und theologisch ungeklärt ist auch die Zuschreibungsproblematik: Nähe und Ferne der Mitglieder zu ihrer Kirche wird in der Regel aus der Perspektive derer beurteilt, die »Religion als Profession« betreiben. Wie stellt sich dieses aus der Sichtweise derer dar, für die – vorwiegend – »Religion als Freizeit« erlebt wird? In diesem Zusammenhang kommt natürlich ganz massiv der Gemeindepfarrer mit seiner »Schlüsselrolle« für die Gemeindearbeit ins Spiel[63]. Gemeinde als Subjekt ihres Wirkens ernst nehmen bedingt auch eine andere Art, Theologie zu treiben. Ihre Eigenart besteht nach H. J. Pottmeyer darin, daß sie sich im lebendigen unmittelbaren Austausch innerhalb der Gemeinden und der Gemeinden untereinander herausbildet. »Ihre Erkenntnisse schlagen sich weniger in Büchern nieder, sondern wirken sich im Leben der Gemeinde aus. Ihre literarischen Zeugnisse können Erfahrungsberichte vom Leben, der Praxis und von Initiativen einer Gemeinde sein, die anderen Mut machen, selber den Aufbau einer lebendigen Gemeinde zu versuchen, oder von der Gemeinde formulierte Bekenntnisse ihres Glaubens, in denen ihre Erfahrungen mit Gott zum Ausdruck kommen, oder zusammenfassende Niederschriften über Schrift- und Glaubensgespräche, die als Glaubenszeugnis auch anderen Hoffnung geben können.

2.1

Die Theologie des Volkes hat deshalb narrativen, erzählenden Charakter; sie überliefert ihre Erkenntnis Gottes und der Heilsgeschichte in Geschichten, die von der Wirksamkeit des Heilshandelns Gottes in der Gemeinde erzählen.«[64]

3. *Der Einfluß sozialpsychologischer Gegebenheiten auf die Gemeindearbeit bedarf einer nüchternen Einschätzung.*
Der Gemeindekirchenkonzeption wird neuerdings gern vorgehalten, sie vernachlässige die Relevanz soziologischer und sozialpsychologischer Gegebenheit auf die praktische Gemeindearbeit[65]. Dadurch sei die Gefahr gegeben, daß Programme aufgestellt würden, die in der Realität keine Chance hätten. Zweifelsohne ist dieser Hinweis berechtigt; in der Tat scheitert manche theologisch brillante Konzeption schlicht und einfach daran, daß sie die Wirkung von Faktoren wie z. B. die Schwerkraft der Tradition gar nicht oder nur unzureichend einkalkuliert. In ihrem Eifer scheinen die Gegner jedoch zu übersehen, daß vieles, was sie auf die Gemeindekirchenkonzeption gemünzt wissen wollen, überaus plastisch in der Wirklichkeit mancher »volkskirchlicher« Gemeinden abgelesen werden kann: Sektenmentalität, Konformitätsdruck, Nabelschau und was sonst noch an Charakteristika aufgeführt wird.
Statt in einen unergiebigen Stellungskrieg sollten die Kräfte lieber investiert werden, theoretisch erklärungsträchtige und praktisch gehaltvolle Untersuchungen darüber anzustellen, »welche bedeutsame Rolle die sozialen Faktoren in einer christlichen Gemeinde spielen und welche Bedeutung ihnen deshalb auch im theologischen Kontext zukommt«[66]. Doch auch dabei ist noch einmal darauf zu achten, welcher Ansatz zugrundegelegt wird. Auf keinen Fall kann sich eine Praxistheorie der kirchlichen Gemeinde darin erschöpfen, anderswo erstellte Analysen bloß noch auf ihren Objektbereich zu applizieren. Theorie degeneriert dann allzu leicht zur Ideologie: Der Verweis auf soziologisch erfaßte Gesetzlichkeiten dient nur zu gern als Entschuldigung für das Abblocken von Reformen.
Hinsichtlich der Kompatibilität soziologischer und theologischer Begriffs- und Theoriebildung ist noch einiges zu klären.[67] Aber davon müßte zunächst einmal ausgegangen werden: Wenn christliche Gemeinde nicht einfach Gemeinschaftsbewußtsein und Sozialkontakt meint, sondern »das Milieu, das entsteht, wenn Gott die Menschen ›herausruft in die Gemeinschaft mit seinem Sohn‹ (1 Kor 1,9)«[68], muß das auch theoretisch zum Ausdruck gebracht werden. Gemeinde ist dann nicht adäquat beschrieben als ein Ort, an dem sich lediglich alles redupliziert, was auch in anderen Formen sozialer Zusammenschlüsse geschieht. Wenn für christliche Praxis ein Sprechen und Handeln konstitutiv ist, durch das »der Ursprung einer Initiative erfahren wird, die einen größeren Raum an Freiheit eröffnet und

verheißt«[69], dann gilt es, das Augenmerk vor allem auf die konkreten Vollzugsformen einer kommunikativen Praxis zu richten, in denen das in besonderer Weise erfahrbar wird. Sollte es wirklich zu optimistisch sein, wenn man dafürhält, daß sich solche theologisch gehaltvollen Vorgänge wie Liebe, Hoffnung, Versöhnung, Rechtfertigung, Befreiung, Feier – kurz: Glauben – unter Christen immer wieder ereignen? Solche Prozesse, die in anderen wissenschaftlichen Systemen in Gefahr sind, zu kurz zu kommen, die es aber nicht zuletzt im Interesse einer humanen Praxis zu bewahren gilt, gälte es, im Alltag der Gemeinden – aber auch außerhalb der kirchlichen Praxis – zu identifizieren. Vordringlich wäre die Erstellung von Fallstudien, die anhand konkreter Situationen die Faktoren analysieren, die einer solchen Praxis förderlich bzw. hinderlich sind[70].

IV

Verbleibt die Diskussion über die Zielbestimmung der Gemeindearbeit in der eingangs skizzierten Kontroverse, droht sie aporetisch zu werden; unberührt vom Theologengezänk folgt die Praxis ihren eigenen Zielvorstellungen. Von daher drängt sich ein Pradigmenwechsel der praktisch-theologischen Forschung, wie er hier in einigen Grundzügen zur Diskussion gestellt worden ist[71], geradezu auf. Eine Praxistheorie der kirchlichen Gemeinde hat der Praxis dieser Gemeinden möglichst weitgehend Geltung zu verschaffen und darf deren Rahmen nicht bereits durch vorgegebene theologische Grundbegriffe festlegen. Sie wird somit Bestandteil eines umfassenderen Kommunikationsprozesses, in dem sich Christen an verschiedenen Orten über Struktur und Ziel ihres Handelns und die Art und Weise des Miteinanderumgehens klar zu werden versuchen.

Anmerkungen:

* Dieser Beitrag soll in die Diskussion zum Thema »Zielvorstellungen der Gemeindearbeit« einführen und sie kommentieren. Indem versucht wird, die neuere Literatur zu diesem Thema möglichst umfassend zu berücksichtigen, soll dem Leser eine Einordnung der folgenden vier Beiträge erleichtert sowie eine weitere Orientierung ermöglicht werden. Die Position des Verfassers bedingt, daß die katholische Diskussion insgesamt stärker zum Tragen kommt. Die Vermutung, daß die angerissenen Probleme in ihren Grundzügen auch für den evangelischen Raum gelten, wurde dem Vf. brieflich von Chr. Bäumler bestätigt.
1. H. R. Schlette, Thesen zum christlichen Gemeindeverständnis, in: M. Seckler u. a. (Hg.), Begegnung (Festschrift H. Fries), 1972, 361–368, hier: 363.
2. Vgl aaO. 364–368 (Thesen 2–7).
3. AaO. 368.

4. Vgl. W. Kasper, Elemente einer Theologie der Gemeinde, in: Lebendige Seelsorge 27 (1976) 289–298, hier: 298; vgl. auch K. Lehmann, Was ist eine christliche Gemeinde?, in: Internationale katholische Zeitschrift 1 (1972) 482–497, hier: 482 f.
5. W. Kasper, aaO. 298.
6. Die folgenden vier begrifflichen Unterscheidungen, die innerhalb der Fachdiskussion durchaus geläufig sind, brauchen im Rahmen dieses Aufsatzes nicht eigens erläutert zu werden, weil das in den übrigen Beiträgen dieses Abschnitts ausführlich geschieht.
7. Dabei ist zu vergegenwärtigen, daß die Verwendung des Begriffs »Gemeinde« auf katholischer Seite einen neuen Sprachgebrauch signalisiert: vgl. K. Lehmann, Gemeinde, aaO. 481.
8. Vgl. H. Fischer / N. Greinacher / F. Klostermann, Die Gemeinde (Pastorale), 1970, 13 ff; K. Lehmann, aaO. 481 f; F. Klostermann, Gemeinde – Kirche der Zukunft, Bd. 1, 1974, 26 f.
9. H. Fischer u. a., aaO. 14.
10. AaO. 15.
11. Vgl. die zusammenfassenden Charakterisierungen durch J. Kardinal Döpfner in seinem Bericht bei Abschluß der Gemeinsamen Synode, in: Synode Heft 8 (1975) 89–96, bes. 92 f, sowie K. Lehmann in seiner Einleitung zur offiziellen Gesamtausgabe der Synodenbeschlüsse, in: L. Bertsch u. a. (Hg.), Gemeinsame Synode der Bistümer in der Bundesrepublik Deutschland. Offizielle Gesamtausgabe I, 1976, 21–67, bes. 64. – Zum »Vorfeld« der Synodendiskussion ist der 83. Deutsche Katholikentag im Jahre 1970 zu rechnen, der unter dem Motto »Gemeinde des Herrn« stattfand (vgl. den gleichlautenden Dokumentationsband, hg. vom Zentralkomitee der Deutschen Katholiken, 1970).
12. K. Lehmann, Chancen und Grenzen der neuen Gemeindetheologie, in: Internationale katholische Zeitschrift 6 (1977) 111–127, hier: 112.
13. Ebd. – Vgl. dazu auch N. Glatzel, Gemeindebildung und Gemeindestruktur, 1976, 47–58; W. Kasper, Die pastoralen Dienste in der Gemeinde. Einleitung, in: L. Bertsch u. a. (Hg.), aaO. 581–596, bes. 585; L. Roos, Begriff und Gestalt der kirchlichen Gemeinde, in: Lebendige Seelsorge 27 (1976) 299–307, bes. 299.
14. Beschluß »Die pastoralen Dienste in der Gemeinde« 2.3.2, in: L. Bertsch u. a. (Hg.), aaO. 605.
15. AaO. 1.3.2 (aaO. 602); vgl. ähnlich Beschluß »Rahmenordnung für die pastoralen Strukturen und für die Leitung und Verwaltung der Bistümer in der Bundesrepublik Deutschland« Teil I (aaO. 690). – Vgl. hierzu ausführlich A. Exeler, Von der versorgten zur engagierten Gemeinde, in: Gemeinde im Wandel von Gesellschaft und Kirche (hg. von der Akademie Klausenhof), Hamminkeln-Dingden 1978, 9–48. – Eng mit diesem Problemkomplex »Pfarrei – Gemeinde« zusammen hängt die auch im evangelischen Bereich kontrovers diskutierte Bestimmung des Verhältnisses von Amt und Gemeinde.
16. In diesem Band wird diese Diskussion, wie sie auf katholischer Seite in den letzten Jahren geführt wird, durch die Beiträge von N. Greinacher und H. Schilling repräsentiert. Einen umfassenden Überblick auch über die Diskussion im evangelischen Raum bietet N. Mette, Volkskirche. Eine Problemanzeige, in: StdZ 195 (1977) 191–205.
17. In der evangelischen Theologie hat sich die Gemeindekirchenkonzeption insbesondere im Anschluß an K. Barth herausgebildet; exponierte Vertreter sind z. B. H. Gollwitzer und J. Moltmann.
18. H. Fries, Aufbau und Organisationsprinzipien der Katholischen Kirche, in: G. Gerschenek (Hg.), Katholiken und ihre Kirche in der Bundesrepublik Deutschland, 1976, 61–73, hier: 72.
19. Vgl. dazu ausführlicher N. Mette, Die kirchlich distanzierte Christlichkeit als Herausforderung für kirchliches Handeln, in: Diakonia 8 (1977) 235–244 (Lit.).
20. Vgl. H. Schilling, Kritische Thesen zur »Gemeindekirche«, in: Diakonia 6 (1975) 78–99;

L. Roos, aaO.; K. Lehmann, Chancen und Grenzen, aaO. – Solche Feststellungen sollten jedoch nicht den Blick vor der »Pathologie« der herkömmlichen Gemeinden verschließen lassen: vgl. u. a. die Beiträge von O. Betz und L. Hoffmann in: M. Enkrich A. Exeler (Hg.), Kirche – Kader – Konsumenten. Zur Neuorientierung der Gemeinde, 1971.
21. Vgl. W. Pannenberg, Christsein ohne Kirche, in: ders., Ethik und Ekklesiologie. Gesammelte Aufsätze, 1977, 187–199, hier: 190 ff.
22. Vgl. Beschluß »Die pastoralen Dienste in der Gemeinde« 2.3.2 (aaO. 605); vgl. dazu K. Lehmann, Chancen und Grenzen, aaO. 111 f.
23. Vgl. K. Forster, Kirchendistanzierte Religiosität – Aufgabe und Chance für das christliche Zeugnis, in: ders. (Hg.), Religiös ohne Kirche, 1977, 87–107, hier: 102.
24. Dazu immer noch bemerkenswert das Memorandum des Bensberger Kreises »Offene Gemeinde«, in: Concilium 11 (1975) 289–295.
25. So vor allem L. Roos, aaO., bes. 302 f. – Der Synodenbeschluß »Rahmenordnung für die pastoralen Strukturen . . .« (aaO. 688–726) läßt eine Tendenz in ähnliche Richtung erkennen; »Pfarrgemeinde« ist die Bezeichnung für einen Teil der »unteren pastoralen Ebene«.
26. Die es übrigens in dieser Eindeutigkeit gar nicht gibt.
27. Vgl. Chr. Bäumler, Gemeinde als kritisches Prinzip einer offenen Volkskirche, in: G. Müller (Hg.), Rechtfertigung, Realismus, Universalismus in biblischer Sicht (Festschrift A. Köberle), 1978, 245–266.
28. Zu deren Rezeption innerhalb der deutschsprachigen Theologie vgl. vor allem R. J. Kleiner, Basisgemeinden in der Kirche, 1976; ders., Gemeinde-Erfahrung an der Basis, in: H. Erharter u. a. (Hg.), Prophetische Diakonie (Festschrift F. Klostermann), 1977, 160–173; ders., Gruppen und Basisgemeinden in ihrer Bedeutung für eine lebendige Pfarrgemeinde, in: J. Wiener / H. Erharter (Hg.), Pfarrseelsorge – von der Gemeinde mitverantwortet, 1977, 48–63; F. Klostermann, Basisgruppen und -gemeinden – eine Zielgruppe?, in: L. Bertsch / K.-H. Rentmeister (Hg.), Zielgruppen. Brennpunkte kirchlichen Lebens (Festschrift K. Delahaye), 1977, 123–131.
Der (sehr beachtenswerte) Diskussionsbeitrag von K. Lehmann (Chancen und Grenzen, aaO.) macht, wenn auch unbeabsichtigt, die Schwierigkeit einer klaren terminologischen Differenzierung deutlich: Es entsteht jedenfalls der Eindruck, daß um der Abgrenzung von »Gemeinde« und »Gruppe« einerseits willen (vgl. aaO. 120 ff) der Gemeindegedanke dermaßen theologisch befrachtet wird, daß die ebenfalls postulierte Differenzierung zwischen »Kirche« und »Gemeinde« andererseits (vgl. aaO. 115) im Endeffekt untergeht. Im übrigen ist daran zu erinnern, daß auch der Begriff »Pfarrei« durchaus theologisch bedeutungsvoll ist (was im Begriff »Parochie« allerdings noch deutlicher zum Ausdruck kommt). Auch unter diesem Aspekt scheint darum eine terminologische Gleichsetzung von »Pfarrei« und »Gemeinde« unnötig zu sein.
29. F. Klostermann, Kirche – Ereignis und Institution, 1976, 50.
30. AaO. 49.
31. Vgl u. a. W. Kasper, Zur Theologie der Gemeinde, in: M. Enkrich / A. Exeler (Hg.), aaO. 121–131; K. Rahner, Zur Theologie und Spiritualität der Pfarrseelsorge, in: J. Wiener / H. Erharter (Hg.), aaO. 11–30.
32. Vgl. W. Kasper, Zur Theologie der Gemeinde, aaO. 127 f.
33. Vgl. Beschluß »Die pastoralen Dienste der Gemeinde« 2.3.3 (aaO. 605 f); Beschluß »Rahmenordnung für die pastoralen Strukturen . . .« Teil I (aaO. 690).
34. Vgl. z. B. eindrucksvoll J. Chr. Hampe, Die Gemeinde als die neue Gesellschaft. Bericht von der integrierten Gemeinde, in: H. von Gizychi / H. Habicht (Hg.), Oasen der Freiheit, 1978, 175–180.
35. Vgl. K.-F. Daiber, Überlegungen zur Praxis volkskirchlicher Gemeinden, in: ders., Grundriß der Praktischen Theologie als Handlungswissenschaft, 1977, 220–242; W. Jetter,

Chancen der Ortsgemeinde, in: WPKG 66 (1977) 2–18; K. Lehmann, Chancen und Grenzen, aaO., bes. 115–120.
36. Einen zusammenfassenden Überblick bietet Chr. Bäumler, Gemeindeaufbau, in: F. Klostermann / R. Zerfaß (Hg.), Praktische Theologie heute, 1974, 417–429.
37. Auf Belege sei hier verzichtet; vgl. die Rezeption und Kritik der Theologie der Gemeinde von J. Moltmann in dem Beitrag von Chr. Bäumler in diesem Band.
38. Chr. Bäumler, aaO. 424.
39. AaO. 421 f.
40. Ansätze zu einer solchen Praxistheorie der Gemeinde finden sich vorwiegend innerhalb der evangelischen Theologie: Zu nennen sind außer den bereits zitierten Aufsätzen von Chr. Bäumler und den in diesem Sammelband zusammengestellten Beiträgen G. Kugler, Zwischen Resignation und Utopie. Die Chancen der Ortsgemeinde, 1971; E. Lange, Chancen des Alltags, 1965; W.-D. Marsch, Institution im Übergang, 1970, bes. 229–248. Nach Fertigstellung dieses Beitrages erschien das sehr anregende Buch von W. Lück, Praxis: Kirchengemeinde, 1978.
41. R. Köster, Die Kirchentreuen, 1959, 5.
42. Vgl. Y. Spiegel, Der Pfarrer im Amt, 1970, 20–31, bes. 25 ff.
43. R. Schloz, in diesem Band. Zur Geschichte der Sozialformen der Kirche vgl. auch G. Biemer / P. Siller, Grundfragen der Praktischen Theologie, 1971, 19–73, 190–195.
44. Vgl. L. Rütti, Deutung des politischen Standortes der christlichen Gemeinde aus der Sicht der »politischen Theologie«, in: Concilium 9 (1973) 261–267; sehr materialreich dazu jetzt auch W. Lück, aaO., bes. 18–50.
45. Vgl. Chr. Bäumler, Gemeinde als kritisches Prinzip, aaO. 250.
46. AaO. 261.
47. Vgl aaO. 260 ff; Chr. Bäumler, Gemeindeaufbau, aaO. 260 ff; vgl. auch den Beitrag von H. Steinkamp in diesem Band.
48. Chr. Bäumler, Gemeinde als kritisches Prinzip, aaO. 250.
49. Vgl. dazu die Beiträge unter Abschn. IV (Aufgaben) dieses Bandes.
50. Beschluß »Unsere Hoffnung« I. 8 (aaO. 100).
51. D. Emeis, Rechenschaft über unsere Hoffnung – Katechetische Impulse, in: ders. / B. Sauermost (Hg.), Synode – Ende oder Anfang, 1976, 76–83, hier: 76 f.
52. Vgl. J. B. Metz, Zeit der Orden?, 1977, 31 f.
53. Vgl. W. Kasper, Kirche und Gemeinde, in: ders., Glaube und Geschichte, 1970, 275–284, hier: 281.
54. Vgl. dazu bes. den Beitrag von R. Schloz in diesem Band. Ähnlich auch die Konzeption von W. Lück, aaO.; vgl. auch K. Raiser, Konziliare Gemeinschaft am Ort, in: EK 10 (1977) 14–17.
55. Auf diese Weise könnte auch das Postulat, die Einzelgemeinde habe sich immer auf die Gesamtwirklichkeit der Kirche zu beziehen, seine sterile Abstraktheit verlieren: Im lebendigen Austausch untereinander über Landes- und Konfessionsgrenzen hinweg könnten Gemeinden füreinander aufmerksam werden und voneinander lernen (vgl. dazu A. Exeler, aaO. 39 f). – Nebenbei ist festzustellen, daß die »Basisgemeinden«, obwohl gerade für sie die Gefahr der Abkapselung beschworen wird, in engerer Kommunikation untereinander stehen als die meisten normalen kirchlichen Territorialgemeinden, die in der Regel über die Pflege eines biederen Provinzialismus nicht hinausgelangen.
56. Vgl. Chr. Bäumler, Gemeindeaufbau, aaO. 424.
57. Vgl. den Beitrag von Chr. Bäumler in diesem Band.
58. Vgl. aaO. S. 117.
59. Vgl. T. Rendtorff, Kirchengemeinde und Kerngemeinde, in: F. Fürstenberg (Hg.), Religionssoziologie, 1964, 249–264 (der Aufsatz wurde ursprünglich 1958 veröffentlicht).
60. R. Scholz, in diesem Band S. 158 ff.

61. Neben dem Beitrag von R. Schloz vgl. jetzt auch W. Lück, aaO. bes. 88–136.
62. Vgl. dazu W. Lück, aaO. 9–50. Einschlägige soziologische Hypothesen referiert N. Mette, Kirchliche und nichtkirchliche Religiosität, in: Pastoraltheologische Informationen 7, 1978, 17–41. – Vgl. auch die Beiträge unter Abschn. I (Analysen) in diesem Band.
63. Vgl. P. Krusche, Der Pfarrer in der Schlüsselrolle, in: J. Matthes (Hg.), Erneuerung der Kirche. Stabilität als Chance, 1975, 161–188.
64. H. J. Pottmeyer, Theologie des Volkes. Ihr Begriff und ihre Bedingungen, in: A. Exeler / N. Mette (Hg.), Theologie des Volkes, 1978, 140–159, hier: 144. – Als Ansätze dazu vgl. P. Görges / R. Kellerhof / C. Weber / W. Wessel, Wer mitmacht, erlebt Gemeinde, [2]1973; H.-M. Schulz, Damit Kirche lebt. Eine Pfarrei wird zur Gemeinde, 1975; P. Weß, Gemeindekirche – Zukunft der Volkskirche, 1976.
65. Vgl. N. Glatzel, Gemeindebildung und Gemeindestruktur, aaO.; ders., Christsein in einer Gemeinde, in: Jahrbuch für Christliche Sozialwissenschaften 19 (1978) 101–114. Vgl. auch Anm. 20.
66. N. Glatzel, Gemeindebildung und Gemeindestruktur, aaO. 13.
67. Zum Thema »Gemeinde« besonders wichtig: N. Glatzel, aaO.; G. Kehrer, Gemeinde, in: G. Otto (Hg.), Praktisch-theologisches Handbuch, [2]1975, 250–263; G. Sauter, Kirche als Gestalt des Geistes. Das theologische und soziologische Problem der Institutionalität christlicher Gemeindebildung, in: EvTh 38 (1978) 358–369; R. Zerfaß, Gemeinde als Thema im Religionsunterricht, in: R. Ott / G. Miller (Hg.), Zielfelderplan. Dialog mit den Wissenschaften, 1976, 259–286.
68. R. Zerfaß, Inhalte der Praktischen Theologie, in: G. Biemer / A. Biesinger (Hg.), Theologie im Religionsunterricht, 1976, 92–107.
69. H. Peukert, Zur Einführung: Bemerkungen zum Verhältnis von Sprachanalyse und Theologie, in: D. M. High (Hg.), Sprachanalyse und religiöses Sprechen, 1972, IX–XXIV, hier: XXII.
70. Vgl. ähnlich R. Köster, Was ist Praktische Theologie?, in: ders. / H. Oelker (Hg.), Lernende Kirche (1975), 251–270.
71. Es widerspräche dem hier gewähltem Ansatz, wollte der Beitrag Anspruch auf vollständige Erfassung aller Funktionen der Gemeindearbeit erheben oder überhaupt anstreben. Im übrigen konnte hier umso leichter darauf verzichtet werden, weil in den folgenden Beiträgen noch andere wichtige Aspekte zur Sprache gebracht werden.

2.1

2.2 Christof Bäumler
ERWÄGUNGEN ZUR ZIELBESTIMMUNG DER GEMEINDEARBEIT*

I

Im ersten Stadium der Vorbereitung dieses Aufsatzes fragte ich einen Gemeindepfarrer in München nach den Zielen seiner Gemeindearbeit. Seine spontane Antwort lautete: »Ich muß tun, was täglich anfällt. Sobald ich anfange, über die Ziele meiner Arbeit nachzudenken, gerate ich ins Stolpern.«

Mein Gesprächspartner war keiner jener erfahrenen Praktiker, die sich mit solchen Antworten der Praxis entfremdete, neugierige Theoretiker vom Halse halten wollen. Er steht stellvertretend für jene Gemeindepfarrer, die zwar eine implizite Theorie ihrer Praxis haben, aber unter dem alltäglichen Handlungsdruck keine Möglichkeit sehen, ihre Theorie zu explizieren und mit anderen Konzepten von Gemeindearbeit zu konfrontieren.

Würden sie es dennoch versuchen, dann stünden sie unversehens einer pluralen Vielfalt unterschiedlicher Konzepte der Gemeindearbeit gegenüber. In seiner Studie »Berufsbild und Berufswirklichkeit evangelischer Pfarrer in Württemberg«[1] stellt G. Bormann die Ergebnisse von 105 Interviews mit Gemeindepfarrern eines großen Württembergischen Dekanates in sechs unterschiedlichen Typen der Einstellungen der befragten Pfarrer zu Berufsbild und Berufswirklichkeit dar, denen u. a. auch Aussagen über die Ziele der Gemeindearbeit zu entnehmen sind. Nach Bormann sind alle sechs Einstellungstypen Interpretationen einer Grundformel, die aus einem der Interviews zitiert wird.

»Pfarramt ist Predigtamt. Dieses Merkmal zeichnet das evangelische Pfarramt aus und unterscheidet es grundlegend von dem katholischen Verständnis des kirchlichen Amtes als eines Priesteramtes. Die Verkündigung des Wortes Gottes, d. i. die Predigt, ist A und O des evangelischen Gottesdienstes, sie ist die Mitte des evangelischen Gemeindelebens und muß es auch bleiben. Indem die Gemeinde sich um das Wort schart, erhält sie ihre Auferbauung. Der Pfarrer ist als Hirte seiner Gemeinde in erster Linie dazu berufe , dieses Wort recht zu verkündigen. Zu den Aufgaben des Predigtamtes gehören neben der Predigt die Verwaltung der Sakramente, die kirchliche Unterweisung und die Seelsorge. Die Predigt ist jedoch die ausgezeichnete Funktion dieses Amtes. Sie ist die eigentliche Art evangelischer Verkündigung.«[2]

Vom Pfarrer aus gesehen sind nach Bormann folgende Zielkonzepte zum Gemeindeaufbau zu unterscheiden:

1. Nach dem *ordnungstheologischen* Ansatz ist es das Ziel der Gemeindearbeit, die Gemeindeglieder regelmäßig zum Gottesdienst zusammenzurufen. Das geschieht nur dort,

>»... wo ein von der Gemeinde bevollmächtigter Hirte und Prediger das Wort Gottes in unsere Situation herein verkündigt. Die äußere Form der Gemeinde bleibt daher immer dieselbe: die Urform, ›Hirte und Gemeinde‹.«[3]

2. Nach dem *pastoralen* Ansatz muß sich der Pfarrer zwar in jeder Gemeinde, in die er kommt, immer erst eine Gemeinde schaffen[4], dennoch gilt:

>»Vor allem läßt sich das alles nicht organisieren. Es taucht immer wieder hier und dort in der Gemeinde Leben auf, gerade da, wo man es nicht vermutet. Dieses Leben ist Sache des Heiligen Geistes: ›Der Wind weht, wo er will‹.«[5]

3. Aus dem *kerygmatischen* Ansatz wird für die Ziele der Gemeindearbeit gefolgert:

>»Die alte Volkskirche wächst in die Gemeindekirche hinüber. Aus der Volkskirche wird die Kirche unter dem Wort... Wer heute in die Kirche geht, kommt aus echtem Interesse. Die Menschen sind sehr wachsam und fragen, was wir zu bieten haben. Als Kirche mit der Botschaft Jesu Christi können wir ihnen eine neue Heimat, einen neuen Halt geben; denn viele von ihnen sind völlig heimatlos geworden. Sie fühlen sich aus ihrer sicheren Ordnung hinausund auf ihre eigene Existenz zurückgeworfen.«[6]

4. Der *charismatische* Ansatz zielt in der Gemeindearbeit auf die Kerngemeinde als communio fratrum.

>»Ohne Zweifel liegt es immer am Pfarrer, ob das Ein-Mann-System und damit die Gemeinschaftslosigkeit durchbrochen wird. Er muß für seine Mitarbeiter Zeit haben, er muß sie schulen. Es kostet viel Zeit, sie zu gewinnen. Es kommt alles auf diese Gemeinschaft an; denn die Gemeinde lebt nur, wenn der Kern der Gemeinde lebt.«[7]

5. Einer der Gemeindepfarrer, deren Ansatz Bormann als *quasi-soziologisch* bezeichnet, sagt zu den Zielen der Gemeindearbeit:

>»Wir müssen den Mut haben, neue Wege zu gehen. Mit dem alten Prinzip der Pfarrkirche werden wir der Situation nicht Herr. Unsere Aufgabe besteht darin, mit dem Programm der mündigen Gemeinde ernst zu machen, d. h. Gemeinde zu schaffen, die die Initiative selber in die Hand nimmt und nicht mehr von ihrem Pfarrer gegängelt wird. Das bedeutet aber, daß in dieser neuen Gemeinde der Pfarrer nur noch eine Teilfunktion und ein partielles Amt hat, nämlich theologischer Berater der Gemeinde zu sein. Alle anderen Funktionen, und das heißt keineswegs nur nicht-theologische, sondern ebensosehr theologische Funktionen, liegen bei den Laien.«[8]

6. Die Ziele der Gemeindearbeit in der Perspektive eines *quasi-politischen* Ansatzes werden von einem der interviewten Pfarrer so beschrieben:

>»Christus beruft die Gemeinde in die ›schöpferische Nachfolge‹, dh. aus ihren ›babylonischen Mauern‹ heraus. Sie muß um ihres Auftrags willen aus dem ›religiösen Ghetto‹ in die Welt hinausgestoßen werden. Die Kirche der Nachfolge ist, wie Käsemann sagt, Kirche des Aufbruchs, Gemeinde, die unterwegs ist. Sie kann ihren Auftrag, den sie gegenüber dieser

Erde hat, ja nur dann erfüllen, wenn sie diese Verwirklichung der Hoffnung selbst glaubwürdig lebt, und zwar nicht zuerst für sich und dann für die Welt, sondern jenseits dieser Schizophrenie, in dieser Welt.«[9]

II

Während Bormann Interviews mit Gemeindepfarrern ohne Anspruch auf Vollständigkeit mit Hilfe der referierten Typologien auswertet, schlägt W. Marhold in seiner sekundären Analyse von kirchlichen Befragungen[10] für die genauere Zielbestimmung der Gemeindearbeit die Kategorien volksmissionarisch, kerygmatisch, sozial-diakonisch, dogmatisch und instrumental vor. Er geht dabei von folgender Hypothese aus: »Kirchliches Handeln ... beinhaltet ausgesprochen oder unausgesprochen stets ein Selbstverständnis, das ihm nicht nur zur Legitimation, sondern gleichzeitig als Leitbild und Zielvorstellung dient.«[11]
Marhold konstruiert fünf Idealtypen im Sinne von M. Weber, die durch einseitige Steigerung eines oder einiger Gesichtspunkte und durch Zusammenschluß diffuser Einzelerscheinungen als einheitliches Gedankenbild zustandekommen[12].

1. Ziele der Gemeindearbeit nach dem *volksmissionarischen* Ansatz sind sowohl die Aktivierung der bestehenden Kirchengemeinde wie die Aktivierung der nur formal der Gemeinde angehörenden Gemeindeglieder. Die Formel »Sammlung und Sendung« ist für Marhold »eine treffsichere Umschreibung des gesamten volksmissionarischen Ansatzes«[13]. Der Gottesdienst am Sonntag dient der Sammlung der Gemeinde, die für ihren Gottesdienst im Alltag, für ihre Sendung, zugerüstet werden muß.

2. Beim *kerygmatischen* Ansatz rückt die Verkündigung in den Vordergrund:

»Das Wort Gottes, vornehmlich in Gestalt der Predigt, aber auch in seiner biblischen Ausformung bildet in einem Ausgangspunkt und Ziel der kirchlichen Praxis.«[14]

Da sich dieser Ansatz häufig findet, wenn er nicht überhaupt für die ersten Nachkriegsjahrzehnte bestimmend wurde, muß an dieser Stelle etwas weiter ausgeholt werden. Die Konzentration der Ziele der Gemeindearbeit auf die Herausarbeitung des Kerygma in seiner Beziehung zur menschlichen Existenz erklärt Marhold als »eine Sedimentierung der Wort-Gottes-Theologie von der Ebene der Katheder auf die Ebene der Kanzeln«[15]. Unter Sedimentierung versteht er »die Ablagerung eines bestimmten Gedanken- oder Erfahrungskonstrukts von der Ebene seiner Initiatoren auf die Ebene der Rezipienten – mit dem Erfolg, daß letztere dieses Konstrukt nicht nur

internalisiert haben, sondern ihrerseits aktiv an einer Umsetzung in ihre Wirklichkeit arbeiten.«[16] Die hinter diesem Erklärungsmodell stehende Vorstellung wird vollends klar, wenn Marhold seine These mit einem Bild verdeutlicht: »Die großen Scheine, die die Vertreter der Wort-Gottes-Theologie von den Lehrstühlen herab an ihre Studenten ausgaben, werden jetzt von den ehemaligen Hörern von den Kanzeln herab in kleinen Münzen unter das Volk gebracht.«[17]
Es ist die Vorstellung eines Gefälles von der Theorie der Theologie (große Scheine) zur Praxis des Predigers (kleine Münzen), wobei die Prediger wiederum den Hörern gegenüber als Theoretiker im Kleinformat erscheinen.
Ob die These von der Sedimentierung theologischer Konstrukte in die Praxis von Pfarrern durch die von Marhold herangezogenen Befragungen empirisch verifiziert ist, muß bezweifelt werden. Denn möglicherweise sind gerade die Befragungen, die Marhold unter dem Stichwort »kerygmatischer Ansatz« zusammenfaßt, bereits in ihrer Anlage von dem genannten Erklärungsmodell bestimmt. Ich vermute, daß es sich dabei um das Grundelement einer Praxistheorie des Gemeindepfarrers als Theologen handelt, der in einer für die Gemeindepraxis prekären geschichtlichen Situation studierte und die Konstrukte der Wort-Gottes-Theologie zur Legitimation seiner Praxis in Anspruch nahm. Unter den Bedingungen des Kirchenkampfes war das ein einleuchtendes Verfahren. In einer seit 1945 veränderten Situation der Gemeindepraxis hoben sich die aus einer so zustande gekommenen Praxistheorie vieler Gemeindepfarrer folgenden Postulate für die Ziele der Gemeindearbeit von der veränderten Praxis ab und hatten keine Erklärungskraft und Legitimationsfunktion mehr. So ließe sich die gegenwärtig vorfindliche ambivalente Einstellung von Gemeindepfarrern zur »Wort-Gottes-Theologie« und ihren Konsequenzen für die Gemeindearbeit erklären: Während die einen sich nach den Bedingungen der Praxis heimlich oder offen zurücksehnen, unter denen der kerygmatische Ansatz Erklärungskraft für die Praxistheorie der Gemeindepfarrer hatte, polemisieren andere gegen die autoritäre Struktur der »Dialektischen Theologie« und gegen die Entweltlichung durch die Existentialtheologie mit ihren bedenklichen Folgen für die christliche und kirchliche Praxis in einer Gesellschaft, die sich als demokratisch versteht . . .

3. Der *sozial-diakonische* Ansatz der Gemeindearbeit scheint zunächst pragmatischer Natur zu sein und im Gegensatz zum kerygmatischen Konzept der theologischen Qualität zu ermangeln. So haben wir etwa in den ersten Nachkriegsjahren als Vikare in Diasporagemeinden, durch unser Theologiestudium mehr oder weniger dem kerygmatischen Ansatz verpflichtet, die Tatsache problematisiert, daß wir z. B. auch als örtliche

Verteilungsstellen des »Hilfswerks« in Anspruch genommen wurden. Wenn die Predigt zentrale Aufgabe der Gemeindearbeit war, wie konnte es dann theologisch verantwortet werden, viel Zeit und Kraft in die Verteilung von Lebensmitteln und in den Besuch sowie die Beratung der verstreut wohnenden Flüchtlingsfamilien zu investieren?

Marhold stellt für die unter dem Stichwort »sozialdiakonischer Ansatz« zusammengefaßten Befragungen fest, es würde hier auf eine theologische Legitimation weitestgehend verzichtet, obwohl Bibel und Theologie durchaus dazu passende theologische Legitimationsformeln bereit stellen. So läßt sich etwa die Kurzformel »Kirche für andere« als die »knappste Kennzeichnung für das theologische Grundmuster des sozial-diakonischen Ansatzes«[18] registrieren. Die durch die Weltkirchenkonferenz von New Delhi 1961 in Auftrag gegebene Studienarbeit zum Thema »Strukturen missionarischer Gemeinde« liefert den Rahmen, in dem volksmissionarischer, kerygmatischer und sozial-diakonischer Ansatz aufeinander bezogen werden können[19]. Vermutlich liegen hier immer noch die tragfähigsten Ansätze für eine angemessene Praxistheorie der Kirchengemeinden[20].

4. Einige Befragungen faßt Marhold unter dem Begriff »*dogmatischer Ansatz*« zusammen. »Dogmatisch« wäre ein Ziel der Gemeindearbeit dann, wenn sie darauf angelegt ist, den objektiven Bestand an Wahrheiten des christlichen Glaubens zu vermitteln. Wenn es darum geht, ein von der Kirche vertretenes System dogmatischer und normativer Wahrheiten den Kirchenmitgliedern weiterzugeben, dann wird die Praxis der Gemeindearbeit durch Darstellung und Vermittlung christlicher Lehre vorrangig bestimmt. Die Predigt wird zur Lehrpredigt, der Katechismus hat eine zentrale Stellung im Konfirmandenunterricht, Veranstaltungen der Erwachsenenbildung dienen der Vermittlung des christlichen Lehrbestandes.

5. Schließlich faßt Marhold einige Befragungen zusammen, bei denen eine eindeutige theologische Ausrichtung aus den vorliegenden Unterlagen nicht erkennbar war. Das könnte auf einer unzureichenden Information über den Ansatz dieser Befragungen beruhen. Aber es ist eher wahrscheinlich, daß das vorrangige Interesse dieser Umfragen darin besteht, unter Verzicht auf theologische Programme die Vorgänge in der kirchlichen Praxis unverstellt in den Blick zu bekommen. Marhold verweist zur Charakterisierung dieses Ansatzes auf folgende Äußerung von K. W. Dahm:

»Wer Entwicklungen vermeiden will, die aufgrund wirklichkeitsferner Wunschdenkens in eine Sackgasse zu führen scheinen, der muß seine Vorstellungen auf einer Ebene explizieren, die grundsätzlich durch rationale Verstehbarkeit gekennzeichnet ist. Zu dieser Kommunikationsebene gehört es, daß Aussagen und Analysen empirisch überprüfbar sind, daß Experimente scheitern können, daß theologische Überzeugungen und Forderungen zum Thema funktional beschreibbar und kategorial spezifisch, dh. unzweideutig und nicht beliebig sind.«[21]

Marhold nennt diesen Ansatz *instrumental* und ordnet ihn dem volksmissionarischen, kerygmatischen, sozialdiakonischen und dogmatischen auf der gleichen Ebene zu. Sieht man das zur Kennzeichnung dieses Ansatzes verwendete Zitat von Dahm jedoch genauer an, dann wird hier nicht ein fünfter Ansatz neben vier anderen Ansätzen der Gemeindearbeit formuliert, sondern es wird eine Forderung erhoben, die an jeden denkbaren Ansatz zu richten ist, der die Ziele der Gemeindearbeit theologisch formuliert. Es handelt sich um die Forderung, daß theologische Zielformulierungen operationalisiert werden müssen, wenn sie im Rahmen einer Praxistheorie der Gemeindearbeit diskutierbar sein sollen.

Ein knapper Vergleich beider Untersuchungen erlaubt folgende Feststellungen: Bormann geht aus von Interviews mit Gemeindepfarrern, Marhold unternimmt eine Sekundäranalyse von kirchlichen Umfragen. Beide stellen Zielkonzepte heraus, deren auf die Gemeindearbeit bezogene Aspekte von mir aufgegriffen wurden. Ein direkter Zusammenhang zwischen beiden Untersuchungen besteht beim kerygmatischen Ansatz[22]. Der ordnungstheologische, der pastorale und der charismatische Ansatz bei Bormann sind als verschiedene Aspekte einer Berufstheorie des Pfarrers zu verstehen, thematisieren also in erster Linie das Verhältnis von Pfarrer und Gemeinde. Der volksmissionarische, der sozial-diakonische und der dogmatische Ansatz bei Marhold haben eher die Frage nach der Funktion der Gemeinde in der Gesellschaft im Blick, die bei Bormann in den Interviews erörtert wird, die er dem quasi-soziologischen und dem quasi-politischen Ansatz zuordnet. Eine weitere Querverbindung besteht vermutlich zwischen dem ordnungstheologischen Ansatz bei Bormann und dem dogmatischen Ansatz bei Marhold.

Für die Zielbestimmung der Gemeindearbeit läßt sich als vorläufiges Ergebnis festhalten:

1) Gemeindepfarrer haben implizite Zielvorstellungen von ihrer Gemeindearbeit.

2) Sofern sie in Interviews expliziert werden, sind sie entweder auf die Funktion des Pfarrers in der Gemeinde bezogen (pastoraler, charismatischer und kerygmatischer Ansatz) oder eher durch die Reflexion auf die Funktion der Gemeinde in der Gesellschaft bestimmt (ordnungstheologischer, quasi-soziologischer und quasi-politischer Ansatz).

3) Die Sekundäranalyse von kirchlichen Meinungsumfragen bestätigt diesen Befund. Der kerygmatische Ansatz thematisiert die Funktion des Pfarrers in der Gemeinde, sozial-diakonischer und dogmatischer Ansatz fragen nach

der Funktion der Gemeinde in der Gesellschaft, der volksmissionarische Ansatz versucht beide Elemente miteinander zu verbinden.
4) Im instrumentalen Ansatz kommt die an alle Zielkonzepte gerichtete Forderung heraus, die theologischen Zielformulierungen auf die Handlungsebene zu transponieren, um Praxistheorien der Gemeindearbeit entwickeln zu können.

III

Das bisher dargestellte empirische Material wurde auf mögliche Ziele der Gemeindearbeit hin befragt, die vor allem von Pfarrern und kirchlichen Mitarbeitern für wichtig gehalten werden. Welche Erwartungen haben aber die Mitglieder der Kirchengemeinde hinsichtlich der Ziele der Gemeindearbeit? Aus der Untersuchung der EKD zur Kirchenmitgliedschaft[23] ergeben sich einige Anhaltspunkte. Dahm hat diese Untersuchung unter der Fragestellung nach der Verbundenheit der Befragten mit der Volkskirche analysiert[24]. Er verwendet dazu als Suchschema ein »Verbundenheitsmodell, Volkskirche« und stellt folgende sechs typischen Motive und Begründungsfelder heraus.
A: Geistliches Leben
B: Sinnfragen, christliche Grundwerte
C: Seelsorgerliche Zuwendung zum einzelnen Menschen
D: Rituelle Begleitung an Übergangsstationen
E: Karitative Diakonie
F: Gesellschaftspolitisches Engagement[25]
Angesichts dieses Spektrums der Verbundenheitstypen und der damit verbundenen Erwartungen der Kirchenmitglieder stellt sich natürlich auch die Frage, welche Ziele von der Kirchengemeinde und welche Ziele auf einer anderen Ebene (Dekanatsbezirk, Landeskirche, EKD) erreicht werden sollen.
In einer Hinsicht läßt sich diese Frage beantworten. Die Befragten erwarten offenbar gerade vom Gemeindepfarrer, daß er die auseinanderstrebenden und unzusammenhängenden Aufgabenbereiche miteinander verklammert. Der Gemeindepfarrer gilt »... in der Regel als einzige außerfamiliäre Bezugsperson, der die Lebensgebiete, die man im eigenen Erleben als zusammengehörig und ineinander verschränkt erfährt, die aber eben im Zuge von Spezialisierung und Rationalisierung auseinandergerissen werden«[26], miteinander verklammert. So kommt dem Gemeindepfarrer aus der Sicht der Befragten, wenn nicht für die Bestimmung der Ziele der Gemeindearbeit, so doch für ihre Vermittlung an die Mitglieder der Kirchengemeinde eine Schlüsselrolle zu[27].

IV

Ein Vergleich des durch die Pfarrerinterviews von Bormann und durch die Sekundäranalyse kirchlicher Umfragen durch Marhold erbrachten empirischen Materials mit den Ergebnissen der Untersuchung zur Kirchenmitgliedschaft ist methodisch in mehrfacher Hinsicht problematisch. Die empirischen Untersuchungen erfolgten mit unterschiedlichen Fragestellungen und Methoden zu verschiedener Zeit. Die Untersuchungsgruppen waren nicht identisch. Dennoch ergeben sich für die weiteren Überlegungen zu unserem Thema einige Anhaltspunkte.

1. Das Spektrum der intendierten Ziele der Gemeindearbeit geht an den Erwartungen der Kirchenmitglieder jedenfalls nicht völlig vorbei. Lediglich im Blick auf den ordnungstheologischen Ansatz (Bormann) und den volksmissionarischen Ansatz (Marhold) kann ich keine direkte Entsprechung zu den von den Kirchenmitgliedern genannten Begründungsfeldern entdecken.

2. Einige Entsprechungen sind vermutlich nur scheinbar. So kann man etwa fragen, ob der kerygmatische Ansatz tatsächlich den Erwartungen der Gruppe entspricht, die Dahm dem Verbundenheitstyp A »Geistliches Leben« zuordnet. Sofern der kerygmatische Ansatz mit historischer Kritik und existentialer Interpretation der biblischen Überlieferung verbunden ist, wird er nur die Erwartungen eines Teiles der Gemeindeglieder erfüllen, die vorwiegend an Predigt und Gottesdienst interessiert sind. Ähnlich steht es wohl auch mit der Beziehung zwischen dem Verbundenheitstyp C »Seelsorgerliche Zuwendung« und dem pastoralen Ansatz nach Bormann.

3. Erwartungen aus den Begründungsfeldern »Sinnfragen, christliche Grundwerte« und »rituelle Begleitung« werden in den dargestellten Zielkonzepten nur indirekt und zögernd aufgenommen. So ließe sich zwar zwischen dem Verbundenheitstyp B »Sinnfragen; christliche Grundwerte« und dem dogmatischen Ansatz durchaus eine Verbindung herstellen; es ist aber zu vermuten, daß dies nur dann gelingen könnte, wenn die dogmatischen Gehalte nicht nur reproduziert, sondern vermittelt werden. Eher dürften die Erwartungen nach ritueller Begleitung von einem Zielkonzept aufgenommen werden, das Bormann als den quasisoziologischen Ansatz bezeichnet.

4. Eine Gewichtung der unterschiedlichen Zielkonzepte ist noch schwieriger als die entsprechenden Annahmen bei den Verbundenheitstypen. Es

wäre aber sicher lohnend, hier mit empirischen Untersuchungen künftig zu genaueren Daten zu kommen.

5. Ein grundsätzliches Problem scheint schließlich darin zu bestehen, daß die Gemeindepfarrer dazu neigen, für ein bestimmtes theologisch begründetes Zielkonzept ihrer Gemeindearbeit zu optieren, während die Gemeindeglieder von ihren Pfarrern vorrangig erwarten, daß er in seiner Berufsrolle die verschiedenen Funktionen und Zielkonzepte integriert[28].

V

Um die aus dem empirischen Material erhobenen Ziele der Gemeindearbeit kritisch überprüfen zu können, ist ein theoretischer Rahmen notwendig. Funktion und Struktur der Kirchengemeinde wird in folgender Hypothese m. E. zutreffend beschrieben:
»Die Kirchen-Gemeinde kann als Paradigma für die Problematik der sozialen Gestaltung christlicher Existenz angesehen werden.«[29] Hinsichtlich der Zielbestimmung der Gemeindearbeit folgt daraus: In der Kirchengemeinde sollen die Ziele des Christentums in einer ihnen angemessenen Sozialgestaltung realisiert werden.
Hier liegt zunächst ein Mißverständnis greifbar nahe[30]. Häufig wird nämlich von Kirchengemeinde so geredet, als sei sie selbst bereits die gesuchte soziale Gestalt. Mag das unter früheren gesellschaftlichen Bedingungen einmal so gewesen sein, so trifft dies gegenwärtig sicher nicht mehr zu. Für die noch am ehesten greifbare soziale Gestalt der »Kerngemeinde« gilt, daß sich in ihr diejenigen Mitglieder der Kirchengemeinde organisieren, die sich der kirchlichen Institution besonders verbunden fühlen und außerdem zu denjenigen gehören, die durch Beruf (z. B. Hausfrau) und/oder durch Lebensalter (z. B. Kinder, alte Menschen) an ihren Wohnort gebunden sind. In der Kerngemeinde, so könnte man sagen, entwickeln sich also die sozialen Beziehungen zwischen denjenigen mit der Kirche besonders verbundenen Mitgliedern der Kirchengemeinde, die durch Beruf und/oder Lebensalter vorwiegend in ihrem Wohnbereich festgehalten werden.
Die institutionellen Lebensformen der Parochie wie Gottesdienst und Amtshandlungen werden auch von denjenigen Mitgliedern der Kirchengemeinde in Anspruch genommen, jedenfalls gelegentlich, die nicht zur Kerngemeinde gehören und die ihre sozialen Beziehungen an ganz anderen Stellen organisieren, zB. in Gewerkschaften, Parteien, Vereinen, Clubs, Freundesgruppen, Bürgerinitiativen usw. Gemessen am Maßstab der »Kerngemeinde« ist dieses Verhalten der Mehrzahl der Kirchengemeinde-

mitglieder als distanziertes Verhalten gegenüber der »Gemeinde« zu interpretieren.
Obwohl die Kerngemeinde die Parochialstruktur gar nicht ausfüllen kann, hat sie aber von der alten Parochie den Anspruch übernommen, »die Totalität des christlichen Lebens auszumachen und zu umgreifen«[31]. Da sie diesen Anspruch jedoch nicht einlösen kann, wird dadurch der Prozeß der Privatisierung des christlichen Lebens beschleunigt. Wenn nämlich die Kerngemeinde in Sachen Christentum allzuständig zu sein beansprucht, dann bleibt den Mitgliedern der Kirchengemeinde, die zur Kerngemeinde keinen Zugang finden, nichts anderes übrig als die Privatisierung ihrer Religiosität; die soziale Gestalt ihres Glaubens bleibt defizitär.
Deshalb sind alle Zielvorstellungen der Gemeindearbeit, die sich auf die Sammlung und Aktivierung der Kerngemeinde beschränken, unter den gegebenen Bedingungen als Zielsetzungen der Gemeindearbeit problematisch. Sie beschleunigen den Prozeß, den sie zu korrigieren meinen.
Unter Berücksichtigung dieser Problematik käme es darauf an, in der Gemeindearbeit ein »Angebot unterschiedlicher Teilhabe sowie vielfältiger Kontakte und Engagements zu entwickeln«[32].
Nach Marsch ist eine der theoretischen Voraussetzungen dafür die Überwindung der herkömmlichen Dualstrukturen, in denen die Ziele der Gemeindearbeit reflektiert werden: unsichtbare/sichtbare Kirche; Ereignis/Institution; Gemeinschaft/Organisation; Amt/Gemeinde. Diese »Duale« seien nämlich »von der Voraussetzung her gedacht, daß in der Kirche ein klares ›Oben und Unten‹ – Gottes Herrschaft und des Menschen Gehorsam – auch in der Sozialität abbildbar sein müsse«[33]. Diese Voraussetzung sei aber nur dann plausibel, wenn der Dual von Herr und Knecht, Hirt und Herde, Amt und Gemeinde die Gesellschaft insgesamt bestimmt.
Unter den gegenwärtigen Bedingungen plädiert Marsch für eine »multidimensionale Präsenz« der Kirchengemeinde. Dafür bietet nun das parochiale System »den unleugbaren Vorteil, unspezifisch und multiform zu sein: Es kann aus ihm lediglich die Kerngemeindeversammlung werden – aber auch sehr viel mehr. Es ist institutionell vorgegeben, also relativ unabhängig von der Zustimmungsintensität der Teilhabenden. Zur Kirche als ›Vollversammlung‹ der christlichen Bürger gehören auch die latenten, die distanzierten und die kritischen Christen, die bei einer engeren vereinshaften Abgrenzung längst ausgeschlossen wären«[34].

VI

Für die Bestimmung der Ziele der Gemeindearbeit läßt sich nach dem Dargelegten zunächst nur negativ festhalten, daß dafür weder die Kerngemeinde noch die Amtsträger allein zuständig sind. Positiv gewendet heißt das: Die Ziele der Gemeindearbeit sind von allen Mitgliedern der Kirchengemeinde zu bestimmen und zu realisieren. Nur dann besteht die Möglichkeit, differenzierte soziale Formen der Religiosität zu entwickeln, mit denen sich die verschiedenen Individuen und Gruppen in der Kirchengemeinde identifizieren können. Damit stellt sich freilich zugleich die Frage mit höchster Dringlichkeit, nach welchen Kriterien dies zu geschehen habe. Findet sie keine befriedigende Antwort, dann besteht auch kaum eine Chance, die unterschiedlichen Zielsetzungen der Gemeindearbeit sinnvoll zu diskutieren und die daraus entstehenden Zielkonflikte zu bearbeiten.

Als exemplarisches Beispiel aus der systematisch-theologischen Reflexion der Praxis der Gemeindearbeit nehme ich die Ausführungen auf, die J. Moltmann in seiner letzten Veröffentlichung »Kirche in der Kraft des Geistes«[35] zu unserem Themenbereich vorgelegt hat. Wenigstens der Intention nach, wenn auch nicht immer in der Durchführung, gehören mE. die systematisch-theologischen Arbeiten Moltmanns zu einer Art von theologischer Theoriebildung, die sich als Kommunikationspartner der Alltagswelt versteht[36]. Daß er seine Ausführungen auf die Kirchengemeinde bezieht und nicht, wie häufig in systematischen Texten, den Begriff »Gemeinde« synonym zu dem Begriff »Kirche« gebraucht, zeigt folgender Hinweis: »Wir nennen in diesem Zusammenhang die Kirche ›Gemeinde‹, weil wir die konkreten Ereignisse ihrer Versammlung und ihrer Sendung in der Welt vor Augen haben.«[37]

Moltmann nennt vier Kriterien für die Gemeinde:
1) Friedensordnung
2) Freiheitsordnung
3) Herrschaft Christi
4) Charismatische Gemeinde

Zu 1: »Friedensordnung« bezieht sich auf das endzeitliche Heil. Das Leben der Gemeinde soll diesem Frieden entsprechen.

»Die Friedensordnung der Gemeinde wird damit zum Zeichen und Ansatzpunkt für die Überwindung der gottlosen und unmenschlichen Herrschafts-Unterdrückungs-Verhältnisse in der Gesellschaft.«[38]

Zu 2: Freiheitsordnung bezieht sich auf die Befreiung des Menschen von Sünde, Gesetz und Tod. Von der Gemeinde gilt:

»Sie ist die Gemeinschaft der Freien. In ihrer Ordnung soll die eschatologische Freiheit Bestand gewinnen ... Die Verfassung soll dieses *eschatologische Gottesrecht* des wahren Menschen darstellen. Sie wird damit die Verfassungen des Unrechtes und die Privilegien der Vorherrschaft in der Gemeinde außer Kraft setzen.«[39]

Zu 3: Orientiert an der Herrschaft Christi ist die Gemeinde

»... nicht eine exklusive Gemeinde der Geretteten, sondern die anfängliche und inklusive Materialisierung der durch den auferstandenen Christus befreiten Welt ... Die Gemeinde ist darum keine begrenzte Sakralgemeinschaft; dann wäre der Auferstandene nur ihr Kultherr. Sie ist auch keine Gesinnungsgemeinschaft; dann wäre der Herr nur ihr Gesinnungswert. Sie ist mit ihrem Kult und ihrer Gesinnung die irdische Gestalt seiner weltüberwindenden Herrschaft und Instrument seiner Befreiung der Welt... Ihr Sinn und ihre Verheißung ist die erlösende *Pantokratie* Christi.«[40]

Zu 4: Die Gemeinde ist als ganzes Geschöpf des Geistes, die »anfängliche Erfüllung der Neuschöpfung aller Dinge und der Verherrlichung Gottes«[41]. Im Anschluß an E. Käsemann[42] sieht Moltmann den Geist als die Kraft der Auferstehung in der christlichen Gemeinde am Werk.

»Jedes Glied der messianischen Gemeinde ist ein Charismatiker. Es ist dies nicht nur in festlichen Versammlungen der Gemeinde, sondern auch in der alltäglichen Verstreuung und Vereinzelung in der Welt.«[43]

Von diesen Kriterien her unterzieht Moltmann die großen Territorialkirchen einer kritischen Analyse. Sie betrifft auch die Kirchengemeinden, sofern sie die lokale Repräsentation dieser Territorialkirchen sind. Er konstatiert eine Doppelbewegung: Dem lautlosen Abfall von der Volkskirche stehen unterschiedliche Neuansätze christlicher Praxis gegenüber. »Während die *Quantität* des kirchlichen Lebens abfällt, läßt sich in vielen Kirchen eine neue und ansteigende *Qualität* des christlichen Lebens entdecken.«[44]

Erste Versuche, auf die Krise der Volkskirche zu reagieren, kamen von oben. »Mit dem Programm ›Kirche für die Welt‹, ›KIRCHE FÜR Andere‹ und ›Kirche für das Volk‹ sollte die volkskirchliche Institution für die neuen Bedürfnisse der Menschen geöffnet werden.«[45]

Was dabei herauskam, läßt sich nach Moltmann allenfalls als eine Erneuerung und Perfektionierung der Betreuungskirche beschreiben. Zur Illustration von Ansätzen einer Reform von unten verweist Moltmann auf die Beispiele der Basisgemeinden in Lateinamerika und auf die Ansätze von Gemeinwesenarbeit in christlichen Gemeinden in den Vereinigten Staaten, in Holland und neuerdings auch in der Bundesrepublik. In beiden Ansätzen sieht Moltmann Chancen dafür, »die einfache ›Gemeinschaft der Gläubigen‹ durch offene Freundschaft im Volk glaubwürdig zu leben«[46]. Sie können freilich nur realisiert werden, wenn die Basisgemeinden »ein neues theologisches Konzept von der Kirche und ihren Aufgaben im Gesellschaftsprozeß entwickeln«[47] und wenn sich die Projekte der Gemeinwesenarbeit in gesamtgesellschaftlicher Perspektive vollziehen[48].

Nach Moltmann werden Kirchenreform von oben und Gemeindereform von unten oft »in einer Art *Doppelstrategie* auf Gemeindeebene kombiniert«[49] und mit Hilfe der ekklesiologischen Doppelbegriffe »Kirche als Institution« und »Kirche als Ereignis« theologisch reflektiert[50]. Beides spiegele doch lediglich die problematische Situation der tradierten Volkskirchen wider.

2.2

»Man fragt mit diesen Begriffen nach dem Aufbau von selbständigen, handlungsfähigen Gemeinden unter den Bedingungen und unter Aufrechterhaltung der Territorialkirche.«[51]
Gegenüber dieser Unentschiedenheit von Doppelstrategien und doppelten Ekklesiologien plädiert Moltmann für eine Entscheidung in Richtung auf die versammelte Gemeinde als soziale Gestalt des Glaubens.
»Nicht als leichte, wohl aber als eine hoffnungsvolle Lösung scheint mir als Richtung für die heute und hierzulande noch unausweichlichen Doppelstrategien und doppelten Ekklesiologien das Prinzip der *versammelten Gemeinde* einleuchtend zu sein. Kirchenreformen und der Neuaufbau der Kirche werden an jener Basis einsetzen, wo Menschen in überschaubaren Gemeinden das Evangelium hören, besprechen und bekennen, wo sie am Tisch des Herrn zu Freunden werden und in gegenseitiger Teilnahme ihre Aufgaben verwirklichen... Nicht der vereinsamte Christ und auch nicht die große, aufwendige Betreuungskirche, sondern die in der Offenheit Christi versammelte Gemeinde, die jeder als seine eigene Sache ansehen kann, ist die lebendige, weil gelebte und lebendig-machende Hoffnung in den Konflikten der heutigen Gesellschaft.«[52]

VII

Die versammelte Gemeinde wäre demnach das vorrangige Ziel der Gemeindearbeit. Die Qualität dieser Versammlung müßte mit Hilfe der Kriterien Friede, Freiheit, Herrschaft Christi und Geistbegabung beurteilt werden. Für eine Praxistheorie der Kirchengemeinde, die sich an derartigen theologischen Normen orientieren möchte, besteht die eigentümliche Schwierigkeit darin, sie in derartige Kategorien umzusetzen, die auf menschliche Einstellungen und Verhaltensweisen angewendet werden können. Eine Direktübertragung scheidet wegen des eschatologischen Vorbehaltes aus, mit dem Moltmann alle verwendeten theologischen Begriffe versieht...
Um eine Funktion für die Entwicklung einer Praxistheorie der Kirchengemeinde zu bekommen, muß die systematisch-theologische Theoriebildung erfahrungsoffen sein. Moltmann versucht dies, indem er das Modell der Entlastung mit dem Modell der Entsprechung verbindet[53]. In unserem Zusammenhang hieße das: Die Praxis der Gemeindearbeit wird durch die Verheißung des in Jesus Christus bewirkten Friedens, seine Freiheit, seine Herrschaft und seine Geistesgegenwart in der Gemeinde von dem Zwang befreit, dies alles als ihr Produkt herstellen zu müssen. Zugleich kann die Praxis der Gemeinde nicht beliebige Praxis sein, sondern muß in ihren Zielen, Inhalten und Verfahrensweisen den Perspektiven der Verheißung auf eine empirisch überprüfbare Weise entsprechen. Diese Praxis der Gemeinde entspricht dem echatologischen Frieden, wenn sie teilnimmt an der Überwindung der gottlosen und unmenschlichen Herrschafts-Unterdrückungs-Verhältnisse. Sie entspricht der Freiheit des Menschen von Sünde,

Gesetz und Tod, wenn sie Verfassungen des Unrechts und Privilegien der Vorherrschaft in der Gemeinde außer Kraft setzt. Freilich liegen hier noch ungelöste Probleme ...

VIII

In den von uns herangezogenen Ausführungen Moltmanns zur Gemeinde scheint er hinter seinen eigenen Forderungen zurückzubleiben. Noch zu wenig greifbar wird herausgearbeitet, welche Ziele die Gemeindearbeit verfolgen müßte, damit jedes Glied der Gemeinde Christi dies als seine eigene Sache ansehen kann. Gewiß entspricht eine Beteiligungsstruktur der Gemeinde eher den Kriterien Friede, Freiheit, Herrschaft Christi und Geistbegabung als eine Versorgungs- und Betreuungskirche. Es muß aber bezweifelt werden, ob dieses Ziel erreicht werden kann, wenn einer pauschalen Kritik der Territorialkirche als Betreuungskirche die ideale Gemeinde der Freunde gegenübergestellt wird. Moltmann hält die Doppelstrategien einer Kirchenreform von oben und einer Gemeindereform von unten und die ihr entsprechenden doppelten Ekklesiologien »heute und hierzulande noch unausweichlich«[54], fordert aber zugleich über sie hinaus eine neue soziale Gestalt des Christentums zu leben, die jeder Christ für seine eigene Sache halten kann. Was könnte dies für die Zielbestimmung der Arbeit von Kirchengemeinden bedeuten? Gibt es Möglichkeiten, unter den Bedingungen gegenwärtiger Kirchengemeinde auf dem Wege von einer Betreuungskirche zu einer Beteiligungskirche voranzukommen?

IX

Versucht man den empirischen Befund mit den theologischen Normen zu vermitteln, die im Konzept Moltmanns expliziert werden, dann sind folgende Ziele der Gemeindearbeit aufzustellen:
1) Modelle der Ein-Weg-Information, in denen die Gemeindearbeit bestimmt wird von den theologisch ausgebildeten Fachleuten, die zugleich ordinierte Amtsträger sind, müssen zunächst ergänzt und später ersetzt werden durch Modelle der Kommunikation, in denen alle Beteiligten über die Ziele und Inhalte der Praxis mitbestimmen können. Mögliche Ansatzpunkte sind Zustandekommen und Kommunikationsstil der Leitungsgremien der Kirchengemeinden.
2) Im Rahmen der örtlichen Kirchengemeinden wäre die Bildung von Gruppen anzuregen, in denen Selbstbestimmung und Solidarität gelernt werden, um verantwortlich an gesellschaftlichen Prozessen teilnehmen zu

können. Ansatzpunkt ist u. a. die Arbeit mit Konfirmanden. Die Feier des Herrenmahls als Tischgemeinschaft der Freunde könnte dabei als Grundmuster von Gemeinde neu erfahren werden.

3) Die Beratung von Menschen in Krisensituationen in der Absicht, ihnen zu helfen, ihre Probleme selbst zu lösen, müßte an die Stelle der Betreuung von Abhängigen treten.

4) Die rituelle Begleitung von Menschen in lebensgeschichtlichen Übergangssituationen müßte auf eine Weise erfolgen, die sie nicht nur durch den Vollzug des Rituals entlastet, sondern ihnen durch kommunikative Angebote hilft, ihre Identität zu finden bzw. wieder zu gewinnen.

5) Die Hilfe zur Selbsthilfe für unterprivilegierte Einzelne und Gruppen unter Verwendung der Methoden der Gemeinwesenarbeit darf die bei solchem Vorgehen sichtbar werdenden Konflikte weder verharmlosen noch verdrängen wollen, sondern muß zu einer produktiven Verarbeitung dieser Konflikte führen.

6) Da die Ursachen solcher Konflikte in der Regel in Widersprüchen der gesellschaftlichen Bedingungen zu finden sind, sollten auch Gruppen von Christen im Rahmen von Kirchengemeinden dazu beitragen, Probleme, die noch nicht oder nicht mehr öffentlich diskutiert werden, kritisch und konstruktiv zu veröffentlichen.

7) Bei öffentlichen Auseinandersetzungen im unmittelbaren Bereich der Kirchengemeinde, die zu einer sterilen Polarisierung zu führen drohen, ist eine Versachlichung der Diskussion zu versuchen.

8) Nach Möglichkeit sollten auch im Bereich von Kirchengemeinden, ggf. unter Zusammenarbeit mit übergemeindlichen Einrichtungen, Modelle neuer Praxis entwickelt werden, die anregende Alternativen bestehender Praxis darstellen.

9) Gemeindepfarrer sollten ihre Schlüsselrolle dazu verwenden, einerseits eine möglichst umfassende Zieldiskussion in der Gemeinde anzuregen sowie sich intensiv unter Verwendung ihrer theologischen Fachkompetenz daran zu beteiligen und andererseits das Spektrum der gefundenen Ziele denjenigen Gemeindegliedern zu vermitteln, mit denen sie aus unterschiedlichen Anlässen mehr oder weniger intensiv in Kontakt kommen.

10) Gottesdienste als festliche Vollversammlungen der Gemeinde könnten von den Zwängen entlasten, unter denen wir leiden und zugleich zum Leben ermutigen.

X

Bei der Bestimmung und Praktizierung solcher Ziele der Gemeindearbeit wird es sich immer darum handeln, die Alltagswelt der Kirchengemeindeglieder (einschließlich der Gemeindepfarrer!) mit den Inhalten der christlichen Überlieferungsgeschichte so zu vermitteln, daß diese als Lösungspotential für die Probleme der Alltagswelt begriffen und verwendet werden können. Die Erwartungshaltung der Gemeindeglieder an die Praxis der Kirchengemeinde wird dann in einem konstruktiven Sinn aufgenommen und in Entsprechung zu den theologischen Perspektiven weiterentwickelt, wenn es gelingt, sie an kommunikativen Prozessen zu beteiligen. Die konkreten Formen dieser Prozesse können nicht vielfältig genug gedacht werden. Auch der kritische Leser eines Gemeindebriefes ist bereits in sie einbezogen und ein informelles Gespräch mit Konfirmandeneltern gehört ebenso dazu wie die intensive Erfahrung eines Gruppenprozesses in einer Projektgruppe.

Ob es gelingt, die unterschiedlichen Zielkonzepte von Gemeindepfarrern aus der programmatischen Funktion von Einstellungssyndromen in diskutable Zielperspektiven zu überführen, hängt einmal davon ab, daß sich die theologische Theoriebildung stärker als bisher als Kommunikationspartner der Alltagswelt erweist, sodann davon, daß Gelegenheiten geschaffen werden, bei denen Gemeindepfarrer gemeinsam mit anderen hauptberuflichen Mitarbeitern in Kirchengemeinden ihre implizite Praxistheorie der Gemeindearbeit explizieren, überprüfen und neu konzipieren können. Dies wäre als Schwerpunkt der Fortbildung von Mitarbeitern in den Kirchengemeinden anzusehen, der trotz mancher erfreulichen Ansätze konsequent weiterzuverfolgen wäre. Vielleicht könnten theoriebegleitete Praktika während der ersten Ausbildungsphase dafür schon brauchbare und tragfähige Ansatzpunkte schaffen.

Dienen diese Erwägungen, so wäre am Schluß noch zu fragen, nicht doch letzten Endes der Stabilisierung der Betreuungskirche, anstatt Formen der Beteiligungskirche auf der Ebene der Kirchengemeinde zu entwickeln? Oder werden die Möglichkeiten einer offenen Volkskirche eben dafür in Anspruch genommen, daß immer mehr Gemeindeglieder ihre Gemeinde als ihre eigene Sache anzusehen und mitbestimmen lernen? Diese Frage ist allein in einer Praxis von Kirchengemeinde zu entscheiden, die über ihre Ziele, Inhalte und Verfahren zu reflektieren in der Lage ist.

Anmerkungen:

* Quelle: Evangelische Theologie 36 (1976) 325–344 (gekürzt).
1. G. Bormann, Berufsbild und Berufswirklichkeit evangelischer Pfarrer in Württemberg, in: Internationales Jahrbuch für Religionssoziologie IV, 1968, 158–209.
2. Bormann, aaO. 165. Dieses und die folgenden Zitate aus der Arbeit von Bormann stammen aus seinen Interviews mit Gemeindepfarrern.

3. AaO. 166.
4. AaO. 172.
5. AaO. 173.
6. AaO. 175.
7. AaO. 187.
8. AaO. 194.
9. AaO. 199.
10. W. Marhold, Fragende KIRCHE. Über Methode und Funktion kirchlicher Meinungsumfragen, 1971.
11. AaO. 127.
12. AaO. 128, Anm. 3.
13. AaO. 130.
14. AaO. 135.
15. AaO. 139.
16. AaO. 139 f.
17. AaO. 140.
18. Marhold, aaO. 146 f.
19. Vgl. dazu u. a.: C. W. Williams, Gemeinden für andere. Orientierung zum kirchlichen Strukturwandel, 1965; Ökumenischer Rat der Kirchen, Die Kirche für andere, Gend 1967; H.-J. Margull, Mission als Strukturprinzip, 1965.
20. Vgl. dazu Chr. Bäumler, Gemeindeaufbau, in: F. Klostermann/R. Zerfaß, Praktische Theologie heute, 1974, 419–429.
21. Zitiert bei Marhold, aaO. 154.
22. Marhold, aaO. 135, Anm. 19, bezieht sich direkt auf die zitierte Arbeit von Bormann.
23. H. Hild (Hg.), Wie stabil ist die Kirche? Bestand und Erneuerung, 1974.
24. K.-W. Dahm, Verbundenheit mit der Volkskirche: Verschiedenartige Motive – Eindeutige Konsequenzen?, in: J. Matthes (Hg.), Erneuerung der Kirche. Stabilität als Chance: Konsequenzen aus einer Umfrage, 1975, 113 bis 159. – In diesem Band S. 15 ff.
25. Der folgende Abschnitt wurde gestrichen, da zur Erläuterung dieser sechs Begründungsfelder auf den Aufsatz von K.-W. Dahm in diesem Band verwiesen werden kann; vgl. S. 15 ff. Die Herausgeber.
26. Dahm, aaO. 156.
27. Vgl. dazu P. Krusche. Der Pfarrer in der Schlüsselrolle. Berufskonflikte im Schnittpunkt religiöser Erwartungen und theologischer Normen, in: Erneuerung der Kirche, 161–188.
28. AaO. 164.
29. G. Kehrer, Gemeinde, in: G. Otto (Hg.), Praktisch-theologisches Handbuch, [2]1975, 262.
30. Vgl. zum folgenden Abschnitt T. Rendtorff, Kirchengemeinde und Kerngemeinde, 1958, in: F. Fürstenberg (Hg.), Religionssoziologie, 1964, 234–247.
31. AaO. 242.
32. W.-D. Marsch, Institution im Übergang. Evangelische Kirche zwischen Tradition und Reform, 1970, 236.
33. AaO. 226 f.
34. AaO. 237.
35. J. Moltmann, Kirche in der Kraft des Geistes. Ein Beitrag zur messianischen Ekklesiologie, 1975.
36. Vgl. zu der Beziehung von theologischer Theoriebildung zur Alltagswelt den Aufsatz von W.-D. Bukow, Theologie als Kommunikationspartner der Alltagswelt, in: H. Siemers (Hg.), Theologie zwischen Anpassung und Isolation, 1975, 88–106.
37. Moltmann, aaO. 316.

38. AaO. 319.
39. AaO. 319 f.
40. AaO. 320 f.
41. AaO. 321.
42. E. Käsemann, Amt und Gemeinde im Neuen Testament, in: *ders.*, Exegetische Versuche und Besinnungen I, 1960, 109–134.
43. Moltmann, aaO. 323.
44. AaO. 353.
45. Ebd.
46. AaO. 356.
47. AaO. 356 f.
48. AaO. 358.
49. Ebd.
50. AaO. 359.
51. AaO. 359 f, 360.
52. AaO. 361.
53. J. Moltmann, Der gekreuzigte Gott, 1972, 295 ff.
54. Moltmann, Kirche, 361.

2.3 Norbert Greimacher
ZIELVORSTELLUNGEN EINER KIRCHLICHEN GEMEINDE VON MORGEN*

In seinem Buch »Die präparierte Zeit«[1] postuliert A. M. K. Müller, daß Theorie und Praxis der Industriegesellschaft künftig der obersten Maxime verpflichtet sein müssen, Überleben zu ermöglichen. Die Zukunft von Individuum und Gesellschaft sei so tief und nachhaltig gefährdet, daß es schlechterdings kein Handeln oder Wissen mehr geben kann, welches ohne diese Zielsetzung des Überlebens nicht bereits fahrlässig wäre. Die systembedingte, unaufhaltsam sich steigernde Dynamik der wissenschaftlichen Welt erzwinge eine Strategie des Überlebens, bei der die Bedeutung jedes einzelnen Schrittes davon abhängt, wie rechtzeitig er erfolgt. Daraus folgert der Autor, daß das Prinzip Überleben zum Prinzip künftiger Ethik werden müsse[2].
Davon abgesehen, daß ich die zentralen Aussagen des Autors für richtig halte: Ich bin auch der Überzeugung, daß – in Analogie zu den Ausführungen Müllers im Hinblick auf das Schicksal der Menschheit – alle Mitglieder der Kirchen intensive Anstrengungen unternehmen müssen, um ein Überleben der Kirchen in Treue zu ihrer Identität zu ermöglichen. Eine Strategie des Überlebens der Kirche ist notwendig, wobei es entscheidend davon abhängt, daß die einzelnen Schritte rechtzeitig erfolgen.
Aber, so könnte man fragen, wird hier nicht die Situation der Kirchen dramatisiert? Haben nicht die von der Deutschen Bischofskonferenz, von der Evangelischen Kirche in Deutschland und von der Vereinigten Evangelisch-Lutherischen Kirche Deutschlands in Auftrag gegebenen empirischen Untersuchungen gezeigt, daß die Kirchen in der Bundesrepublik Deutschland eine relativ große Stabilität aufweisen?[3] Ohne hier eine kritische Analyse der veröffentlichten Ergebnisse und ihrer Interpretationen vornehmen zu wollen, zeigen aber doch gerade diese Untersuchungen auch beachtliche Krisenphänomene in den beiden Großkirchen auf und machen Tendenzen deutlich, die – wie in anderen Industriegesellschaften – Kirche und Kirchlichkeit auch für die Bundesrepublik Deutschland nicht mehr als selbstverständliche Größen erscheinen lassen. Vor allem aber erscheint mir dies bedenkenswert zu sein: daß die Kirchen in der Bundesrepublik Deutschland auf absehbare Zeit weiterexistieren werden, steht für mich außer Zweifel. Ihre Positionen sind durch das Recht, in den gesellschaftli-

chen Kommunikationsgefügen und im Bewußtsein der Öffentlichkeit so verankert, daß für ihre Existenz keine unmittelbare Gefahr besteht. Die entscheidende Frage aber lautet, in welcher Gestalt werden die Kirchen so überleben, daß sie einerseits die sich aus ihrem Selbstverständnis ergebenden Aufgaben wirksam erfüllen und andererseits in der Gesellschaft Glaubwürdigkeit (wieder) erlangen können.

1. Garantiert die Volkskirche das Überleben?

Viele kirchliche Amtsträger sind der Meinung, daß die Kirche unbedingt Volkskirche bleiben müsse. Zwar ist man bereit, einige Änderungen in Kauf zu nehmen, wenn nur das Prinzip der Volkskirche gerettet wird. Aber auch bekannte Theologen setzen sich für das Weiterbestehen der Volkskirche ein. So schreibt etwa T. Rendtorff: »Die Antwort auf die Frage, welche Kirchlichkeit wollen wir?, sollte erstens lapidar und konkret lauten: die Volkskirche. Man mag über den Ausdruck streiten, aber die Sache sollte klar sein: Die umfassende, durch die Praxis der Kindertaufe in ihrer weiten Mitgliedschaft definierte, durch Überlieferung und institutionelle Ausformung gebildete und überall präsente sichtbare Kirche ... Sie ist die Praxis, in deren Vollzug die Christenheit in Zuspruch und Widerspruch ihre je eigene christliche Identität findet.«[4] ...

Nun soll hier in keiner Weise geleugnet werden, daß die beiden Großkirchen in der Bundesrepublik noch durch volkskirchliche Elemente gekennzeichnet sind. Immer noch werden so gut wie alle Kinder getauft und zur Erstkommunion bzw. zur Konfirmation geführt. Die Kirche ist auf vielfältige Weise in das Leben der Gesellschaft hinein verwoben. Große Teile der Bevölkerung tragen noch volkskirchliche Erwartungen an die Kirche heran. Die Kirchen sind immer noch Stabilisatoren des allgemeinen gesellschaftlichen Wertsystems. In bestimmten Angelegenheiten werden die Dienste der Kirche dankbar in Anspruch genommen.

Andererseits aber zeigen sich doch auch zunehmend Anzeichen für die wachsende gesellschaftliche Irrelevanz der Kirchen. Die Zahlen der Kirchenaustritte haben im ganzen eine zunehmende Tendenz. Die Prozentzahlen bei den Taufen, kirchlichen Trauungen, Gottesdienstbesuchen usw. weisen eine eindeutig abnehmende Tendenz auf[5]...

Aber selbst wenn man von diesen deutlichen Trends absieht, ist doch die Frage zu stellen, ob in der heutigen und zukünftigen gesellschaftlichen Situation die Kirchen in ihrer volkskirchlichen Gestalt ihre Aufgabe erfüllen können, die Sache Jesu in der Gesellschaft wirksam werden zu lassen und dieselbe Sache der kommenden Generation zu tradieren. Ich möchte die These aufstellen, daß die Kirchen weder der Gesellschaft noch sich

selbst einen Dienst erweisen, wenn sie mit allen Kräften versuchen, die augenblickliche nachvolkskirchliche Situation aufrecht zu erhalten. Sie können so weder ihre kritische Funktion in der Gesellschaft wahrnehmen noch zu einer neuen Identität finden, die aus der jetzigen Identitätskrise herausführt. Heute erfüllen sie nur noch partiell die volkskirchlichen Erwartungen und Funktionen, treten aber weithin noch mit dem Anspruch auf, eine Volkskirche zu sein. Dieser Anspruch verhindert aber andererseits, daß die Kirchen sich mit einer neuen Sozialform identifizieren. So bleiben sie in einer gefährlichen Zwitterstellung, die eine der wesentlichen Ursachen für die Identitätskrise der Kirchen darstellt...
Die Kirche wird sich neu profilieren müssen um ihrer eigenen Identität willen. Zumindest für die katholische Kirche habe ich diese neu zu gewinnende Sozialform zu umschreiben versucht mit dem Begriff der Gemeindekirche[6].

2. Die Gemeinde als Voraussetzung des Überlebens

Gemeindekirche besagt in meinem Verständnis ein Syndrom verschiedener Kennzeichen, die sich einerseits aus der Analyse der Gegenwartssituation und der Position der Kirche in der Gesellschaft wie der sich anzeigenden Trends in der Gesellschaft, andererseits aber aus der Sache Jesu und ihrer Tradierungs- und Wirkungsgeschichte ergeben.
Die Gemeindekirche ist eine Großkirche, die sich aus vielen einzelnen Gemeinden zusammensetzt. Die einzelnen Gemeinden stehen auf vielgestaltige Weise in Kommunikation und Interaktion miteinander. Der Schwerpunkt des kirchlichen Lebens liegt nicht mehr bei der zentralen kirchlichen Leitung und ihren Amtsstrukturen, sondern bei der einzelnen Gemeinde. Diese kann man so definieren: Sie bildet eine Gruppe von Menschen, die an Jesus Christus glauben und versuchen, ihr individuelles und gemeindliches Leben an der Botschaft des Neuen Testamentes auszurichten. Die Gemeindemitglieder sind in der Gemeinde in ein Geflecht von sozialen Beziehungen hineingebunden und übernehmen bestimmte Funktionen in der Gemeinde. Den Mittelpunkt des Gemeindelebens bildet die Gemeindeversammlung, besonders der eucharistische Gottesdienst. Die Gemeinde stellt aber kein Ghetto dar; sie versteht sich als integrierender Teil der Gesamtkirche und weiß sich dem Dienst an der Gesellschaft verpflichtet.
Solche Gemeinden bilden sich an der Basis der Kirche, und sie bilden die Basis der Kirche. Das will einerseits besagen, daß diese Gemeinden eine unmittelbare Verbindung haben zu »Friede und Hoffnung, Trauer und Angst der Menschen von heute, besonders der Armen und Bedrängten aller

Art«[7]. In dem Leben dieser Gemeinden, in ihren Versammlungen und Feiern, in ihren Gottesdiensten und Diskussionen wird sich die Leidensgeschichte der Mitglieder dieser Gemeinde und der Gesellschaft, in der sie leben, artikulieren[8], aber auch die Liebes-, Glaubens- und Hoffnungsgeschichte der Menschen, ihre glücklichen Erfahrungen, die sie in ihrem Leben gemacht haben. Dadurch, daß die Mitglieder dieser Gemeinde ihre individuellen und kollektiven Erfahrungen mit einbringen und sie aus ihrem christlichen Glauben heraus interpretieren, erhält die Kirche wieder einen Neuzugang zum Leben der Menschen, wird sie von neuem eine Kirche der Menschen und für die Menschen. Dadurch aber werden diese Gemeinden zur Basis der Kirche selbst. Es wird ihnen nicht die Orthodoxie von außen her vorgesetzt, sondern ihre Orthopraxie, ihre aus dem Glauben heraus motivierte Praxis, die inner- und außerhalb des Gemeindelebens gemachten Erfahrungen und ihre Interpretationen im Lichte der Sache Jesu werden zum Ort, zum Sitz im Leben ihrer Orthodoxie.

In dem Entstehen solcher Gemeinden und in der Intensivierung der bestehenden Gemeinden sehe ich die Bedingung der Möglichkeit des Überlebens von Kirche in einer ihrem Selbstverständnis entsprechenden Form. Ich sehe keine andere konkrete Möglichkeit, wie christlicher Glaube heute in der Gesellschaft relevant und den kommenden Generationen tradiert werden kann. Eine Kirche, die krampfhaft an ihrem volkskirchlichen Anspruch, an bestimmten volkskirchlichen Erwartungen der Menschen und an ihren teils gesellschaftlich vorhandenen, teils rechtlich abgesicherten Privilegien festhält, wird zu einer Institution werden, deren Hirten niemanden als sich selbst weiden und so teils an den Rand der Gesellschaft gedrängt werden, teils sich freiwillig in ein Ghetto zurückziehen und von da aus den anderen die Schuld geben an ihrer eigenen Bedeutungslosigkeit.

Wird hier aber nun nicht von neuem eine Ideologie der Gemeinde aufgebaut, könnte man kritisch fragen. Ist es tatsächlich so, daß es Gemeinde praktisch nur gibt in theologischen Büchern und in den Köpfen geistlicher Ideologen, die Selbsttäuschungen unterliegen?[9] Wird hier die Ideologie der Pfarrei durch die Ideologie der Gemeinde ersetzt? Wird statt der Volkskirche die Gemeindekirche ideologisch überhöht?

Es soll hier nicht bestritten werden, daß in den letzten Jahren eine Gefahr bestand, den Begriff der kirchlichen Gemeinde zu sehr zu strapazieren, ja ihn zu mystifizieren. Im Zentrum dieser hier dargelegten Gedanken stehen aber die empirisch erhärteten Tatsachen, daß in unserer heutigen gesellschaftlichen Situation ein Wertsystem, wie ihn der christliche Glaube darstellt, in einer bestimmten Gesellschaft in der Regel nicht durch einzelne, sondern vor allem durch institutionalisierte Gruppen, sprich Gemeinden, relevant werden kann, daß Lernprozesse sich am effizientesten in Gruppen vollziehen und daß die Sozialisation der kommenden Generation

2.3

am ehesten in einer Gruppe gelingt. Ich sage dies auf die Gefahr hin, daß man mich von neuem des Soziologismus bezichtigt. Dies kann aber nur jemand tun, der immer noch nicht begriffen hat, daß die Gnade die Natur nicht zerstört, sondern sie voraussetzt und sie vollendet.
Solche Gemeinden, von denen hier die Rede ist, wird es in sehr vielgestaltiger Art geben. Es wäre von vornherein falsch anzunehmen, daß wir zu einer einheitlichen Gestalt von Gemeinden finden könnten. Damit werden wir aber zu einer Situation zurückkehren, wie sie uns schon aus dem Neuen Testament vertraut ist. Solche Gemeinden können z. B. nichtterritorialer Art sein wie z. B. eine Hochschulgemeinde, eine klösterliche Gemeinschaft, eine Gemeinde von sprachlichen Minderheiten. Solche Gemeinden können auch entstehen durch die Substrukturierung von großen städtischen Pfarreien. Sie können sich bilden auf der Ebene der aufgelösten kleinen Pfarreien in ländlichen Gebieten. Sie können als eine Art Kerngemeinde auf der Ebene einer bestehenden Pfarrei sich entfalten. Sie können sich konstituieren als Basisgemeinden, die sich in kritischer Distanz zu der hierarchischen Kirchenleitung befinden und/oder durch eine bestimmte politische Ausrichtung gekennzeichnet sind.
Im folgenden soll nun versucht werden, einige wichtige Kennzeichen darzustellen, die bei aller Vielgestaltigkeit diese Gemeinden prägen sollen.

3. Identität der Gemeinde

Die christliche Gemeinde findet ihre Identität dadurch, daß sie sich auf Jesus Christus als ihren Ursprung, als das Gesetz ihres Anfangs bezieht. Diese Identitätsfindung ist eine permanente Aufgabe. Die christliche Gemeinde wird sich immer wieder von neuem an Jesus von Nazareth erinnern, an das, was er gesagt und getan hat, wie er gelebt hat und gestorben ist und auferweckt wurde. In Konfrontation der eigenen individuellen und kollektiven Erfahrungen mit dieser Erinnerung wird sie ihre eigene Prägung erfahren.
Die Gemeinde wird sich verstehen – um an einen Gedanken von Johann Baptist Metz anzuknüpfen – als öffentliche Zeugin und Tradentin der in Jesus Christus zum Ereignis gewordenen, gefährlichen Freiheitserinnerung in den Systemen unserer emanzipatorischen Gesellschaft[10]. Diese Erinnerung an Jesus von Nazareth ist eine fundamentale Ausdrucksform des christlichen Glaubens und der besonderen Bedeutung der Freiheit in diesem Glauben.
Dieses erinnernde Gedächtnis erhält seine besondere Intensität, wenn es

nicht nur im Wort, sondern im Zeichen und im deutenden Wort geschieht, im Vollzug der Sakramente. Dabei werden die Sakramente hier nicht verstanden im Sinne eines punktuellen Eingriffs Gottes in das Leben des einzelnen, sondern in dem Sinne, daß die Gemeinde zusammenkommt, das Leben des einzelnen, das Leben der Gemeinde und das Leben der Gesellschaft, in der die Gemeinde lebt, gemeinsam bedenkt, es auf seine Tiefendimension hin überdenkt, es kritisch betrachtet und dieses Leben dann zeichenhaft zum Ausdruck bringt, etwa in der Gestalt eines gemeinsamen Mahles. Sakramente sind dann eine Artikulation dessen, was in der Welt geschieht in Erinnerung an Leben und Sterben Jesu[11].

4. Funktionalität

Die These, die sich hinter diesem Stichwort Funktionalität verbirgt, könnte man so formulieren: Die Gemeinde ist nicht um ihrer selbst willen da, sondern sie ist ganz wesentlich eine Funktion, d. h. sie ist zugewandt auf eine andere Wirklichkeit, die Jesus die Basileia nennt. Es ist wohl eines der fundamentalsten und folgenschwersten Mißverständnisse in der Geschichte der Kirche, daß sie diese ihre Funktionalität vergessen hat. Eine Gemeinde, die nur gruppenegoistisch an sich denkt, die nicht nur ihren Kult, sondern sozusagen sich selbst zelebriert, die nur darauf aus ist, sich selbst zu reproduzieren, eine solche Gemeinde verstößt gegen die grundlegende, theologisch gegebene Funktionalität der Gemeinde. Gemeinden, die sich zum Selbstzweck werden, die sich ein Stück heiler Welt einrichten wollen inmitten der bösen Welt, verraten die Sache Jesu, dem es nicht um seine eigene Herrlichkeit ging, sondern der gekommen ist, um den Menschen zu dienen und zu helfen.
Damit soll nicht gesagt sein, daß die Gemeinde nicht feiern dürfe, daß sie sich nicht Freiräume schaffen dürfe, daß die Gemeinde nicht auch zu einem Raum werden darf, wo der einzelne auch affektiv ein Stück Heimat findet. Dies hat seinen Platz in der Gemeinde und hat auch nicht nur einen Sinn, um den einzelnen dadurch zu befähigen, wieder missionarisch zu wirken. Die Gemeinde hat ein Recht auf Spiel, auf Fest, auf Feier, auf Kreativität und Spontaneität und ist insofern nicht immer und überall funktional zu bestimmen. Sie hat dieses Recht deshalb, weil sie weiß, daß nicht alles auf ihre Leistung ankommt, sondern daß sie sich auch als beschränkt verstehen darf durch eine Wirklichkeit, die sie umfaßt. Die Gemeinde darf sich nicht unter einen religiösen Leistungsdruck stellen lassen. Aber all dies, was J. Moltmann zu Recht betont[12], darf nicht vergessen lassen die grundlegende Funktionalität der christlichen Gemeinde.

5. Menschlichkeit

Was mit diesem Stichwort Menschlichkeit zum Ausdruck gebracht werden soll, sieht sich auf den ersten Blick recht selbstverständlich an. Was soll eine christliche Gemeinde, die eine Gruppe von Menschen ist, anders sein als menschlich? Indessen stellt man beim zweiten Blick doch wohl fest, daß menschlich sein und Menschlichkeit so selbstverständlich nicht sind, wie es sein sollte. Auch die Tradierungsgeschichte der Sache Jesu ist weit davon entfernt, in dieser Hinsicht eindeutig zu sein. Menschlichkeit und Menschlichkeiten liegen sehr eng beieinander, und manchmal gewinnt man den Eindruck, als seien in der Gemeinde Christi eher die Menschlichkeiten zu Hause als Menschlichkeit. Dabei ist es für mich keine Frage, daß Jesus von Nazareth ein Humanist und ein Liberaler vor seiner Zeit war[13]. Jesus war alles andere als ein Menschenverächter. Er war menschlich, und er trat für Menschlichkeit ein.

Der christliche Glaube besteht gerade nicht darin, den Menschen heteronom zu bestimmen, ihn zu vergewaltigen, ihn sich selbst zu entfremden[14]. Ganz im Gegenteil: Jesus geht es darum, gerade diese heteronome Vergewaltigung des Menschen, vor allem dort, wo sie in Gestalt unmenschlicher religiöser Vorschriften auftaucht, zu durchbrechen, die Religion gleichsam wieder auf die Füße zu stellen, d. h. mit Hilfe der Religion es dem Menschen zu ermöglichen, Mensch zu sein, Mensch zu werden, als Mensch zu leben und zu sterben. Jesus geht es um eine Befreiung des Menschen von einer entmenschlichenden Fremdbestimmung, die den Menschen sich selbst und den anderen fremd macht.

Was bedeutet aber Menschlichkeit der Gemeinde? Hier geht es zunächst einmal um die Binnenstrukturen der Gemeinde, um das Verhältnis der Gemeindeglieder untereinander, um das Verhältnis des Gemeindeleiters zu seiner Gemeinde, das Verhältnis auch der Gemeindemitglieder zu den Nichtmitgliedern. Es geht um den Umgang mit Minderheiten in der Gemeinde, mit Außenseitern, um die Bewältigung von Konflikten. Es geht um den Lebensstil der Gemeinde, um die Atmosphäre in der Gemeinde. Es geht um die Gestalt des Gottesdienstes und um eine menschliche Form der Gemeindeversammlungen. Es geht darum, ob Feiern und Feste, ob Freude und Humor, ob Toleranz und Rücksichtnahme, ob gegenseitige Hilfe und gegenseitiges Verständnis einen Platz haben in der Gemeinde oder nicht, ja ob dadurch die Gemeinde charakteristisch geprägt wird oder nicht.

Die Wiedergewinnung der Glaubwürdigkeit der Kirche im ganzen und der einzelnen Gemeinde im besonderen, wird wesentlich davon abhängen, ob unsere Mitbürger den Eindruck erhalten, daß es in unseren Gemeinden menschlich zugeht. Erst dann, wenn es der Gemeinde gelingt, Menschlichkeit in der Gemeinde zu verwirklichen, kann sie auch glaubwürdig von neuem Anwalt der Menschlichkeit und der Gesellschaft sein.

6. Gleichheit

Die grundsätzliche Gleichheit der Mitglieder in der Gemeinde ist begründet in der Tatsache, daß Gott sich allen Menschen zugewandt hat und in Jesus Christus ein grundsätzliches Ja zu allen Menschen gesprochen hat. Alle Mitglieder der Gemeinde sind befreit von den »Mächten und Gewalten«, sie sind nicht mehr Knechte, sondern Söhne Gottes (vgl. Gal 4,6 f).

Die Christen unterstehen nicht mehr der Vormundschaft von sakralen Institutionen. Sie sind nicht mehr der Gesetzesherrschaft unterworfen (vgl. Gal 4,5). Es gibt im neuen Bund keine Heilsvermittlung durch Sakralinstitutionen; es gibt keine Vermittlungsinstanzen zwischen Gott und den Menschen, denen sich der Christ unterwerfen muß. Institutionelle Elemente in der Gemeinde haben vielmehr die Funktion, das Leben der Gemeinde in den Dimensionen des neuen Bundes zu artikulieren. Die Gefahr, daß die kirchlichen Ämter sich analog zu den tradierten religiösen Phänomenen als Sakralinstitutionen etablieren und daß auf dem Wege zur heilsmittlerischen Instanz das stilisierte Amt der Leitung oder der Lehre die religiöse Ungleichheit wieder einführt, wird schon im Neuen Testament klar erkannt und die entsprechenden Tendenzen werden angeprangert (vgl. Mt 23,8-11).

Diese ursprüngliche Gleichheit und Unmittelbarkeit zum Vater, dieser genossenschaftliche Charakter des Neuen Bundes hat die logische, aber entscheidende Konsequenz, daß sie bestehende natürliche, soziale, nationale und geschichtliche Grenzen aufhebt und für die Mitglieder der Gemeinde eine wesentliche und primäre Gleichheit der Gliedschaft begründet (vgl. Eph 2,11-14; Kol 3,11).

Für die christliche Gemeinde stellt sich die Aufgabe, die urchristlichen Werte von Gleichheit und Brüderlichkeit, die ihren Ursprung in der Botschaft Jesu haben, die sich aber in der Neuzeit außerhalb und zum großen Teil im Kampf gegen die Kirche realisierten, in der Gemeinde von neuem zu verwirklichen. Dieser Realisierung von Gleichheit in der Gemeinde stehen zwei schwerwiegende Hindernisse im Wege: zum einen autoritäre kirchliche Herrschaftsstrukturen, zum anderen ein verbreiteter kirchlicher Patriarchalismus, wobei beide Phänomene miteinander zusammenhängen.

Wir werden uns als Christen redlich zu fragen haben, wie es mit der Herrschaft in der Kirche und in der Gemeinde bestellt ist. Hat die kirchlich geprägte Erziehung nicht gerade jene autoritäre Persönlichkeit hervorgebracht, die Voraussetzung für jede Herrschaftsausübung ist? Hat die Drohung mit Sündenstrafe nicht oft eine Angst erzeugt, die unmenschlich war und ist, aber gerade dadurch die Beherrschung von Menschen ermöglichte? Bietet die Beichte nicht die Möglichkeit des Mißbrauchs, nämlich zu einem Instrument der Herrschaftsausübung zu werden? Haben die kirchlichen Normen im geschlechtlichen Bereich den Menschen nicht oft vergewaltigt, ihn sich selbst entfremdet und ihn dadurch in ein menschenunwürdiges Abhängigkeitsverhältnis gebracht?[15]

Dabei steht die christliche Gemeinde unter einem ganz anderen Imperativ: »Ihr wißt, daß die, welche als Fürsten der Völker gelten, über sie herrschen und ihre große Macht über sie ausüben. Unter Euch soll es aber nicht so sein« (Mk 10,42). An diesem klaren, eindeutigen und unerbittlichen Maßstab ist jede Machtausübung von kirchlichen Amtsträgern und von Christen überhaupt in Vergangenheit und Gegenwart zu messen und jede Ausübung von Herrschaft, und sei es heilige Herrschaft, eindeutig zu verurteilen.

Wenn eine Gemeinde heute glaubwürdig sein soll, muß sie eine herrschaftsfreie Gemeinde sein. Herrschaftsfrei bedeutet nicht, daß eine Gemeinde ohne Machtausübung, ohne Autorität, ohne Amtsträger, ohne eine bestimmte Ordnung dem Chaos, der Anarchie überantwortet wird. Herrschaftsfrei besagt unter anderem, daß dann, wenn in der Gemeinde von bestimmten Amtsträgern Macht ausgeübt wird, diese sich verantworten müssen[16].

Eine subtile Form von Herrschaftsausübung ist der Patriarchalismus. Wir wissen aus der Tiefenpsychologie, wie sehr patriarchalische Strukturen entmenschlichende Abhängigkeitsverhältnisse schaffen können, wie sehr sie einen Infantilismus bei Erwachsenen fördern, einen menschlichen Reifungsprozeß verhindern können. Der Patriarchalismus ist zutiefst unchristlich. Brüderlichkeit und Patriarchalismus in der Kirche schließen sich aus. Die christliche Brüderlichkeit ist in demselben Maße in der Kirche in den Hintergrund getreten, als der Gedanke des Vaters im Hinblick auf Papst, Bischöfe und Priester in den Vordergrund kam. Wir sollten endlich damit aufhören, auch nur die patriarchalische Terminologie zu gebrauchen. Es muß aber vor allem versucht werden, jede patriarchalische Herrschaft in den Gemeinden abzubauen zugunsten einer funktionalen, rationalen, kontrollierten Machtausübung.

7. Freiheit

Wenn die kirchliche Gemeinde sich auf Jesus Christus beruft, dann muß sie einerseits ein Ort der Freiheit sein und sich andererseits auch für diese Freiheit einsetzen. Wir betrachten hier nur die positive Kehrseite dessen, was im letzten Abschnitt mit herrschaftsfreier Gemeinde bezeichnet wurde. Das bedeutet, daß die christliche Gemeinde jene Wirklichkeit ernst nimmt, die Jesus als Gottesherrschaft verkündet hat. Das eigentümliche an dieser Basileia, die uns in Jesus nahegekommen ist, besteht gerade darin, daß der Mensch nicht aufs neue einer Herrschaft unterworfen wird, sondern daß sie denjenigen freimacht, der auf Jesus eingeht, sich auf seine Sache einläßt. Die von Jesus verkündigte und in ihm zu uns gekommene Gottesherrschaft ist die Bedingung der Möglichkeit von menschlicher Freiheit (vgl. Gal 5,1). Christliche Gemeinde erinnert sich an die in Jesus geschenkte Freiheit, an die in Jesus begonnene eschatologische Befreiungsgeschichte Gottes. Diese Erinnerung allerdings ruft dazu auf, die Verantwortung für die Geschichte der Freiheit in der Gesellschaft mitzuübernehmen. So ist diese Erinnerung ein Aufruf zur Emanzipation, die von jeder Vergötzung und Verabsolutierung politischer Mächte befreit.

Christliche Gemeinde müßte ein Ort der Freiheit sein, die sonst so oft in unserer Gesellschaft vergessen oder verschwiegen werden, die Freiheit etwa alt zu werden, obwohl unsere Öffentlichkeit, vor allem die Werbung, von der Verleugnung des Alters bestimmt ist und das Altern als Schande empfindet; die Freiheit von Zwecken und Zielen und Leistungen, die Freiheit etwa zur Meditation und Kontemplation, die Freiheit zum Feiern, zum Spielen, die Freiheit, Kunst zu schaffen und zu erleben, obwohl wir als Mitglied unserer Gesellschaft oft bis in die letzten Bewußtseinsräume unter der Hypnose von Arbeit, Leistung und Planung stehen; die Freiheit, sich die eigene Endlichkeit und Fragwürdigkeit einzugestehen, obwohl unsere Öffentlichkeit oft unter der Suggestion eines heilen, harmonischen, konfliktlosen Lebens steht.

Vor allem aber sollten wir dafür sorgen, daß es in unserer Gemeinde so etwas wie eine Kultur der Freiheit gibt, ein Eintreten für Aufklärung, für Mündigkeit, für eine kritische Öffentlichkeit in der Kirche selbst. Es ist eine Frage von entscheidender Bedeutung für die Zukunft des Glaubens, ob es gelingt, mit den Konflikten kritischer Freiheit in den Gemeinden zu leben oder ob solche emanzipatorische Bewegungen, ob solche kritisch-befreiende Anstöße und Impulse zusammen mit denen, die sie verfechten, an den Rand der Gemeinde oder gar aus der Gemeinde hinausgedrängt werden.

Der Gemeinde muß es um die Einübung in Mündigkeit und Freiheit gehen. Überspitzt formuliert: Wir müssen in der Gemeinde lernen, Freiheit zu lernen. Wir brauchen sozusagen ein Curriculum für Freiheitserfahrung, Freiheitserlebnis und Freiheitsaneignung mit Motivationen, mit konkreten Lernzielen und mit Effektivitätskontrolle. Wir brauchen vor allem eine Autorität in der Gemeinde, die sich orientiert an Autorität und Autoritätsausübung Jesu. Denn die Autorität, die Jesus hatte und ausübte, läßt sich nicht durch äußere Legitimation begründen. Es ist eine Autorität, die den

Menschen keine Garantie gewährt, sondern die freie Entscheidung herausfordert, die also geradezu Freiheit provoziert. Dabei wird es gerade bei der Autoritätsausübung Jesu klar, daß das Maß seiner Autoritätsausübung das Wohl und Heil des Menschen ist[17] ...

8. Offenheit

In seinem ganzen Verhalten war Jesus von Nazareth von einer großen Offenheit gekennzeichnet. Er wehrte sich entschieden dagegen, von seinen Freunden oder Feinden in eine bestimmte Richtung gedrängt, von einer bestimmten Gruppe vereinnahmt zu werden. Er hielt sich offen für jedermann, ohne dadurch unverbindlich zu werden. Sein Umgang etwa mit Frauen war für damalige Zeiten unerhört, zumal es sich ja oft um Frauen mit zweifelhaftem Ruf handelte. Aber Jesus stellte eben keine Vorbedingungen für diejenigen, die sich ihm anschließen wollten. Deshalb war seine Jüngerschar eine so unterschiedlich zusammengesetzte Gruppe.
Die christliche Gemeinde wird sich auf diese grundsätzliche Offenheit besinnen müssen. Offenheit ist zunächst eine Grundeinstellung der Gemeinde zu ihrer gesamten Umwelt. Sobald eine Institution ihre Mitglieder partiell freigibt, d. h. davon absieht, ihre Mitglieder total und in allem bestimmen zu wollen, ist eine unvollständige Integration und damit eine Offenheit des Systems gegeben. Denn die Institution setzt sich damit den Einflüssen, Impulsen und Orientierungen, die von außen kommen, bewußt aus.
Die Gemeinde darf auf keinen Fall zu einer Sekte werden, die sich sozial isoliert. Sie muß dauernd allen offen stehen und bereit sein, neue Erfahrungen zu machen, neue Einsichten zu gewinnen; sie muß dauernd bereit sein zu lernen. Die Gemeinde ist gerade um der Wahrung der Kontinuität der Sache Jesu willen darauf angelegt, immer neue Erfahrungen zu machen, immer neue Impulse aus der sie umgebenden Gesellschaft aufzunehmen. Wenn sie sich nur auf die Reproduktion des Bisherigen beschränkt, wird sie zu einem Museum, und sie kann dann nicht mehr Zeugin dieser von Jesus verkündeten Freiheit sein. Wenn die Gemeinde nicht bereit ist, die Impulse einer neuen geschichtlichen Epoche kritisch zu assimilieren, stirbt auch die Sache, die sie zu vertreten hat. Die Beantwortung der Frage, ob die Gemeinde ein offenes oder ein geschlossenes System bildet, entscheidet gleichzeitig darüber, ob die Gemeinde eine eigene Dynamik entfaltet oder nicht.
Offenheit der Gemeinde bedeutet auch, daß die Gemeinde sich missionarisch versteht. Die Gemeinde und die einzelnen Mitglieder der Gemeinde, die überzeugt sind, daß die Sache Jesu eine Bedeutung für die Menschen

hat, werden diese Sache auch öffentlich bezeugen. Sie werden andere Menschen einladen, an ihren Erfahrungen, an ihrem gemeinsamen Leben teilzunehmen. Allerdings muß dieser missionarischen Offenheit der hektische Leistungsdruck genommen werden. Eine missionarische Spiritualität, die von der theologischen Konzeption ausgeht, daß jeder, der nicht Glied der Gemeinde ist, dem ewigen Verderben verfallen ist, muß einem religiösen Leistungsdruck ausgesetzt sein. Wenn man aber davon überzeugt ist, daß es Heil auch außerhalb der Kirche und außerhalb der Gemeinde gibt, daß Heil sich zumindest im Leben eines jeden Menschen ereignen kann, dann wird zwar die Mission und ein missionarischer Geist nach wie vor seine Bedeutung erhalten, aber man wird von diesem unmenschlichen religiösen Leistungssoll befreit. Man kann gelassener reagieren.
Offenheit der Gemeinde ist die Bedingung dafür, daß Wandel in der Gemeinde geschieht, daß sich der soziale Wandel der Gesellschaft nicht an der Gemeinde vorbei vollzieht. Offenheit der Gemeinde bedeutet eine Respektierung der Person und ihres Privatbereiches und gleichzeitig eine ungeheure Bereicherung des Lebens der Gemeinde. So ist die Offenheit eine wichtige Voraussetzung für die Identitätsfindung der Gemeinde.

9. Ort der Hoffnung

Die Gemeinde ist nicht nur der Ort, wo Menschen zusammenkommen und sich an Leben, Tod und Auferweckung Jesu erinnern. Sie wissen sich nicht nur in der Gegenwart des Herrn durch seinen Geist, sondern sie sind auch offen auf Zukunft hin. Sie wenden sich dagegen, daß die Geschichte abgeschlossen ist, daß irgendeine Macht oder Struktur oder ein System das Letzte und Endgültige sei. Von der Vollendung her, die sie für die Zukunft erhoffen, brechen sie immer wieder die gegenwärtigen Strukturen auf, stellen die Plausibilitätsstrukturen in Frage, relativieren das Erreichte, kritisieren sie den Status quo. Im Wissen um den eschatologischen Vorbehalt gewinnt die Gemeinde die kritische Freiheit gegenüber allen totalitären Systemen von Herrschaft, gegenüber allen Ideologien einer linearen eindimensionalen Emanzipation.
Wo sich die neuzeitliche Emanzipationsbewegung ohne die Erinnerung dieses eschatologischen Vorbehaltes vollzieht, scheint sie immer wieder dem Zwang zu verfallen, ein innerweltliches Subjekt für die Gesamtgeschichte der Freiheit einzusetzen, das potentiell von neuem zur Herrschaft von Menschen über Menschen drängt, sei es die Klasse, die Rasse, die Nation oder sei es gar die Kirche.
Für die christliche Gemeinde ist die Geschichte offen, kann es immer und in jedem Augenblick zu Überraschungen kommen, im guten wie im bösen.

Dieses Offenhalten, diese Vorläufigkeit, biblisch gesprochen diese Pilgerschaft, hält die Gemeinde davon ab, sich endgültig niederzulassen, etwas als absolut und unumstößlich zu betrachten, sich zu verfestigen und nicht mehr lernbereit zu sein.
Die christliche Gemeinde wird sich nicht einbilden, daß ihr Tun die Vollendung der Welt herbeizwingen kann. Sie ist nicht, wie der Marxist, der Überzeugung, daß es nur von ihrem Tun abhängt, ob und wann die klassenlose Gesellschaft mit ihrer herrschaftsfreien Kommunikation sich ereignet. Der Christ glaubt allerdings auch nicht, daß sein Tun beziehungslos sei zu der Vollendung der Welt, die er erhofft.
Die Haltung der christlichen Gemeinde muß in der Mitte liegen zwischen einer direkten Funktionalität und einer völligen Beziehungslosigkeit zu dieser Vollendung der Welt. Der Christ muß um die dringende Notwendigkeit des eigenen Einsatzes für die menschliche Gerechtigkeit wissen. Aber er weiß auch, daß er damit das endgültige Kommen des Reiches Gottes weder beschleunigen noch verzögern kann. Er darf allerdings auch wissen, daß sein Tun und Lassen eine heilsgeschichtliche Dimension hat. Sein Engagement hat Heils- und Unheilsbedeutung für sich selbst und seine Mitmenschen. Der Christ darf also wissen, daß sein Tun und Lassen, sein Einsatz für die gesellschaftliche Gerechtigkeit selbst dort nicht sinnlos ist, wo er selbst scheitert. Er darf die befreiende Hoffnung haben, daß es nicht allein von seinem Tun abhängt, ob und wann diese Vollendung kommt. Er weiß sich zwar zu einer großen Verantwortung aufgerufen, aber er ist nicht allein verantwortlich. Gerade dieses Wissen hält ihn ab von einem religiösen Leistungsdruck, von der Überforderung durch ein ideologisch gefordertes Übersoll, von einem nur an Leistung orientierten Einsatz in der Gesellschaft. Man könnte diese Einstellung bezeichnen als eine gelassene Engagiertheit oder eine engagierte Gelassenheit.
Die christliche Gemeinde lebt vom Vertrauen und von der Hoffnung in die Einsicht und Umkehrfähigkeit der Menschen. Sie hat Zeit und läßt auch den anderen ihre Zeit. Die Gemeinde tut nichts ohne die Angeredeten und läßt ihnen zunächst einmal auch das Recht auf das falsche Bewußtsein, ohne dadurch zum Nichtstun verurteilt zu sein. Die Gemeinde ist nicht eine fanatische und intolerante Verfechterin einer absoluten Zukunft, sondern sie läßt vielmehr auch den ersten Schritt gelten und feiert ihn. Engagement der christlichen Gemeinde ist experimentell und daher immer korrigierbar. Es ist nicht absolut formiert, sondern immer reformierbar.
Das Mühen der christlichen Gemeinde um Vermenschlichung der Gesellschaft muß geprägt sein von dem Einladungscharakter des Tuns Gottes an die Menschen. Wenn Gott die Freiheit des Menschen so achtet, daß er den Menschen die Freiheit gibt, sich gegen ihn zu entscheiden, dann muß auch der Christ seinen Mitmenschen diese Freiheit zugestehen ...

Will die Gemeinde ein Ort der Hoffnung sein, will sie in dieser gelassenen Engagiertheit leben, dann hat sie auch das Recht auf Feier, auf Spiel, auf Freude, auf Humor. Ja das wird geradezu ein Maßstab ihrer Christlichkeit sein, ob sie es fertigbringt, inmitten dieser oft so langweiligen und hoffnungslosen Gesellschaft ein Ort des zwecklosen Spiels, ein Ort der Kunst, ein Ort der Freude, ein Ort der Feier und des Humors zu sein.

10. Notwendigkeit des Lernens

Wenn wir Lernen hier einmal umschreiben mit der Veränderung von Einstellungen und Verhaltensweisen aufgrund von Erfahrungen und Einsichten, dann werden wir sagen müssen, daß die Gemeinde notwendigerweise zu einer Lerngesellschaft werden muß. Der Übergang von der Volkskirche zur Gemeindekirche kann tatsächlich nur dann auf menschliche Weise vollzogen werden, wenn der einzelne Christ und die christliche Gemeinde bereit sind zu lernen. Sie müssen vor allem lernen zu lernen. Dabei gehen diese Überlegungen davon aus, daß es möglich ist, Menschen davon zu überzeugen, daß Veränderungen notwendig sind, daß sie Veränderungen bejahen, ja daß sie auch Veränderungen in ihrem eigenen Verhalten bejahen.
Es besteht eine verbreitete Tendenz, davon auszugehen, daß Menschen sich mit dem Status quo begnügen, daß sie sich damit abfinden, daß sie sich nicht ändern wollen, daß sie sich gegen jegliche Art von Veränderungen wehren. Dies wird häufig als Argument gegen Reformen vorgebracht. Dieses Argument trifft dann zu, wenn die Menschen nicht von der Notwendigkeit einer Veränderung überzeugt werden, wenn sie nicht motiviert werden zu lernen. Dann umgibt der Mensch sich tatsächlich oft als Reaktion auf den bewußt oder unbewußt wahrgenommenen sozialen Wandel mit dem Schutzmechanismus der Stabilisierung, dann stützt er sich auf übernommene Sitten, Gewohnheiten, Normen, Vorschriften usw. Aber wenn das Problembewußtsein geschaffen wurde, wenn die Notwendigkeit einer Veränderung einleuchtend und überzeugend dargelegt wurde, dann kann man auf eine Bereitschaft zu lernen rechnen. Die Praxis der Gemeinwesenarbeit zeigt, daß es möglich ist, Denken und Empfinden der Menschen von Blockierungen zu befreien und sie dazu zu bringen, an Veränderungen mitzuarbeiten. Zwar reagieren Menschen mit Widerstand auf Veränderungen, die ihre grundlegende Sicherheit bedrohen, auf Veränderungen, die sie nicht verstehen. Sie reagieren auch dann mit Widerstand auf Veränderungen, wenn sie dazu gezwungen werden sollen. Aber sie reagieren dann positiv, wenn sie von der Notwendigkeit und dem Nutzen der Veränderungen für sich selbst überzeugt werden.

Wenn es gelingt, auch in einer sehr traditionell bestimmten Pfarrei mit den Betroffenen zusammen auf die gemachten guten und schlechten Erfahrungen zu reflektieren, die Probleme, vor denen die Pfarrei steht, bewußt zu machen und die eigenen Bedürfnisse der Mitglieder zu artikulieren, dann ist es möglich, in einem kollektiven Lernprozeß aus einer Pfarrei eine Gemeinde werden zu lassen. Bei diesem Lernprozeß wird man von vornherein mit Frustrationen, Rückschlägen, ja partiellem Scheitern zu rechnen haben, und man wird auch lernen müssen, damit fertig zu werden, ohne die Hoffnung auf eine Veränderung aufzugeben[18].

Schluß

In den Dokumenten des Zweiten Vatikanischen Konzils wird die Kirche wiederholt als Sakrament der Einheit und Sakrament des menschlichen Heils bezeichnet[19]. Diese Aussagen kann man auch auf die einzelne kirchliche Gemeinde anwenden. Wenn Sakramente nicht das realisieren, was sonst in der Welt nicht ist, sondern in Wort und Zeichen zur reflexen Erscheinung bringen und feiern, was real in der Welt als Heilstat Gottes und der erlösten Freiheit der Menschheit geschieht[20], dann kann auch die Gemeinde als Sakrament des menschlichen Heiles bezeichnet werden. Und zwar macht sie dies nicht nur beim Vollzug der Sakramente deutlich, daß es Hoffnung und Sinn und Heil für den Menschen gibt. Sondern in ihrem ganzen Lebensvollzug macht sie sichtbar, daß es sinnvoll ist zu leben, artikuliert sie und buchstabiert sie, was überall in der Welt geschieht: »Das Reich Gottes ist mitten unter Euch« (Lk 17,21). Die Gemeinde ist ein sichtbares Zeichen dafür, daß Gott die Menschen angenommen hat, daß seine Herrschaft schon begonnen hat, daß Gott das Heil und das Glück der Menschen will und daß Friede unter den Menschen möglich ist. Wenn eine Gemeinde es schafft, diese Zeichenhaftigkeit zu realisieren, dann und nur dann kann auch die Gesamtkirche wieder glaubwürdig werden. In diesem Sinne wird das Überleben der Kirche davon abhängen, ob es gelingen wird, genügend Gemeinden aufzubauen, die überzeugende Hinweise für unsere Zeitgenossen sind, daß es sich lohnt, sich auf die Sache Jesu einzulassen.

Anmerkungen:

* Quelle: Theologia Practica 9 (1974) 240–253 (gekürzt).
1. A. M. K. Müller, Die präparierte Zeit, 1972.
2. Vgl. vor allem aaO. 25–178.
3. Vgl. G. Schmidtchen, Zwischen Kirche und Gesellschaft. Forschungsbericht über die Umfragen zur Gemeinsamen Synode der Bistümer in der Bundesrepublik Deutschland,

1972; K. Forster (Hg.), Befragte Katholiken. Zur Zukunft von Glaube und Kirche. Auswertungen und Kommentare zu den Umfragen für die Gemeinsame Synode der Bistümer in der Bundesrepublik Deutschland, 1973; H. Hild (Hg.), Wie stabil ist die Kirche? Bestand und Erneuerung. Ergebnisse einer Meinungsbefragung, 1974 (mit Materialband); G. Schmidtchen, Gottesdienst in einer rationalen Welt. Religionssoziologische Untersuchungen im Bereich der Vereinigten evangelisch-lutherischen Kirche Deutschlands, 1973.
4. Die Verantwortung der theologischen Forschung und Ausbildung für die Kirche, in: T. Rendtorft / E. Lohse, Kirchenleitung und wissenschaftliche Theologie. Eine Ortsbestimmung, 1974, 14–41, hier: 31.
5. Statistische Angaben finden sich im folgenden Beitrag von H. Schilling, Pastorale Praxis im gesamtgesellschaftlichen Kontext, S. 145 ff. Die Herausgeber.
6. Vgl. dazu meine Ausführungen in meinem Buch: Die Kirche in der städtischen Gesellschaft, 1966, vor allem 297–337. Dort habe ich dargelegt, daß ich mich bei der Bildung des Begriffes Gemeindekirche zunächst habe inspirieren lassen von dem Begriff der religiösen Gemeinde bei Max Weber. Nicht aber erfüllt der Gemeindebegriff von Max Weber ziemlich genau meinen eigenen Gemeindebegriff, wie Lothar Roos es mir fälschlicherweise unterstellt. Es ist mir auch schleierhaft, wie Lothar Roos nach der Lektüre von Max Weber behaupten kann, daß sich Gemeinde im Sinne von Max Weber vornehmlich in der Sekte verwirklicht. Vgl. L. Roos, Gemeinde als kirchliche Wirklichkeit, in: Lebendige Seelsorge 24 (1973) 27–37, vor allem 31.
7. Vgl. den Beginn der »Pastoralkonstitution über die Kirche in der Welt von heute« des Zweiten Vatikanischen Konzils.
8. Vgl. dazu J. B. Metz, Erlösung und Emanzipation, in: L. Scheffczyk (Hg.), Erlösung und Emanzipation, 1973, 120–140.
9. Vgl. H. R. Schlette, Thesen zum christlichen Gemeindeverständnis, in: M. Seckler u. a. (Hg.), Begegnung. Beiträge zu einer Hermeneutik des theologischen Gesprächs, 1972, 361–368.
10. J. B. Metz, Zur Präsens der Kirche in der Gesellschaft, in: Die Zukunft der Kirche. Berichtband des Concilium-Kongresses 1970, 1971, 86–96.
11. Vgl. K. Rahner, Überlegungen zum personalen Vollzug des sakramentalen Geschehens, in: Schriften zur Theologie X, 1972, 405–429.
12. J. Moltmann, Die ersten Freigelassenen der Schöpfung, 1971.
13. Vgl. E. Käsemann, Der Ruf der Freiheit, [4]1968; vor allem 33 f.
14. Vgl. zum Vorwurf der Fremdbestimmung durch Religion: Th. W. Adorno, Vernunft und Offenbarung, in: Stichworte. Kritische Modelle 2, 1969, 20–28.
15. Vgl. St. Pfürtner, Kirche und Sexualität, 1972.
16. Vgl. N. Greinacher, Herrschaftsfreie Gemeinde, in: Concilium 7 (1971) 181–190.
17. Vgl. J. Blank, Evangelium als Garantie der Freiheit, 1970; vor allem 73.
18. Vgl. G. Biemer, Ist die Kirche lernwillig? Zur Lernfähigkeit der Kirche, in: Diakonia 3 (1972) 2–5.
19. Vgl. etwa die »Konstitution über die Heilige Liturgie« Nr. 26 oder die »Dogmatische Konstitution über die Kirche« Nr. 1, 9, 48, 59.
20. Vgl. K. Rahner, Überlegungen zum personalen Vollzug des sakramentalen Geschehens, in: Schriften zur Theologie X, 1972, 405–429, hier besonders 416.

2.4 Hans Schilling
PASTORALE PRAXIS IM GESAMTGESELL-
SCHAFTLICHEN KONTEXT*

1. Fragwürdige pastorale Folgerungen aus der Säkularisierungsthese

Das klassische Erfolgskriterium der Seelsorge heißt »Kirchlichkeit«. Die Pastoralsoziologie versteht darunter ein mit Hilfe sogenannter Kirchlichkeits-Skalen[1] zu ermittelndes Einstellungs- bzw. Verhaltensmuster, das sich im wesentlichen bemißt nach dem Grad der Identifikation mit kirchlicher Lehre und Weisung, nach der Häufigkeit des Gottesdienstbesuchs und des Sakramentenempfangs sowie nach der Intensität kirchlich-gemeindlicher Mitarbeit.

Pfarrer und Kapläne, die die pastorale Effizienz ihres Wirkens *ausschließlich* unter dem institutionsinternen Interessenhorizont des Kirchlichkeits-Index beurteilen, fühlen sich heutzutage durch die Abnahme der Gottesdienstfrequenzen, den Zerfall herkömmlicher Beichtpraxis, den Rückgang des Priester- und Ordensnachwuchses, die Auszehrung des kirchlichen Vereinswesens, die Krise des Religionsunterrichts und durch die Erosion traditioneller Glaubensformen (um nur einiges zu nennen) häufig um so stärker frustriert, als sie grundsätzlich davon ausgehen, daß aktivierte bzw. reaktivierte Kirchlichkeit der *einzige* Gradmesser sei, an dem man die Zukunftschancen des Christentums, ja der Religion überhaupt ablesen könne, und daß die seit geraumer Zeit tatsächlich zunehmende (allerdings nicht undifferenziert und uneingeschränkt zu behauptende) Entkirchlichung unserer Gesellschaft schlechterdings gleichzusetzen sei mit progressiver Entchristlichung und wachsender Irreligiosität.

Unter solchen Voraussetzungen reichlich verunsichert, verschaffen sich viele Pfarrseelsorger – von den jüngeren vermutlich die Mehrzahl – ein gewisses Maß an psychischer Entlastung u. a. dadurch, daß sie ihre klerikale Rollen- und Identitätskrise theologisch mit Hilfe der *Säkularisierungsthese* rationalisieren: Es hilft ihnen, ihre (unbewußte, krankmachende) Angst vor dem drohenden Identitätsverlust zu überspielen, wenn sie beispielsweise im Anschluß an Karl Rahner[2] oder Johann B. Metz[3] annehmen dürfen, daß die Verweltlichung der Welt ein providentieller, sogar vom Evangelium geschichtlich ausgelöster Prozeß sei, der in seinem jetzigen Stadium die »kleine Herde« der gemeindebewußten Christen zu entschiedenerem und glaubwürdigerem Zeugnis für das Evangelium freisetze. Während sie die

Welt der Weltlichen – nun endlich guten theologischen Gewissens – dem Säkularisierungsprozeß anheimstellen, konzentrieren sie unbeschwerter als zuvor ihre ganze Aufmerksamkeit und Kraft auf die geschrumpfte Zahl derer, die sie im Unterschied zur großen Masse der kirchlich Abständigen bzw. Distanzierten die »lebendigen Christen« nennen und feiern – ein wenig verfrüht zwar, aber nichtsdestoweniger fröhlich – den Tod der »Volkskirche« als Geburtsstunde einer von Taufscheinchristen, Mitläufern und Karteileichen gereinigten, durch »Gesundschrumpfen« heilsam geläuterten »Gemeindekirche«, die wie ein Phönix aus der Asche des volkskirchlichen Schutts aufsteigen und ein liturgisch erwecktes, kleingruppenhaft durchgebildetes, aktionsstarkes Bekenntnischristentum elitären Charakters hervorbringen soll.

Die Notwendigkeit der Regeneration bzw. Innovation gemeindlichen Lebens steht zwar außer Frage; aber ein Seelsorger, der sein Zielspektrum im Horizont der Säkularisierungstheologie auf die Kirchlichkeitskriterien beschränkt, macht sich doch, wie mir scheint, ein allzu einfaches Bild nicht nur von seinem kirchlich-pastoralen Auftrag, sondern auch von der bundesrepublikanischen Gesellschaft; denn er sieht, insbesondere in den städtischen Ballungsräumen, im Grunde nur noch zwei quantitativ und (in seiner Sicht) auch qualitativ verschiedene Bevölkerungsgruppen: hier die weitaus größere Mehrheit jener, die er, obwohl sie in aller Regel noch getaufte Kirchensteuerzahler sind, faktisch für unchristlich und irreligiös hält, weil und insoweit sie sich am kirchengemeindlichen Geschehen nicht mehr aktiv beteiligen; dort die gemeindekirchlich engagierte, im religiösen Sinn elitäre Minderheit, auf deren Erwartungen und Bedürfnisse er sich mehr und mehr einzustellen beginnt.

Letzten Endes lebt der einerseits von der Säkularisierungsthese, andererseits vom Kirchlichkeits-Index inspirierte pastorale Dualismus, der die Gesellschaft unseres Landes undifferenziert in Christen und Nichtchristen, Religiöse und Areligiöse aufteilt, von der Voraussetzung, daß die binnenkirchliche Optik vollauf genüge, um die Chancen des Christentums und der Religion in unserem Kulturraum zu beurteilen: Wenn der (pastoral-soziologisch operationalisierte) Begriff der *Kirchlichkeit* jenen der *Christlichkeit* und dieser den der *Religiosität* restlos abdeckt, dann kann man natürlich aus den gegenwärtigen Entwicklungen tatsächlich keinen anderen Schluß ziehen als den, daß das »nachchristliche«, das »nachreligiöse Zeitalter« schon begonnen habe; dann »ist Säkularisierung ein Vorgang der sozial-religiösen Pathologie und einfach an der Schrumpfung der Kirchen abzulesen. Da der Einfluß der Kirchen in der modernen Welt eindeutig abgenommen hat, aber andererseits keine institutionelle Gegenkirche – wie sie beispielsweise von Comte vorausgesehen wurde – das hypothetische religiös-institutionelle Vakuum aufgefüllt hat, muß man zum Schluß kommen, daß die moderne

Gesellschaft unreligiös sei. Die Kirchen bleiben dann sozusagen als Inseln des Religiösen im Meer des Unglaubens«[4].

Je weniger Kirchlichkeit, desto mehr Unchristlichkeit und Irreligiosität: Diese Rechnung, aus der die gemeindekirchliche Pastoralkonzeption das beste zu machen versucht, geht nicht auf. Wohl enthält sie Einzelfaktoren, deren Realität und pastorales Gewicht niemand leugnen kann ... Aber es geht in diesem Zusammenhang ja nicht um noch so wichtige Einzelaspekte der sozio-kulturellen Gegenwartssituation, sondern um die fragwürdige pastorale Schlußfolgerung, daß das Christentum in unserer Gesellschaft mit meßbarer »Kirchlichkeit« voll identisch und für den Seelsorger ausschließlich in dieser Gestalt relevant sei.

Konsequent praktiziert, würde diese Schlußfolgerung sehr bald zu einer Verengung des pastoralen Bewußtseins und Handlungsspielraums führen, die dem Geist des Evangeliums zuwiderliefe und auch gesellschaftlich nicht zu verantworten wäre. Meiner Meinung nach zwingen weder theologische noch religionssoziologische Gründe zu der Annahme, daß
– das Verhaltensmuster der Kirchlichkeit (im Sinne der Pastoralsoziologie) alleiniger Maßstab der Christlichkeit bzw. Religiosität sei,
– aktivierte bzw. reaktivierte Kirchlichkeit (im Sinne der Pastoralsoziologie) als einziges oder in jedem Fall primäres Erfolgskriterium der Seelsorge angesehen werden müsse,
– ein Christentum am Rande oder »außerhalb der Kirche«[5] überhaupt nicht existiere bzw. pastoral ignoriert werden dürfe,
– die Zukunft des Christentums in unserer Gesellschaft nur von den »Kirchentreuen« bzw. von der Realisierung (territorialer, funktionaler, personaler) »Gemeindemodelle« abhänge,
– die Gesamtgesellschaft infolge des Funktionsschwunds der Kirchlichkeit einem nachchristlichen bzw. irreligiösen Zeitalter entgegentreibe.

Jede dieser Annahmen, die in so scharfer Form von Klerikern zwar selten ausgesprochen, aber um so häufiger stillschweigend vorausgesetzt werden, spiegelt auf ihre Weise die unzulässig vereinfachende Auffassung wider, nach welcher die »Gemeindekirche« sich im Raum einer paganisierten, dem Christentum völlig entfremdeten, ja gott- und religionslosen Gesellschaft befinde ...

Wenn Seelsorge den gesamtgesellschaftlichen Kontext nicht einbüßen und wenn sie weiterhin gesellschaftlich relevante Praxis bleiben will, dann muß sie den Mut nicht nur zur theologischen Anerkennung, sondern auch zur seelsorgerlichen Annahme jener Erscheinungs- und Wirkformen des Christentums aufbringen, die mit dem Raster der »Kirchlichkeit« nicht erfaßbar sind, die aber dennoch teils als volkskirchliches Erbe, teils im Gefolge außerkirchlich rezipierter Impulse des Evangeliums (Humanismus, Aufklärung) das gesellschaftliche Leben weiterhin maßgeblich mitbestimmen.

Allzu leicht übersieht die auf die Kirchlichkeits-Kriterien fixierte Pastoral, daß die Gesamtgesellschaft, obwohl die »Kirchentreuen« in ihr eine kleine Minderheit geworden sind, relativ unabhängig vom institutionalisierten Kirchentum sowohl in ihrem Wertsystem und ihrer öffentlichen Meinung als auch in den Einstellungen und Verhaltensweisen ihrer kirchlich distanzierten bzw. unkirchlichen Mitglieder weit mehr an christlicher Substanz und Motivation, an religiöser Potenz und Aufgeschlossenheit enthält, als es die These von der verweltlichten Welt wahrhaben will ...

2. Rand- und außerkirchliches Christentum in unserer Gesellschaft

Der amerikanische Religionssoziologe Charles Y. Glock[6] unterscheidet fünf Dimensionen der Religiosität: die Dimension der religiösen Erfahrung (experiential dimension), des Rituellen (ritualistic dimension), des Ideologischen (ideological dimension), den Intellektuellen (intellectual dimension) und der Lebenspraxis (consequential dimension).
Nun wird die Eigenart des Christentums, durch die es sich von anderen Religionen in mehrfacher Hinsicht abhebt, sicherlich nicht verletzt, wenn man davon ausgeht, daß nicht nur Religiosität im allgemeinen, sondern auch Christlichkeit im besonderen, d. h. die Art und Weise, wie Christentum subjektiv rezipiert bzw. existentiell realisiert wird, ein mehrdimensionales Phänomen darstellt, und daß die prinzipielle Verkürzung des Beurteilungsmaßstabs auf nur eine einzige Dimension – etwa die rituelle – die Wirklichkeit verzeichnet.
Zieht man zur Beurteilung von »Religiosität« bzw. »Christlichkeit« einmal nicht, wie üblich, primär oder exklusiv den Kirchlichkeits-Index und damit eigentlich nur jene Dimensionen heran, die Glock die rituelle und ideologische nennt, und geht statt dessen von der lebenspraktischen Dimension aus, d. h. von tragenden Motiven, Impulsen und Praktiken der Alltagswelt, so erweist sich die These von der Unchristlichkeit bzw. Irreligiosität unserer Gesellschaft sehr bald als Vorurteil. Selbst die in gewisser Hinsicht durchaus berechtigte Feststellung, unsere Gesellschaft sei unkirchlich, trifft dann nur noch unter Einschränkungen zu. Beginnen wir, um das Gesagte zu verdeutlichen, mit einigen simplen Tatsachen:
Von den erwachsenen, zwischen 18 und 70 Jahre alten Bürgern der Bundesrepublik Deutschland sind nach dem Stand von 1967 mindestens 97 Prozent *getauft.* 94 Prozent gehören einer der beiden Großkirchen, 2 Prozent anderen Religionsgemeinschaften an. Nur 4 Prozent der Bundesdeutschen bezeichnen sich als bekenntnislos[7].
Obwohl in aller Regel getaufte und steuerzahlende Mitglieder einer Kirche, gehen von den Bewohnern der BRD und Westberlins nach eigenen Anga-

ben 66 Prozent *sonntags* »meistens« nicht zur Kirche[8]. Nur 25 Prozent der Bundesbevölkerung besuchen »jeden oder fast jeden Sonntag« den Gottesdienst[9]. Die wesentlich höheren Prozentzahlen, die die »Allgemeine Umfrage« unter den deutschen Katholiken (1970)[10] erbrachte (Kirchenbesuch jeden Sonntag: 60,9 Prozent, fast jeden Sonntag: 15,5 Prozent), sind für den Bundesdurchschnitt natürlich nicht repräsentativ und können hier außer Betracht bleiben. Auch die Ergebnisse der »repräsentativen Kontrollbefragung zur allgemeinen Umfrage« (jeden Sonntag: 43,9 Prozent; fast jeden Sonntag: 19 Prozent) bzw. der »repräsentativen Interviewbefragung« (jeden Sonntag: 35,6 Prozent; fast jeden Sonntag: 18,7 Prozent) liegen nur deswegen höher als diejenigen der EMNID-Umfrage von 1967, weil sie ausschließlich die katholische Bevölkerung berücksichtigen. Aber selbst was die Katholiken betrifft, darf man sich durch die im bundesdeutschen Durchschnitt relativ hohe Zahl von 43,9 Prozent bzw. 35,6 Prozent »Dominikanten« nicht darüber hinwegtäuschen lassen, daß in den großstädtischen Ballungsräumen die Kirchenbesucherquote sehr viel niedriger liegt, und zwar mit fallender Tendenz. So fiel z. B. nach der jüngsten Statistik der Kirchenbesuch in der Seelsorgeregion München von 18,4 Prozent im Jahre 1968 auf 14,4 Prozent im Jahre 1970 – also um volle 4 Prozent in den letzten vier Jahren[11]. Man wird also realistischerweise z. Zt. davon ausgehen müssen, daß zwar, grob gesagt, fast alle erwachsenen Bürger der BRD getaufte und kirchensteuerzahlende Kirchenmitglieder, aber bestenfalls zu einem Viertel regelmäßige Kirchgänger sind.

Von allen verheirateten Bundesbürgern sind 86 Prozent *kirchlich getraut*[12]. Auch hier muß man mit einer sinkenden statistischen Kurve rechnen, die möglicherweise jedoch flacher abfallen wird als diejenige der Kirchenbesucherstatistik. Von den rein katholischen Ehepaaren wurden in der Münchener Region 1970 40,9 Prozent, im Jahre 1971 sogar 42,2 Prozent nicht mehr kirchlich getraut[13]. Atheisten und im vollen Sinn des Wortes Ungläubige sind in der BRD selten. *An Gott oder ein »höheres Wesen« glauben* 90 Prozent der Bundesdeutschen[14].

Jesus Christus gilt 42 Prozent der Bevölkerung unseres Staats als Gottes Sohn, der von den Toten auferweckt wurde, und 39 Prozent sehen in ihm immerhin einen für alle Zeiten vorbildlichen Menschen, der uns auch heute noch etwas zu bedeuten habe. Nur 15 Prozent meinen, Jesus habe für sie keine Bedeutung, und 3 Prozent sind der Ansicht, Jesus habe nie gelebt[15]. 86 Prozent halten *Beten* grundsätzlich für sinnvoll und geben an, selbst wenigstens hin und wieder zu beten[16].

Was das *religiöse Selbstverständnis* der Bundesbürger angeht, so scheint die überwiegende Mehrheit, obwohl nur »distanziert kirchlich«, das Prädikat »christlich« durchaus für sich zu beanspruchen.

Auf die Frage: »Was kennzeichnet Ihrer Meinung nach einen gläubigen

Christen?« gaben nur 15 Prozent die Antwort: »Geht in die Kirche/Kirchgänger.« Unter den insgesamt zu dieser Frage angebotenen elf Antwortmöglichkeiten entschieden sich über ein Drittel (35 Prozent) für die folgende: »Verhalten seinen Mitmenschen gegenüber/gute Charaktereigenschaften (offen, ehrlich, hilfsbereit).« 15 Prozent meinten, das wichtigste Kennzeichen eines gläubigen Christen sei ein »moralisch einwandfreier«, »rechtschaffener Lebenswandel« bzw. menschliche »Anständigkeit«, 12 Prozent votierten für »Glaube/Gläubigkeit«, 9 Prozent für »Nächstenliebe/Barmherzigkeit«[17].

Was kann man aus diesen Zahlen schließen? Die überwiegende Mehrheit der Bürger unseres Landes geht offensichtlich bei der persönlichen Beurteilung von »Christlichkeit« im Gegensatz zur Pastoralsoziologie nicht von der rituellen und ideologischen Dimension aus, sondern von der lebenspraktischen. Bevor man die auffallend stark ethisch akzentuierten Vorstellungen, die bei den meisten Leuten das Bild vom »guten Christen« beherrschen, als theologisch defizient oder laienhaft abtut, sollte man darüber nachdenken, ob jene lebenspraktischen Aspekte des Christseins, die heute abkürzend »Mitmenschlichkeit« genannt werden, nicht auch im Lichte des Neuen Testament ein ebenso wichtiges Kriterium der Christlichkeit darstellen wie etwa der Kirchenbesuch, auf dem der Index der »Kirchlichkeit« basiert...

Hier erhebt sich nun die Frage: Wer gibt uns eigentlich das Recht, die große Masse dieser in der einen oder anderen Form distanziert Kirchlichen oder Randkirchlichen christlich abzuqualifizieren? Wenn man sie deswegen, weil sie den Sonntagsgottesdiensten meistens fernbleiben, als zweitklassige Christen einstufen will, dann kann man dies nur unter der höchst fragwürdigen Voraussetzung tun, daß regelmäßiger Kirchgang ein erstklassiges Christentum garantiere. Und diese Annahme hält weder dem Evangelium noch der Lebenserfahrung stand. Der Idealfall einer rituell wie lebenspraktisch gleichermaßen hoch entwickelten christlichen Lebensführung ist ein kirchlich-theologisches Wunschbild, dem die tatsächlichen Verhältnisse wohl auch in der Christenheit früherer Zeiten nur selten entsprachen. So wiegt meiner Meinung nach die Tatsache, daß die sogenannten Taufscheinchristen infolge ihrer rituellen Abstinenz hinter dem theologischen *Vollbegriff des Christseins* erheblich zurückbleiben, zwar nicht leichter, aber auch nicht schwerer als jene andere, daß die alltäglichen Einstellungs- und Verhaltensformen der regelmäßigen Kirchenbesucher in unserem Land sich von denen der distanziert-kirchlichen Mehrheit so gut wie gar nicht unterscheiden. Dies hat seinen Grund offensichtlich darin, daß sich in der Alltagswelt sowohl die Kirchlichen wie die Unkirchlichen an ein gesamtgesellschaftlich gültiges Wertsystem halten, das in etwa mit den Grundrechten unserer Verfassung (Art. 1–19 GG) bzw. mit jenen ethischen Prinzipien überein-

stimmen dürfte, die in die »Konvention zum Schutze der Menschenrechte und Grundfreiheiten« (1953) eingegangen sind ...
Den Einwand, daß die Kirchentreuen infolge ihrer bekenntnismäßigen Motivationsstruktur auch in der lebenspraktischen Dimension die besseren Christen seien, halte ich für unbegründet. Aufgrund eigener Erfahrungen und Beobachtungen gehe ich statt dessen bis zum Beweis ihres Gegenteils von folgender *These* aus: Abgesehen von ihrer rituellen Abstinenz, leben die distanziert Kirchlichen kaum anders als die Kirchentreuen. Wenn das Wort des Evangeliums, daß man die Christen an ihren Früchten erkennen soll (vgl. Mt 7,16.20), als Maßstab angelegt wird, dann schneidet diesbezüglich die kirchlich distanzierte Mehrzahl unserer Mitbürger im statistischen Durchschnitt kaum schlechter ab als die kirchlich Praktizierenden. Beide Gruppen orientieren sich, wie gesagt, in der Alltagswelt an ein und demselben *demokratisch-grundrechtlichen Wertsystem*, dessen tragende Elemente übrigens wiederum christlicher, wenn schon nicht kirchlich vermittelter Herkunft sind, da sie sich verfassungsrechtlich, gesellschaftstheoretisch und -politisch bekanntlich gegen kirchenamtliche und kirchendisziplinäre Widerstände durchsetzen mußten. Dieses gesamtgesellschaftliche Wertsystem, so sagten wir schon, deckt sich ungefähr mit dem Kanon der *Grundrechte* des Grundgesetzes. In ihnen spiegeln sich jene ethischen und – wirkungsgeschichtlich betrachtet – allgemein-christlichen Voraussetzungen und Implikationen wider, die den alle subkulturellen Differenzen umgreifenden Werthorizont unserer Gesellschaft bilden.
Wenn man die sozialethischen Imperative, die den Buchstaben dieser »Grundrechte« beseelen, nicht bloß als »Säkularisate« bzw. Restposten ehemals genuin christlicher Impulse versteht, wie es die Säkularisierungsthese nahelegt, sondern vielmehr als neue epochaltypische Auswirkung einer weitergehenden Geschichte des Christentums im Raum der Gesamtgesellschaft, so darf man der Mehrzahl unserer Landsleute, die diese Standards nicht unter dem direkten Einfluß der Kirchen verinnerlichen, ein wenn schon undogmatisches und theologisch unreflexes christliches Selbstverständnis nicht abstreiten. Die distanziert Kirchlichen lieben ihre Frauen und Kinder kaum weniger als die engagiert Kirchlichen. Die sogenannten Taufscheinchristen erfüllen ihre bürgerlichen und beruflichen Pflichten nicht besser und nicht schlechter als die Kirchentreuen. Im durchschnittlichen Sozialverhalten sind jene nicht weniger hilfsbereit, freundlich, fair, rücksichtsvoll, friedfertig, versöhnungswillig usw. als diese. Die ersteren lügen, stehlen, betrügen wohl auch im ganzen kaum häufiger als die letzteren. Das Gegenteil müßte erst bewiesen werden.
Kurzum: Nach ihren lebenspraktischen »Früchten« beurteilt, unterscheidet sich die distanziert-kirchliche Christlichkeit der bundesrepublikanischen Bevölkerungsmehrheit kaum oder gar nicht von derjenigen der kirchlich

praktizierenden Minderheit. Man kann sie also in dieser Beziehung, d. h. in der lebenspraktischen Dimension (Glock: consequential dimension) des Religiösen, keine zweitklassigen Christen nennen.
Hinzu kommt ein Weiteres: Häufig vergißt oder unterschlägt man, daß Religiosität auch eine *ökonomisch-finanzielle* Dimension besitzt. Sie lenkt den Blick u. a. auf jene finanziellen Leistungen, die ein Mensch aus religiösen Gründen erbringt und die das Eigenleben institutionalisierter Religion von der ökonomischen Basis her ermöglichen. Konkret heißt das in unserem Zusammenhang: Nahezu alle kirchlich-gemeindlichen Aktivitäten, Dienstleistungen und Aufwendungen, vom Kirchenbau bis zur Telephonseelsorge, vom Ausbau eines Pfarrheims oder Kindergartens bis zur Errichtung einer Katholischen Akademie, von den Personalkosten eines Bischöflichen Ordinariats bis zur Besoldung der Pfarrer, Kapläne und Pfarrhelferinnen, werden bis zur Stunde in der BRD ungefähr zu zwei Dritteln durch die *Kirchensteuern* jener kirchlich Distanzierten mitgetragen, denen so häufig christliche Zweitklassigkeit nachgesagt wird. So subventioniert kurioserweise die Mehrheit der Kirchensteuerzahler gewissermaßen ihre eigene Deklassierung.
Darf der kirchliche Dank an die distanziert kirchliche, gleichwohl christliche Bevölkerungsmehrheit in unserem Lande, die ihrerseits durch den Löwenanteil an Kirchensteuern, den sie immer noch aufbringt, kirchlichgemeindliches Eigenleben finanziell erst ermöglicht, tatsächlich darin bestehen, daß man sie pastoral mehr und mehr abschreibt? Die Antwort kann nur lauten: nein.

3. Pastorale Aufgaben im Horizont der Gesamtgesellschaft

Wenn wir die verschiedenen Einzelmomente aus dem vorigen Abschnitt zusammenfassen, so können wir jetzt bestätigen: Der gesamtgesellschaftliche Kontext der Seelsorge ist entgegen der landläufigen, dichotomisch modellierten Vorstellung vom Verhältnis der Kirche zur Welt kein unchristlicher. Die Mehrzahl der Menschen in unserem Lande sind Christen und wollen es auch sein – freilich auf eine distanziert-kirchliche, in Ausnahmefällen sogar völlig unkirchliche Weise, die dem ausschließlich gemeindezentrierten pastoralen Bewußtsein in der Regel illegitim, unverständlich, abständig und zweitklassig vorkommt. Auch das allgemeine Wertsystem der Gesellschaft basiert unbeschadet aller subkulturellen Differenzen auf religiös-ethischen Voraussetzungen, die nicht nur faktisch mit innerkirchlich vermittelten Standards weithin übereinstimmen, sondern auch – wirkungsgeschichtlich betrachtet – als christliche Grundimpulse anerkannt werden dürfen.

Unter diesen Umständen erscheint mir die Säkularisierungsthese, sofern aus ihr die progressive Entchristlichung unserer Gesellschaft gefolgert wird, in der Tat »als Vorurteil, und zwar als ein Vorurteil, das von der Erfahrung widerlegt wird. Statt dessen muß man wieder lernen, die vorhandenen Gemeinsamkeiten unserer Gesellschaft, die durch die lange christliche Geschichte unserer Gesellschaft erwachsenen Gemeinsamkeiten höher einzuschätzen, ihnen alle Aufmerksamkeit zu widmen und in ihnen ein Erbe neu, aber pfleglich wahrzunehmen, das uns anvertraut ist«[18].

Es wäre natürlich falsch, wenn man das gesamtgesellschaftlich rezipierte »allgemeine« Christentum verabsolutieren und gegen das aktive Gemeindechristentum ausspielen wollte, als ob dieses in Zukunft vernachlässigt oder gar aufgegeben werden dürfte. Die pastorale Notwendigkeit aktiver Gemeindearbeit bezweifle ich nicht im geringsten. Auf der anderen Seite wäre es aber nicht minder verhängnisvoll, wenn man im totalen Rückzug auf die kleine und relativ geschlossene Gemeindekirche das christlich Gemeinsame, alle Verbindende pastoral verkommen ließe. Da derzeitig eher das »Prinzip Gemeinde« die pastorale Mode bestimmt, scheint es geboten, die gesamtgesellschaftlichen Aspekte wieder in Erinnerung zu rufen.

Wir werden also gerade als praktische Theologen, die sich weder mit dogmatisch-ekklesiologischer Wesensschau noch mit idealen Wunschbildern der Kirche begnügen können, die (zugegebenermaßen defiziente, gleichwohl existente) »Christlichkeit unserer Gesellschaft mit neuen Augen sehen lernen«[19] und daraus die fälligen praktischen Konsequenzen ziehen müssen.

Diese Konsequenzen sowie einige pastorale Prioritäten, die sich aufgrund der einen oder anderen Schlußfolgerung für die heutige Seelsorgspraxis anbieten, sollen im folgenden wenigstens kurz und teilweise stichwortartig zur Sprache gebracht werden.

3.1 Mehr Verständnis für distanziert-kirchliches und außerkirchlich vermitteltes Christentum

Der Seelsorger, der die allzu einseitige Fixierung auf die Kirchentreuen überwinden und das nötige Verständnis auch für distanziert-kirchliche bzw. außerkirchlich vermittelte Christlichkeit erlangen möchte, darf sich nicht bloß auf die rationale Kenntnisnahme einschlägiger gesellschaftswissenschaftlicher Daten und gesellschaftstheologischer Interpretationen beschränken; er muß darüber hinaus versuchen, das feindbildhafte Stereotyp des »abgefallenen« Katholiken in sich selbst zu korrigieren und jene affektiven Barrieren abzutragen, die sich unter dem prägenden Einfluß teils des kirchlichen Milieus, teils des primär dogmatisch ausgerichteten theologischen Studiums allmählich in seiner Persontiefe aufgebaut und ihn bislang daran gehindert haben, den distanziert-kirchlichen oder gar unkirchlichen Christen als solchen innerlich zu akzeptieren. Die dem erweiterten Horizont angemessene, in der konkreten zwischenmenschlichen Begegnung sich bewährende *pastorale Grundhaltung*, die wir im Auge haben, stellt sich nur dann ein, wenn entsprechend motivierte, also nicht bloß taktisch-apologetisch gemeinte Gesprächskontakte mit distanziert Kirchlichen oder Unkirchlichen ausdrücklich gesucht, die positive Wertschätzung und innere Bejahung solcher Gesprächspartner geduldig eingeübt und die dabei gemachten Selbst- und Fremderfahrungen psychisch-spirituell durchgearbeitet werden ...

3.2 Differenzierung des pastoralen Zielspektrums

In der seelsorgerlichen Ausbildung, Planung und Praxis müssen dem bisher allzu einseitig herausgestrichenen pastoralen Sinn- und Erfolgskriterium der »Kirchlichkeit« andere Kriterien zur Seite gestellt werden. Aktivierte bzw. reaktivierte Kirchlichkeit ist keineswegs das einzig denkbare und legitime pastorale Handlungsziel. Eine Pastoral, die rand- und außerkirchliche Christlichkeit nicht von vornherein disqualifiziert, darf mit Eugen Rosenstock-Huessy davon ausgehen, »daß unsere Welt weit über die Blässe offiziellen Kirchentums hinaus eine christuserfüllte Welt ist«[20]. Sie wird demselben Autor grundsätzlich zustimmen, wenn er sagt: »Die Saat des Christentums keimt jetzt aber in weltlichen Lebensformen ebenso reichlich wie in den Kirchenbänken, und einige Seelen werden sich von dem Lichte vollen christlichen Bewußtseins abwenden und an der Peripherie verchristlicher Berufe leben müssen, wo sie nur indirekt von den Folgen des Christentums umgeben sind. Indem sie allem lärmenden Konfessionalismus entsagen, können neue Erkenntnisse des Glaubens entstehen. Faktisch leben ja Millionen bereits so. Aber unsere Liebe muß sie erreichen.«[21] Die pastorale Liebe erreicht die distanziert Kirchlichen bestimmt nicht, wenn sie nichts anderes im Sinn hat, als aus ihnen gemeindlich Engagierte zu machen. Die werbende Geste, mit der wir die »Lauen« zum gemeindlichen »Mitmachen« einladen, steht uns in bestimmten Fällen und Situationen wohl an; aber sie ist gleichwohl nicht die einzige Gebärde, durch die sich christlicher Glaube in unserer Gesellschaft pastoral auszudrücken vermag. Denn diejenigen, die wir seelsorgerlich »hereinholen« wollen, stehen ja nicht in jeder Hinsicht »draußen«. Sie leben, wie wir im vorigen Abschnitt zu zeigen versuchten, zusammen mit den Praktizierenden unter dem Sinn- und Werthorizont einer keineswegs unchristlichen Gesellschaft. Aus diesem Grunde muß das Zielspektrum der Seelsorge breiter und der Handlungsspielraum des Seelsorgers größer sein, als es die »Kirchlichkeitsskala« nahelegt. Ohne die Bedeutung der aktivierten Kirchlichkeit auch nur im geringsten schmälern zu wollen, möchte ich doch auf einige weitere *pasto-*

rale Handlungsziele aufmerksam machen, denen man sicherlich noch andere beifügen könnte und die, falls sie in der Begegnung mit sogenannten Taufscheinchristen erreicht werden, durchaus als echte Erfolgskriterien seelsorgerlicher Berufsausübung gelten dürfen. Im einzelnen wären hier z. B. zu nennen die
- Fähigkeit, die religiöse Frage als die Frage nach dem Woher und Wohin individueller und gesellschaftlicher Existenz stellen zu können,
- Sensibilität für menschliche Grunderfahrungen (z. B. Vertrauen, Liebe, Hoffnung, Angst, Freude, Einsamkeit, Krankheit, Tod),
- Fähigkeit, eigene und fremde Lebenserfahrungen, sowohl Alltags- wie Grenzerfahrungen, in der religiösen »Tiefendimension« (Tillich) zu reflektieren,
- Fähigkeit, die christlichen Voraussetzungen und Implikationen des gesamtgesellschaftlichen (freiheitlich-demokratischen) Wertsystems als solche zu erkennen,
- Bereitschaft, die Lebenswelt des Alltags, die alltäglichen Pflichten im familiären, beruflichen und gesellschaftlich-politischen Bereich als Herausforderungen an den christlichen Glauben und als Ansprüche des Evangeliums Jesu Christi ernst zu nehmen,
- Bereitschaft, Lebenskonflikte und -krisen gegebenenfalls unter Inanspruchnahme seelsorgerlicher Hilfe vom Sinnangebot des Evangeliums her zu bewältigen.

3.3 Kein Rigorismus in der Kindertaufpraxis
Setzt sich die Seelsorge nicht nur aktivierte Kirchlichkeit zum Ziel, sondern auch die Sensibilisierung menschlicher Grunderfahrungen, die Erweckung religiösen Problembewußtseins, die Bekräftigung allgemein-christlicher Bewußtseins-, Glaubens- und Lebensformen und die christliche Motivierung gesellschaftlicher Praxis auch außerhalb der Gemeinde, dann wird sie in der Frage nach Sinn und Erlaubtheit der Säuglingstaufe, die seit einigen Jahren auch katholischerseits eingehend diskutiert wird, keinen rigorosen Standpunkt einnehmen[22] . . .
Wer ein Baby tauft, kann selbst unter den günstigsten religionspädagogischen Voraussetzungen nicht wissen, ob es späterhin jemals zur mündigen Entscheidung für den Glauben und zur integren Glaubenspraxis im kirchlich-pastoral intendierten Sinne gelangen wird. Wenn also sogar das Risiko späteren expliziten Unglaubens bei keiner Säuglingstaufe völlig vermieden werden kann, so darf, ja muß man die Möglichkeit, vielleicht die Wahrscheinlichkeit, daß das von kirchlich-distanzierten Eltern zur Taufe gebrachte Kind als Erwachsener einmal gleichfalls ein kirchlicher »Randsiedler« werden wird, um so eher und allemal guten Gewissens einkalkulieren . . .

Sofern distanziert-kirchliche Eltern die Taufe ihrer Kinder in aller Form erbitten und sich dem Taufgespräch stellen, sollte man in der Regel, d. h. bis zum Beweis des Gegenteils davon ausgehen, daß sie zureichend christlich motiviert sind. Statt die Taufe abzulehnen, steht es dem Pfarrer meiner Meinung nach in solchen Fällen doch wohl besser an, die wahrscheinlich sehr undeutlichen theologischen Vorstellungen der Eltern im Taufgespräch so gut es geht zu klären, auf ihre Fragen und Probleme einzugehen und ihre Motivation zu bekräftigen.

3.4 Offene Seelsorge

Eine wichtige Funktion jeder christlichen Seelsorge, die ihren Namen verdient, besteht darin, daß sie im Horizont des Evangeliums Glaubens-, Lebens- und Krisenhilfe leistet. Diese Form des pastoralen Liebesdienstes schulden wir, sofern wir uns an das Beispiel Jesu halten (vgl. Mt 11,28), nicht nur den Frommen, sondern ausnahmslos- und vorbehaltlos *allen* Mühseligen und Beladenen, den kirchlich Distanzierten nicht minder als den Engagierten.

Obgleich dies niemand grundsätzlich bestreiten wird, könnte doch eingewendet werden, daß die Distanzierten und erst recht die völlig Unkirchlichen ja gar kein Interesse an unserer seelsorgerlichen Hilfe hätten, daß also unserem bereitwilligen Angebot von dieser Seite her keine Nachfrage entspreche. Dieser Einwand ließe sich allerdings nur dann aufrechterhalten, wenn man das Feld der Seelsorge auf die kultisch-sakramentale Praxis einschränkte. Diese Begrenzung würde weder dem in der katholischen Tradition verankerten weiteren noch dem evangelischerseits bevorzugten engeren Seelsorgeverständnis gerecht werden und wäre rein willkürlich.

Wir dürfen grundsätzlich davon ausgehen, daß auch die kirchlich Distanzierten irgendwelche ihrer Situation und Bewußtseinslage angemessenen pastoralen Hilfen nicht nur brauchen, sondern auch erwarten und annehmen, sofern sie ihnen geboten werden. Ich weiß, daß fast alle Empfehlungen, die sich aus dieser Annahme ableiten, dem Verdikt jener Kritiker unterliegen, die der abgeschlafften »Volkskirche« den christlichen Kampf angesagt haben und die der Meinung sind, die Kirche müsse endlich aufhören, ein marktkonformer Dienstleistungsbetrieb zu sein, der mit seinem »Service« zweifelhafte religiöse Konsumbedürfnisse befriedige und der dadurch das Evangelium seiner gesellschaftskritischen Stoßkraft beraube.

Natürlich würde eine Kirche, die keine gemeindlich engagierten Gläubigen und keine in jeder Hinsicht lebendigen Gemeinden mehr hervorbrächte und die außer pastoralen »Dienstleistungen« für jedermann nichts anderes mehr anzubieten hätte, sehr bald auch das letztere nicht mehr zuwege bringen. Ich habe die pastoralen Innenaspekte des Gemeindelebens und die relative

2.4

Berechtigung all jener pastoralen Impulse, die gegenwärtig im Mittelpunkt des pastoraltheologischen Interesses stehen, an keinem Punkt dieser Ausführungen bestritten. Aber ich kann auf der anderen Seite nicht einsehen, warum situationsgerechte seelsorgerliche Hilfen nicht auch denen angeboten werden sollen, die den Kontakt zur Eucharistiegemeinde verloren haben, und was es für einen Sinn haben könnte, die Abständigen kirchlicherseits nach Art einer Mutter zu bestrafen, die ihrem unartigen Kinde mit »Liebesentzug« droht. Meiner Meinung nach muß sich die reguläre Gemeindeseelsorge, so gut sie kann, auch für die pastoralen Bedürfnisse und Erwartungen der vielen »Randsiedler« offenhalten, deren persönliche Kontakte mit der Kirche sich im wesentlichen auf den Gottesdienstbesuch an hohen Feiertagen, auf Taufen, Kommunionfeiern, Hochzeiten, Krankenhauserfahrungen, Sterbefälle und Beerdigungen beschränken, wenn man von Zufallsbegegnungen oder von pastoralen Hausbesuchen absieht.
Was müßte nun eine in diesem Sinn auch für die Großgruppe der Abständigen *offene Seelsorge* im näheren beachten? Ich greife im folgenden nur einige Punkte heraus, die mir besonders wichtig erscheinen.
Erstens: Mehr Sorgfalt in der Vorbereitung, mehr Höflichkeit, Takt und Einfühlung beim Vollzug der sogenannten Kasualien (Taufe, Trauung, Krankensalbung, Beerdigung)! Kirchliche Abständigkeit bzw. distanzierte Kirchlichkeit des jeweils direkt und indirekt betroffenen Personenkreises gibt dem Seelsorger kein Recht zu eiliger oder unterkühlter Routine. Ein Pfarrer, der beispielsweise ein Taufgespräch zum Bußgericht umfunktioniert, erreicht nicht nur nicht, was er eigentlich erreichen will, sondern verfehlt womöglich auch noch das, was er hätte erreichen können, wenn er, anstatt tauftheologische Idealnormen zu entwickeln, den Gesprächspartner innerlich akzeptiert haben würde. Es geht – um noch ein anderes Beispiel zu nennen – auch nicht an, einen sogenannten Taufscheinchristen dafür, daß er nie in die Kirche ging, noch nach seinem Tode durch eine frostige Beerdigungsansprache zu bestrafen und die nicht minder »laue« überlebende Verwandtschaft, gleichfalls in strafender Absicht, auf diese Weise um den Trost warmen Mitgefühls zu bringen. Das Jesuswort »Richtet nicht, auf daß ihr nicht gerichtet werdet!« (Mt 7,1) hindert manche Prediger in den Leichenhallen und anderswo leider nicht daran, veritable Gottesurteile zu fällen und dabei unbewußt ihren Ärger darüber abzureagieren, daß sie sich der ihnen lästigen Pflicht zum religiösen »Service« an solcher »Laufkundschaft« nicht entziehen können. Natürlich fehlt solchen Predigern in der Regel jedes Unrechtsbewußtsein. Sie sind eifrig und meinen es gut. Auf die Idee, daß ihnen menschliche Reife und Taktgefühl fehlen und daß ihr Verhalten unter das Gericht Jesu über die pharisäische Selbstgerechtigkeit (vgl. Mk 12,38–40; Mt 23,1–36; Lk 20,45–47) fallen könnte, kommen sie nicht, ganz im Gegenteil: Sie halten ihre homiletischen Frechheiten in aller

Unschuld für die in solchen Situationen angebrachte, kerygmatisch profilierte Gestalt des christlichen Glaubenszeugnisses. In Wirklichkeit bezeugen sie nichts als jene »rabies theologica«, die es den Angehörigen unserer Zunft immer schon schwergemacht hat, die »Menschenfreundlichkeit Gottes« (Tit 3,4) glaubhaft zu repräsentieren.

Zweitens: Es läge im Interesse einer möglichst offenen Seelsorge und es wäre im Interesse der Mehrheit aller Getauften sehr wünschenswert, daß sowohl in den Pfarrgemeinde- als auch in den Diözesanräten mehr distanziert-kirchliche Personen zu Wort und Gehör kommen. Ungeachtet gewisser Schwierigkeiten bei der Wahl solcher Personen, die einesteils aus dem Wahlmodus (Wahlvorschläge kommen in der Regel von kirchlich engagierten bzw. organisierten Gruppen), anderenteils aus den zu erwartenden Widerständen der Kerngemeinde resultieren, könnte es den sowieso von »Inzucht« bedrohten Räten nichts schaden, wenn sie auf diese Weise auch mit den Außenaspekten des Gemeindelebens konfrontiert würden.

Drittens: Es empfiehlt sich in unserer Situation nicht nur ein bekenntnisoffener Religionsunterricht[23], sondern auch ein dementsprechendes, gesellschaftlich betont offenes Engagement in der Erwachsenenbildung, und zwar sowohl in der kirchlichen (Katholischen Akademien, regionale Bildungswerke auf Stadt- bzw. Dekanatsebene) als auch in der staatlich-kommunalen (Volkshochschulen, Volksbildungswerke usw.). Den Vorzug verdienen hier qualifizierte christliche Beiträge zur Lebens- und Konfliktbewältigung und zu Problemen der Gesellschaft (in Analogie zum erfahrungs- und problemorientierten Religionsunterricht).

Viertens: Die Seelsorge an behinderten, psychosozial geschädigten, schwerkranken und alten Menschen (ohne jedes Ansehen der Person) bedarf dringend der Aufwertung. In diesem Bereich sind nicht nur die Erwartungen der Distanzierten in bezug auf die Kirche besonders hoch, sondern sie konvergieren hier auch am stärksten mit dem sozialen bzw. gesellschaftspolitischen Engagement modernen Gemeindebewußtseins.

Fünftens: Die praktisch-theologische Ausbildung für spezielle kirchliche Dienste darf sich nicht mehr länger auf den katechetisch-religionsunterrichtlichen Sektor beschränken; sie muß vielmehr nach dem Beispiel anderer Länder (USA, Belgien, Holland) endlich auch auf tiefenpsychologisch fundierte Gesprächsseelsorge (Pastoral Counseling) und Gruppenseelsorge ausgedehnt werden. Entsprechende Ausbildungssequenzen müssen in die theologischen Curricula eingebracht, weiterführende Spezialstudiengänge (z. B. Clinical Pastoral Training)[24] eingerichtet werden. Der allround-Priester kann den vielfältigen pastoralen Aufgaben in unserer Gesellschaft, von denen wir hier nur diejenigen genannt haben, die sich direkt vom Phänomen distanziert-kirchlicher Christlichkeit her ableiten lassen, nicht mehr gerecht werden. Deshalb entspricht der unseres Erachtens notwendigen

Differenzierung des pastoralen Zielspektrums (vgl. Abschn. 3.2) eine nicht minder notwendige Differenzierung der pastoralen Berufsfelder, die natürlich nur von dementsprechend differenzierten Studiengängen und Curricula her angebahnt werden kann.

Anmerkungen:

* Quelle: H. Fleckenstein u. a. (Hg.), Ortskirche–Weltkirche. Festgabe für Kardinal Döpfner, Echter Verlag, Würzburg 1973, 506–527 (gekürzt).
1. Vgl. die Übersicht in dem vom Sozialinstitut des Bistums Essen herausgegebenen Bericht Nr. 42: Zum Begriff und den sozialwissenschaftlichen Meßmethoden der Religiosität, 1966 (Mskr.); ferner F.-X. Kaufmann, Zur Bestimmung und Messung von Kirchlichkeit in der Bundesrepublik Deutschland, in: Internationales Jahrbuch für Religionssoziologie IV, 1968, 63–99. Nach der vom Institut für Demoskopie in Allensbach erstellten, auf den Fragen 12, 13 und 24 der »Umfrage unter den Katholiken« (1970) basierenden Kirchlichkeitsskala haben 43,2 Prozent der bundesdeutschen Katholiken über 16 Jahre eine »überdurchschnittliche Bindung« an die Kirche, 39,2 Prozent eine »durchschnittliche«, 17,6 Prozent eine »unterdurchschnittliche«; vgl Synode 1971, H. 5, 24 ff.
2. Vgl. z. B. K. Rahner, Theologische Reflexionen zum Problem der Säkularisation, in: Schriften VIII, 1967, 637–666; K. Rahner / N. Greinacher, Religion und Kirche in der modernen Gesellschaft, in: Handbuch der Pastoraltheologie II/1, ^{2}1971, 222 ff.
3. Vgl. z. B. J. B. Metz, Zur Theologie der Welt, 1968.
4. Th. Luckmann, Das Problem der Religion in der modernen Gesellschaft, 1963, 15.
5. Vgl. T. Rendtorff, Christentum außerhalb der Kirche, 1969; ders., Christentum ohne Kirche?, in: Concilium 7 (1971) 406–411.
6. Ch. Y. Glock, Über die Dimensionen der Religiosität (übers. von J. Matthes), in: J. Matthes, Kirche und Gesellschaft. Einführung in die Religionssoziologie II, 1968, 150–168.
7. Vgl. W. Harenberg, Was glauben die Deutschen?, 1968, 50. Die in diesem Buch referierte, vom »Spiegel« in Auftrag gegebene EMNID-Umfrage aus dem Jahre 1967 gibt in unserem Zusammenhang, der vor allem dem gesamtgesellschaftlichen Kontext der Seelsorge berücksichtigt, immer noch die besten Auskünfte, weil sie im Gegensatz zu anderen Untersuchungen, z. B. der Synoden-Umfrage (1970), die religiösen Einstellungen *aller* Bundesbürger, nicht nur der kirchlich mehr oder weniger Gebundenen bzw. Engagierten repräsentativ widerspiegelt. Zur Synoden-Umfrage vgl. G. Schmidtchen, Zwischen Kirche und Gesellschaft, 1972; ferner die Kontroverse zwischen F. X. Kaufmann und G. Schmidtchen, in: Herder-Korrespondenz 26 (1972) 505–509; 596–600.
8. Vgl. Harenberg, aaO. 58.
9. Vgl. ders., aaO. 59.
10. Vgl. hierzu und zum folgenden: Synode 1971, H. 7, 54; 1970, H. 2, 26; H. 6, 15; ferner: G. Schmidtchen, Zwischen Kirche und Gesellschaft, 95.
11. Vgl. die von der Kath. Heimatmission München vorgelegte Statistik 1971 (Mskr.).
12. Vgl. Harenberg, aaO. 58.
13. Nach der Statistik 1971, hg. von der Kath. Heimatmission.
14. Vgl. Harenberg, aaO. 62.
15. Vgl. ders., aaO. 84.
16. Vgl. ders., aaO. 60.
17. Vgl. ders., aaO. 32.

18. T. Rendtorff, Christentum außerhalb der Kirche, 27; vgl. auch ders., Theorie des Christentums. Historisch-theologische Studien zu seiner neuzeitlichen Verfassung, 1972, bes. 116 ff.
19. Ders. ebd.
20. Des Christen Zukunft oder Wir überholen die Moderne (Siebenstern-Taschenbuch 57/58), 1965, 153.
21. Ders., ebd.
22. Zur kath.-theol. Taufdiskussion des letzten Jahrzehnts vgl. etwa: W. Kasper (Hg.), Christsein ohne Entscheidung oder Soll die Kirche Kinder taufen?, 1970; W. Molinski (Hg.), Diskussion um die Taufe, 1971.
23. Meinen Standpunkt in der religionsunterrichtlichen Frage habe ich in meinem Büchlein: Religion in der Schule (1972) umrissen.
24. Darüber informiert eingehend: W. Zijlstra, Seelsorge-Training. Clinical Pastoral Training, 1971.

2.5 Rüdiger Schloz
GEMEINDE ALS KONZILIARE GEMEINSCHAFT[1]

3. Veränderte Bedingungen der Kommunikation

Volkskirche ist innerlich und äußerlich Kirche in der Diaspora, »zerstreute Kirche«. Das Christentum und seine Folgen sind einerseits überall gegenwärtig und bestimmen alle Mitglieder der Gesellschaft, auch ohne ihren Willen – sogar die wenigen Ungetauften. Andererseits ist die weitgehende Kongruenz von kirchlicher und bürgerlicher Gemeinde aufgelöst, sind stützende Sozial- und Autoritätsstrukturen weggefallen, welche die Sammlung der Kirche äußerlich gewährleisteten. Nun liegt ihre Reichweite offen zutage...
Es entsteht ja kein Vakuum, wo die Kirche an Reichweite verliert. Wo andere Institutionen und Orientierungssysteme ihren Platz ausfüllen, entwickelt sich bei den Mitgliedern naturgemäß auch kein Bedürfnis, die Kirche zu kontaktieren. In den meisten Bereichen der Alltagswirklichkeit und des entsprechenden Relevanzsystems liegt die Erstzuständigkeit bei autonomen Systemen wie Rechts- oder Gesundheitswesen, Wissenschaft und Technik, Wirtschaft und Politik. Die Kirche ist hier entbehrlich, zumindest entbehrlich für reibungsloses Funktionieren. Ja, der Kontakt mit ihr stört sogar diese Reibungslosigkeit. Es ist nur natürlich, daß diese Spannung womöglich vermieden wird. Das Teilnahmeverhalten spiegelt auch wider, in welchen Bereichen die Zuständigkeit der Kirche in keiner Konkurrenz steht und dementsprechend bejaht und in Anspruch genommen wird: Schicksalsfragen, Sinnfragen, die an bestimmten »Einkehrstationen« des Jahres- und Lebenslaufs aufbrechen. Die Institution Familie, der in diesem Bereich ebenfalls eine besondere Zuständigkeit zufällt, bildet zumindest bisher weniger eine Konkurrenz, als daß sie die Zuständigkeit der Kirche stabilisiert. Doch ist auch das Gewicht der Familie im Schwinden.
In jenem Bereich, in dem die Funktionalität der anderen Institutionen und Orientierungssysteme an Grenzen stößt, ist die Zuständigkeit der Kirche ungefährdet, ja geradezu funktional. Diese marginale Position der Kirche ist infolgedessen auch durchaus stabil. Und deshalb unterliegt die Kirche auch einem einhelligen Druck, diesen Rahmen nicht zu überschreiten, aber ihn möglichst gut auszufüllen: »Eine Archivierung der Kirche anstelle ihrer

Abschaffung hätte ... auf die Dauer gesehen eine eminent positive Funktion im sozialpsychologischen Haushalt der Gesellschaft.«[2]
Damit kann sich die Kirche aber nicht zufriedengeben. Nicht um ihrer Einflußinteressen willen, sondern weil das reibungslose Funktionieren der Gesellschaft das Unheil der Menschen nicht verhindert. Funktionalität entspringt theologisch gesehen der Logik des Gesetzes und führt in einem tieferen Sinne zu nichts Gutem. Um des Evangeliums willen kann die Kirche nicht ihre Zuständigkeit für alle jene Bereiche aufgeben, in denen andere Institutionen und Orientierungssysteme Platz gegriffen haben. Sie darf ihre »Archivierung« nicht selbst betreiben.
Sie muß sich vielmehr gegen die restriktive Platzzuweisung von seiten ihrer Mitglieder wehren. Das ruft Widerstand hervor. Den wiederum kann sie nur dadurch überwinden, daß sie einerseits die *positiven* Erwartungen ihrer Mitglieder, soweit sie im Sinne des Evangeliums sind, optimal erfüllt, statt sie zu frustrieren, daß sie andererseits *Kompetenz* erwirbt für jene Bereiche, die sich ihrer Zuständigkeit entzogen haben.
Beides ist notwendig, um das *Vertrauen* der Mitglieder zu gewinnen, ohne das sie ihren Widerstand nicht aufgeben. Nur ein volles und qualifiziertes »Ja« zu den berechtigten Erwartungen der Mitglieder verschafft der Kirche die Möglichkeit, auch ein klares »Nein« zu sagen, wo es nötig ist.

Wie kann die Kirche den Erwartungen ihrer Mitglieder theologisch legitim entgegenkommen? Wie erwirbt sie in deren Augen jene Kompetenz, die ihr jetzt fehlt?
Es ist nicht nur eine Frage der Empathie oder der sorgfältigen sozialen Analyse, ob die Verkündigung wirklich die Situation ihrer Adressaten trifft, so wichtig es war und bleibt, daß die neuere homiletische Diskussion deutlich herausgestellt hat, welche Bedeutung es für die Predigt hat, daß die Hörersituation möglichst genau erfaßt wird[3]. Vielfach läßt sich diese gar nicht anders finden, als daß man sich nicht nur theoretisch, sondern faktisch in sie hineinbegibt, wenigstens sich ihr annähert. Die Relevanz der christlichen Botschaft muß sich im eigenen Erfahrungsraum der Kirchenmitglieder erweisen, gerade dort, wo sie durch die Konkurrenz mit anderen Systemen in Frage gestellt ist. Und dazu bedarf es der *Partizipation* der »Botschafter« an diesem Erfahrungsraum. Das Zeugnis kann nicht vertrauenswürdig, glaubhaft werden im reinen »Gegenüber«. Es bedarf dazu einer Erfahrung von Gemeinsamkeit. Eine soziale Basis für die Verständigung mit den Kirchenmitgliedern läßt sich auf keine andere Weise gewinnen als über die Weggenossenschaft mit ihnen. Im Prinzip ist uns das längst bekannt, und in manchen kirchlichen Bereichen hat man auch versucht, solche Weggenossenschaft zu praktizieren. Das gilt insbesondere für die Arbeiterpriester, aber etwa auch für viele Siedlungsgemeinden, in denen der gemeinsame

Neubeginn ein Band knüpfen half, oder für die Ansätze einer partnerzentrierten Seelsorge.
Theologisch gesehen geht es dabei um die Herstellung christlicher Gemeinschaft als Bezeugung der Liebe Gottes, die auf Vertrauen aus ist. Gewiß ist christliche Gemeinschaft nicht Gemeinschaft schlechthin. Sie ist vermittelt durch den Bezug auf Jesus Christus und von ihm her qualifiziert. Aber gerade dieser Bezug liefert auch das Modell, wie solche Gemeinschaft entsteht. Denn darin liegt die Bedeutung der Inkarnation Gottes in Jesus Christus, daß er sich hineinbegibt in die Lebenswelt der Menschen, diese dort um sich sammelt und sie dadurch »herausruft«, daß er mit ihnen lebt[4].
Unter »Sammlung der Gemeinde« verstehen wir herkömmlich in erster Linie die beständige und dringende Einladung zur gottesdienstlichen Versammlung. Das Modell, das wir dabei vor Augen haben, ist die Zusammenkunft, der »Konkurs«. Im Rahmen der »parochialen Symbiose« (E. Lange), in der Zusammengehörigkeitsbewußtsein und ein gewisses Maß an Übereinstimmung in der Selbst- und Welterfahrung vorausgesetzt werden konnten, war dies zweifellos eine adäquate Vorstellung. Seitdem aber die Divergenz der Lebensbereiche und folglich auch der »Lebenswelten« diese Symbiose und die in ihr liegende Kommunikationsbasis mehr und mehr auflöst, gewinnt für die Herstellung von Gemeinsamkeit ein anderes Modell an Bedeutung, der »Diskurs«, und zwar sowohl im räumlichen als auch im übertragenen Sinn. Die Sammlung der Gemeinde in der volkskirchlichen Diaspora kann nicht einfach auf dem Boden der Kerngemeinde stattfinden, sondern ist wesentlich durch die vielfältigen Standpunkte derer bestimmt, die gesammelt werden sollen. Sammlung geschieht, indem sie aufgesucht werden und indem man sich mit ihnen auseinandersetzt, mit dem Ziel, Vertrauen zu gewinnen und Einverständnis herzustellen.
Bewußte Partizipation und der »Diskurs an Ort und Stelle« sind unter kommunikativem Aspekt die einzige Möglichkeit, das christliche Zeugnis mit dem Selbst- und Weltverständnis, mit Wirklichkeitserfahrung und Lebensgefühl, Werten und Anschauungen zu vermitteln, zu denen die Menschen je nach Lebensumständen durch den Sozialisationsdruck der differenzierten modernen Gesellschaft und ihre Institutionen gebracht werden und die sie weithin als mit der Kirche nicht vermittelbar empfinden.
Die Gefahr, sich lediglich anzubiedern, um »Vertrauen« zu erringen, ist dabei ebensowenig von der Hand zu weisen wie die andere, daß sich im Verlauf dieser Bemühung eine Unfähigkeit herausstellen könnte, das Evangelium als befreiende, richtende und aufrichtende Botschaft *zur Sache* und *ad personam*, d. h. konkret und lebendig, zu sagen. Beide Gefahren lassen sich aber nicht dadurch vermeiden, daß wir darauf verzichten, uns wirklich auf die Situation und den Horizont der anderen einzulassen. Wir bleiben gerade dann nicht bei unserer Sache. Denn der Missionsbefehl überträgt uns

die Verantwortung für eine wirkliche Bemühung um Verständigung, nicht für ein bloßes Sagen, das die Hör-Voraussetzungen außer acht läßt.

4. Gemeindeaufbau: die soziale Basis der Verständigung

Die Konsequenz aus diesen Überlegungen kann nur sein, nach Mitteln und Wegen zu suchen, verstärkt auch in anderen Bereichen als dem gottesdienstlichen Kontakte mit den Kirchenmitgliedern zu knüpfen bzw. die bestehenden zu intensivieren. Durch diese Erfahrung schon, vor allem aber durch die Art und Weise, in der die Kontakte erfolgen, wird sich ihre Einstellung zur Kirche, auf längere Sicht auch zum Gottesdienst, verändern. In diesem Prozeß wird sich auch die Kirche und ihr Gottesdienst ändern. Denn der verstärkte Kontakt mit vielen seither kaum am Rande partizipierenden Mitgliedern kann nicht ohne Rückwirkung bleiben.
In diesem Prozeß wird sich die Funktion der Gemeinde und die Rolle des Pfarrers verändern. Denn der Pfarrer ist schon jetzt überfordert durch die an ihn gerichteten Erwartungen. Er kann nicht entscheidend mehr Kontakt zu den Mitgliedern gewährleisten, als er es jetzt schon tut, solange sich nicht das ganze Funktionsgefüge ändert. Gemeindeaufbau als Herstellung jener sozialen Bezüge, in welchen die Kommunikation des Evangeliums erfolgen kann, so daß eine erfahrbare »Gemeinschaft des Leibes Christi« entsteht, ist eine Herausforderung an das Priestertum aller Gläubigen. Nach Lage der Dinge bedeutet das zunächst: Herausforderung an die sogenannte Kerngemeinde. Sie muß sich umorientieren und konsequent umgestalten zu einer haushalterschaftlichen, missionarischen Dienstgemeinde, in der die vielfältigen Begabungen, die eingebracht werden, zur Anknüpfung von Kontakten mit anderen genutzt werden.
Dieser Forderung wird vielleicht mit Skepsis begegnen, wer vor Augen hat, was bei den Programmen der Kirchenreform unter dem Stichwort »Mission als Strukturprinzip« und »Haushalterschaft« herausgekommen ist. Die Grenzen der Fähigkeit zur Erneuerung der Kirche sind im subjektiven wie im objektiven Sinn deutlich geworden. Man mag im einen Fall eine Reduktion des Missionarischen auf soziopolitisches Engagement, im andern Fall eine binnenkirchliche Horizontverengung kritisieren: beide Programme sind weder gescheitert noch erledigt, sondern stehen nach wie vor auf der Tagesordnung. Nachdem der Enthusiasmus verflogen und wenn die Resignation überwunden ist, wird eine besonnene Bestandsaufnahme die Zusammengehörigkeit des Aufbruchs nach vorne, der Öffnung nach außen und der Stabilisierung im Innern betonen, abgrenzungsbedingte Pointierungen und die daraus folgenden Verständigungsschwierigkeiten vermeiden und einen soliden Neuansatz versuchen. Man wird dabei einen pragmatischen

Weg beschreiten, der anknüpft an den vorhandenen Strukturen, und das in ihnen liegende Veränderungspotential einerseits durch die Beteiligung von bisher wenig oder nicht Beteiligten, andererseits durch Umorganisation der kirchlichen Funktionsbereiche freisetzen[5].

Im Gemeindeaufbau ist die Gemeinde sich selbst Projekt. Es ist eine folgenschwere Verengung des Blickwinkels, wenn dabei ohne weiteres vom Vorhandensein der Gemeinde ausgegangen und die Integration in diese vorhandene Gemeinde als Ziel angesehen wird. Gewöhnlich gilt die gottesdienstliche Gemeinde als Inbegriff der Gemeinde schlechthin. Dann wird als Ziel des Gemeindeaufbaus angegeben: »Die Gesamtgemeinde muß Gottesdienstgemeinde sein und werden.«[6] Das festgelegte Bild des Gottesdienstes prägt so das Bild von Gemeinde. Aber die Vielfalt der Möglichkeiten unter diesem gemeinsamen Dach ist, wie nicht anders zu erwarten, begrenzt.

Die darin liegende Problematik wird sichtbar, wenn man sich vor Augen führt, daß alle neutestamentlichen Aussagen über die Gemeinde, an welchen wir uns ekklesiologisch orientieren, sich soziologisch gesehen auf kleine, relativ homogene, in intensivem Sozialkontakt befindliche Gruppen mit klaren Abgrenzungsmerkmalen zu ihrer Umwelt beziehen. Dieselben Aussagen treffen auf die Sekten und Gruppen der religiösen Subkultur in unserer heutigen Gesellschaft zu, die eine bemerkenswerte Anziehungskraft für viele Menschen ausüben und ein oft und konsequenzenlos beklagtes Defizit unserer volkskirchlichen Struktur bloßlegen.

Die Vernachlässigung der sozialen Dimension im Gemeindebegriff, seine undifferenzierte Anwendung, wie auf die Urgemeinde, so auch auf die staatskirchliche Gemeinde des christlichen Mittelalters, auf die bürgerliche Parochie und schließlich die volkskirchliche Gemeinde der Industriegesellschaft, unterschlägt wesentliche Probleme. So verdünnt sich der Erfahrungsgehalt des Bildes vom Leib Christi notwendigerweise, wenn es sich nicht auf die um einen Tisch herum versammelte, miteinander essende, sich unterhaltende, aus der Überlieferung lernende, betende, sich gegenseitig zuwendende, helfende und tröstende Gemeinde im Urchristentum bezieht, deren Gottesdienst in diesem Lebensvollzug als Gemeinde und deren Gemeindeleben in diesem Beisammensein als einem Gottesdienst aufging. Wenn sich dieses Bild hingegen auf eine seiner Realisationen in unserer kirchlichen Wirklichkeit bezieht, sei es auf eine Größe wie »EKD« oder Landeskirche, sei es auf die örtliche Kirchengemeinde, die Gottesdienstgemeinde oder etwa die Gruppe, die sich, oft ohne daß der eine den anderen kennt, aus ihr heraus vor dem Altar zusammenfindet, um das Abendmahl »zu empfangen« (!), dann ist die Leiblichkeit weitgehend zu Spiritualität verdampft. Wenn sich die Gemeinschaft des Leibes Christi im Zentrum hauptsächlich durch symbolische Vollzüge, genauer durch die Symbole von

Symbolen[7], darstellt, dann ist das eine Zumutung an die Abstraktionsfähigkeit, der viele verständlicherweise nicht folgen können. Der vielfach verspürte Mangel an Spiritualität in unserer Kirche scheint in mancher Hinsicht eher ein Mangel an Leiblichkeit der durch Christus gestifteten Gemeinschaft zu sein. Nicht zuletzt ist dies eine Folge der entschiedenen Abkehr von einer »Romantisierung des Kirchenbegriffs«[8] und einer entsprechenden »Psychologisierung des Glaubens«. Natürlich kann und darf die empirische Kirche niemals Gegenstand und Grund des Heilsglaubens werden und damit Christus »ersetzen«, ebenso wie die Externalität des Wortes den Glauben niemals zum psychologischen Habitus werden läßt. Daß die eschatologische Wirklichkeit in der empirischen, d. h. sozialen und psychologischen Dimension oft sub contrario verborgen ist, ist der Anstoß, mit dem der angefochtene Glaube fertigwerden muß. Das darf aber noch nicht bedeuten, daß von vornherein gar nicht nach angemessener empirischer Gestalt, nach einem leibhaftigen Zeugnis für sie gesucht wird.

Demgegenüber wäre anzuknüpfen an 1. Thess. 5,11. »Hier ist der seelsorgerliche Zuspruch des einzelnen die Form, in der er am Aufbau der Gemeinde und an der Förderung, am geistlichen Wachstum des Bruders beteiligt ist. Der einzelne hilft am ›Bau‹ der Gemeinde dadurch mit, daß er den Zuspruch des Evangeliums an sich selbst geschehen läßt und an andere weitergibt. Wichtig ist also an unserem Begriff: 1. die Beziehung des einzelnen auf das Ganze; 2. die Verbundenheit der einzelnen Glieder miteinander; 3. der pneumatisch-charismatische Grundcharakter dieses Wachstumsprozesses, der zielmäßig auf die Vollendung und die Vollkommenheit hindrängt und auf keinen Fall ›sittlich‹ beschränkt oder sentimental, gefühlsmäßig umgebogen werden darf; 4. die theologische Umfassung. Der einzelne Christ wirkt am ›Bau‹ und an der ›Erbauung‹ mit, weil es letzten Endes um das eigentliche Werk Gottes bzw. des Christus geht.«[9] Entscheidend ist, daß für den Gemeindeaufbau das Kultische nicht Vorrang hat, sondern Bestandteil eines umfassenden Ganzen ist, das pneumatische (spirituelle), intellektuelle, soziale, poimenische, diakonische, politische, katechetische und liturgische Elemente einschließt, ohne sie in eine Wertrangfolge zu bringen. Die Misere des Gottesdienstes und der Kirche beruht zum nicht geringsten Teil auf der Herauslösung des Liturgischen aus diesem Kontext in eine hervorragende Sonderstellung, so daß der empirische Gottesdienst dem Anspruch in keiner Weise mehr gerecht werden kann, den seine dogmatische Definition aufrichtet.

Eine soziale Basis zu gewinnen, auf der die Verständigung über das Evangelium gelingen kann, bedeutet zunächst, den Lebenshintergrund kennenzulernen und einzubeziehen, vor dem das Evangelium seine spezifische, einem Menschen oder einer Gruppe verständliche Bedeutung bekommt. Deshalb wird eine Theorie des volkskirchlichen Gottesdienstes die

Gesamtheit aller gemeindlichen Begegnung und Aktivität als einen umfassenden, differenzierten Vorgang der Kommunikation des Evangeliums in Blick nehmen müssen. In einem solchen *Modell eines differenzierten Gemeindeaufbaus* sind die Funktionen flexibel aufeinander bezogen, so daß ein Element das andere entweder stützt und verstärkt oder auch ersetzt, Kommunikationshemmungen an der einen Stelle durch Verständigungsbemühungen an einer anderen auszugleichen sucht.
Das bedeutet, daß die Form der Kommunikation durch diejenigen bestimmt wird, denen die Kommunikationsbemühung gilt. Wenn ein Kontakt zustande gekommen ist, sei es durch Hausbesuch oder anläßlich von Amtshandlungen, sei es durch den Pfarrer oder ein anderes Gemeindeglied, dann sollte er dazu genützt werden, herauszufinden, in welcher Form und welchem Ausmaß der Partner daran interessiert wäre, mit seiner Kirche in Verbindung zu stehen.
Seine Vorstellungen und Wünsche sollten unbedingt aufgegriffen und realisiert werden, soweit das kräftemäßig zu leisten ist. Auch sein eigener möglicher Beitrag zur Realisierung dieser Vorstellung kann mit ihm zusammen erwogen werden. Wesentlich ist, daß nicht darauf hingearbeitet wird, ihn in das bestehende »Angebot« der Kirche einzupassen. Wichtigstes Ziel muß es vielmehr sein, das Angebot ihm anzupassen. Mit Sicherheit verändert und differenziert sich dabei das Leben in der Gemeinde. Ihre poimenische Dimension gewinnt einen entscheidenden Stellenwert. Weiter bedeutet das, daß die Aktivitäten häufig wechseln und sich rasch wandeln, weil sie »mit den Partnern mitgehen«. Die um Kommunikation bemühten Gemeindeglieder partizipieren ja in dem von den Partnern definierten Ausmaß an den Veränderungen ihrer Erwartungen und Bedürfnisse, so daß sie auf diese eingehen und sich bzw. »das Angebot« diesen anpassen können. Im günstigsten Fall werden diese Veränderungen als Wachstum der Verbundenheit, daraus folgend auch als Wachstum des Glaubens und wachsendes Engagement zu qualifizieren sein, aber auch Distanzierungswünsche sind zu respektieren. Der Diskurs, als Auseinandersetzung über den Sinn und die Wahrheit des Evangeliums im Leben des andern, führt nicht notwendig zum Einverständnis. Dann sind die Grenzen des Interpreten erreicht.
Daraus ergibt sich schließlich, daß das Scheitern einer besonderen Kommunikationsbemühung nicht das Ende der umfassenden Bemühung im Rahmen des Gemeindeaufbaus bedeuten darf. Flexibilität bedeutet auch die prinzipielle Substituierbarkeit eines jeden der vielfältigen Elemente des gemeindlichen Funktionsgefüges durch andere.
So baut sich Gemeinde aus einer Vielzahl von Kontakten, die ein Netz von kleinen Gruppen entstehen lassen. Die kleinste Gruppe besteht aus zwei Personen, etwa dem Besuchten und dem Besucher im Gemeindebesuchsdienst. Diese sind in der Lage, intern in intensiver Kommunikation zu

stehen, entsprechende Homogenität zu gewinnen und damit auch ein klares Profil ihrer kirchlichen Identität herauszubilden. Das ermöglicht eine Identifikation, wie sie undenkbar ist, solange der Gemeindebezug sich in erster Linie auf Parochie oder Gottesdienstgemeinde richtet, die wegen der notwendigen Rücksicht auf alle Seiten oft gar keinen zufrieden machen. Insofern es auch bei der Verkündigung des Evangeliums und der Reaktion auf diese um einen normalen Lernvorgang geht, ist die Kleingruppe das einzige soziale Medium, in welchem nach übereinstimmenden lerntheoretischen Erkenntnissen nennenswerte Lernwirkungen erzielt werden, weil sie in weit größerem Ausmaß als durch die Lerninhalte durch sog. sekundäre Motivationen, durch klimatische Faktoren, Sympathie, Identifikation, Gruppendruck u. ä. vermittelt werden[10]. Das heißt, daß der Katechumenat nicht nur eine initiierende Aktivität ist, sondern eine perennierende, eine Dimension des permanenten Gemeindeaufbaus. Für seine »Didaktik« ist es freilich von wesentlicher Bedeutung, daß in der Gruppenkommunikation an richtiger Stelle jene »performativen Sprachhandlungen« geschehen und glücken, die von Gott her neue Wirklichkeit setzen, d. h. daß in diesen Beziehungen, wo es am Platz ist, auf geeignete Weise tatsächlich entbunden, verheißen und auf den Weg geschickt wird und damit die gottesdienstlichen Funktionen von absolutio, promissio und missio wahrgenommen werden.

Durch ihre externe Kommunikation erweitern sich die Gruppen oder beziehen sich jedenfalls aufeinander und fügen sich so zur Gemeinde zusammen. In der Regel wird das die Parochie sein, muß es aber keineswegs. Das Modell eines differenzierten Gemeindeaufbaus erlaubt es gerade durch seine Flexibilität, auch die paragemeindlichen Bezüge neben den parochialen einzubeziehen, wie sie ja auch faktisch längst nebeneinander bestehen und sich vielfältig durchdringen.

Wenn die Gruppen aufgrund ihrer Binnenstruktur jeweils auch ein schärferes Profil gewinnen können, wird dadurch natürlich auch die Pluralität der Kirche deutlicher sichtbar. Das bedeutet eine Klärung, stellt aber hohe Anforderungen an die Kommunikation der Gruppen miteinander. In verstärktem Maße kommt es dabei auf die Verwirklichung *konziliarer Gemeinschaft* an, damit die Gruppen in der Auseinandersetzung um die Wahrheit des Evangeliums in konkreten Situationen nicht positionellen Verhärtungen verfallen, sondern diese Auseinandersetzung produktiv führen und zur Konsensbildung fähig werden.

Differenzierter Gemeindeaufbau bedeutet permanente Transformation, nicht um der Veränderung und Neuerung willen, sondern – im Bilde des Bauens – weil die Gemeinde nicht irgendwann »steht«. Alle Beteiligten unterliegen so einem fortwährenden Lernprozeß, denn die Entwicklungen des einen können den anderen nicht unberührt lassen. Daß dabei nicht nur

Unruhe entsteht, muß eine vordringliche Sorge sein, sollte sich jedoch, je besser die Kommunikation in der Gemeinde gelingt, aus der gewissenhaften Berücksichtigung der Bedürfnisse ohnehin ergeben. Es ist stets eine Balance zwischen den Transformationstendenzen und dem Erfordernis der Stabilisierung zu suchen, ebenso wie im Eingehen auf unterschiedliche Bedürfnisse ein Ausgleich stattfinden muß und sich alle Strebungen und Bedürfnisse immer im Bezug auf das Evangelium zu verantworten haben. Dieser Ausgleich ist Sache einer intensiven gegenseitigen Durchdringung von Handlung und Reflexion. Praktische Theologie vollzieht sich dann als beständige kritische Beobachtung und Hinterfragung der Prozesse des Gemeindeaufbaus sowie als Planung der Impulse und Reaktionen, die erforderlich sind, um diesen Aufbau positiv zu fördern. Dies ist im Grunde die klassische Funktion der Gemeindeleitung. Im Rahmen eines solchen Modells wird Gemeindeleitung vor allem im Herstellen von Bezügen zwischen den Elementen des differenzierten Gemeindeaufbaus bestehen, um ihn zu einem Gemeinschaftswerk zu machen, nicht aber in erster Linie in der Wahrnehmung delegierter Aufgaben, aus deren Verantwortung die übrige Gemeinde damit entlassen wäre. Damit die Aktivitäten der Gemeindeleitung nicht mehr der Verwaltung als dem Aufbau der Gemeinde dienen, muß ein wesentlicher Teil der Gemeindeleitung denen zufallen, die an diesem Aufbau engagiert sind, also den haupt- und ehrenamtlichen Mitarbeitern. Faktisch wird das nicht anders gehen, als daß auch die Gemeindeleitung nach einem mehrstufigen Modell organisiert wird, in dem die ehrenamtlichen Mitarbeiter und das Fachteam die Informationen zusammentragen und diskutieren, m. a. W. Supervision leisten, um den Erfolg der vielfältigen Kommunikationsbemühungen zu fördern. Dem Fachteam, dem auch nichttheologische Berater wie Ärzte, Psychologen, Juristen, Sozialarbeiter angehören sollten, obliegt es im Zusammenwirken mit dem Presbyterium vor allem, den Gemeindeaufbau generell und speziell theologisch zu reflektieren, konkrete Ziele zu definieren und einander zuzuordnen. In einem solchen Modell von Gemeindeleitung ist somit die Funktion des Pfarrers eingebettet in ein Gefüge, das nicht überwiegend strahlenförmig auf ihn hingeordnet ist, sondern sich eher als ein Netz darstellt, in welchem viele Funktionen direkt miteinander verknüpft und häufig nur mittelbar auf das Pfarramt bezogen sind. Bormann und Bormann-Heischkeil beschreiben die Gemeinde (nicht die Parochie!) als eine »plurifunktionelle soziale Gruppe«, welche die verschiedenen Funktionsbereiche (z. B. Jugend, Ehe und Familie, Sozialarbeit, Information, Wirtschaft, Freizeit u. a.) jeweils relativ selbständig gemäß den jeweiligen Funktions-Erfordernissen organisiert.
Die Frage der Mitarbeitsbereitschaft ist, wie die EKD-Studie über Kirchenmitgliedschaft gezeigt hat[11], weit positiver zu beantworten, als es in den

Gemeinden oft den Anschein hat. Die vorhandene Mitarbeitsbereitschaft
»abzurufen« und ihr passende Felder zu eröffnen, ist deshalb eine wichtige
Aufgabe der Gemeindeleitung.
Als »strategischer Einstieg« für einen solchen differenzierten Gemeindeaufbau kommen nach dem, was wir über die Struktur der volkskirchlichen Mitgliedschaft wissen, insbesondere eine integrierte Amtshandlungspraxis[12], aber auch der Gemeindebesuchsdienst in Betracht. Man kann auch sagen: den geeigneten »Anknüpfungspunkt« bilden die aus der desavouierten Bürgerreligion gespeisten Erwartungen und Bedürfnisse der Kirchenmitglieder, weil sie das Feld sind, in welchem die Kommunikation nicht von vornherein durch Bewußtseinssperren und Berührungsangst blockiert ist. Die Frage der »natürlichen Theologie« ist doch keineswegs in der Weise zu erledigen, daß vom Evangelium her diese Erwartungen schlicht zurückgewiesen, enttäuscht, gebrochen würden. Vielmehr kann die Kommunikation des Evangeliums nur so erfolgen, daß ihnen zugleich entsprochen und widerstanden wird, daß im Eingehen und Antworten auf sie vordergründige Erwartungen auf ihre verborgene Wurzel zurückgeführt werden.
Unter integrierter Amtshandlungspraxis ist ein pastorales Handeln zu verstehen, das den Ritus nicht als isolierten Akt vollzieht, sondern den Kasus gleichsam als Anknüpfungspunkt für einen zunächst pastoralen Kontakt, sodann für die Herstellung eines Gemeindebezugs begreift. Die Amtshandlungen werden vom überwiegenden Teil der Kirchenmitglieder offenbar als funktional für die Erfordernisse des biographischen Identitätswandels betrachtet, während die Kirche generell eher als Identitätsgefährdung wahrgenommen wird[13]. Eine auf diesen Identitätswandel bezogene, die rituelle Amtshandlung begleitende und ihr folgende Kommunikationsbemühung hätte gute Chancen, weniger als Identitätsgefährdung empfunden zu werden und, wenn die Kommunikation gelingt, die Berührungsangst mit der Kirche zu verringern. Wichtig ist es, dabei auch das soziale Umfeld zu berücksichtigen, also die Verwandtschaft, die durch jeden Kasus auf indirekte Weise ebenfalls einem Identitätswandel unterworfen wird.
Ob man die Zahlen, die sich auf die Frage nach dem Interesse am Hausbesuch des Pfarrers ergeben haben, als ermutigend oder eher als entmutigend ansieht, ist zum Teil Mentalitätssache. Unbestreitbar ist, daß eine erhebliche Zahl auch derjenigen, die am Gottesdienst kaum teilnehmen, es begrüßen würde, wenn der Pfarrer öfter zu Besuch käme oder sich sonst mehr um sie kümmerte. Außer bei denen, die überhaupt nie zur Kirche gehen, sind insgesamt nicht viele dagegen (27% derer, die selten, 13% derer, die ab und zu zur Kirche gehen). Und die Gleichgültigkeit derer, die sagen, es sei ihnen egal, kann auch auf frustrierten Erwartungen und Resignation beruhen. Es ist ein verbreitetes Urteil, daß sich die Kirche ohne besonderen Anlaß kaum um ihre Mitglieder kümmere. Besonders bei Wohnortswechsel reißt oft der

letzte Kontaktfaden zur Kirche. Ein Gemeinde-Besuchsdienst, in den der Pfarrer einbezogen ist und der planvoll regelmäßigen Kontakt mit solchen Gemeindegliedern gewährleistet, mit denen keine anderweitige Verbindung (etwa durch Gruppen) besteht, bietet eine Einstiegsmöglichkeit für die Bildung einer »Gemeindezelle«, die sich weiter entwickeln kann.

Diese Hinweise mögen genügen, um anzudeuten, in welchem Felde der Ansatz für die »Reform des Gottesdienstes« unter kommunikativem Aspekt *zunächst* gesucht werden muß. Die Verkündigung muß eingebettet werden in einen Prozeß der Verleiblichung des Evangeliums; die Isolation des Rituals, seine Herauslösung aus dem Kontext von Lebensgemeinschaft, Seelsorge und Diakonie, Anamnese und Katechumenat, Homologie und öffentlichem Zeugnis muß revidiert werden. Das verlangt zugleich eine intensive Hinwendung zu den Kirchenmitgliedern und ein Respektieren ihrer Berührungsangst, eine Bemühung, auf sie einzugehen und sich zu ihrer Verfügung zu halten, ohne in sie zu dringen. Das verlangt einen klaren eigenen Standpunkt und die Bereitschaft, diesen zu diskutieren. Kurz: es verlangt von der christlichen Gemeinde dasselbe Umlernen, das den Lehrern und Eltern zugemutet wird, die die Eigenständigkeit und Eigenverantwortlichkeit ihrer Kinder nicht zerbrechen, sondern respektieren und stärken möchten, die ihnen zu ihrem eigenen Weg verhelfen wollen, statt sie auf den zu zwingen, den sie selbst gespurt haben. Nur auf eine solche, liebevoll begleitende Weise wird über den Kontakt der Person auch die Botschaft kommunizierbar.

Dieses Modell hat seinen Schwerpunkt in der Kleingruppe, aus der sich Gemeinde aufbaut, weil sie allein in der Kleingruppe als Gemeinde erfahren werden kann, nicht aber in der anonymen Öffentlichkeit volkskirchlicher Gemeinden. Kleingruppen konstituieren sich im seelsorgerlichen Gespräch, im Hausbesuch, bei einer Taufe oder Beerdigung, im Unterricht oder in »Kreisen«, in Aktionsgruppen oder kirchlichen Vereinen. Sie sind im vollen Sinn Gemeinde und können und sollen auch alle Elemente des Gemeindeaufbaus in sich wahrnehmen, auch die liturgische Feier, was den sog. öffentlichen Gottesdienst nicht ausschließt. Vielmehr kann sie sowohl alternativ als auch ergänzend an seine Seite treten.

Weil Partizipation in unseren öffentlichen Gottesdiensten nicht gelingt, muß sie über Kleingruppen erwirkt werden, so paradox es erscheinen mag, Öffentlichkeit statt im öffentlichen Raum gerade in überschaubaren Einheiten herstellen zu wollen. Selbstverständlich ist es erforderlich, daß der Gemeindeaufbau aus kleinen Gruppen sich auf Öffentlichkeit bezieht und vor ihr verantwortet. Er muß ausdrücklich zum Ziel haben, die Kirchenmitglieder öffentlichkeitsfähig zu machen, was natürlich nicht durch den Rückzug in selbstgenügsame Zirkel geschieht, sondern dadurch, daß Gemeindezellen aufeinander übergreifen und ihre interne Kommunikation nach außen übertragen. Dasselbe Problem stellt sich auf allen Ebenen kirchlichen und politischen Lebens. Wie es die selbstgenügsame Kleingruppe geben kann, so auch die parochiale Horizontverengung. Der Überschritt über partikulare Grenzen in die Öffentlichkeit vollzieht sich in unserer Epoche erst in ökumenischem Horizont, also im Bezug auf die Weltöffentlichkeit.

Anmerkungen:

1. Es handelt sich hier um Auszüge aus einem Aufsatz, der den Titel trägt: Gottesdienst und Verständigung. Die Überschrift für die gekürzte Fassung wurde von den Herausgebern formuliert. – Quelle: R. Schloz, Gottesdienst und Verständigung, in: M. Seitz / L. Mohaupt (Hg.), Gottesdienst und öffentliche Meinung, Calwer Verlag, Stuttgart 1977, 169–198 (gekürzt).
2. G. Rau, Gottesdienst und Wirklichkeit, in: WPKG 64 (1975) 188.
3. Vgl. die Übersicht von K.-F. Daiber, Gottesdienst und Predigttheorie, in: Jahrbuch für Liturgie und Hymnologie 1973/74, 36–54, bes. 40 ff. Vgl. auch die Aufgabenbeschreibung von M. Seitz im Nachwort zur Gottesdienstumfrage: ». . . empirisch-theologische Ermittlung der Grundbedürfnisse des Menschen und . . . die darauf bezogene praktische Verwirklichung des Gottesdienstes . . .«, in: G. Schmidtchen, Gottesdienst in einer rationalen Welt (= GRW) 1973, 160.
4. Vgl. zu der kommunikativen Dimension des Evangeliums die sorgfältigen und ausgewogenen »Gedanken zu einer Theologie der Beziehungen« von H. Frik, Evangelium und Gruppenpädagogik, 1976, bes. Teil B: »Das Bezeugen des Evangeliums durch neue Beziehungen.«
5. G. Bormann / S. Bormann-Heischkeil, Theorie und Praxis kirchlicher Organisation. Ein Beitrag zum Problem der Rückständigkeit sozialer Gruppen, 1971, bes. 314–334.
6. So W. Rott in: ³RGG, Art. Gemeinde IV: Gemeindeaufbau und Gemeindepflege.
7. »Die Messe war zum Symbol eines Symbols degradiert (nämlich zum Symbol der Mahlgemeinschaft der Gemeinde, die ihrerseits Symbol der ›Kommunion zwischen Gott und Mensch und umgekehrt‹ ist, R. S.). Wenn es gelingt, ihr den unmittelbaren Symbolgehalt – nämlich den einer stilisierten Mahlzeit, die gerade wegen ihrer Stilisierung das herausbringt, was Mahlzeit letztlich ist – zurückzugeben, dann wird sie wiederum zum wahrhaften Zeichen, zum *sacramentum*, worin das Bezeichnete auch vermittelt werden kann.« (A. Stadelmann / G. Mainberger, Auszug aus dem Ghetto. Impulse einer Pfarrei für die 70er Jahre, 1972, 112.)
8. E. Wolf, Sanctorum communio. Erwägungen zur Romantisierung des Kirchenbegriffs. In: Peregrinatio I, ²1962, 279–301, bes. 298 ff.
9. O. Michel in: ThWBNT V, 143.
10. Vgl. z. B. O. Luthe, Interpersonale Kommunikation und Beeinflussung, 1968.
11. Vgl. H. Hild (Hg.), Wie stabil ist die Kirche?, 1974, 55–58.
12. Vgl. J. Matthes, Volkskirchliche Amtshandlungen, Lebenszyklus und Lebensgeschichte, in: Matthes (Hg.), Erneuerung der Kirche. Stabilität als Chance? 1975, 83–112.
13. GRW, 144.

3 Leitung

3.1 Norbert Greinacher
LEITUNGSPROBLEME DER GEMEINDE

1. Einleitung

Es wird heute viel von Krisen gesprochen. Krisen entstehen dann, »wenn die Struktur eines Gesellschaftssystems weniger Möglichkeiten der Problemlösung zuläßt, als zur Bestandserhaltung des Systems in Anspruch genommen werden müßten«[1]. Selbst wenn man unterstellen darf, daß nicht schon dann, wenn sich innerhalb eines bestimmten Systems Schwierigkeiten, soziale Reibungsverluste oder Konflikte ergeben, von einer Krise gesprochen werden sollte, so wird man doch feststellen können, daß Machtausübung gleich welcher Art und in welchem Bereich und die Aufgaben und Kompetenzen von Amtsträgern heute in Zugzwang geraten sind und sich schwertun, sich zu legitimieren.
Die Machtausübung in der Kirche ist von diesen Legitimationsproblemen besonders betroffen. Dies gilt sicher im Hinblick auf die Leitungsprobleme gesamtkirchlicher Art (Römische Kurie, Weltkirchenrat), auf nationaler Ebene wie auf der Ebene von Diözesan- bzw. Landeskirchen. So wichtig die Behandlung dieser Probleme wären, auch als Horizont für unsere Fragestellung, so beschränken wir uns im folgenden auf die Leitungsprobleme im Rahmen der kirchlichen Gemeinde. Dabei ergeben sich diese Probleme nicht nur im katholischen Bereich. Johann Baptist Metz hat mit Recht darauf hingewiesen, »daß uns die Reformation als die Aufgabe, kirchliche Autorität und kirchliches Zeugnis von der eschatologischen Befreiung des Menschen in Jesus Christus mit der neuzeitlichen Freiheitsgeschichte zu vermitteln, noch gemeinsam bevorsteht, als ökumenische Aufgabe erster Ordnung gewissermaßen«[2].

2. Unaufgearbeitete Freiheitsgeschichte der Neuzeit

Die Leitungsprobleme, mit denen sich die Kirchen heute konfrontiert sehen, sind selbstverständlich im engen Kontext zu sehen mit unserer gesamtgesellschaftlichen Situation, in der sich jede Autorität schwertut, sich zu legitimieren und durchzusetzen. Eine der wichtigsten Ursachen aber für die Autoritätskrise, in der sich die kirchliche Gemeinde befindet, ist darin zu sehen, daß die Kirchen es weithin nicht verstanden haben, die neuzeitliche Freiheits- und Aufklärungsgeschichte und ihre gesellschaftlichen und politischen Konsequenzen in produktiv-kritischer Assimilation aufzuarbeiten und im Rahmen der kirchlichen Gemeinde zu verwirklichen[3].

Einer solchen Vermittlung steht – vor allem in der katholischen Kirche – das bisherige patriarchalische Verständnis von Autorität diametral gegenüber. Dabei sollte man sich von Begriffen allein nicht täuschen lassen. Es gibt so etwas wie eine repressive Brüderlichkeit in der Kirche, d. h. eine Haltung, die sich brüderlich nennt und diese Begriffe der Brüderlichkeit auch anwendet, dennoch aber ganz und gar von einer patriarchalischen Mentalität geprägt ist. Problematisch wird dieses Phänomen vor allem dann, wenn die patriarchalische Autorität in der Kirche als eine Emanation der Autorität des Vatergottes angesehen wird und damit alle patriarchalische Autorität von vornherein sakralisiert und tabuisiert wird.

Eine solche patriarchalisch verstandene Autorität widerspricht aber zumindestens einigen Traditionsströmen des Neuen Testamentes. Bei Matthäus 23,9 heißt es: »Ihr sollt niemanden auf Erden Euren Vater nennen; denn nur einer ist euer Vater: der im Himmel.« Danach gibt es also keinen unmittelbaren Zusammenhang zwischen irdischer und himmlischer Vaterschaft. Die Autorität in der Kirche ist weder eine Emanation der Herrschaft Gottes noch eine Extrapolation der natürlichen väterlichen Autorität. Sie stellt eine neue Form von Autorität dar, welche die gegebenen Autoritätsverhältnisse völlig auf den Kopf oder besser auf die Füße stellt: »Ihr wißt, daß die Herrscher ihre Völker unterjochen und die Mächtigen ihre Macht über die Menschen mißbrauchen. Bei euch aber soll es nicht so sein, sondern wer bei euch groß sein will, der soll euer Diener sein, und wer bei euch der Erste sein will, soll der Sklave aller sein. Denn auch der Menschensohn ist nicht gekommen, um sich dienen zu lassen, sondern um zu dienen und sein Leben als Lösegeld für viele hinzugeben« (Mk 10,42–45).

Diese hier geforderte, radikal neue Autorität gründet auf der christlichen Brüderlichkeit und der grundsätzlichen Gleichheit aller Christen. Die Kirche des Neuen Testamentes hat redlich versucht, diese Autorität in die Praxis umzusetzen. Allmählich aber traten die unterscheidenden Elemente von neuem wieder in den Vordergrund. Der Unterschied zwischen Klerus und Laien tritt bald hervor. Diese Tendenz zur Hierarchisierung verschärfte sich vor allem durch die konstantinische Wende und die damit verbundene Entwicklung der Kirche zur Volks- und Staatskirche. Der Gleichheitsgedanke der Glieder tritt immer mehr in den Hintergrund. Historisch gesehen brachte diese zunehmende Hierarchisierung der Kirche und das Verlassen des Gleichheitsgrundsatzes vor allem drei Konsequenzen mit sich. Zunächst gab es bis in unsere Tage immer wieder Gruppen von Christen, die mit dieser Gleichheit radikal ernst machen wollten, die aber keine Möglichkeit sahen, dies im Rahmen der Kirche zu tun und sich deshalb von der Kirche abspalteten. Die zweite historische Konsequenz der unchristlichen Autoritätsausübung in der Kirche ist in der innerkirchlichen Analogie zu den Sekten zu sehen: in den Orden. Die dritte Konsequenz des Mangels an Gleichheit in der Kirche aber brachte die weittragendsten Folgen mit sich. Da die Menschen die von ihnen ersehnte Wirklichkeit der christlichen Gleichheit und Brüderlichkeit und der damit verbundenen freiheitlichen Ausübung der Autorität in der Kirche nicht mehr fanden, suchten sie diese Freiheit außerhalb der Kirche zu verwirklichen. So kam es, daß in der Neuzeit die Gleichheit und Brüderlichkeit in ihrer radikal-säkularisierten Form zum bewegenden Impuls von vor allem zwei Bewegungen wurden: Für die Aufklärung und den Marxismus.

Eine patriarchalische Autorität führt notwendigerweise zu einem autoritären Verhalten. Sie reproduziert auf der anderen Seite bei den Menschen, die einer solchen patriarchalischen Autorität ausgesetzt sind, die »autoritäre Persönlichkeit«[4]. Wird eine solche patriarchalische Autorität einerseits von der Gesellschaft her und von den Kirchenmitgliedern her infrage gestellt und dadurch verunsichert, andererseits aber aus ideologischen Gründen nicht aufgegeben, so entstehen ekklesiogene Ängste, ja ekklesiogene Neurosen bei den Amtsträgern. Angst aber ist in gewissem Sinne das Gegenteil von Freiheit, auf jeden Fall aber können Verängstigte nicht in Freiheit Autorität ausüben und die christliche Freiheit glaubwürdig bezeugen[5].

Gegenüber einer solchen, von einer patriarchalischen Autorität gekennzeichneten kirchlichen Gemeinde soll hier unter Rückbesinnung auf die neutestamentlichen Traditionen das Leitbild der herrschaftsfreien Gemeinde gestellt werden[6]. Dabei gehen wir von der durch H. Marcuse gemachten Unterscheidung aus: »Herrschaft ist etwas anderes als rationale Machtausübung. Letztere, die jeder gesellschaftsformenden Arbeitsteilung innewohnt, stammt aus dem Können und beschränkt sich auf die Verwaltung von Funktionen und Einrichtungen, die für die Förderung des ganzen notwendig sind. Im Gegensatz dazu wird die Herrschaft von einer bestimmten Gruppe oder von einem einzelnen ausgeübt mit der Absicht, sich selbst in einer privilegierten Position zu erhalten und seine Macht zu steigern.«[7] Wo es Herrschaft gibt, da gibt es unabdingbar Knechtschaft. Darauf hat Hegel deutlich hingewiesen. Herr und Knecht sind »zwei entgegengesetzte Gestalten des Bewußtseins; die eine das selbständige, welchem das Fürsichsein, die andere das unselbständige, dem das Leben oder das Sein für ein Anderes das Wesen ist; jenes ist der Herr, dies der Knecht«[8]. Herrschaft ist ferner dadurch gekennzeichnet, daß sie zeitlich nicht begrenzt ist und daß der Herrschaftsträger die Kompetenz der Kompetenz besitzt, d. h. ohne Legitimationszwang selbst festsetzt, in welchem Umfange er Herrschaft ausübt. Macht bedeutet demgegenüber, daß der Machtausübende seine Machtausübung grundsätzlich und in jedem eigenen Falle zu legitimieren hat, daß seine Machtausübung von vornherein zeitlich begrenzt ist und daß sie in einem Raum der Öffentlichkeit ausgeübt wird, die Art, Inhalt und Form der Machtausübung jederzeit kritisch kontrollieren kann[9].

Als Christen werden wir uns immer wieder von neuem kritisch zu fragen haben, ob und in welchem Maße in der Kirche Herrschaft ausgeübt wurde und wird, obwohl doch die Kirche unter einem ganz anderen Gesetz angetreten ist (Vgl. Mk 10,42–45). An den klaren und eindeutigen Aussagen des Neuen Testamentes über die Machtausübung von kirchlichen Amtsträgern und von Christen überhaupt ist jede Ausübung von Herrschaft, auch von heiliger Herrschaft, zu messen.

Wenn es vielleicht so war, daß die Menschheit und damit auch die Kirche in der Vergangenheit noch nicht reif genug war, ohne Herrschaft auszukommen, dann gilt es ganz sicher heute in einer mündig gewordenen Welt, eine Kirche zu realisieren, die ernst macht mit jener den Menschen dienenden Grundstruktur der Kirche, wie sie Jesus vorgezeichnet hat.

Der einzige Herr, zu dem sich die Gemeinde Jesu Christi bekennt, ist der Herr Jesus Christus. Dies war das klare Bekenntnis der Urkirche: Jesus ist der Herr. Aber auch bei der Anerkennung seiner Autorität, der sich alle andere Autorität in der Kirche unterzuordnen hat, handelt es sich eben nicht um eine Herrschaft im oben beschriebenen Sinne, denn gerade Jesus selbst versteht ja seine Aufgabe als ein Dienst an den Menschen.

Herrschaftsfreie Gemeinde bedeutet nicht, daß sie ohne Machtausübung, ohne Autorität, ohne Amtsträger, ohne eine bestimmte Ordnung dem Chaos, der Anarchie überantwortet werden soll. Herrschaftsfrei will besagen, daß dann, wenn in der Gemeinde von bestimmten Amtsträgern Macht ausgeübt wird, diese sich legitimieren muß. Herrschaftsfreie Gemeinde bedeutet vor allem, daß die Mitglieder jene Wirklichkeit ernst nehmen, die Jesus als Gottesherrschaft verkündet hat. Das eigentümliche an dieser Gottesherrschaft, die uns in Jesus nahegekommen ist, besteht aber gerade darin, daß der Mensch nicht aufs neue einer Herrschaft unterworfen wird, sondern daß sie den freimacht, der sich auf die Sache Jesu einläßt. Die von Jesus verkündigte und in ihm zu uns gekommene Gottesherrschaft ist die Bedingung der Möglichkeit von menschlicher Freiheit schlechthin. So heißt es im Galaterbrief 5,1: »Damit ihr frei seid, hat Christus uns freigemacht. So stehet fest und lasset euch nicht wieder unter das Joch der Knechtschaft bringen.«[10]

3. Demokratisierung der Gemeinde

Die Konkretisierung dieses Leitbildes einer herrschaftsfreien Gemeinde bedeutet unter den heutigen Umständen eine umfassende Demokratisierung der Gemeinde.[11] Demokratisierung bedeutet nicht, daß die Herrschaft der Amtsträger durch die Herrschaft des Volkes ersetzt wird, sondern will besagen, daß alle Mitglieder der Gemeinde sich der Sache Jesu verpflichtet wissen und sich um eine Lebensform in der Kirche mühen, die sowohl der Gesinnung Jesu Christi wie den neuzeitlichen Elementen des Bewußtseins, der Ordnung und des Verhaltens entspricht, die man demokratisch nennt. Dabei ist von vornherein deutlich zu machen, daß Demokratisierung nicht in erster Linie eine bestimmte, rechtlich fixierte statische Ordnung meint, sondern einen permanenten dynamischen Prozeß darstellt.

Demokratisierung der Gemeinde bedeutet die kollegiale Verantwortung aller Kirchenmitglieder. Alle sind verantwortlich für den Lebensvollzug in der Gemeinde. Mitverantwortung aller bedeutet aber auch Mitentscheidung aller. Räumt man den Gemeindemitgliedern nicht das Recht auf Mitentscheidung ein, so läuft man Gefahr, daß der Aufruf zur Mitsorge und Mitarbeit als Heuchelei betrachtet wird. Nur wenn die Gemeindemitglieder mitentscheiden können, wird es möglich sein, daß die einzelnen Christen sich mit ihrer Gemeinde identifizieren. Diese kollegiale Verantwortung aller Mitglieder muß dann natürlich auch ihren institutionellen Ausdruck finden, also in einem Gremium, das von allen Mitgliedern gewählt wird.

Zu einer Demokratisierung der Gemeinde gehört ferner eine innergemeindliche Öffentlichkeit. In einer patriarchalischen Gemeinde gab es nur eine repräsentative Öffentlichkeit[12]. Der Pfarrer konnte mit einigem Recht sagen: Die Pfarrei, das bin ich. Eine demokratisierte Gemeinde muß exemplarisch die Öffentlichkeit all der Vorgänge in der Gemeinde garantieren, die alle angehen. Damit wird einer geheimen Kabinettspolitik der Boden entzogen. Ein solcher Raum der Öffentlichkeit in der Gemeinde ist notwendig, damit frei geredet, frei kritisiert, frei argumentiert, unbequeme Fragen gestellt und tabuisierte Probleme erörtert werden können. Dies setzt allerdings ein intensives Kommunikationsgefüge in der Gemeinde voraus. Die demokratisierte Gemeinde lebt vom dauernden Kommunikationsfluß der Mitglieder in allen Richtungen. Vor allem verlangt dies einen Kommunikationsfluß von unten nach oben, von den einzelnen Gemeindemitgliedern zur Gemeindeleitung hin.

Ist ein solcher Raum der Öffentlichkeit in der Kirche vorhanden, dann kann sich auch die Kritik frei zu Wort melden. Ein totalitäres System kann Kritik nicht zulassen, da dadurch ihr Totalitäts- und Absolutheitsanspruch infrage gestellt wird. Eine offene Institution, wie es die Gemeinde sein soll, die auf

die Mitarbeit und Mitverantwortung aller Mitglieder angewiesen ist, lebt von der Kritik ihrer Mitglieder.
Falls die Kritik wirksam sein soll, muß sie aber auch auf eine gewisse Weise institutionalisiert sein. Es muß so etwas wie eine legitime Opposition auch in der kirchlichen Gemeinde geben. Das will besagen, daß bestimmte kritische Einzelpersonen und bestimmte kritische Gruppen in der Gemeinde nicht nur toleriert, sondern sogar dringend benötigt werden, welche die bestehenden Institutionen der Gemeinde kritisch befragen und sich um ihre Reform mühen. Wenn solche Einzelpersonen oder Gruppen aus der Gemeinde hinausgedrängt werden, begibt sich die Gemeinde selbst eines für sie lebensnotwendigen dynamischen Elementes.

4. Das Amt in der Gemeinde

Auch in einer herrschaftsfreien und demokratisierten Gemeinde wird es wie in jeder anderen Institution Autorität und rationale Machtausübung geben müssen. Auch das Neue Testament geht von der selbstverständlichen und nicht weiter reflektierten Voraussetzung aus, daß es in der Kirche Autorität und damit Amtsträger geben muß. Die entscheidende Frage lautet aber, wie diese Autorität ausgeübt wird. Gerade aus dem Neuen Testament aber ersehen wir auch, daß die Art der Autoritätsausübung nicht einfach vorgegeben ist durch göttliche Einsetzung, sondern daß sie in direktem Zusammenhang steht mit der jeweiligen gesellschaftlichen Situation. Dementsprechend finden wir in den paulinisch-hellenistischen Gemeinden eine eher charismatisch bestimmte, sehr wenig institutionalisierte Form der Gemeindeleitung, während etwa in den petrinisch-palästinensischen Gemeinden eine mehr nach dem Modell der Synagoge konzipierte, kollegiale Gemeindeleitung realisiert wurde.
Für heute bedeutet dies, daß eine neue Form der Machtausübung in der Gemeinde gefunden werden muß, die einerseits eine wirksame Autoritätsausübung garantiert, damit die Gemeinde ihre Aufgabe erfüllen kann, die aber andererseits gerade die neuzeitliche Freiheitsgeschichte an diesem Punkte kritisch und produktiv assimiliert. Johann Baptist Metz schreibt zurecht: »Kirchliche Autorität könnte in dem geschilderten Kontext sichtbar werden als öffentliche Zeugin und Tradentin dieser gefährlich-erlösenden Freiheitserinnerung, wenn sie sich in ihrem praktischen Selbstverständnis gleichzeitig den Herausforderungen der Freiheitsgeschichte wirklich stellte, wenn sie die Erlösungsbotschaft entlang dieser Freiheitsgeschichte bezeugte und damit glaubwürdig sichtbar machte, daß sie ihr Zeugnis einem Menschen bringt, der sein Erlösungswissen innerhalb dieser Freiheitsge-

schichte, in der Spannung von Erlösung und Emanzipation, bilden muß.«[13]

Wie aber läßt sich nun die Verwirklichung des Amtes in der kirchlichen Gemeinde vorstellen? Wichtig scheint dabei die neutestamentliche Konzeption zu sein, daß es in der Gemeinde Jesu Christi eine Vielfalt von Ämtern gibt, die notwendig sind, damit diese Gemeinde ihre Aufgabe erfüllen kann (vgl. 1 Kor 12,4-11; Röm 12,4-8; Eph 4,11-13).

Ein Amt unter vielen Ämtern in der Gemeinde ist das Leitungsamt. Dieser Dienst soll der Einheit und dem Frieden in der Gemeinde dienen. Der Leiter der Gemeinde hat vor allem die Aufgabe, die Fähigkeit zu den verschiedenen Diensten in der Gemeinde aufzuspüren, sie aufeinander zuzuordnen, ihnen Raum zu verschaffen, sie zu einem sinnvollen Zueinander zu bringen, bestehende Spannungen für das Ganze der Gemeinde fruchtbar werden zu lassen, aufkommende Konflikte einer gewaltlosen, möglichst rationalen Lösung zuzuführen. Dieses Leitungsamt ist einerseits natürlich bezogen auf die Gemeinde. Ihr hat es zu dienen. Auf der anderen Seite ist dieses Leitungsamt auch auf Jesus Christus, den Herrn der Gemeinde, zugeordnet. Der Amtsträger hat in besonderer Weise Sorge zu tragen für die Kontinuität der Sache Jesu in der Geschichte. Ihm obliegt es also im besonderen, dafür zu sorgen, daß die Erinnerung an Jesus von Nazareth wachbleibt, daß der von den Aposteln und Propheten bezeugte Glaube nicht verharmlost und nicht verfälscht wird. Er ist also nicht nur der Garant der Einheit der Gemeinde, sondern auch der Garant für die Kontinuität der Sache Jesu. Andererseits hat er auch im besonderen Maße Sorge zu tragen für die Kommunikation seiner Gemeinde mit den anderen Gemeinden derselben Großkirche.

So ist der Leiter der Gemeinde zunächst Mitglied dieser Gemeinde. Er ist solidarisch mit ihr; er untersteht der Kritik der Gemeinde; er hat dieselben Glaubensprobleme wie die anderen Mitglieder der Gemeinde; er ist zunächst Christ unter Christen. Unter der Hinsicht aber seiner besonderen Verantwortung für das apostolische Zeugnis und für die Verbindung mit der Gesamtkirche steht er auch seiner Gemeinde gegenüber, ist er ihr Vorsteher. Er hat deshalb seiner Gemeinde auch kritische Fragen zu stellen, also nicht nur Fragen zu beantworten, sondern auch vergessene Probleme aufzuwerfen, die Praxis der Gemeinde von der Sache Jesu und den Erfordernissen der gesellschaftlichen Situation her infrage zu stellen. So ist sein Amt nicht einfachhin aus der Gemeinde abzuleiten.

Wie hat man sich aber nun die Zuordnung und Kompetenzverteilung zwischen dem Vorsteher der Gemeinde, der Gemeindesynode und der Gesamtgemeinde zu denken? Als grundlegendes Prinzip müßte die Verpflichtung, in manchen Fällen der Zwang zur Kooperation gelten. Dies besagt, daß alle Teile auf Kooperation angewiesen sind und Beschlüsse nicht

3.1

zustande kommen, wenn nicht alle Teile zustimmen. Dieses Prinzip könnte auch in der Weise institutionalisiert werden, daß sowohl dem Vorsteher der Gemeinde wie auch einer Minderheit in der Gemeindesynode in schwerwiegenden Fragen ein Vetorecht zugebilligt wird. Für schwere Konfliktfälle, die in einer christlichen Gemeinde die Ausnahme sein sollten, muß es dann auf einer übergeordneten Ebene ein Schiedsgericht geben, das versucht, einen solchen Konflikt zu lösen.

Auch in der christlichen Gemeinde ist es notwendig, daß die Amtsträger sich selbst, die Strukturen der Amtsinstitution und die Art ihrer Machtausübung vor der Botschaft des Neuen Testamentes und dem lebendigen Glauben der Gemeinde und der Kirche zu verantworten haben. Gerade deshalb, weil auch in der Kirche das Amt die gefährliche Tendenz in sich birgt, sich von der Gesamtheit der Gläubigen zu isolieren, sich absolut zu setzen und die notwendige Rückbindung und Unterstellung des Amtes unter die Sache Jesu zu vergessen, gerade deswegen ist die Legitimierung des Amtes durch die Sache Jesu und den Glauben in der Kirche unbedingt erforderlich.

Dabei wird man auch auf eine gewisse Kontrolle der Macht und ihrer Ausübung von seiten der Gemeinde nicht verzichten können. Vor allem dem paulinischen Amtsverständnis ist ein solcher Gedanke nicht fremd. So ist in 1 Kor 14,29 davon die Rede, daß sich die Gemeinde im Hinblick auf die Propheten ein Urteil bilden sollen. In 1 Thess 5,21 wird die Gemeinde ausdrücklich auf ihre Verpflichtung hingewiesen, alles zu prüfen. Dasselbe kommt in 1 Jo 4,1 zum Ausdruck. Die Gemeinde wird also zur kritischen Beurteilung gerade auch in Fragen des Glaubens und auch im Hinblick auf die Gemeindemitglieder aufgerufen. Auch die Amtsträger sind von diesem kritischen Urteil nicht auszunehmen.

5. Schluß

Für die Zukunft der Kirche wird es von entscheidender Bedeutung sein, ob es gelingt, in unseren kirchlichen Gemeinden so etwas wie eine Kultur der Freiheit zu schaffen, ein Eintreten für Aufklärung, für Mündigkeit, für eine kritische Öffentlichkeit. Wir müssen in der Gemeinde lernen, Freiheit zu lernen. Wir brauchen sozusagen ein Curriculum für Freiheitserfahrung und Freiheitserlebnis. Und wir brauchen vor allem eine Autorität in der Gemeinde, die sich orientiert an Autorität und Autoritätsausübung Jesu. Denn die Autorität, die Jesus hatte und ausübte, läßt sich nicht durch äußere Legitimation begründen. Es ist eine Autorität, die den Menschen keine Garantie gewährt, sondern die freie Entscheidung herausfordert, die also geradezu Freiheit provoziert. Dabei wird gerade bei der Autoritätsausübung Jesu klar, daß das Maß seiner Autoritätsausübung das Wohl und Heil des Menschen ist. Christliche Gemeinde sollte zu einem Ort einer neuen Art von Autorität werden, wo jemand nicht auf seine Amtsautorität pocht, sondern sie zu erwerben sucht durch Argumentieren, durch Überzeugen, durch phantasievolles Finden neuer Möglichkeiten. Ist dies nicht reine Utopie? Zunächst ist darauf hinzuweisen, daß es tatsächlich schon solche Gemeinden gibt, in denen es keine autoritäre Strukturen, wohl aber eine Autorität gibt, die sich von der Freiheit des Christenmenschen inspirieren läßt und welche die Mitglieder der Gemeinde nicht vergewaltigt, sondern sie ausdrücklich zur schöpferischen Freiheit ermutigt. Es gibt Gemeinden, in denen solche emanzipatorische Lernprozesse stattfinden. Dem ist eine zweite Bemerkung sofort hinzuzufügen. Eine andere Form von Autorität als die hier angezielte ist in Zukunft nicht mehr möglich, weil unsere Zeitgenossen eine autoritäre Form der Herrschaft auch in der Kirche nicht mehr ertragen. Denn im Sinne von Mt 10,39 gilt auch hier, daß derjenige, der seine Autorität retten will, sie verlieren wird, und daß derjenige, der sie daran gibt, sie gewinnen wird.

Anmerkungen:

1. J. Habermas, Legitimationsprobleme im Spätkapitalismus, 1973, 11.
2. J. B. Metz, Christliche Autorität im Anspruch der Freiheitsgeschichte, in: J. B. Metz u. a., Kirche im Prozeß der Aufklärung, 1970, 53–90, hier 67.
3. Vgl. dazu vor allem den zitierten Artikel von J. B. Metz.
4. Vgl. Th. W. Adorno, The Authoritarian Personality, New York 1950.
5. Vgl. R. Bohren / N. Greinacher (Hg.), Angst in der Kirche verstehen und überwinden, 1972.
6. Vgl. N. Greinacher, Herrschaftsfreie Gemeinde, in: Concilium 7 (1971) 181–190.
7. H. Marcuse, Triebstruktur und Gesellschaft, 1970, 40.
8. G. W. F. Hegel, Phänomenologie des Geistes. Werke in 20 Bänden, III, 1974, 150.
9. Ich setze mich hier bewußt ab von Definitionen über Herrschaft und Macht, wie sie vor allem von Max Weber vorgenommen wurden: Wirtschaft und Gesellschaft I, 1964, 38.
10. Vgl. E. Käsemann, Der Ruf der Freiheit, ³1968; J. Blank, Das Evangelium als Garantie der Freiheit, 1970.
11. Vgl. H. Hoefnagels, Demokratisierung der kirchlichen Autorität, 1969; Demokratisierung der Kirche. Ein Memorandum deutscher Katholiken, hg. vom Bensberger Kreis, 1970; J. Ratzinger / H. Maier, Demokratie in der Kirche, 1970; Demokratisierung der Kirche: Concilium 7 (1971) Heft 3.
12. Vgl. J. Habermas, Strukturwandel der Öffentlichkeit, ⁴1969.
13. AaO. 72.

3.2 Karl-Fritz Daiber
LEITUNG IN DER ORTSGEMEINDE[1]

Das Neue Testament redet an verschiedenen Stellen von der Gemeindeleitung. Im ersten Petrusbrief heißt es etwa: »Die Ältesten unter euch ermahne ich, der Mitälteste und Zeuge der Leiden Christi, der ich auch teilhabe an der Herrlichkeit, die offenbart werden soll: Weidet die Herde Gottes, die euch befohlen ist, nach Gottes Willen, nicht gezwungen, sondern willig; nicht um schändlichen Gewinnes willen, sondern von Herzensgrund; nicht als die über die Gemeinden herrschen, sondern werdet Vorbilder der Herde. So werdet ihr, wenn erscheinen wird der Erzhirte, die unverwelkliche Krone der Ehren empfangen« (1 Petr 5,1–4).
Der Verfasser des ersten Petrusbriefes verarbeitet bei seiner Darstellung der richtigen Gemeindeleitung Erfahrungen des Glaubens: Das Volk Israel weiß sich von Gott als dem guten Hirten geleitet, die neutestamentliche Gemeinde ist die »Herde« des »Erzhirten« Jesus Christus. Diese Erfahrung des Glaubens wird zur Norm, an der sich die Gemeindeleitung der Ältesten messen muß. Zugleich nimmt der biblische Schriftsteller andere Erfahrungen auf, negative Erfahrungen, die er vielleicht in den damals bestehenden christlichen Gemeinden oder auch in anderen sozialen Gruppen gemacht hat: Nicht um des Gewinnes willen sollen die Ältesten das Amt der Gemeindeleitung übernehmen, nicht um herrschen zu können sollen sie Älteste sein. Die Erfahrung des Glaubens kritisiert hier andere Erfahrung: die Erfahrung, an Mächtige ausgeliefert zu sein, die ihre Herrschaftsposition ausnützen. Sie stellt Maßstäbe auf, die zunächst nur für die Gemeinde formuliert sind, die im Grunde aber doch über diese hinausreichen, alles soziale Zusammenleben der Menschen betreffen. Bei der Formulierung von Kriterien der Gemeindeleitung kommen also unterschiedliche Erfahrungsbereiche zusammen, die Erfahrung des Glaubens, in der Lebenserfahrung als Erfahrung Gottes gedeutet wird, und die Erfahrung mitmenschlichen Verhaltens, die ihr eigenes Gewicht hat und deshalb auch unabhängig von der Erfahrung des Glaubens reflektiert und verarbeitet wird...
Probleme der Gemeindeleitung zu bedenken bedeutet, unterschiedliche Erfahrungsbereiche aufeinander zu beziehen, nämlich den Erfahrungsbereich des Glaubens, den Erfahrungsbereich des Alltags und den Erfahrungsbereich der Sozialwissenschaften. Der ausdrückliche Rückbezug auf die Erfahrung bedeutet, daß die Ergebnisse der Überlegungen keine Aussagen

darüber ergeben, was Gemeindeleitung ihrem Wesen nach ist, sondern nur Aussagen darüber, was unter den Bedingungen jetzt möglicher Erfahrung Gemeindeleitung heute sein kann. Da die soziale Erfahrung in unterschiedlichen Bezugssystemen verschieden ist, muß mit unterschiedlichen Lösungsmöglichkeiten für Probleme der Gemeindeleitung gerechnet werden.
Bei den folgenden Einzelüberlegungen orientiere ich mich an drei vorläufigen Leitsätzen:
1) Aufgabe der Gemeindeleitung ist es, die in der Schrift sich darstellende Anfangstradition der Kirche als das entscheidende, den Sinn menschlichen Lebens verdeutlichende Wort weiterzugeben.
2) Aufgabe der Gemeindeleitung ist es, die Gemeinde zu befähigen, in der Nachfolge Jesu für eine menschenwürdige Welt einzutreten.
3) Aufgabe der Gemeindeleitung ist es, dafür zu sorgen, daß Bruderschaft erlebt werden kann und Herrschaft der einen über die anderen in der Gemeinde abgebaut wird.
Die Begründung dieser Sätze soll sich in der Einzeldarstellung ergeben.

I. Die Funktionen der Leitung

1. Die Aufgaben der Leitung in Organisationen

Ortskirchengemeinden wie Verbände von solchen, also Kirchen, sind soziale Gebilde, die mit anderen sozialen Gebilden, etwa Vereinen, Parteien oder Gewerkschaften verglichen werden können. Soziale Gebilde dieser Art stellen im allgemeinen Organisationen dar, dh. sie sind rational so geordnet, daß einzelnen in ihnen bestimmte Aufgaben zugewiesen sind. Ferner besteht die Möglichkeit, in die Organisation ein- bzw. aus ihr auszutreten. Die Kirche war in der Vergangenheit nur unter bestimmten Aspekten Organisation. Sie war es etwa nicht, wenn man die Möglichkeit aus- und einzutreten als ein Merkmal von Organisationen heranzieht. Sie ist es in verschiedenen Ländern im Bewußtsein ihrer Mitglieder immer noch nicht, weil eine Mehrzahl ernsthaft gar nicht mit der Möglichkeit des Kirchenaustritts rechnet[2]. Trotzdem steigt wohl in allen Ländern, die bislang volkskirchliche Verhältnisse haben, die Distanz zur Kirche. Die Mitglieder werden sich der Austrittsmöglichkeit bewußter. Die Kirche wird immer deutlicher Organisation. Ihre Grenzen sind nicht einfach mit denen des Staates identisch, sie ist vielmehr ein soziales Gebilde neben anderen in dem vom Staat umfaßten sozialen Raum.
Innerhalb jedes sozialen Gebildes, auch jeder Organisation, sind vielfältige Formen der Ungleichheit der Mitglieder untereinander zu beobachten. Eine

Form der Ungleichheit besteht darin, daß die Mitglieder unterschiedliche Chancen haben, ihren Willen durchzusetzen. Die Chance, den Willen durchzusetzen indessen, begründet Macht bzw. Herrschaft. M. Weber hat diese Begriffe folgendermaßen definiert: »Macht bedeutet jede Chance, innerhalb einer sozialen Beziehung den eigenen Willen auch gegen Widerstreben durchzusetzen, gleichviel worauf diese Chance beruht.« »Herrschaft soll heißen die Chance, für einen Befehl bestimmten Inhalts bei angebbaren Personen Gehorsam zu finden.«[3] Wo sich innerhalb einer Organisation Leitung vollzieht, hat dies auch mit Herrschaft zu tun und begründet Macht. Leitung setzt in der Regel ein Beziehungsverhältnis voraus, das die einen zu Übergeordneten und die anderen zu Untergeordneten macht. Eine Änderung dieses Beziehungsverhältnisses ist nur dann möglich, wenn am Vorgang der Leitung alle beteiligt sind.
Zumindest ebenso wichtig wie das durch die Leitung bedingte Beziehungsverhältnis einzelner zueinander, ist der Ertrag der Leitung für das Ganze der Organisation. In dieser Hinsicht besteht ihre Hauptaufgabe darin, den Aufbau und die Erhaltung des sozialen Systems zu gewährleisten[4]. Der Aufbau und die Erhaltung des sozialen Systems sind dann gewährleistet, wenn die Organisation ihren Zweck erfüllt. Ein Industriebetrieb wird dies dann tun, wenn er maximale Gewinne erwirtschaftet oder das Plansoll erfüllt. Bei der Gewerkschaft kommt es darauf an, daß sie optimal die Interessen ihrer Mitglieder vertritt. Während bei einem Industriebetrieb sich die Führungsleistung am Geschäftserfolg messen läßt, muß dies etwa bei einer Gewerkschaft an der Zufriedenheit der Mitgliederschaft deutlich werden. In beiden Fällen ist die Führungsleistung allerdings nicht nur von organisationsinternen, sondern auch von organisationsexternen Faktoren abhängig. Die Effizienz des Industriebetriebes hängt nicht nur an der Qualität des Produkts, sondern auch an seinem Absatz, dh. die Leitung des Betriebs muß marktkonform arbeiten. Die Zufriedenheit der Mitgliederschaft einer Gewerkschaft kann nur dann erreicht werden, wenn die Leitung situationsgerecht Interessen vertritt. Dies bedeutet, daß die Leitung einer Organisation genötigt ist, sich umweltgerecht zu verhalten. Je stärker sich die Umwelt wandelt, desto mehr ist die Leitung der Organisation gefordert.

2. Aufgaben der Gemeindeleitung

Keine Gemeinde lebt ausschließlich davon, daß ihre Leitung erfolgreich arbeitet. Genau genommen muß sogar gesagt werden: Die Kirche lebt überhaupt nicht davon, daß sie gute Synodale und Älteste, Diakone, Pfarrer und Bischöfe hat, die Kirche lebt ausschließlich von der Gegenwart Jesu. Diese Aussage wäre indessen mißverstanden, wenn sie dazu verleiten würde, das Menschenmögliche in Gemeinden und Kirchen nicht zu tun und darum auch jene Erfahrungen nicht aufzunehmen, die in anderen sozialen Feldern gemacht werden. Fragen wir also: Was bedeutet es für eine Ortsgemeinde, wenn ähnlich einer Gewerkschaft oder ähnlich auch einem Verein Aufbau und Erhaltung der Gemeinde von der Zufriedenheit der Mitglieder mit abhängig ist. Es bedeutet zunächst, daß die Gemeindeleitung nicht an den Gemeindemitgliedern vorbei die kirchliche Arbeit gestalten kann. In den Volkskirchen muß dies erst nach und nach gelernt werden. Dieser Tatbestand schränkt die Freiheit der hauptberuflichen Mitarbeiter der Gemeinden ein. Er enthält aber eine Fülle neuer Chancen, denn die Gemeindemitglieder sind nicht einfach an einer alten und toten Kirche interessiert, sie suchen die lebendige Kirche. Sie wollen aber mitgenommen werden in dem Prozeß des Suchens und Lernens.

Ganz allgemein gilt, daß die ›Zufriedenheit‹ der Kirchenmitglieder dann gegeben ist, wenn sie sehen, daß die Arbeit ihrer Kirchengemeinde ›sinnvoll‹ ist. Bei den beiden großen Umfragen, die in den letzten Jahren in Westdeutschland unter Kirchenmitgliedern veranstaltet wurden, äußerten viele Befragte ihr Interesse daran, daß die Kirche den christlichen Glauben zeitgemäß verkündigt[5]. Die Mitglieder der Kirchen erwarten also, daß die Relevanz des Evangeliums für das heutige Leben deutlich wird. Die Erwartung der zeitnahen Verkündigung richtet sich nicht immer auf die Predigt im Gottesdienst, sie richtet sich vielleicht mehr noch auf die Ansprache bei den Amtshandlungen oder auf die Unterweisung der Heranwachsenden. Ich vermute, daß zeitnahe Verkündigung nicht heißt, daß die Arbeit der Kirche nur die Gemeindemitglieder bestätigen soll. Die Verkündigung soll und darf auch Kritik üben. Gewiß, nicht alle akzeptieren dies, aber die Mehrzahl hat nicht vergessen, daß der Bußruf zum Evangelium gehört, sie haben auch nicht vergessen, daß mit dem Evangelium untrennbar die Hinwendung zum Nächsten verbunden ist. Eine christliche Gemeinde, die nur um sich selber kreist, verdient ihren Namen nicht. Dies weiß man in der Kirche. Vielleicht wissen es diejenigen, die mit einiger Distanz der Kirche angehören, besser, als die, die sich ganz mit der Botschaft der Bibel identifizieren können. Allerdings ist unter den Kirchenmitgliedern strittig, ob die soziale Mitverantwortung eine politische Mitverantwortung in sich schließt. In manchen Ländern wird eine konstruktiv kritische Mitarbeit von Christen auch von Seiten der Nichtchristen gar nicht gewollt oder mit Mißtrauen begleitet. Gerade die marxistische Sozialwissenschaft hat freilich deutlich gemacht, wie stark soziale Probleme zugleich politische Probleme sind. Die soziale Mitverantwortung umschließt die politische Mitverantwortung. Hinter diese Erkenntnis kann eine verantwortliche Gemeindearbeit nicht zurück. So kommt es darauf an, Lernfelder einzurichten, die diese Zusammenhänge deutlich machen. Solche Lernfelder können im einen Fall

Projekte der Gemeinwesenarbeit sein: Eine Gruppe der Kirchengemeinde initiiert oder beteiligt sich an einer Aufgabe, die der ganzen Stadt, dem ganzen Stadtteil oder dem ganzen Dorf zugute kommt. Es können auch Projekte der Entwicklungshilfe sein oder die Mitarbeit bei der Auseinandersetzung mit dem Rassismus.

Ausgangspunkt dieser Überlegungen war die Feststellung: Die Leitung von Organisationen muß auf den Aufbau und die Erhaltung der Organisation gerichtet sein. Beides hängt von der ›Zufriedenheit‹ der Mitgliederschaft ab. Diese ist dann gegeben, wenn die Relevanz der Arbeit einsichtig ist, wenn die Ziele situationsgerecht verwirklicht werden. In dieser Aufgabenbestimmung tritt zunächst die Gemeindeleitung der Gemeinde gegenüber. Auf der einen Seite stehen die Verantwortlichen, auf der anderen Seite die aus der Verantwortung Entlassenen. Auf der einen Seite stehen diejenigen, die die Finanzmittel der Gemeinde verwalten und damit ein Stück Macht haben, auf der anderen Seite diejenigen, die Einfluß nur bedingt geltend machen können. Der zuerst angesprochene Beziehungsaspekt wird relevant: Der Vollzug von Leitung bedingt Macht und Herrschaft auf der einen Seite, sich fügen und hinnehmen auf der anderen Seite. Eine Gemeindeleitung, die zugleich am Ziel des Herrschaftsabbaus orientiert ist, muß – darauf wurde schon hingewiesen – möglichst viele am Leitungsprozeß selber unmittelbar beteiligen. Eine solche ›bruderschaftliche‹ Organisation der Gemeindeleitung bringt freilich eine Reihe spezifischer Aufgaben mit sich.

a) Information

Grundvoraussetzung für jede Form der Mitsprache ist die Information. In der Regel ist der Pfarrer der Bestinformierte in der Gemeinde. Er hat die Geschäftsführung, bei ihm kommt die Post an, er hat Einblick in die Gemeindekreise, er hat Kontakt mit Kollegen aus anderen Gemeinden. Weil er diesen Informationsvorsprung besitzt, ist er dafür verantwortlich, daß Informationen weitergegeben werden, und zwar zunächst an den Kreis der Ältesten, an die hauptberuflichen und an die ehrenamtlichen Mitarbeiter. Darüber hinaus hat die Gesamtgemeinde Anspruch auf ausreichende Information. Unter Gesamtgemeinde ist dabei nicht nur der Kreis von Gemeindemitgliedern zu verstehen, der sich in relativ regelmäßigen Abständen beim Gottesdienst trifft, sondern ebenso diejenigen, die nur gelegentlich an gemeindlichen Veranstaltungen teilnehmen oder ausschließlich nominelle Kirchenmitglieder sind. Die Informationsweitergabe bedarf der Planung und des überlegten Medieneinsatzes. Es kann im Gottesdienst informiert werden, durch den Gemeindebrief, durch Einzelbriefe an eine Zielgruppe oder durch den Kontaktbesuch. Informationen sollen über das Gemeindeleben berichten, sie sollen aber zugleich einladen, bei Planungen mitzuwirken, bei notwendigen Entscheidungen mit zu überlegen. Die

Gemeinde soll über kontroverse Positionen informiert werden. Allerdings müssen ihr dann auch Hilfen geboten werden, die Gegensätze zu verarbeiten, zu einer eigenen Urteilsfindung zu kommen und Konsensusmöglichkeiten zu entdecken. Darüber hinaus soll über Schwierigkeiten in der Gemeinde informiert werden und die Möglichkeit zur offenen Kritik geboten sein.

b) Kommunikation
Mit der zunehmenden Verstädterung haben sich innerhalb der Volkskirchen Großgemeinden entwickelt. Diese umfassen in der Regel mehrere tausend Mitglieder. Die Folge dieser Entwicklung ist, daß nur noch wenige Angehörige der Kirchengemeinde sich gegenseitig kennen. Die geringere Chance der Kommunikation bedeutet, daß die Organisation Ortsgemeinde für ihre Mitglieder weniger attraktiv ist und diese deshalb insgesamt schwächer an ihrem Leben teilnehmen. Eine entsprechende Gesetzmäßigkeit läßt sich bei allen Organisationen beobachten[6]. Die durch die Großgemeinden entstandene Situation ist um so schwerwiegender, als die Relevanz des Glaubens eigentlich nur dort einsichtig wird, wo einzelne und Gruppen sie überzeugend vertreten.

Den zunächst für die Gemeindeleitung Verantwortlichen muß es deshalb darum gehen, Formen der Kommunikation der Gemeindemitglieder untereinander aufzubauen. Dabei geht es sowohl um Formen der offenen Kommunikation in Gottesdiensten, in Treffen nach dem Gottesdienst oder bei Gemeindefesten, wie um die gruppenbezogene Kommunikation. Neben kurzfristigen, projektbezogenen Gruppen haben hier insbesondere auch solche Gruppen Bedeutung, in denen sich längerfristig Gemeindemitglieder regelmäßig treffen. Diese Gruppen können unterschiedlicher Art sein: Aktionsgruppen, Bibelgruppen. Sie sollten aber so angelegt sein, daß sie das gegenseitige, vertrauensvolle Gespräch möglich machen. Diese Gruppen werden dann ihrerseits Zentren der Meinungsbildung innerhalb der Gemeinde und Träger der Mitverantwortung in der Aufgabe der Leitung.

c) Koordination
Die Aufgabe der Koordination entsteht dort, wo verschiedene Mitarbeiter mit unterschiedlichen Aufgabenfeldern in relativer Selbständigkeit ihren Arbeitsauftrag erfüllen. Sie entsteht genauso in einer Situation, wo Gruppen als Aktionszentren das Gemeindeleben prägen. Die Koordination entsteht aus technischen Notwendigkeiten, Räume müssen unter Umständen verteilt werden. Sie kann sich aber auch unmittelbar aus den Arbeitsvorhaben ergeben, wenn etwa durch gemeinsame Aktivitäten nachhaltiger gearbeitet werden kann. Eine Gemeinde lebt davon, daß in ihr viele Aktivitäten entstehen, aber diese müssen auch ein Stück weit ihre innere Zusammenge-

hörigkeit dokumentieren. Dies gilt nicht nur für das, was innerhalb einer Gemeinde selbst geschieht, sondern was sich innerhalb der Nachbarschaft einer Gemeindegruppe ereignet. In diesem Zusammenhang geht es noch gar nicht um Kooperation von Gemeinden und Gemeindegruppen, sondern zunächst nur um Absprache, um Information und Wissen voneinander.

d) Integration
So wenig die Koordination von einem Verantwortlichen allein geleistet werden kann, sondern der Mitwirkung aller Betroffenen bedarf, so wenig kann die Integration der Gemeinde ohne entschlossene Mitwirkung aller möglich werden. Integration meint den Vollzug der Einheit der Gemeinde. Der amerikanische Pastoraltheologe Hiltner hat in dieser Aufgabe des Zusammenführens zur Einheit geradezu die Zentralfunktion der Gemeindeleitung gesehen[7]. Wenn Gemeindeleitung grundsätzlich Aufgabe aller Gemeindemitglieder ist, meint Integration den von allen getragenen Abbau der Polarisierung in der Gemeinde. Damit ist nicht gemeint, daß einzelne und Gruppen in der Gemeinde keine unterschiedlichen Standpunkte vertreten können. Sie müssen, wenn es sein muß, unterschiedliche Standpunkte deutlich machen. Sie müssen auch in den Streit um die Wahrheit miteinander eintreten, aber sie dürfen sich nicht gegenseitig die Ernsthaftigkeit ihres Christseins absprechen. Die Einheit einer Gemeinde muß Gegensätze und Spannungen zulassen. Gerade auch die Achtung vor der Andersartigkeit des Glaubens eines anderen begründet Einheit.

II. Die Organe der Leitung

1. Leitungsstrukturen in Organisationen

Selbst wenn die Leitungsentscheidungen von einer möglichst großen Zahl von Gemeindemitgliedern getragen werden sollen, kann die Gemeindeorganisation nicht darauf verzichten, bestimmte einzelne dafür verantwortlich zu machen, daß die Prozesse der Entscheidungsfindung und Zielverwirklichung tatsächlich stattfinden. Selbstverständlich hat die Vorstellung einer bruderschaftlichen Ordnung der Gemeinde Rückwirkungen auf die Struktur der Leitungsorgane. Sie bestimmt zugleich den Leitungsstil, also das tatsächliche Verhalten derer, die Leitungsrollen übernommen haben. Auch eine bruderschaftliche Ordnung kommt indessen ohne die Einrichtung von bestimmten gemeindeleitenden Organen nicht aus. Die Gemeinde unterliegt hier Gesetzmäßigkeiten, die in allen Organisationen bestimmend sind.

Zunächst muß darauf hingewiesen werden, daß Aufgaben der Leitung nicht ausschließlich von Leitungsorganen wahrgenommen werden. Überall, wo einzelne oder Gruppen einen Beitrag zum Aufbau und zur Erhaltung eines sozialen Systems leisten, vollzieht sich Leitung[8]. Dies kann sich in der Gestalt von kontinuierlichen Leistungen vollziehen, es kann sich aber auch auf eine einmalige spontane Initiative beschränken, die von einzelnen oder Gruppen ausgeht und deren Durchsetzungskraft auf persönlichem Einfluß beruht[9]. Die Analyse von Gruppen zeigt, daß derartige spontane Initiativen meistens von den gleichen Gruppenmitgliedern ausgehen. Dadurch bilden sich bei den übrigen bestimmte Erwartungen. Diejenigen, die zunächst spontan Initiativen ergriffen haben, erlangen Führungsrollen, die sie zu dauerndem Leitungshandeln verpflichten. In Organisationen, die auf kontinuierliche gemeinsame Aktionen angelegt sind, werden solche Führungspositionen durch die Organisationsstatuten eingerichtet und zugleich wird bestimmt, wie einzelne Organisationsmitglieder die entsprechenden Rollen übernehmen. In Vereinen, Gewerkschaften und Parteien sind in der Regel Wahlverfahren vorgesehen. Gleichzeitig wird festgelegt, auf welche Weise die Leitungsorgane durch die Gesamtheit der Organisationsmitglieder kontrolliert werden.

Werden in einer Organisation mehrere Leitungspositionen bzw. Leitungsorgane eingerichtet, müssen die Zuständigkeiten geregelt werden, die Kompetenzabgrenzung ist zu klären. Dabei können die einzelnen Leitungspositionen gleichrangig behandelt werden: Jede Position ist für ein bestimmtes Aufgabenfeld zuständig, übergreifende Entscheidungen werden gemeinsam getroffen. Oder die Führungspositionen werden hierarchisch gegliedert: Eine Position hat die letzte Zuständigkeit für alle Entscheidungen, in einem festgelegten Rahmen sind den nachgeordneten Positionen Aufgaben delegiert, die letzte Verantwortung behält aber der Höchstrangige, bzw. die höchstrangige Gruppe.

In den meisten Organisationen bestehen widersprüchliche Erwartungen der Mitglieder. Diese gewinnen erhöhte Bedeutung, wenn sie zur Bildung von in sich konsensusfähigen Gruppen innerhalb der Organisation führen. Solange der Konsensus zwischen den Gruppen nicht erreicht ist, gehört es zur besonderen Aufgabe der Leitungsgruppen, widersprüchliche Erwartungen auszuhalten und Möglichkeiten des Konsens aufzuzeigen. Dies geschieht so, daß die unterschiedlichen, in der Organisation wirksamen Erwartungen in der Führungsgruppe repräsentiert werden. Der Konflikt in der Organisation kommt nun als Konflikt innerhalb des Leitungsorgans zur Darstellung und wird durch die am Kompromiß orientierte Entscheidung vorläufig überwunden. In Organisationen, in denen einzelne Leitungspositionen eine herausragende Bedeutung haben, richten sich die widersprüchlichen Erwartungen auf den Inhaber dieser Position. Er muß fähig sein, die in der Organisation angelegten Konflikte als seine eigenen Konflikte auszuhalten, zu bearbeiten und zu überwinden[10].

In Organisationen gibt es in der Regel neben formellen Leitungspositionen auch informelles Leitungsverhalten. Spontane Initiativen und persönlicher Einfluß von einzelnen bleiben erhalten und bestimmmen das Gesamtgeschehen der Organisationsleitung mit.

2. Leitungsformen in der Ortsgemeinde

Was zunächst generell im Blick auf Leitungsstrukturen in Organisationen gesagt wurde, läßt sich an den Leitungsformen der Ortsgemeinde verdeutlichen. Die gemeindliche Organisation kennt Leitungsrollen und Leitungsorgane. Von besonderem Gewicht ist dabei zunächst die Rolle des Pfarrers. Daß der Pfarrer diese Bedeutung erlangt hat, hängt nicht nur mit dem Auftrag der Verkündigung des Evangeliums zusammen, sondern ist auch auf die Entstehungsgeschichte des ortsgemeindlichen Systems zurückzuführen. Während die neutestamentlichen Gemeinden Personengruppen darstellen, die durch den gemeinsamen Glauben an Christus verbunden sind und von daher Ordnungsformen und Gemeindedienste entwickeln, sind vor allem seit der Entstehung der Reichskirche die geographisch abgegrenzten Parochien nichts anderes als Verwaltungsbezirke eines vom Bischof dorthin entsandten Priesters. Der Priester ist der eigentliche Gemeindeleiter. Er hat diese Funktion nicht kraft Beauftragung durch die Gemeinde, sondern kraft Beauftragung durch den Bischof. Die Gemeinde ist als solche gar nicht organisiert, organisiert ist nur das Leitungssystem der Diözese: Sie ist aufgegliedert in eine Reihe von priesterlichen Verwaltungsbezirken. Luther hat zwar in seinen programmatischen Schriften neue Akzente gesetzt[11]. In einzelnen Fällen wurden auch unter Aufnahme des Genossenschaftsgedankens entsprechende Gemeindeordnungen entworfen[12]. Innerhalb der Landeskirchen kam es freilich erst während des 19. Jahrhunderts zur Ausbildung der ortsgemeindlichen Organisation, die neben dem Pfarramt neue Leitungsorgane hervorbrachte. Hier ist in erster Linie der Ältestenrat (Kirchengemeinderat, Kirchenvorstand) zu nennen. Neuere Kirchenordnungen haben dieses Leitungsgremium zum Teil durch einen Beirat, durch die Mitarbeiterversammlung und die Gemeindeversammlung ergänzt.

Durch den Einfluß des Pietismus war es in einzelnen Landeskirchen und Gemeinden zur Gruppenbildung gekommen. Diese Gruppen nehmen bis heute innerhalb des ortsgemeindlichen Systems zum Teil erhebliche Leitungsfunktionen wahr und zwar auch dann, wenn sie nicht in der Form eines kirchlichen oder der Kirche nahestehenden Vereins organisiert sind.

Die Lösung solcher Gruppen von der überkommenen Organisationsgestalt der Kirche führte mit zur Entstehung der Freikirchen. Die unterschiedlichen Erwartungen der Gemeindemitglieder an die kirchliche Arbeit und die geschilderte Gruppenbildung müssen von den gemeindlichen Leitungsorganen in zum Teil spannungsvollen Prozessen ausgehalten und überwunden werden. Entsprechendes gilt speziell für den Pfarrer, von ihm wird oft eine hohe Integrationsleistung verlangt[13].

III. Der Vollzug der Leitung

1. Führungsstile

Leitungsstrukturen, wie sie durch Rechtsordnungen vorgegeben sind, aber auch schon durch Erwartungen der Mitglieder ausgebildet werden, stellen die Rahmenbedingungen dar, denen das konkrete Leitungshandeln unterworfen ist. Strukturen müssen jedoch immer von neuem auf ihre Funktionalität hin befragt werden, dh. es muß überprüft werden, ob sie in der bestehenden Form der Erhaltung und dem Aufbau der Organisation dienen können. Gleichzeitig muß untersucht werden, welche Faktoren die Aufrechterhaltung von Strukturen bedingen und wie sich diese gegebenenfalls verändern lassen. So kann beispielsweise im Zusammenhang mit der Frage nach dem Verhältnis zwischen Ältestenrat und Pfarramt auf den Faktor der theologischen Lehre verwiesen werden und dessen Einfluß auf die Ausformung von Leitungsstrukturen.

Indem Strukturen Rahmenbedingungen darstellen, begrenzen sie die Vielfalt möglicher Handlungsvarianten. Sie legen aber keinesfalls Handlungsweisen eindeutig und starr fest. Dem einzelnen bleibt also die Möglichkeit, sich selbst einzubringen und eigene Vorstellungen zu entwickeln. Dies ist nicht in allen Positionen einer Organisation gleich möglich, im allgemeinen aber haben gerade die Führungspositionen einen beträchtlichen Spielraum. Einzelne können, gerade in der Art und Weise, wie sie Leitung vollziehen, beträchtlich voneinander abweichen. Diese Freiheit des einzelnen Positionsinhabers ermöglicht es, Ordnungen und Strukturen zu relativieren. Die negative Wirkung veralteter Strukturen kann reduziert werden. Positive strukturelle Elemente lassen sich verstärken.

Untersuchungen über Leitungsvollzüge in Industriebetrieben haben schon seit längerem auf die Bedeutung des individuellen Leitungsstils aufmerksam gemacht. Dabei ist allerdings auch festgestellt worden, daß Leitungsstile immer mit Ausdruck von bestimmten Führungsansprüchen sind, Ausdruck des Selbstverständnisses der eigenen Rolle. Das Wertsystem, das in Leitungsstrukturen sich niederschlägt, wirkt sich ebenso auf den Leitungsstil

des einzelnen aus. Dies gilt gerade etwa auch für das theologische Verständnis, das ein einzelner von seiner Funktion in der Gemeinde hat.
In Anlehnung an die Typen sozialen Handelns, wie sie von M. Weber entwickelt wurden, unterscheidet man heute den patriarchalischen, den charismatischen, den autokratischen und den bürokratischen Führungsstil[14].
Leitbild des *patriarchalischen* Führungsstils ist die Autorität des Vaters. Die Leitungskompetenz ist in der Hand einer Führungspersönlichkeit. Herrschaftsanspruch und Treue bzw. Versorgungspflicht gegenüber den Geführten ergänzen sich gegenseitig.
Auch der *charismatische* Führungsstil bedingt eine monokratische Struktur, die Leitung vollzieht sich durch einen, der die besondere Fähigkeit hat, andere mitzureißen und zu motivieren.
Sind der patriarchalische und der charismatische Führungsstil persönlichkeitsbezogen, so hebt der *autokratische* Führungsstil stärker auf die Strukturbedingungen ab. Der Führende weiß sich in seiner Position kraft Amtes. Er trifft Entscheidungen ohne Rücksprache mit den von der Entscheidung Betroffenen. Er hält sich selbst für die zu treffenden Entscheidungen in vollem Umfang kompetent.
Von einem *bürokratischen* Führungsstil spricht man dann, wenn einzelne ihre Leitungsfunktion so wahrnehmen, wie es der Kompetenzverteilung in einem Führungsapparat entspricht. Es besteht keine Allzuständigkeit, sondern nur eine Zuständigkeit in bestimmten Bereichen. Die Beachtung dieser Zuständigkeitsgrenzen schützt den Geführten zwar vor nicht sachgemäßen Entscheidungen, nimmt ihm zugleich aber auch die feste Bezugsperson, an die er sich wenden kann. Eine starke Aufgliederung der Leitungsbereiche in Spezialaufgaben führt zu einem bürokratischen Führungsverhalten, unter extremen Bedingungen wird der Geführte zum Fall.
Neuentwickelte Führungsstile zeichnen sich vor allem dadurch aus, daß sie den Gegensatz von Führenden und Geführten abbauen. Entscheidungen werden möglichst gemeinsam getroffen, kooperative Organisationsformen von Leitung (Teams, Mitarbeitergespräche) herrschen vor.
Die einzelnen Führungsstile haben jeweils Vor- und Nachteile. Ihre Anwendung ist situationsabhängig, sie ist abhängig von der jeweiligen Persönlichkeit des Leiters, und sie ist auch abhängig von den Zielvorstellungen, die der gesamten Aktivität der Organisation zugrunde liegen.

2. Führungsstile in der gemeindlichen Arbeit

Die große Bedeutung, die der Pfarrer von der Amtslehre her gewinnt und die ihm zugleich deshalb zuwächst, weil er in vielen Gemeinden der einzige hauptberufliche Mitarbeiter ist, bedingt, daß persönlichkeitsbezogene Führungsstile in der gemeindlichen Praxis vorherrschen. Es gibt Pfarrer, die sich heute noch als Gemeindepatriarchen geben und geben können. Es gibt mitreißende Führerpersönlichkeiten, es gibt genauso Autokraten, die auf der Basis eines soliden Amtsverständnisses über die Gemeinde herrschen. Ansätze zu bürokratischem Verhalten zeigen sich in Gemeinden mit einem differenzierten Mitarbeiterstab. Hier werden Zuständigkeiten betont und auf die Einhaltung von Kompetenzen gedrängt. Der patriarchalische, der charismatische und der autokratische Führungsstil sind keineswegs auf Pfarrer beschränkt. Jugenddiakone etwa können im Umgang mit den Jugendlichen ganz entsprechende Leitungsstile entwickeln.

Geht man von der Zielvorstellung einer bruderschaftlichen Ordnung aus, kann der Leitungsstil sowohl der Gemeindeorgane wie einzelner Inhaber von Leitungspositionen in der Gemeinde nicht beliebig sein. Im Blick auf ihr Verhalten kommt es darauf an, den jeweiligen Kreis der Betroffenen so weit wie möglich an den Entscheidungen zu beteiligen. Dies ist nur dann möglich, wenn rechtzeitig informiert wird und Mitwirkungsmöglichkeiten organisiert werden: Programme des Konfirmandenunterrichts werden etwa zusammen mit den Konfirmanden und ihren Eltern erarbeitet. Ziele der Jugendarbeit werden mit den Jugendlichen zusammen diskutiert. Seminarreihen werden mit einem Arbeitskreis zusammen erarbeitet. Themengottesdienste entstehen mit einem kompetenten Gemeindekreis. Verstehen sich die Glieder einer Gemeinde als »Brüder und Schwestern«, bedeutet dies, daß sie sich gegenseitig nicht bevormunden, sondern im Gegenteil zur Selbständigkeit verhelfen. Von daher kommt ein Arbeitspapier aus der DDR zum Problemkreis der Berufsbilder kirchlicher Mitarbeiter zu folgender Erwartung an die Mitarbeiter: »Wer anderen zur Selbständigkeit helfen will, sie für eine Aufgabe befähigen will, muß in der Lage sein, in ihnen ruhende Möglichkeiten zu entdecken, zu wecken und sie zur Entfaltung ihrer Gaben zu ermutigen.« Gemeindemitglieder sehen in den hauptberuflichen Mitarbeitern oft Fachleute, auf deren Können sie mehr vertrauen als auf die eigenen Fähigkeiten. Die Versuchung, in die Rolle des Ratgebers zu verfallen, ist oft sehr groß. Hier kommt es darauf an, deutlich zu machen, daß Mitarbeiter und andere Gemeindemitglieder miteinander auf dem Wege sind, um Lösungsmöglichkeiten zu suchen[15].

3. Verteilung von Leitungsfunktionen

In der Regel gehen Gemeindeordnungen davon aus, daß der Ältestenrat als Partner des Pfarrers bzw. der hauptberuflichen Mitarbeiter aktiv die Aufgabe der Gemeindeleitung wahrnimmt. Gemeindeleitung heißt nun aber in jedem Fall mehr als Beratung und Beschlußfassung. Wenn Gemeindeleitung mit den Gemeindegliedern zusammen geschieht, muß der Ältestenrat die-

sen Prozeß gemeinsamer Entscheidungsfindung organisieren. Dies setzt wiederum voraus, daß er seine eigene Arbeit entsprechend gestaltet. Als Gesamtgremium wird er nur schwer dezentralisierte Entscheidungsprozesse initiieren können. Wenn er das will, muß er arbeitsteilig vorgehen, dh. Zuständigkeiten müssen unter den Mitgliedern nach Möglichkeit aufgeteilt sein. Eine Beteiligung der Gemeindekreise an Leitungsvorgängen würde sich dann ergeben, wenn etwa die Finanzplanung für die Gemeindearbeit unter Mitbeteiligung der Kreise erfolgen würde. Dazu sind folgende Schritte notwendig:
1) Die Gemeindekreise stellen ihren Bedarf zusammen.
2) Die Leiter der Kreise beraten zusammen mit dem Ältestenrat, in welchem Umfang Mittel zur Verfügung stehen, gegebenenfalls wie diese erhöht werden können (Mitgliedsbeiträge, Gemeindebazare u. a.).
3) Der Ältestenrat beschließt, von welcher Summe ausgegangen wird und welche Mittel den einzelnen Kreisen zur Verfügung gestellt werden können.
4) Die Kreise verwalten die ihnen zur Verfügung gestellten Mittel selbständig.
5) In einer Gemeindeversammlung geben sie nach Ablauf der Hälfte des Rechnungsjahres einen Bericht über die bisherige Mittelverwendung und die Planung.
6) Am Schluß des Rechnungsjahres wird ein Gesamtbericht gegeben, der die Basis für neue Planungen darstellt. Der Gesamtbericht soll Anlaß dafür bieten, auch unter übergreifenden Zielvorstellungen der Gemeindearbeit die Aktivitäten der einzelnen Kreise zu diskutieren und aufeinander zu beziehen. Oft ergeben sich dann, wenn über die Verwaltung von Geldern gesprochen wird, bessere Ansatzpunkte zur konzeptionellen Diskussion als es dann der Fall ist, wenn Zielfragen unmittelbar angesprochen werden.

4. Kooperative Definition von Zielen der Gemeindearbeit

Im Blick auf die Situation mancher Gemeinden kann man fragen: Müssen Ziele der Gemeindearbeit überhaupt definiert werden? Sind sie nicht bereits bestimmt durch das, was traditionsgemäß geschieht? Dies ist sicherlich weitgehend der Fall, eben deshalb aber sollte es zur Überprüfung der Ziele kommen, denn Traditionen können ihre Funktion verloren haben. Sie verlieren ihre Bedeutung in einer sich wandelnden Umwelt besonders schnell. Auch der Hinweis auf den bleibenden Auftrag der Kirche führt hier noch nicht genügend weiter. Gewiß geht es in jeder Gemeinde um die Verkündigung des Evangeliums, aber wie dies konkret geschehen soll, und zwar in der jeweiligen Situation geschehen soll, genau dies muß entdeckt und in einer vorläufigen Zielbestimmung der Arbeit festgehalten werden.

Wer nach den Zielen der Gemeindearbeit fragt, muß mehrere Vorfragen stellen.
Die erste Vorfrage bezieht sich auf den Stand der Gemeindearbeit: Wie geschieht sie überhaupt, welche Aktivitäten umfaßt sie, wie kommt sie an, wer beteiligt sich an den Aktivitäten? Bereits eine nüchterne Bestandsaufnahme kann klären[16].
In einem zweiten Fragekomplex sollte das Umfeld der Gemeinde analysiert werden. Die Gemeinde ist ja nicht Selbstzweck, sie soll dienen, durch sie soll ein Stück menschenwürdige Welt entstehen, sie soll für den Ort da sein, an dem sie arbeitet. Eine der hier zu stellenden Fragen lautet: Welche Menschen des Wohnbereichs brauchen die Hilfe der Gemeinde besonders, was muß in diesem Wohnbereich neu werden und anders sein, damit bessere Verhältnisse entstehen?
In einem dritten Gedankengang müssen die Ergebnisse der beiden ersten vor dem Hintergrund der biblischen Tradition überprüft werden: Was muß im Lichte der Bibel besonders kritisch gesehen werden, wo liegen die dringendsten Aufgaben vor, welche christlichen Gruppen und Gemeinden gibt es, die Vorbild sein können?
Die nächsten Fragen beschäftigen sich mit den eigenen Möglichkeiten: Welche Mittel sind vorhanden, welche Gelder können zusätzlich beschafft werden, welche Mitarbeiter stehen zur Verfügung, wer könnte unter Umständen zur Mitarbeit gewonnen werden? Erst unter Berücksichtigung dieser Tatbestände lassen sich eine Reihe von Sätzen formulieren, die Auskunft über die Ziele der Gemeindearbeit in einem überschaubaren nächsten Zeitraum geben.
Der letzte Schritt beschäftigt sich schließlich mit Überlegungen zu einzelnen Maßnahmen, die diese Ziele verwirklichen[17]. Es gehört zu den Aufgaben des Theologen in der Gemeindeleitung wesentlich dazu, solche Überlegungen anzustellen und zu initiieren. Theologie bedeutet ja nicht nur Auslegung der Schrift im Kontext der Tradition als Anleitung zum Verstehen der Lebenssituationen von einzelnen. Theologie bedeutet Auslegung der Tradition im Interesse einer kritischen Gemeindeleitung. Für den Auslegungsvorgang ist ein doppelter Einsatz möglich. Er kann von der Bibel ausgehen, wie es häufig in der Predigt geschieht, oder aber er kann von Lebenssituationen ausgehen, wie es in der Seelsorge geschieht, oder aber eben von Gemeindesituationen, wie es dann der Fall ist, wenn nach Zielen der Gemeindearbeit gefragt wird.
Der Theologe kann eine solche kritische Überprüfung nicht allein leisten, er braucht dazu die Überlegungen der anderen, die ergänzende Aspekte einbringen, die Überlegungen der Ältesten, der anderen Mitarbeiter und nicht zuletzt der gesamten Gemeinde.
Ziele der Gemeindearbeit könnten mit einem größeren Kreis von Gemein-

demitgliedern aufgrund des folgenden Programms für eine ganztägige Gemeindeversammlung (Gemeindetag) diskutiert werden: Der Gemeindetag beginnt mit einem Bericht des Ältestenrates und der hauptberuflichen Mitarbeiter und führt ein in die Ziele der folgenden Gruppenarbeit.
Die Gruppenarbeit hat folgende Phasen:
1) Spontane Kritik an der bisherigen Gemeindearbeit.
2) Diskussion der Kritikpunkte, Untersuchung ihrer Gründe, Überprüfung der Gründe anhand auch biblischer Aussagen.
3) Beiträge zum Thema: Die ideale Gemeinde.
4) Überprüfung an den vorhandenen Möglichkeiten.
5) Festlegung einer Rangfolge für die Verwirklichung der Ziele.
Im abschließenden Plenum nennen die Gruppen ihre Zielformulierungen. Die Rangfolgen werden verglichen, Übereinstimmungen und Gegensätze festgestellt. Durch Abstimmung wird eine Zielliste festgelegt. Die Gruppen der Gemeinde übernehmen einzelne Arbeitsaufträge.
Dieser konkrete Vorschlag wird deshalb gemacht, um jeweils eigene Versuche anzuregen, eine größere Gruppe von Gemeindemitgliedern zusammenzubringen, die gemeinsam die Ziele der Gemeindearbeit diskutiert und entsprechende Schritte plant.

5. Die Rolle von Experten

Fachleute dürfen den Verantwortlichen die Entscheidungen nicht abnehmen, aber sie können die Entscheidungen vorbereiten. Sie sind nötig, weil die Lebenswelt so differenziert geworden ist, daß sie der einzelne nicht überschauen kann. Hat eine Gemeinde mehrere Mitarbeiter, kann es durchaus sein, daß diese auf verschiedenen Gebieten – etwa im Bereich der Sozialarbeit oder der Pädagogik – besondere Erfahrungen haben. Es muß aber auch damit gerechnet werden, daß für bestimmte Fragen Fachleute weder im Ältestenrat noch unter der Gruppe der Hauptberuflichen zur Verfügung stehen. In vielen Gemeinden gibt es allerdings unter den Gemeindemitgliedern für eine Reihe von Fachgebieten Experten. Sie müssen nur entdeckt werden. In nicht wenigen Fällen wird dabei nicht nur ein Experte entdeckt, sondern zugleich ein Gemeindemitglied, das sich freut, für seine Gemeinde einmal etwas tun zu können.
In den letzten Jahrzehnten haben sich innerhalb vieler Kirchen die funktionalen Dienste stark ausgeweitet. Es gibt spezielle Ämter für seelsorgerliche Beratung, für Diakonie, für Arbeiterfragen oder für Bildungsprobleme. In diesen Spezialdiensten sammelt sich ein Fachwissen, das auch den Gemeindeleitungen zur Verfügung steht, nur zu selten aber von diesen abgerufen wird. Oft leiden die Mitarbeiter in solchen Ämtern darunter, daß die Gemeinden für sie scheinbar keinen Bedarf haben. Natürlich haben fach-

spezifische Dienste Aufgabenfelder, die sie auch unabhängig von den Ortsgemeinden wahrnehmen müssen. Trotzdem ist eine stärkere Zusammenarbeit notwendig. Wo Aufgaben situationsgerecht angegangen werden, hat heute der Experte seinen Platz. Dabei kann gerade das Zusammenwirken von Experten aus dem Kreis der Gemeinde selbst und Experten aus den funktionalen Diensten der Kirchen besonders fruchtbar sein.

IV. Beratung für die Gemeindeleitung

Schon bei der Frage nach der Rolle von Experten ergab sich der Hinweis darauf, daß die einzelnen Ortsgemeinden in einer Gesamtkirche zusammengeschlossen sind, die ihrerseits bestimmte Aufgaben hat und zugleich die Arbeit der Einzelgemeinden unterstützt. Trotzdem verhalten sich manche Gemeinden so, als ob es die Gemeinschaft der Gemeinden nicht gäbe. Sie haben das Ziel, möglichst autark, unabhängig von anderen ihre Aufgaben zu erfüllen. Dieses Prinzip ist gut, so weit es zunächst die eigenen Kräfte mobilisiert; es ist schlecht, wenn es anderen gegenüber Grenzen aufbaut, die den Kontakt mindern und den Erfahrungsaustausch zum Erliegen bringen. Schwierige Aufgaben können dann besser erledigt werden, wenn die Erfahrungen vieler zusammengetragen werden, auch die Erfahrungen, die man möglicherweise in anderen Gemeinden gemacht hat.
Die Erfahrung anderer, die nicht der eigenen Gemeinde angehören, ihre Analyse und Beobachtung der Situation, ist besonders dann hilfreich, wenn etwa Konflikte innerhalb der Leitung oder auch zwischen Gruppen in der Gemeinde die Arbeit lähmen. Konflikte können eher bereinigt werden, wenn jemand von außen sie auf ihre Ursachen hin untersucht und Hilfestellung bei ihrer Bewältigung gibt. Die Beratung von außen ist auch dann vorteilhaft, wenn versucht wird, Ziele und Erfolge der bisherigen Arbeit zu überprüfen. Nicht selten wird der, der die Gestaltung des Gemeindelebens mitverantwortet und eine Zeitlang mitgeprägt hat, blind für die Nachteile der eigenen Konzeption. Die Neudefinition von Zielen braucht oft den Anstoß von außen.
Sehr viel früher als in der Kirche haben sich diese Erkenntnisse in anderen Berufen und Organisationen durchgesetzt. So wurde etwa im Rahmen der Ausbildung der Sozialarbeiter die Praxisberatung (Supervision) eingeführt. Der Sozialarbeiter hat die Möglichkeit, mit einem kompetenten Gesprächspartner die Erfahrungen in seinem Arbeitsfeld durchzusprechen. Der Berater hat die Aufgabe, die berichteten Situationen mit dem Beratenden zusammen zu analysieren, um die entstandenen Probleme deutlich zu machen[18]. Eine andere Beratungsform hat sich im Rahmen von Industrie

und Verwaltung entwickelt. Dort werden ganze Organisationseinheiten, insbesondere deren Leitungsstrukturen untersucht[19]. Die Organisationsentwicklung beschäftigt sich nicht nur mit der Untersuchung von Strukturen, sondern beobachtet vor allen Dingen den Ablauf von Prozessen in den Organisationen, um entstandene Schwierigkeiten zu verdeutlichen und zu überwinden. Im Laufe der Prozeßberatung könnte beispielsweise die Sitzung eines Ältestenrates gefilmt werden. Nach Ablauf der Sitzung werden Ausschnitte den Mitgliedern vorgespielt. Sie haben jetzt die Möglichkeit, sich selbst zu beobachten. Ein Sitzungsleiter entdeckt möglicherweise, daß er völlig unbeabsichtigt autokratisch verfährt und damit die verantwortliche Mitbeteiligung der übrigen Gruppenmitglieder blockiert. Beratung erfolgt hier durch Beobachtung und Analyse der Kommunikation. Dies ist nur ein Beispiel, andere wurden zum Teil schon genannt: Die Beratung kann Hilfestellung geben bei der Situationsanalyse, sie kann den Prozeß der Konzeptionsfindung begleiten, sie kann Konflikte verdeutlichen und bearbeiten, sie kann schließlich auch zur Verbesserung der Leitungsstrukturen, ja, der gesamten Strukturen der Organisation helfen.

Unter denen, die die Bedeutung der Beratung für die kirchliche Arbeit schon längere Zeit erkannt haben, muß vor allem der holländische Pastoralpsychologe H. Faber genannt werden. Er nennt den Berater im Anschluß an einen amerikanischen Sprachgebrauch »change agent«. Der change agent muß in erster Linie in der Lage sein, eine richtige Diagnose der Situation zu stellen. Er soll nicht als der erfahrene Fachmann Ratschläge geben, sondern mit den zu Beratenden gemeinsam Lösungsmöglichkeiten suchen[20]. In den westdeutschen Landeskirchen gibt es seit 1973 erste Versuche, Gemeindeberatung durchzuführen und entsprechende Berater auszubilden. Auch wo eine methodisch kontrollierte Gemeindeberatung nicht möglich ist, sollte indessen von den Gemeinden die Chance genutzt werden, die der Rat eines von außen kommenden Beobachters und Begleiters bietet. Vielleicht ist ein erfahrener Pfarrer aus einer benachbarten Gemeinde als Berater zu gewinnen. Unter Umständen kann auch der Superintendent oder ein in der kirchlichen Praxis erfahrener Ältester aus dem Kirchenkreis diese Aufgabe übernehmen. Die Beratung vermittelt Erfahrungen anderer. Sie hat zugleich darin Bedeutung, daß sie Ausdruck der über die Einzelgemeinde hinausreichenden Gemeinschaft in der Kirche werden kann.

Anmerkungen:

1. Der Aufsatz stellt eine Arbeitsvorlage dar, die für die LWB-Konsultation »Erneuerung der Kirche – Probleme und Strukturveränderungen in der Gemeinde«, Liselund/Dänemark, 13.–20. September 1975, vorbereitet wurde. Einzelne Teile wurden gekürzt, andere durch Anmerkungen erweitert. – Quelle: Evangelische Theologie 36 (1976) 344–363 (gekürzt).

2. Vgl. H. Hild (Hg.), Wie stabil ist die Kirche?, 1974.
3. M. Weber, Wirtschaft und Gesellschaft, ⁵1972, 28.
4. N. Luhmann, Funktionen und Folgen formaler Organisation, 1964, 207.
5. In der Umfrage »Wie stabil ist die Kirche?« waren 60% der Meinung, die evangelische Kirche müßte in höherem Maße für die zeitnahe Verdeutlichung der christlichen Lehre Sorge tragen (209 ff).
6. R. Mayntz / R. Ziegler, Soziologie der Organisation, in: R. König (Hg.), Handbuch der empirischen Sozialforschung II, 1969, 489.
7. Vgl. R. Zerfaß, Praktische Theologie als Handlungswissenschaft, in: Praktische Theologie heute, hg. von F. Klostermann u. R. Zerfaß, 1974, 173 f.
8. Luhmann, aaO. 207.
9. Vgl. G. Bormann / S. Bormann-Heischkeil, Theorie und Praxis kirchlicher Organisation, 1971, 202, und Luhmann, 208.
10. Luhmann, aaO. 214.
11. Vgl. als ein Beispiel M. Luther, Daß eine christliche Versammlung oder Gemeine Recht oder Macht habe, alle Lehre zu urteilen und Lehrer zu berufen, ein- und abzusetzen, Grund und Ursach aus der Schrift, 1523, WA 11, 408 ff.
12. Vgl. W. Elert, Morphologie des Luthertums II, 1931, verbesserter Nachdruck 1953, 249 ff.
13. In der Arbeitsvorlage für die LWB-Konsultation schlossen sich hier Einzelausführungen zu den für die Gemeindeleitung konstitutiven Gruppen an. Ausführlich wurden insbesondere Probleme des Pfarramts und seines Verhältnisses zu den hauptberuflichen Mitarbeitern dargestellt.
14. Vgl. E. Witte, Artikel Führungsstile, in: Handwörterbuch der Organisation, hg. v. E. Grochla, Studienausgabe, 1973, Sp. 595–602.
15. H. Faber, Neue Wege kirchlichen Handelns, 1972, 78.
16. Vgl. G. Kugler, Zwischen Resignation und Utopie – Die Chancen der Ortsgemeinde, 1971, 45 ff.
17. Entsprechende Vorstellungen wurden entwickelt von G. Kugler, Gemeinden für die Zukunft, Hausdruck der Evangelischen Gemeindeakademie Rummelsberg, 1974, 1 f. Unter dem Aspekt des Entwurfs von handlungsrelevanten praktisch-theologischen Theorien hat im Anschluß an S. Hiltner Zerfaß, 166 ff, ein ähnliches Modell vorgelegt.
18. Vgl. D. von Caemmerer (Hg.), Praxisberatung (Supervision), Ein Quellenband, 1970.
19. B. Sievers, Theorien und Methoden der Organisationsentwicklung in den USA, in: Gruppendynamik 6, 1975, 29–49.
20. H. Faber, aaO. 74 ff.

3.3 Bernhard Honsel
DER DIENST DES PRIESTERS IN DER PFARREI*
Erfahrungen und Überlegungen einer Gemeinde

Im Juni 1973 wurde in der Gemeinde Ibbenbüren die Stelle des Kaplans aufgelöst. Diese Tatsache hat den Prozeß des Nachdenkens verstärkt, wie die Pfarrarbeit auf Zukunft hin organisiert werden könne. Nach einem Jahr wurde in den verschiedenen Gruppen dieser Gemeinde Bilanz gezogen und wurden Konsequenzen für die weitere Arbeit überlegt. Ein weiteres Arbeitsjahr hat die Analyse wie auch den eingeschlagenen Weg bestätigt.

2. Vorstellung der Pfarrei St. Ludwig

2.1 Bevölkerung
Bergleute, Arbeiter, Handwerker, Angestellte, einige Geschäftsleute, relativ wenige Akademiker.

2.2 Haupt- und nebenamtliche Helfer
1. Pfarrer;
2. Kaplan bis 1973 (August 1973 Versetzung des Kaplans ohne Nachfolger);
3. Vier Diakone im Laufe von sechs Jahren;
4. Organist – Chorleiter – Küster;
5. Pfarrsekretärin;
6. Religionspädagogin, August 1973 Einstellung (dreißig Stunden in der Woche).
Die Pfarrgemeinde unterhält einen Kindergarten mit drei Gruppenräumen (fünf Angestellte) sowie ein Pfarrzentrum.

2.3 Entwicklung der Gemeinde
Im Laufe der letzten Jahre ist in dieser Gemeinde wie in vielen anderen Gemeinden ein Prozeß in Gang gekommen. Immer mehr Gemeindemitglieder sind aktiv geworden und haben Verantwortung entsprechend ihren Fähigkeiten und ihrer Zeit übernommen. Es haben sich viele Gruppen und Gesprächskreise gebildet, die die Fragen ihres Lebens im Lichte des Glaubens durchdenken und daraus Erkenntnisse und neue Impulse gewinnen für das Leben in Familie, Beruf, Gesellschaft und Gemeinde.

Die Pfarrei ist seit mehreren Jahren im Pfarrverband eingebunden. Ohne den Erfahrungsaustausch, die Zusammenarbeit und die Schulungen im Pfarrverband wäre der Prozeß in dieser Form in der Gemeinde nicht möglich gewesen.

2.4 Auflösung der Kaplanstelle
Im Juni 1973 wurde die Kaplanstelle aufgelöst. Dadurch wurde in der Gemeinde ein Prozeß des Nachdenkens in Gang gesetzt. Nach einem Jahr Gemeindeleben ohne Kaplan ist die Bilanz gezogen worden.

3. Berechtigte Erwartungen der Gemeinde, die nur noch begrenzt erfüllt werden können.

Obwohl nach der Auflösung der Kaplanstelle (im Juni 1973) versucht wurde, durch eine Neuverteilung der Aufgaben möglichst viele der bisherigen Aktivitäten weiterzuführen, blieben erhebliche Lücken.

3.1 Jugendseelsorge und Schule
3.1.1 Schulische Jugendarbeit
Zur Verantwortlichkeit des Kaplans als Jugendseelsorger gehörten in unserer Gemeinde auch die Erteilung des Religionsunterrichtes in den verschiedenen Schulen und die Schulgottesdienste.
a) Religionsunterricht
Hauptschule: Vier Stunden wöchentlich in jener Hauptschule, in der alle Hauptschüler der Gemeinde unterrichtet werden; außerdem Schulendtage nach der Schulentlassung.
Heute: Kein Unterricht durch einen Priester, Wegfall der Schulendtage.
Gymnasium: Kaplan war Schulseelsorger in einem der beiden Gymnasien.
Heute: Kein Unterricht durch einen Priester. Kaplan war wichtige Bezugsperson für die studierende Jugend Ibbenbürens. Kein Priester, der bewußt Beziehungen zur studierenden Jugend dieses Gymnasiums unterhält.
b) Schulgottesdienste
Grundschule: In drei Grundschulen regelmäßig sechsmal im Jahr.
Heute: Einschränkung bis auf zwei Eucharistiefeiern.
Hauptschule: Vier Gottesdienste für alle Hauptschüler (Lichtmeß, Aschermittwoch, Allerseelen, Advent), dreimal jährlich pro Klasse Eucharistiefeier zum Abschluß einer Unterrichtseinheit.
Heute: Außer den vier Gottesdiensten für alle Hauptschüler sind alle Eucharistiefeiern ausgefallen.

Gymnasium: Regelmäßig Schulgottesdienste, die mit einzelnen Klassen vorbereitet wurden.
Heute: Kein Schulgottesdienst mehr.

3.1.2 Außerschulische Jugendarbeit
Der Kaplan war eine wichtige Bezugsperson für die Jugend der Pfarrei und darüber hinaus. Schulung vieler Mädchen und Jungen zu Gruppenleitern. Inspirator der offenen Jugendarbeit. Durch ständigen Kontakt mit der Jugend und durch alters- und mentalitätsmäßiges Nahesein Einbringen der spezifischen Anliegen der Jugendlichen in die Predigt, umgekehrt Hilfe für die Jugend, sich mit der Gemeinde und der Kirche zu identifizieren.
Heute: Der Pfarrer hat zwei Abende im Monat frei für die Jugendarbeit. Das reicht nicht aus, echte Beziehungen zur Jugend zu pflegen.

3.1.3 Sommerlager
Seit vier Jahren jährlich, 120 Mädchen und Jungen (9–14 Jahre), zwanzig Tage lang, 17–22-jährige Mädchen und Jungen als Führer, sechs Lagermütter, ein Lagerleiter (ehrenamtlich tätiger Erwachsener). Schulung der Führer durch den Kaplan, Anwesenheit während der gesamten Zeit.
Heute: Der Pfarrer kann höchstens einige Tage dort sein.

3.1.4 Meßdiener
Eine besondere Aufmerksamkeit in der Jugendarbeit der Pfarrei galt immer den Meßdienern. Zur Zeit des Kaplans gab es ca. achtzig Meßdiener in neun Gruppen.
Heute: Der Pfarrer kann sich nur einige Male im Jahr den Gruppen widmen, schon Zerfall der Gruppen, Reduzierung der Meßdiener auf fünfzig.
Die gesamte außerschulische Jugendarbeit lebt noch mit vom Impuls der früheren Jahre, besonders von den geschulten Gruppenleitern und einigen Erwachsenen, die als Beziehungspersonen im Leitungsteam mitarbeiten. Es besteht die Gefahr, daß die pfarrliche Jugendarbeit zusammenbricht, wenn nicht bald eine hauptamtliche, geschulte Bezugsperson eingestellt wird.

3.2 Krankenseelsorge und Beerdigung
Pfarrer und Kaplan besuchten abwechselnd einmal wöchentlich die Kranken im Krankenhaus.
Heute: Pfarrer kann nur wenige Male die länger im Krankenhaus liegenden Kranken besuchen. Mitglieder des Pfarrgemeinderates besuchen hin und wieder die Kranken. – Ähnlich geht es mit den ca. zwanzig ständig bettlägerig oder infolge Altersschwäche an das Haus gebundenen Kranken.

3.2.2 Hausbesuche bei den Angehörigen der Verstorbenen und Beerdigungen

Nach dem Tod eines Gemeindemitgliedes haben der Kaplan oder der Pfarrer vor dem Begräbnis die Angehörigen besucht, je nach dem, wer den Verstorbenen vorher betreut hatte.

Heute: Der Pfarrer muß allein alle Schwerkranken und im Todesfalle die Angehörigen besuchen. Ihm obliegen somit alle Beerdigungen, Begräbnisämter und Ansprachen (ca. vierzig Sterbefälle pro Jahr).

3.3 Familienseelsorge

3.3.1 Gespräche mit Brautleuten, Trauungen und Jubiläen (Silber- und Goldhochzeit)

Jährlich werden ca. vierzig Paare getraut und ca. 15 Jubiläen gefeiert. Früher gab es ein ausführliches Traugespräch, nicht selten zwei oder drei; für die der Kirche Fernstehenden wurde die Trauung dann nicht leere Zeremonie, sondern religiöser Vollzug.

Heute: Traugespräche müssen möglichst kurz gehalten werden, mehrere Gespräche sind fast unmöglich.

Es zeigt sich der Trend, Trauungen und Jubiläumsfeiern auf den Freitagnachmittag zu legen. Hin und wieder fällt auf den Freitag zusätzlich eine Beerdigung. Hier entsteht die Schwierigkeit, an einem Tag in so kurzer Zeit so verschiedene pastorale Funktionen wahrzunehmen. Es liegt die Gefahr der Routine und der Funktionalisierung nahe. Der Freitag ist dazu noch der Tag des stärksten Konfluxes im Pfarrhaus.

3.3.2 Taufgespräche und Taufe

Die monatliche Taufe und das vorausgehende Taufgespräch müssen jetzt vom Pfarrer allein geführt werden – bei jährlich ca. sechzig Taufen.

3.3.3 Familienkreise

Früher wechselten Pfarrer, Kaplan und Diakon im Besuch der seit Jahren bestehenden Familienkreise und im Feiern der ein bis zwei Gruppenmessen jährlich.

Heute: Die Meßfeier entfällt.

3.3.4 Pastoral an älteren Menschen

Rund 60–120 ältere Menschen der Gemeinde treffen sich monatlich zu ganz- oder halbtägigen Fahrten, Bildungsveranstaltungen, Eucharistiefeiern u. a. Kaplan oder Pfarrer fuhren jeweils mit.

Heute: Nur seltene Teilnahme des Pfarrers.

4. Möglichkeiten und Grenzen der Vitalisierung und Intensivierung des Gemeindelebens

4.1 Resonanz auf die neue Situation
Viele Gemeindemitglieder sind sich ihrer Verantwortung bewußt geworden und haben sie, entsprechend ihrer Möglichkeiten, sehr selbstverständlich wahrgenommen.

4.2 Einstellung einer Religionspädagogin
Durch die Einstellung der Religionspädagogin sind zusätzlich neue Akzente gesetzt worden:
- Schulung für Multiplikatoren für außerschulische Katechese;
- Durchführung der Firmvorbereitung, 180 Kinder in zwölf Gruppen;
- Kursus zum vertieften Verständnis von Buße und Beichte für alle Kinder des sechsten und siebten Jahrganges aller Schulen, 110 Kinder in acht Gruppen (von diesen Kindern haben einige anläßlich der Erstkommunion, andere im vierten Schuljahr gebeichtet);
- aus dieser außerschulischen katechetischen Arbeit sind neue Jugendgruppen entstanden, die betreut und weitergeführt werden wollen;
- Schulung von Mitarbeitern zur Vorbereitung der Familiengottesdienste;
- Intensivierung der Elternarbeit parallel zu den katechetischen Kursen (Eucharistie – Buße – Firmung).

4.3 Liturgie
Der Gestaltung des Gottesdienstes galt stets besondere Aufmerksamkeit. Vor allem die sonntäglichen Eucharistiefeiern wurden im Laufe der Jahre mehr und mehr zu einem für die Gemeinde erlebbaren Kristallisations- und Höhepunkt des Gemeindelebens. Immer mehr Gemeindemitglieder – einzelne und Gruppen – werden zu aktiven Helfern und Trägern des Gottesdienstes. Sie wirken auch bei der Vorbereitung und Durchführung mit. In den früheren Jahren haben die Diakone und vor allem der Kaplan hier wesentliche Impulse gegeben und Eigenverantwortung getragen.
Nach dem Weggang des Kaplans ist der Pfarrer allein für alle Liturgiefeiern letztlich verantwortlich.
Um den Gottesdienst vor Einseitigkeit zu bewahren und die Gemeindemitglieder noch mehr zu Mitträgern zu machen, haben im Laufe dieses Jahres einzelne Gemeindemitglieder und verschiedene Gruppen verstärkt Eucharistiefeiern für die Gemeinde mit vorbereitet und gestaltet:
- Arbeitskreis »Familiengottesdienst«: alle sechs Wochen eine heilige Messe für Eltern mit Kindern;
- Arbeitskreis »Unser Gottesdienst« (zwölf Delegierte der Firmgruppe, elf bis dreizehn Jahre); viermal alle Gottesdienste;

- Arbeitskreis »Dritte Welt«: dreimal alle Gottesdienste;
- Frauengemeinschaft: einmal alle Gottesdienste;
- Jugend: zweimal alle Gottesdienste;
- Liturgiekreis: dreimal Bußandachten.

Durch die Mitarbeit der Gruppen und der einzelnen hat der Gottesdienst an Lebensnähe und Aktualität gewonnen. Vielleicht hat auch die jahrelange sorgfältige Gottesdienstvorbereitung mit dazu beigetragen, daß die Besucherzahl der Sonntagsgottesdienste, die in früheren Jahren relativ stark sank, seit 1971 gleich geblieben ist. Besonders auffällig ist der hohe Anteil der Kinder und der Jugendlichen zwischen 14 und 21 Jahren.

Die Mitarbeit verschiedener Gruppen und einzelner besonders befähigter Gemeindemitglieder bei der Gestaltung und Durchführung des Gottesdienstes – so gut es sich auch auf die Gemeinde auswirken mag – bringt aber keine Entlastung für den Pfarrer, sondern Mehrarbeit.

4.4 Überforderung des Pfarrers

Bei aller Selbständigkeit der Mitarbeiter erwarten sie als Gruppe und auch oft als einzelne Inspiration für ihr eigenes religiöses Leben und ihren Einsatz. Mit der wachsenden Zahl der Mitarbeiter wird die Koordinierung der Arbeit schwieriger, und sie erfordert viel Zeit.
Dies macht deutlich, daß *ein* Pfarrer in einer solchen Gemeinde überfordert ist. – Es ist zudem nicht leicht, im Wandel der Struktur der Gemeinde und der Seelsorgearbeit den Ort und die Zeit für das spezifisch priesterliche Tun zu finden.
Nach einem Jahr ohne Kaplan ist offensichtlich, daß eine so vielseitige Beanspruchung im Dauerstreß zu wenig Zeit für Erholung, Studium und Vorbereitung der einzelnen Arbeiten läßt. Die Qualität der gesamten Seelsorgearbeit leidet darunter. Das nachfolgende time-budget soll die Situation veranschaulichen.

4.4.1 time-budget (Mai 1974)

Im Jahre 1972 haben alle Pfarrer des Seelsorgebezirkes Ibbenbüren ein time-budget geführt, welches zusammen mit dem Pastoralsoziologischen Institut der Diözese Essen erarbeitet wurde. Die wöchentliche Arbeitszeit betrug durchschnittlich 72,5 Stunden. Im Monat Mai 1974 hat der Pfarrer noch einmal time-budget geführt. Jetzt betrug die wöchentliche Arbeitszeit durchschnittlich 75 Stunden.

4.4.2 Gottesdienste

Insgesamt 45 Eucharistiefeiern; allein vom 17. bis 26. Mai, (dazwischen lag Christi-Himmelfahrt, 23. Mai, mit Erstkommunion) waren 21 Eucharistiefeiern: je vier Sonntagsgottesdienste × 3 = 12, drei Beerdigungen, zwei

Trauungen, zwei Schulmessen, eine Silberhochzeit, ein Abendgottesdienst.
– Alle Gottesdienste mußten einschließlich Predigt vorbereitet werden. Für jede Beerdigung mit Besuch bei Angehörigen rechnet der Pfarrer drei bis vier Stunden.

4.4.3 17 *Abende* waren besetzt
Drei Elternabende (Erstkommunion), zwei Elternabende (Bußvorbereitung), ein Pfarrgemeinderat, ein Kirchenvorstand, eine Helferinnen Frauengemeinschaft, zwei Leitungsteam Jugend, zwei Liturgiekreis, ein Caritas Mitgliederversammlung, drei Multiplikatorenschulung, ein Taufgespräch.

4.4.4 Ein Schwerpunkt in dieser Zeit war die *außerschulische Katechese*, Vertiefung des Verständnisses von Buße und Beichte. In allen acht Gruppen führte der Pfarrer mit den Kindern das letzte Gespräch.

4.4.5 Dreimal im Monat – Montagnachmittag – tagt die *Seelsorgekonferenz* von 15 bis 19 Uhr.

4.4.6 Beratung in Konfliktfällen
Ein Vormittag (vier Stunden wöchentlich) ist angesetzt für Sprechstunden und Beratung, außerhalb der regelmäßigen Beichtzeiten in der Kirche. Das reicht nicht aus. Viele Leute wagen es nicht zu kommen, weil sie fürchten, den Pfarrer zeitlich zu belasten.

4.4.7 Überpfarrliche Tätigkeiten
Der Pfarrer ist Vorsitzender des Caritasverbandes für den Kreis Tecklenburg; Vorsitzender des Pfarrverbandes und des Verbandes der Kirchengemeinden; Teammitglied Ehe- und Familienberatung (zwei Stunden monatlich); Mitglied des Priesterrates; Mitglied im Freckenhorster Kreis. (Diesem Kreis verdankt der Pfarrer wesentliche Impulse für die Pastoral, Ermutigung und Erfahrung von Solidarität.)
Für diese überpfarrlichen Tätigkeiten braucht der Pfarrer wöchentlich ca. fünf bis sechs Stunden. Das ist möglich, weil der Caritasverband einen Geschäftsführer hat, der alle organisatorischen Fragen regelt und der Vorstand eine Aufgabenverteilung vorgenommen hat. Der Pfarrer als erster Vorsitzender ist frei für die Inspiration, Gespräche mit dem Geschäftsführer und für wichtige gemeinsame Entscheidungen mit dem Vorstand.
Das trifft ebenso zu für den Verband der Kirchengemeinden, zu dem die neun Kirchengemeinden Ibbenbürens sich zusammengeschlossen haben (inzwischen haben sich zwei weitere Pfarren außerhalb Ibbenbürens angeschlossen).

Es wurde ein Zentralbüro eingerichtet mit vier Angestellten. (Der Leiter und sein Vertreter sind Verwaltungsfachleute, ein Buchhalter und eine Sekretärin.)
Die Pfarrer aller angeschlossenen Pfarreien bestätigen ohne Ausnahme, daß die Übernahme der Rendanturen durch dieses Büro ganz erhebliche Entlastungen bringt. Das betrifft nicht nur die Zeit, sondern auch die Verantwortung, weil hier Fachleute den Haushaltsplan aufstellen, überwachen und durchführen. Das gilt ebenfalls für alle Baumaßnahmen. Nicht nur der Pfarrer, sondern auch die Diözesanverwaltung wird durch die Einrichtung des Zentralbüros entlastet. Die Zeit für die überpfarrliche Tätigkeit steht in keinem Verhältnis zu der Hilfe, die durch die überpfarrlichen Institutionen der Pfarrei geleistet wird.
Alle bisher aufgezählten Tätigkeiten – pfarrliche und überpfarrliche – sind echte Aufgaben des Pfarrers als Gemeindeleiter.

4.4.8 Organisation und Koordination
Daneben übt der Pfarrer gewissermaßen einen zweiten Beruf aus, den Beruf eines Organisators und Koordinators in vielfältiger Weise.
Früher erledigten der Kaplan oder der Diakon viele dieser Aufgaben. Die dafür aufgebrachte Zeit läßt sich schwer berechnen. Von morgens bis abends kommen – auch unangemeldet – Leute ins Pfarrhaus, die den Pfarrer sprechen wollen, von morgens bis abends schellt das Telefon. Oft handelt es sich um organisatorische Dinge – Terminabsprache u. v. m. So kommt es, daß an vielen Tagen das Management bestimmend ist. Es bleibt kaum eine geschlossene Zeit für theologisches Denken, Planen, für Besinnung; und wenn einmal Zeit bleibt, fehlt oft die Kraft dazu.
Die genaue Analyse dieser Situation zeigt den Weg für eine Lösung auf. Sie könnte gefunden werden analog der Arbeitsteilung im oben angeführten überpfarrlichen Bereich.

4.4.9 Was zu kurz gekommen ist
Im Unterschied zum time-budget von 1972: damals zwölf Stunden Studium pro Woche – im Mai 1974 zwei Stunden.
Information (Zeitungen, Zeitschriften): 1972 ca. fünf Stunden, 1974 in manchen Wochen null Stunden.
Seit 1973 Teilnahme (monatlich) am Treffen einer Priestergemeinschaft (ein Nachmittag mit Gebet, Schriftlesung, geistliches und theologisches Gespräch). Das war ein wichtiger Nachmittag zur Pflege von Kontakt, für Rekreation und Studium. Seit der Versetzung des Kaplans nur einmaliger Besuch dieses Treffens.
Alle privaten Kontakte zu Mitbrüdern, zu Freunden und zu den engsten Verwandten kommen zu kurz und sind teilweise ganz weggefallen.

3.3

(Die Monate Oktober bis Dezember, und Februar bis April brachten eine ähnliche Arbeitsbelastung wie der Monat Mai.)

5 Konsequenzen

5.1 Praxisberatung

Die Praxisberatung müßte für die Pastoral der einzelnen Pfarrei wie für die Pastoral im Rahmen des Pfarrverbandes (zur Aufstellung und Durchführung eines der Situation entsprechenden Pastoralplanes) für den Fall noch erweitert werden, daß mit der Versetzung des Kaplans eine Stelle aufgelöst wird.
Die Mitteilung der Auflösung der Stelle müßte so rechtzeitig erfolgen, daß Maßnahmen zur Umstellung der Seelsorgearbeit eingeleitet werden können.
Für diese Planung der Umstellung sollte es Praxisberater geben, damit die Pfarrei und der Pfarrer nicht allein gelassen sind. Andernfalls liegt die Gefahr nahe, daß der Pfarrer in einen unzumutbaren Streß kommt, der gesundheitliche Schäden zur Folge haben kann; oder aber, daß ganze Bereiche der Pastoral fallen gelassen werden.

5.2 Auffächerung der Ämter

4100 Gemeindemitglieder erwarten in bestimmten Lebenslagen (Taufe – Erstkommunion – Erstbeichte – ständige Beichte – Firmung – Sonntagsgottesdienst – besondere Gottesdienste in Schulen und Gruppen – Vorbereitung auf die Trauung – Trauung – Beratung in Konfliktfällen – soziale Notfälle – Krankheit – Tod u. ä.) von der Gemeinde einen Dienst, der Hilfe gibt. Sie haben Anspruch auf diesen Dienst.
Traditions- und erfahrungsgemäß werden seitens der Gläubigen alle diese Dienste vom Gemeindeleiter erwartet. Das führt zu einer Überforderung des Gemeindeleiters, der notwendigerweise viele Erwartungen nicht erfüllen kann und zurückweisen muß. Diese Zurückweisung der berechtigten Erwartungen führt zu Enttäuschung, Distanzierung und Entfremdung bis zur völligen Aufgabe der Erwartungen. Es ist sicher nicht zufällig, daß das Sterben der Gemeinden in den *großen* Pfarreien am frühesten eingesetzt hat und am offenkundigsten ist.
Die Erwartung der Gläubigen kann und soll sich aber in Zukunft stärker auf die Kirche bzw. auf die konkrete Gemeinde richten. Wir glauben, daß normalerweise in jeder Gemeinde alle Begabungen und Charismen vorhanden sind, um den Glauben zu wecken, zu leben und weiterzugeben. Für die notwendigen Dienste müßte den dafür qualifizierten Gläubigen die jeweils erforderliche kirchliche Vollmacht (Weihe) gegeben werden.

Durch die Auffächerung der Dienste ist eine Spezialisierung und damit verbundene Qualifizierung leichter möglich, als wenn alle Dienste von einem Gemeindeleiter geleistet werden.

5.3 Pastoral an Kindern

5.3.1 Außerschulische Katechese

In unserer Gemeinde sind zwölf Frauen und Männer in außerschulischer Katechese tätig. Sie haben langjährige Schulerfahrung und besitzen die missio canonica. Diese Multiplikatoren kommen regelmäßig zur Planung und zum Erfahrungsaustausch zusammen. Sie sind befähigt, die Kinder zu den Sakramenten zu führen, Antworten auf ihre Fragen zu geben, das Glaubensleben der Kinder zu vertiefen und sie Gemeinde erfahren zu lassen. In acht Wochen bereiteten sie Kinder auf die Firmung vor. Nach vier Monaten Pause folgten weitere acht Wochen mit Gesprächen über Buße und Beichte (Gruppenstärke zehn bis sechzehn). In dieser Zeit sind persönliche Beziehungen zu den Kindern gewachsen.

Aus Erfahrung dieser Kurse wissen wir, daß die Kinder in der Regel mit ihren Problemen lieber zu ihren »Gruppenleitern« gehen als zum Pfarrer. Der Pfarrer hat in allen Gruppen das abschließende Gespräch geleitet. Trotz des feststellbar positiven emotionalen Verhältnisses der Kinder zum Pfarrer fragten viele Kinder, warum ein Beichtgespräch mit dem Pfarrer notwendig wäre.

5.3.2 Eucharistie mit Kindern

Bis vor einem Jahr war es in unserer Gemeinde möglich und üblich, daß viele Kinder und Jugendliche in kleinen Gruppen (Schule oder Jugendgruppe) mehrmals im Jahr *ihre* Eucharistiefeier vorbereiteten. Das Erleben dieser Eucharistiefeier in einer kleinen überschaubaren Gruppe läßt die Beteiligten den Sinn der Eucharistie tiefer verstehen und bildet eine Brücke zur sonntäglichen Eucharistiefeier der Gesamtgemeinde.

Seit dem Weggang des Kaplans mußten diese Eucharistiefeiern bis auf wenige Ausnahmen ausfallen. Wir sind besorgt, daß viele Kinder, die nur die sonntägliche Eucharistiefeier der Gemeinde erleben, nur schwer einen Zugang zur Eucharistie erhalten; denn die Möglichkeit des Mitgestaltens ist für verhältnismäßig wenige Kinder an wenigen Sonntagen gegeben. Für den Großteil der Kinder entfällt somit das Erleben der Eucharistiefeier als *ihre* Eucharistie. (Ähnliches gilt für die Jugend.)

Wenn der Eucharistie eine große gemeindebildende Kraft zukommt, und sie nicht nur der sonntägliche Höhepunkt des Gemeindelebens sein soll, erhebt sich die Frage, welche anderen Wege beschritten werden könnten. Solange in einer so großen Gemeinde nur der Gemeindeleiter eucharistiefähig ist, wird es nicht möglich sein, über die sonntägliche und die sonst notwendigen Eucharistiefeiern (Trauung – Beerdigung – Jubiläum – Werktagsmessen) hinaus Eucharistiefeiern in kleinen Gruppen durchzuführen. Andererseits erscheint uns das zum Aufbau der Gemeinde, besonders für die Kinder und die Jugendlichen sehr notwendig.

5.4 Familienpastoral (Brautleute – junge Familien – Familienkreise – ältere Leute)
Auf Gemeindeebene werden regelmäßig Kurse für fünf bis sechs Paare eingerichtet. Diese Kurse können vom Pfarrer oder dafür geschulten und qualifizierten Frauen und Männern gehalten werden. Auch hier ergibt sich die Frage, ob nicht diese Frauen und Männer Vollmacht erhalten könnten, auf Wunsch Traugespräche zu führen und die Trauung zu halten. Dann könnten sie aufgrund der so geknüpften Beziehung auch das Taufgespräch führen und taufen. Sie könnten zusammen mit dem Gemeindeleiter die Verantwortung tragen für die Vertiefung des Glaubens in den Familien, z. B. Gesprächsleiter für Familienkreise, Schulungsabende für junge Familien. – Ähnlich könnten andere Frauen und Männer für die Pastoral an älteren Leuten geschult werden.

5.5 Pastoral an Kranken
Es hat sich bewährt, daß Kommunionhelfer (Männer und Frauen) bettlägerige Kranke regelmäßig (monatlich und zusätzlich an den Feiertagen) besuchen und ihnen die heilige Kommunion bringen. Wenn für diese Kranken ein Krankenhausaufenthalt notwendig wird, machen sie auch dort als Vertreter der Gemeinde Besuche. Auf diese Weise bauen sie Beziehungen zu den Kranken und deren Familien auf. Aufgrund ihrer Anlage entwickeln einige der Kommunionhelfer mit Hilfe von Übung und Schulung ein besonderes Charisma. – Es stellt sich wieder die Frage, ob diese Frauen und Männer nach entsprechender Schulung, nicht auch einen Teil der Kranken der Gemeinde betreuen könnten bis zur Bevollmächtigung, die Krankensalbung zu spenden und nach dem Tod auch das Begräbnis zu halten.

5.5 Verwaltung des Pfarramtes (Organisation – Kooperation – Kommunikation)
Eine so vitalisierte und strukturierte Gemeinde bringt eine Fülle von Organisations-, Kooperations- und Kommunikationsaufgaben für das Pfarramt:
– Aufstellung von Plänen für Meßdiener, Lektoren, Kommunionhelfer;
– Verteilung und Beaufsichtigung der Räume des Pfarrzentrums für außerschulische Katechese, Jugend- und Erwachsenengruppen;

- Terminabsprachen für Brautgespräche, Trauungen, Familienkreise, Beratungen;
- Verteilung von Kirchenzeitung und Missionsheften usw.;
- Telefonate;
- Verwaltung des Pfarrbüros u. a. m.

Es hat sich in unserer Pfarrei gezeigt: Die Pfarrsekretärin ist mit dieser Aufgabe überfordert. Solange ein Kaplan in der Pfarrei war, hat dieser manche oben genannten Aufgaben übernommen; jetzt trägt der Pfarrer allein die letzte Verantwortung.

Wir können uns vorstellen, daß ein(e) für diesen Aufgabenbereich besonders geschulte(r) Pastoralassistent(in) hier seinen (ihren) Ort hat. Er (sie) könnte die gesamte Verwaltung des Pfarramtes in voller Verantwortung übernehmen. (1976 wurde ein Pastoralassistent für diese und andere Aufgaben eingestellt; für den Pfarrer bedeutet das eine erhebliche Entlastung.)

6. Aufgaben des Gemeindeleiters

Wenn das Amt der Gemeindeleitung auf diese Weise aufgefächert würde, könnte der Gemeindeleiter frei werden für seine eigentliche Aufgabe: Die Verkündigung und die theologische Inspiration. Dafür ist er kompetent. Er müßte dann nicht mehr der »allround-man« sein, zuständig für jede Altersgruppe und jede Aufgabe.

6.1 Weckung und Förderung der Charismen
Nach dem biblischen Zeugnis hat Jesus einen großen Teil seiner Zeit für die Schulung der Jünger aufgewandt und sie befähigt, den Menschen die Botschaft zu künden. Analog sollte der Gemeindeleiter einen Schwerpunkt seiner Aufgaben darin sehen, die in der Gemeinde vorhandenen Begabungen und Charismen zu suchen, zu wecken und zu fördern.

6.2 Der Gemeindeleiter trägt die Verantwortung für die Gottesdienste der Gesamtgemeinde.

6.3 Pastoraler Kontakt zur Gemeinde
a) zu Multiplikatoren – Gruppenleitern und Gruppen,
b) zu einzelnen Gemeindemitgliedern.
Trotz Auffächerung der Ämter werden Gemeindemitglieder immer auch den Kontakt zum Gemeindeleiter suchen:
- In akuten Notfällen ist nur der Pfarrer erreichbar.
- Außerdem wird es viele Fälle geben, in denen der Pastoralassistent oder die ehrenamtlich Bevollmächtigten überfordert werden.

– Generell müssen alle Gemeindemitglieder die Möglichkeit haben, mit dem Gemeindeleiter direkt Kontakt aufnehmen zu können.

6.4 Kontakt mit anderen Gemeinden und der Gesamtkirche
Eine fruchtbare Pastoral wird in Zukunft nur möglich sein,
– wenn die Pfarreien eines Seelsorgegebietes zusammenarbeiten und die Erfahrungen austauschen;
– wenn ein intensiver Gedankenaustausch zwischen der Basis, der Bistumsleitung und der wissenschaftlichen Theologie erfolgt.

6.5 Weiterbildung
Der Gemeindeleiter wird heute und in Zukunft seiner Aufgabe nur dann gerecht werden können, wenn er eine angemessene Zeit auf das Studium verwendet, vor allem der Theologie aber auch der Humanwissenschaften (Psychologie, Soziologie, Gruppendynamik). Er wird sich in bezug auf gesellschaftliche, kulturelle und geistige Strömungen immer wieder neu orientieren müssen.

6.6 Arbeitszeit der Priester
Eine große Gefährdung vieler Priester ist sicher auf das Übermaß ihrer Arbeit zurückzuführen. Ständiger Streß aber macht nicht nur betriebsblind, sondern irgendwann auch unmenschlich. Erholung, gute Beziehung zu anderen Menschen, Freizeit, Sich-etwas-gönnen-können, das alles ist kein Luxus; im Gegenteil: alle diese Dinge sind Voraussetzung dafür, daß die geistige Spannkraft, die Fantasie und Freude an der Arbeit erhalten bleiben. Das alles kostet Zeit, die der Priester bei der bisherigen Struktur der Gemeindearbeit nicht hat.

6.6.1 Eine besondere Belastung: Die Sieben-Tage-Woche
Die Hektik und der Streß, die die moderne Industriewelt gebracht hat, haben in vielen Berufen dazu geführt, daß die Menschen ein freies Wochenende haben. – Zwei Tage Pause zur Erholung, zum Auftanken der Kräfte bei 42 Wochenstunden. – Der Priester ist nicht weniger als andere der Hast und dem Streß der modernen Arbeitswelt ausgesetzt. Er ist denselben Gesetzen der Natur unterworfen und kann sie nicht ungestraft überschreiten.
Die Arbeitszeit der Priester müßte auf ein erträgliches Maß beschränkt werden. Dazu gehört, daß im Rhythmus wöchentlich bis 14tägig ein bis zwei Tage wirkliche Freizeit verbracht werden können. Viele sehen sich aber so vielen Anforderungen gegenüber, daß sie von sich aus die erforderliche Freizeit nicht einrichten können und mögen.
Eine gut angelegte Praxisberatung könnte hier bewußtseinsbildend wirken,

sowohl in der Gemeinde als auch bei den Priestern. Eine geregelte Arbeits- und Freizeit käme der Qualität der Arbeit zugute. Sie könnte für junge Menschen ein Anreiz sein, wieder stärker diesen Beruf zu ergreifen.

Anmerkung:

* Quelle: Diakonia 7 (1976) 56–65.

3.4 Ernst Lange
DIE SCHWIERIGKEIT, PFARRER ZU SEIN*

Eine Meditation

In welcher Situation findet sich einer vor, der Pfarrer zu sein versucht? Die Berufsrolle liegt, wenn und soweit man der in all ihrer Plausibilität gefährlichen Rollentheorie traut, in ihren Grundzügen immer schon fest, bevor einer sie lernt, einübt und zu spielen versucht. Das sei entlastend, heißt es.
Den Pfarrer entlastet seine Berufsrolle nicht. Vermutlich erfährt jeder einigermaßen sensitive Ortspfarrer fast täglich, daß er *eine unmögliche Rolle* spielt. Und zwar durchaus nicht nur in jenem grundsätzlichen Sinn, in dem etwa *Barth* in seinen frühen Aufsätzen auf unübertreffliche Weise die unmögliche Möglichkeit des Predigens beschrieben hat: »Was tust du, du *Mensch* mit *Gottes Wort* auf deinen Lippen? Wie kommst du zu dieser Rolle des Mittlers zwischen Himmel und Erde? Wer hat dich befugt, dich dahin zu stellen und religiöse Stimmung zu erzeugen?«[1] *Das* ist eine Dimension der Unmöglichkeit des Pfarrerberufs, die immer schon bestand und auch immer schon erfahren wurde, übrigens auch von jenen »Dorf- und Stadtweisen«, die anzuprangern der frühe Barth nicht müde wurde. Die Unmöglichkeit, von der hier die Rede sein soll und die jeder sensitive Pfarrer so oder so empfindet, ist von viel banalerer Art. (...)
Für Dietrich *Goldschmidt* und Yorick *Spiegel* ergibt sich ein Fazit aus der Berliner Pfarrerbefragung, die Pfarrerrolle sei im Spannungsfeld von Kirche, Gemeinde und Öffentlichkeit überhaupt nur spielbar, wenn der Pfarrer eine dreifache Wahl treffe:
»1. Er muß wählen zwischen der Pflege volkskirchlicher Verhältnisse oder dem Aufbau eines aktiven Gemeindekerns; 2. er muß sich darüber klar werden, ob er sich mehr als Amtsträger der Kirche oder als Beauftragter der Gemeinde versteht; 3. er muß seine Stellung in der Gemeinde selbst deutlich machen, ob er seine Aufgaben nämlich monokratisch oder in gleichberechtigter Zusammenarbeit mit ehrenamtlichen und angestellten Kräften durchführen will.«[2]
Gegen diese Beschreibung lassen sich vor allem zwei Einwände erheben. Einmal ist die Frage, ob der Pfarrer wirklich die Wahl hat. Ist er frei, zwischen volkskirchlicher Mitgliedschaft und Gemeindekern zu wählen, auch nur im Sinne einer klaren Prioritätensetzung? Hat er wirklich die

Alternative zwischen seinem kirchlichen und seinem gemeindlichen Mandat? Oder zwischen einem klar autokratischen und einem klar demokratischen Führungsstil und den Zielen und Strategien, die diesen Stilen entsprechen?

Der Konsensus der Mitglieder

Abgesehen davon, daß diese Alternativen im konkreten Fall angesichts ganz unterschiedlicher örtlicher Ausgangslagen, differenter Persönlichkeitsstrukturen und in der Ausbildung immer schon weitgehend festgelegter Einstellungen zur Kirche zu relativ schmalen Spielräumen zusammenschrumpfen, in denen man allenfalls Akzente ein wenig verschieden setzen kann: Immer stärker tritt in der empirischen Kirchenforschung vor allem die Stabilität, die Zähigkeit und die Durchschlagskraft eines in sich höchst widerspruchsvollen, unformulierten und dennoch oder gerade darum zwingenden Bündels mitgliedschaftlicher Erwartungen an die Kirche und an die Pfarrer heraus. Es ist dieser Konsensus der Erwartungen, der den Handlungsspielraum der Kirche und des Pfarrers wesentlich mitbestimmt. (...)
Der Pfarrer hat Variationsmöglichkeiten *in* seiner Rolle, aber keine wirkliche Wahl. Und keine der möglichen Varianten befreit ihn von der Schwierigkeit, im Schnittpunkt unvereinbarer Anforderungen Pfarrer zu sein und Pfarrer zu bleiben.
Die zweite Frage an das Fazit *Spiegels* geht dahin, ob das Bezugsfeld des Pfarrers mit den drei Größen Kirche, Gemeinde und Öffentlichkeit zureichend beschrieben ist. Zumindest erscheint eine Differenzierung und eine Erweiterung sinnvoll: Der Pfarrer erfährt sich in einem Spannungsfeld, das durch drei nicht auflösbare Konflikte bestimmt ist. Eine dieser einander schneidenden Konfliktfronten verläuft in der Vertikalen zwischen Kirche und Gemeinde, genauer zwischen der religiösen Organisation und ihren Leitungsinstanzen einerseits und jener Gruppe der volkskirchlichen Mitgliedschaft, für die er zuständig ist, andererseits. Eine zweite Konfliktfront verläuft in der Horizontalen, das heißt innerhalb dieser Gruppe der volkskirchlichen Mitgliedschaft. Und eine dritte Konfliktfront verläuft in der Temporalen. Diese dritte Konfliktfront ist gekennzeichnet durch das Phänomen der Gleichzeitigkeit des Ungleichzeitigen.

Der Konflikt in der Vertikalen

Die Institution Kirche versieht ihren Mann vor Ort, den Pfarrer, mit einem Pflichtenkatalog, der durch zwei Merkmale gekennzeichnet ist: 1. Er wird

immer länger, und zwar in dem Maße, in dem die Institution thematisch und organisatorisch im Prozeß des »aggiornamento« fortschreitet. Entdeckt sich die Kirche als Mission, als Dienstleistungsapparat, als Agentur kindlicher Sozialisation, als Träger von Bildungsverantwortung im Sinne des lebenslangen Lernens usw., dann schlägt das jeweils auch auf den Pflichtenkatalog des Pfarrers durch, ohne daß dafür Anderes, Herkömmliches in nennenswertem Umfang gestrichen würde. Und in dem Maße, in dem die Kirche gleichsam technologisch aufholt, also etwa in der Verwaltung, in der Pädagogik, in der Seelsorge, differenzieren sich die einzelnen Pflichten wieder in sich selbst.
Selbst die durchaus gutwilligen und ernsthaften Versuche der Institution, ihren Mann vor Ort zu entlasten durch Vergrößerung seines Mitarbeiterstabes, durch ein wachsendes Angebot an Fort- und Weiterbildungsmöglichkeiten, wirken sich zunächst einmal als Addenda auf den Pflichtenkatalog aus. Das alles ist von seiten der Institution nicht böser Wille oder Gleichgültigkeit. Die Institution *kann* so lange keine Prioritäten setzen, wie sie sich über sich selbst, ihr Mandat, ihre Funktion in der Gesellschaft und die dieser Funktion angemessenen Strukturen nicht klar und vor allem intern nicht einig werden kann. Ein Konsensus der herkömmlichen Art, das heißt ein Konsensus einheitlicher Lösungen, ist aber vermutlich in dieser *»Institution im Übergang«* (W. D. Marsch), in der die Interessen der Bestandswahrung und die Impulse neuerlicher Indigenisation nicht mehr auf einen Nenner zu bringen sind, auf absehbare Zeit überhaupt nicht zu erwarten. (...)

Die Freiheit des Pfarrers

2. Auf der anderen Seite, und das ist das Verwirrende, läßt die Institution ihren Mann vor Ort doch auch wieder in einem erstaunlichen Maße frei. Kirchenleitungen sind keine harten Herren. Sie sind schwierig, weil sie unsichere Herren sind und vielfach nach den Faustregeln aller Bürokratien – »Das war schon immer so«, »Wo kämen wir denn da hin?«, »Da könnte ja jeder kommen« ... – zu entscheiden pflegen. Aber harte Herren sind sie nicht. Der Pfarrer ist frei, weil er a) seiner rechtlichen Stellung nach nahezu unabsetzbar und undisziplinierbar ist; b) weil seine Pflichten zwar zahlreich, aber nicht von der Art sind, daß ihre Erfüllung über die alleräußerlichsten statistischen Kontrollen hinaus überprüfbar wäre, vor allem nach dem beklagenswerten Verfall des Instituts der Visitation; und schließlich c) weil er in seiner geistlichen Amtsführung, das heißt inhaltlich, völlig unabhängig und nur an Schrift und Bekenntnis gebunden ist. Und diese seine geistliche Freiheit wächst in dem Maße, in dem diese Normen

unsicher, weil in ihrer geschichtlichen Relativität und Pluralität erkennbar werden. Die Freiheit des Pfarrers ist fast ebenso beängstigend, wie sein kirchlicher Pflichtenkatalog absurd ist.
Dem kirchlichen Pflichtenkatalog entspricht ein ebenso langer und differenzierter Katalog volkskirchlicher Erwartungen. Aber die beiden Kataloge sind im wesentlichen unvereinbar. Zwar gibt es im kirchlichen Pflichtenkatalog keine klaren Prioritäten, aber natürlich so etwas wie geschichtlich angewiesene und gerade durch die jüngere Theologie dramatisch aktualisierte Zentralfunktionen des geistlichen Amtes: die Verkündigung des Evangeliums, die Verwaltung der Sakramente, den sogenannten Gemeindeaufbau. An ihnen hängt nach wie vor, auch noch bei den jüngsten Studiengenerationen, wenn auch vielleicht in der Gestalt der polemischen Abwehr, das Selbstverständnis der Mehrheit der Pfarrer.
Offenkundig liegen aber in der volkskirchlichen Erwartung und Beteiligung die Prioritäten anders. Was für das Selbstverständnis des Pfarrers primär ist, die Verkündigung, ist für die volkskirchliche Erwartung nur mittelbar wichtig. Und was für die Mehrheit der volkskirchlichen Mitgliedschaft in Erwartung und Teilnahme im Vordergrund steht, nämlich die kirchlichen Hilfe- und Dienstleistungen im weitesten Sinne des Wortes, das ist in der Selbsteinschätzung der Mehrheit der Pfarrer eher peripher[3].
Der von *Dahm* vertretenen funktionalen Theorie kirchlichen Handelns zufolge gibt es »zwei Hauptbereiche kirchlicher Zuständigkeit«, die »im Abendland seit dem frühen Mittelalter als ›Aufgabe der Kirche‹ gelten und bis heute im Vorstellungshorizont der Bevölkerung den Aktionsrahmen, wenn auch keineswegs eine monopolistische Zuständigkeit der Kirche bezeichnen... erstens einen ›Funktionsbereich der Darstellung und Vermittlung von grundlegenden Werten‹ und ... zweitens einen ›Funktionsbereich der helfenden, vor allem emotionalen Begleitung in Krisensituationen und an Knotenpunkten des Lebens‹.«[4] Im Erwartungshorizont der volkskirchlichen Mehrheit ist die Kompetenz der Kirche im ersten Funktionsbereich, dem Bereich der Wertrepräsentanz und -vermittlung, rückläufig, während sie im Bereich des Helfens und Pflegens wächst. Es gibt dafür viele Gründe, die hier nicht zur Erörterung stehen. Für unser Thema entscheidend ist, daß der Pfarrer sich mit seinem Selbstverständnis immer noch eher, wenn auch nicht vollständig, im Funktionsbereich »Wertrepräsentanz und -vermittlung« unterbringen würde, während die volkskirchliche Mehrheit – und wahrscheinlich eben nicht nur sie, sondern auch die Kerngemeinde, trotz ihres unterschiedlichen Teilnahmeverhaltens – den Pfarrer eher im Funktionsbereich »Helfen und Pflegen« erwartet, und daß diese Differenz wächst. (...)
Für die Schwierigkeit, Pfarrer zu sein, bedeutet das: Wir Pfarrer sind von der kirchlichen Institution und von der Mitgliedschaft her ganz und gar im

Zentrum der Erwartungen. Aber diese Erwartungen sind different. Die erhebliche Freiheit, die die Institution dem Pfarrer läßt, bedeutet mindestens auch, daß sie sich für die Repräsentation von Kirche in der Gesellschaft und in der Mitgliedschaft sehr weitgehend auf den Pfarrer verläßt und verlassen muß, und zwar nicht nur auf seine Arbeitskraft, sondern auch auf seine Urteilskraft und seine Kreativität, das heißt nicht nur auf ihn als Funktionär, sondern auf ihn als Charismatiker, als Persönlichkeit, als »*Virtuose*«, wenn nicht der Frömmigkeit, so doch eben der *Proexistenz*, der religiös motivierten umfassenden Verfügbarkeit. Und von der Mitgliedschaft her dürfte das ganz genauso sein, sie sieht die Potenz der Kirche offenbar auch vornehmlich als Potenz des Pfarrers, und auch sie versteht diese Potenz offenbar vor allem als eine Potenz der Proexistenz, des Helfens und Pflegens. Die Schwierigkeit, Pfarrer zu sein, ist jedenfalls – von örtlichen Ausnahmen abgesehen – nicht so sehr die des Außenseiters, der immer mehr an den Rand rückt, der nicht mehr recht weiß, wozu er eigentlich gut ist und wer ihn eigentlich noch braucht. Die Schwierigkeit, Pfarrer zu sein, ist in dieser Perspektive vor allem die, im Schnittpunkt von Erwartungen zu stehen, die sich zu einem Teil widersprechen und in der Summe viel zu groß sind, als daß man sie erfüllen könnte.

Der Konflikt in der Horizontalen

Der Pfarrer müsse sich entscheiden, ob er die Pflege der volkskirchlichen Verhältnisse oder den Aufbau eines aktiven Gemeindekerns betreiben wolle, heißt es bei *Spiegel*. Dem ist genauer nachzugehen[5]. (...) Beide Gruppen tendieren dazu, ihren Pfarrer trotz all seines Eifers, Menschen und Verhältnisse zu ändern, beharrlich und störrisch mißzuverstehen als den *Pfleger und Stabilisator* ihrer Form der Teilnahme an der Kirche und ihrer religiös-moralischen Einstellungen und Verhaltensweisen. Insofern gibt es einen Nenner, auf dem volkskirchliche und kerngemeindliche Erwartungen an den Pfarrer sich als Erwartungen und Bedürfnisse gleicher Struktur erkennen lassen und auf dem die kerngemeindliche Kirchlichkeit als ein Sonderfall der volkskirchlichen Kirchlichkeit verständlich zu werden beginnt. Auch für die Kerngemeinde gelten jene beiden Hauptformen kirchlicher Handlungsmöglichkeit, Wertrepräsentanz und -vermittlung und helfender Begleitung, nur daß entsprechende Bedürfnisse in der Kerngemeinde in besonderer Intensität auftreten und aufgrund spezieller psychosozialer Bedingungen andere Formen der Bedürfnisbefriedigung, vereinskirchliche Formen der Befriedigung, die genau wie die volkskirchlichen in der Tradition bereitstehen, in Betracht kommen.

Vier Bezugsgruppen

Für die alltägliche Erfahrung des Pfarrers machen die unterschiedlichen Bedürfnisse und das unterschiedliche Teilnahmeverhalten der Mitglieder dennoch einen wesentlichen Unterschied, ergeben sie einen ständigen Konfliktstoff. Nur ist dieser Konfliktstoff mit dem Gegenüber von Kerngemeinde und Distanziert-Kirchlichen nicht ausreichend beschrieben. Vereinfacht kann man sagen, daß der Pfarrer, zumindest der Pfarrer in der Großstadt, es heute in seiner Gemeinde mit *drei* Gemeinden zu tun hat – *und* mit einer vierten Gruppe, die ihn mindestens ebensosehr angeht und aufregt, obgleich er sie auch mit differenzierten Kriterien nicht zu seiner Gemeinde rechnen kann: die Ausgeschiedenen, unter denen es Leute gibt, in deren Denken und Verhalten er einen Geist spürt, den er für Geist vom Geist des Protestantismus halten muß, den Geist einer entschränkten Christlichkeit, die darum für den Pfarrer etwas besonders Provozierendes hat, weil sie sich, wie es scheint, einem Akt oder Prozeß der Emanzipation von der Kirche verdankt. Läßt man diese Gruppe beiseite, dann gibt es immer noch *drei* klar unterscheidbare Gruppen, klar unterscheidbare Bedürfnisprofile in seiner Gemeinde, die man verkürzt als das *volkskirchliche*, das *vereinskirchliche* und das *reformkirchliche Bedürfnisprofil* bezeichnen kann. Dabei taucht die reformkirchliche Gruppe kirchenstatistisch und kirchensoziologisch nicht auf. Aber jeder Pfarrer kennt sie als Anspruch, als in Personen und Lebenssituationen inkarnierten Anspruch – insofern als eine beunruhigende Realität, beunruhigend darum, weil sie wieder eine ganz andere Form der Zuwendung erfordert als die Volkskirche und die Vereinskirche. Die Rolle des Pfarrers gegenüber der Volkskirche ist mit den Funktionen »Lehren« und »Helfen« einigermaßen eindeutig beschreibbar, wobei es in beiden Funktionen ganz eindeutig nicht primär um eine Aufgabe des Veränderns (sei es im Sinne kirchlicher, gesellschaftlicher oder individueller Erneuerung), sondern um Stabilisierung geht, um Repräsentation und Gewährleistung einer guten Tradition, einer Kontinuität von Sinn und Wert. Daß diese Tradition in sich den Impuls des Exodus, die Verheißung der Freiheit und also auch unabsehbarer Veränderung enthält, ist unbestreitbar. Aber dieser Impuls ist als solcher vom Pfarrer in volkskirchlicher Funktion nicht in die Regie zu nehmen, er läßt sich nicht in ein Programm kirchlicher Aktivität ummünzen. Die Motivationen, die der Dienst des Pfarrers in volkskirchlicher Funktion erzeugt, die Energien, die da frei werden, fließen in die bürgerliche Existenz seiner volkskirchlichen Partner. (...)
Anders ist es in der vereinskirchlichen Gemeinde, die sich übrigens im Funktionsbereich der helfenden Begleitung der Lebenshilfe mit der volkskirchlichen Gemeinde weithin überschneidet. In der Vereinskirche hat es

der Pfarrer durchweg mit Defiziten und Frustrationen zu tun, mit Wünschen und Bedürfnissen, die im Leben der Gesellschaft und auch der Volkskirche als einer Institution der Gesellschaft zu kurz kommen, also etwa im Blick auf Geborgenheit, Gemeinschaft, Status, Unterhaltung, Bildung, aber auch im Blick auf Begabungen, die die Gesellschaft brachliegen läßt. Die Vereinskirche ist also bereits in ihrem bloßen Dasein eine Provokation an den Pfarrer, zu ändern, Abhilfe zu schaffen, Selbsthilfe zu organisieren, Emanzipation zu eröffnen. So ist ja zum Beispiel die Vereinskirche historisch gesehen in manchen ihrer Manifestationen eine ausgesprochene Laienkirche, schlicht gesagt: die kirchliche Version des gesellschaftlichen Vereinswesens, die sich erst sekundär parochialisiert und dem volkskirchlichen Pfarramt überantwortet hat. Offenbar geht es hier um ganz andere Formen der Zuwendung, der Verfügbarkeit für den Pfarrer, sei es, daß er kompensatorisch mit seiner eigenen Person, mit seinen religiösen und sozialen Begabungen und Kenntnissen für die Defizite eintritt, die sich da präsentieren, also als Freund, Vater, Programmgestalter, Unterhalter, Betreuer usw., sei es, daß er emanzipatorisch Hilfe zur Selbsthilfe leistet, so daß die Defizite verschwinden oder die Laienkirche als Selbsthilfeorganisation wieder besser zu funktionieren beginnt.

Die reformkirchliche Mutation

Es gibt aber nun sowohl in der Zuwendung zur volkskirchlichen Gruppe als auch in der Zuwendung zur vereinskirchlichen Gruppe den Vorgang, daß Bedürfnisse auftauchen oder auch Bekehrungen und Begabungen sich ereignen, mit denen weder traditionell volkskirchlich noch traditionell vereinskirchlich umgegangen werden kann. Es gibt Objektivationen dieses Vorgangs. Gestalten von Kirche in der Volkskirche, die den Rang neuerlicher Indigenisationen, neuer Einwanderungen, Einkörperungen von Kirche in neuen Situationen haben. Man nennt sie heute mit lauter unglücklichen Namen: Paragemeinden, Funktionsgemeinden, Sondergemeinden usw. Solche neuerlichen Indigenisationen können, Präludien gleich, flüchtig sein wie manche kirchlichen Experimente, oder stabil wie zum Beispiel die Studentengemeinden. Ihre Problematik ist hier nicht im einzelnen zu erörtern. Es handelt sich aber bei diesen Vorgängen und Phänomenen durchwegs darum, daß im Prozeß gesellschaftlicher Veränderungen Widersprüche und Konflikte auftauchen, die die Kirche nicht mehr integrativ übergreifen kann, sondern in denen sie, weil es um asymmetrische Konflikte oder um den Zusammenstoß von Ungleichzeitigem geht, Partei ergreifen muß, also nicht mehr Kirche für alle sein kann, sondern Kirche für diese Besonderen werden muß. Anders ausgedrückt, die Kirche stößt überall in der sich pluralisierenden und polarisierenden Gesellschaft auf Situationen, in denen die herkömmlichen Gestalten der Vergesellschaftung des Christentums nicht mehr anwendbar sind und in denen *neue Vergesellschaftungen* riskiert werden müssen, die auch nicht mehr leichthin mit anderen, herkömmlichen Gestalten ausgeglichen werden können. In einem fernen Beispiel veranschaulicht: Man kann heute in den amerikanischen Großstädten *nicht mehr ein Pfarrer der Schwarzen und der Weißen zugleich* sein. Die *Kirche kann* noch eine Kirche der Schwarzen und der Weißen zugleich sein, aber nur noch um den Preis, daß sie den Konflikt zwischen den Schwarzen und den Weißen in sich selbst mit allen Konsequenzen inszeniert. Und das ist nur ein extremes Beispiel für das, was jeder Pfarrer in seinem Zuständigkeitsbereich erlebt. Es gibt Bedürfnisse, es gibt Situationen, es gibt Konstellationen in seinem Zuständigkeitsbereich, in denen nur noch eine radikale Zuwendung unter Vernachlässigung anderer Verbindlichkeiten zureicht. Die Schwierigkeit, Pfarrer zu sein, besteht nicht zuletzt darin, solchen Situationen konfrontiert zu sein und entweder den traditionellen Auftrag zu betonen um den Preis der Gewißheit, daß man an der entscheidenden Herausforderung versagt, oder Partei zu ergreifen um den Preis der Gewißheit, daß man sich damit als volkskirchlicher Pfarrer das Genick bricht, weil man seine allseitige Kommunikationsfähigkeit unweigerlich verliert. Es lassen sich Situationen voraussehen, zum Beispiel in Westberlin, wo Pfarrer ganz bewußt Pfarrer der alten Leute werden müssen, auch um den Preis, daß die Jungen den Tempel vorerst verlassen. *Marschs* Beschreibung der Volkskirche als *Institution im Übergang* ist so lange die beste Beschreibung, die wir gegenwärtig haben, solange man im Auge behält, daß der Begriff »Übergang« nicht »aggiornamento« meint, sondern langfristige Transformation von herkömmlichen Indigenisationen zu neuen Indigenisationen, von herkömmlichen Kirchbildungen zu neuen Kirchbildungen, und zwar nicht nur im ökumenischen Horizont, sondern auch binnenkirchlich. Nur daß im Übergang weder die Kirche noch der einzelne Pfarrer aus der Dialektik von »Treue und Verrat« (K. Heinrich), von Ende und Anfang je herauskommen könnte oder auch nur herauskommen wollen dürfte. Die Schwierigkeit, Pfarrer zu sein, ist eben die, diese Dialektik von Treue und Verrat, von Kontinuität und Wandel, von Ende und Anfang in der eigenen Person, in der eigenen Berufsführung durchhalten zu müssen, und zwar auch im Fall einer radikalen reformkirchlichen Entscheidung.

Der Konflikt in der Temporalen

Mit der Darstellung des Konflikts in der Horizontalen ist der Konflikt in der Temporalen bereits mit genannt. Der Pfarrer steht nicht nur zwischen

Institution und volkskirchlicher Mitgliedschaft, nicht nur zwischen vier Gruppen in seiner Gemeinde, die ihn alle in verschiedener Weise brauchen oder herausfordern, sondern er steht auch *zwischen gestern und morgen*. Aber dieser Konflikt in der Temporalen wird erst wirklich durchsichtig, wenn man folgendes mitbedenkt:
Für die beiden Funktionsbereiche und Funktionsweisen, die traditionellerweise der Kirche zugehören und immer noch in einem so hohen Maße der Kirche zugerechnet werden, daß nach wie vor über 90 Prozent der Bevölkerung in dieser doppelten Erwartung die Präsenz »von so etwas wie Kirche«[6] bejahen, gibt es heute theoretisch und praktisch alternative Angebote und alternative Lösungen. Im Bereich der Wertrepräsentanz und Wertvermittlung konkurrieren mit der Kirche zum Beispiel bestimmte ideologische Systeme und Parteien, in denen diese vertreten werden. Als Wertvermittler spielen Institutionen wie die Schule bereits eine viel größere Rolle als die Kirche. Und im Funktionsbereich der helfenden Begleitung in Krisensituationen spielen öffentliche Fürsorge, Medizin und Psychologie und auch die Medien eine wachsende Rolle. In funktionaler Hinsicht gibt es also Alternativen zur Kirche, Alternativen auch zum Dienst des Pfarrers. (...) Wenn gleichwohl der Dienst des Pfarrers in der volkskirchlichen Mitgliedschaft nach wie vor auf eine breite Zustimmung und eine hohe Erwartung stößt, dann liegt das offenbar nicht zuletzt daran, daß in seinem Dienst und vorerst nur in seinem Dienst die beiden Funktionen des Lehrens und des Helfens sich vereinigen.

Der Pfarrer als Darsteller und Bürge

Es ist die Kombination und ihre volkskirchliche Omnipräsenz, die die Kirche vorerst allen ihren »Konkurrenten« voraus hat und die das besondere Merkmal, die Einzigartigkeit der Pfarrerrolle in der Sicht der Mitgliedschaft ausmacht.
Leider erscheint diese wichtige Einsicht etwa bei *Dahm* vorerst nur ziemlich beiläufig. Sie wäre eine gründliche Erkundung wert. Für die Schwierigkeit, Pfarrer zu sein, scheint sie jedenfalls grundlegend zu sein. Die Mitgliedschaft beansprucht den Pfarrer heute, das ist unbestreitbar, mehr und mehr als Helfer und weniger als Lehrer. Aber sie will gerade ihn als Helfer, weil er mehr ist als ein Helfer, weil er mehr repräsentiert, mehr darstellt als eine beliebige helfende Hand. Diese Hilfe ist immer zugleich Lehre, das heißt Vorführung der religiös-moralischen Tradition, Wertrepräsentanz und Wertvermittlung in ihrer praktischen Form. Diese Hilfe ist Aktualisierung von Herkunft, von Heimat, von Kinderstube im weitesten und tiefsten Sinn des Wortes, von Kontinuität in dem Sinn, in dem sie für menschliches,

das heißt geschichtliches Leben schlechthin unentbehrlich ist und gerade in der Situation des allgemeinen Traditionszerfalls und des Zerfalls der Struktur der Traditionslenkung gesellschaftlichen Lebens selbst unentbehrlicher denn je. Der Pfarrer ist besser am Sarg als der Redner, nicht nur, weil die Kirche im Umgang mit der Trauer um zweitausend Jahre erfahrener ist als die künstliche Wiederbelebung des professionellen Klageweibes, sondern weil sie in der dramatischen Erfahrung der Diskontinuität Kontinuität vorführt, darstellt, verbürgt und zwar personal verbürgt, und das ist viel wichtiger, als was da gesagt wird: Zuhören kann man als ein Trauernder im Abschiedsritual sowieso nicht. (...)

Mit einem Wort: Der Pfarrer – und das ist das Hintersinnige an der Anwendung des Rollenbegriffs auf den Pfarrerberuf – der Pfarrer ist ein Darsteller. In allem, was er tut – und bis zu einem gewissen Grad unabhängig von der Qualität seines Tuns an sich selbst –, stellt er die wirksame Präsenz der religiös-moralischen Tradition dar und her, genau wie der antike Schauspieler, wenn er auf den Kothurn trat und die Maske aufsetzte. Der Pfarrer ist ein Darsteller, und sofern er nicht Beliebiges darstellt, sondern Tradition, Heimat, Kontinuität, Sinn und Wert, das, was mein Dasein trägt und orientiert, ist er eben nicht nur Darsteller, sondern Bürge.

Bürge für gestern – Bürge für morgen

Und da wird es ja nun ganz prekär für den Pfarrer. Er wird also von der volkskirchlichen Mitgliedschaft in Anspruch genommen und wahrgenommen als Darsteller und Bürge der religiös-moralischen Tradition. Aber damit ist er ja in einer gefährlichen Weise mißverstanden und gleichsam mißbraucht.

Denn erstens ist die religiös-moralische Tradition, als deren Bürge er da in Anspruch genommen wird, nicht die Tradition, der er sich verpflichtet weiß, nämlich die biblische Verheißungstradition. Er hat diese religiös-moralische Tradition studiert und durchschauen gelernt als die Tradition eines Kartells des Christentums mit einer bestimmten gesellschaftlichen Ordnung. Und ganz unabhängig von seiner theologischen Herkunft, ob er nun ein Anhänger jener Totalkritik am konstantinischen Kartell ist, die mit der Dialektischen Theologie einherging, oder ob er geneigt ist, die Qualität dieser Kartellbildung eher hochzuschätzen und jedenfalls ihre historische Unausweichlichkeit zu akzeptieren, er weiß doch, daß dieses Kartell heute brüchig ist und in seiner heutigen Gestalt weder der Gesellschaft in ihren Integrations- und Innovationsbedürfnissen noch der Kirche in ihrem Kommunikationsauftrag optimal dienen kann.

Zweitens weiß der Pfarrer, daß heute sowohl von der Intention der biblischen Tradition als auch vom Zustand einer Welt im Wandel her, in der der Mensch unwiderruflich sich selbst zum Projekt geworden ist, etwas anderes von ihm gefordert ist als Repräsentation von Ordo. Was die Menschen, für die er da ist, *eigentlich* brauchen, ist nicht so sehr Bürgschaft für die gute Herkunft, sondern *Bürgschaft für die gute Zukunft,* nicht so sehr Stabilisierung in den religiös-moralischen Erfahrungen und Regeln von gestern, sondern Befreiung zum Wandel im Wandel der Welt. (...)
Und drittens ist da die große Schwierigkeit, daß er selbst in dieser Phase des Zerfalls der traditionellen Sprache der Frömmigkeit und der Krise ihrer Fundamente nicht genau genug weiß und jedenfalls nicht verständlich genug sagen kann, was er zur Aufklärung des Mißverständnisses der Erwartungen sagen müßte. Und weil er unsicher handelt und spricht, ist das konstruktive Mißverständnis dessen, was er sagt und tut, im Sinne herkömmlicher Erwartungsmuster nahezu unvermeidlich. Die Schwierigkeit, Pfarrer zu sein, ist demnach *die Schwierigkeit, als Bürge für morgen an die Tür zu klopfen und als Bürge für gestern eingelassen zu werden.*
Es muß, ungeachtet der Gefahr, daß das Bild, das so entsteht, immer mehr als eine unzulässige Dramatisierung, als eine Karikatur der Schwierigkeit, Pfarrer zu sein, erscheint, noch ein letztes Problem wenigstens erwähnt werden. Trutz *Rendtorff* hat in seinem Aufsatz »Das Pfarramt – gesellschaftliche Situation und kirchliche Interpretation«[7] beinahe beiläufig auf einen Sachverhalt aufmerksam gemacht, der mir noch viel zu wenig beachtet erscheint, nämlich auf die *Umkehrung des Verhältnisses von kirchlicher Institution und Person im Dienst des Pfarrers.* Rendtorff schreibt: »Der Status des Pfarrers ist nicht schon mit seinem Amt garantiert und vorgegeben, sondern muß von ihm in persönlichem Einsatz geleistet werden.«[8] Aber das ist nicht nur ein Status- und Geltungsproblem. Das reicht tiefer. Amt ist doch ursprünglich die Weise, wie eine Person, nahezu unabhängig von ihren persönlichen Qualitäten, teilhat an der Autorität, an der Macht und Vollmacht der Institution, die sich in diesem Amt repräsentiert. Auch ein persönlich unwürdiger, ein ungebildeter oder charismatisch schwacher Priester repräsentiert – oder repräsentierte, denn auch da ist ein Wandel im Gang – die ganze Macht und Vollmacht der Römisch-Katholischen Kirche, denn diese Macht liegt vor allem in den Vollzügen und in der Struktur, nicht in der Person des Amtsträgers. Der reformatorische Amtsbegriff ist bereits ein bedeutsamer Bruch mit dieser traditionellen Relation von Institution und Person, in der die Institution im Amt die Person trägt und verbürgt und nicht umgekehrt die Person die Institution: denn das Amt der Evangelischen Kirche ist in seinem Kern an einen Vollzug gebunden, der ungeachtet aller theologischen Rationalisierungen zumindest *einen* ganz und gar subjektiven Aspekt hat: den Vollzug der Predigt. Damit hat sich die

Institution immer schon bis zu einem gewissen Grad der Qualität der Personen ausgeliefert, die sie repräsentieren, auch wenn der über die Subjektivität des Predigers laufende Vorgang der Predigt noch ganz sicher gründet in der objektiven Gegebenheit der Schrift. In dem Maße, in dem in Theologie und Frömmigkeit diese einzige objektive Absicherung unsicherer wird, verschiebt sich das Verhältnis von Institution und Person im kirchlichen Amt. (...)

Anmerkungen:

* Quelle: Gekürzte Fassung eines Aufsatzes aus dem Band »Predigen als Beruf«, Aufsätze, hg. von Rüdiger Schloz, Kreuz Verlag, Stuttgart/Berlin 1976.
1. K. Barth, Not und Verheißung der christlichen Verkündigung, in: Das Wort Gottes und die Theologie, 1929, 118.
2. Y. Spiegel, Pfarrer, in: Praktisch-Theologisches Handbuch, hg. von G. Otto, 1970, 380.
3. Vgl. K.-W. Dahm, Beruf: Pfarrer, 1971, vor allem den Aufsatz »Das Berufsfeld des Pfarrers in der Sicht einer funktionalen Theorie des kirchlichen Handelns«, 99 ff.
4. AaO. 117.
5. Vgl. T. Rendtorff, Die Kerngemeinde im Verständnis des Gemeindepfarrers, in: Soziologie der Kirchengemeinde, hg. von D. Goldschmidt, F. Greiner, H. Schelsky, 1960, 153 ff.
6. K.-W. Dahm, aaO. 105.
7. T. Rendtorff, Das Pfarramt – gesellschaftliche Situation und kirchliche Interpretation, in: Der Pfarrer in der modernen Gesellschaft, von Gerhard Wurzbacher u. a., 1960, 79 ff.
8. AaO. 90.

3.5 Heinrich Grosse
WAS KANN GETAN WERDEN, DAMIT KIRCHENVORSTEHER IHRE AUFGABEN SACHGEMÄSS WAHRNEHMEN KÖNNEN?*

(...)

II.

Die Antwort hängt weitgehend von dem Verständnis der Aufgabe eines Kirchenvorstandes ab. Denn offensichtlich wird sie theoretisch wie praktisch recht unterschiedlich definiert. In vielen Gemeinden nimmt der Kirchenvorstand nicht einmal jene (eingeschränkte) Leitungs- und Kontrollfunktion wahr, die er gemäß der jeweiligen Kirchengemeindeordnung gegenüber der Gemeinde bzw. dem Pfarramt und den Mitarbeitern hat[1]. Minimalziel aller aktivierenden Maßnahmen müßte es also sein, dem Kirchenvorstand zu helfen, die kirchenrechtlich vorgesehenen Aufgaben zu erfüllen.

Es gibt jedoch eine Vielzahl von Gründen, die Aufgaben eines Kirchenvorstandes weiter bzw. präziser zu fassen, als es die meisten kirchenrechtlichen Bestimmungen fordern. Ich kann sie hier nur andeuten: Bekanntlich war die theologische Diskussion in der Bundesrepublik, die auf eine Klärung des Verständnisses von ›Kirche‹, ›Amt‹ und ›Allgemeinem Priestertum‹ zielte, von dem lauter werdenden Ruf nach ›mündigen Laien‹ und den Entwürfen einer ›Kirche für andere‹ gekennzeichnet[2]. Mit diesen – allerdings oft unabhängig von der gesellschaftlichen Situation der Kirche her entworfenen – Zielvorstellungen verband sich schließlich die theologisch-politisch begründete Forderung nach einer ›Demokratisierung‹ der kirchlichen Verhältnisse, die einem Abbau der ›Pastorenkirche‹ einschloß.

Geht man von diesen Zielvorstellungen aus[3], dann ließe sich die Aufgabe eines Kirchenvorstandes etwa so beschreiben: Der Kirchenvorstand hat als demokratisch legitimiertes[4] Entscheidungsgremium die Aufgabe der Gemeindeleitung (und damit auch der Kontrolle der hauptamtlichen Mitarbeiter) mit dem Ziel, unter Berücksichtigung der Strukturen der Volkskirche soweit wie möglich ›Kirche für andere‹ zu verwirklichen.

III.

Die folgenden Antworten auf die Themafrage: Was kann bei uns für Kirchenvorsteher getan werden? sind als ein Versuch zu verstehen, Erfahrungen und praxisnahe Vorschläge zu formulieren, die geeignet sind, die Bereitschaft zur Mitarbeit und die Qualifikation von Kirchenvorstehern zu fördern.

1. Ein neugewählter Kirchenvorstand sollte seine Tätigkeit nicht wie selbstverständlich mit routinemäßiger Verwaltungsarbeit beginnen. Vielmehr müßte mit dem Versuch begonnen werden, die Motivation jedes Kirchenvorstandsmitgliedes aufzuhellen[5]. Es sind ja ganz unterschiedliche Motive für die Mitarbeit in einem Kirchenvorstand denkbar: Interesse an einem bestimmten Arbeitsbereich; Wunsch nach Gruppenzugehörigkeit; allgemeine Identifizierung mit Kirche; Interesse an politischem Einfluß; Verlangen nach Selbstdarstellung; emotionale Bindung an bestimmte Mitglieder der Gemeinde oder des Pfarramts. Entsprechend unterschiedlich wird das Engagement des einzelnen geprägt.

Wenn die unterschiedlichen Motivationen berücksichtigt werden, können Enttäuschungen in der Kirchenvorstandsarbeit vermieden bzw. verringert werden. Mag ein Pastor eine Kirchenvorstandssitzung als lästige dienstliche Pflicht ansehen, so betrachtet ein ›Laien‹-Kirchenvorsteher diese Tätigkeit vielleicht eher als Freizeitbeschäftigung. Während jener die Sitzung straff durchziehen will, möchte dieser sich in freundlicher Atmosphäre ohne Zeitdruck über einige Fragen unterhalten.

2. Kirchenvorsteher brauchen Aufklärung über ihre Rechte und Pflichten, also über ihre rechtliche Position innerhalb der Kirche(ngemeinde). Anhand der Kirchengemeindeordnung sollten die entscheidenden Bestimmungen über die Aufgaben der Kirchenvorsteher zu Beginn der Amtsperiode gemeinsam diskutiert werden. Diese Klärung der rechtlichen Position wäre als Teil eines Definitionsversuchs der Kirchenvorsteherrolle anzusehen. Insbesondere hilft es, wenn ein Konsens in Bezug auf die Zuordnung von Pfarramt und Kirchenvorstand erreicht wird[6]. Daß in vielen Gemeinden dieses Verhältnis ungeklärt ist, wirkt sich hemmend auf die Arbeit aus. Sicher liegt das nicht nur an der Vagheit mancher kirchenrechtlichen Bestimmung, sondern auch an dem unterschiedlichen Rollenverständnis der Kirchenvorsteher. Jeder Kirchenvorstand muß seine eigene Rolle definieren: Versteht er sich als das Leitungsgremium der Gemeinde, dessen Ausführungsorgan die hauptamtlichen Mitarbeiter (einschließlich Pastoren) sind? Oder versteht er sich als Hilfsorgan bzw. Kontrollorgan für das Pfarramt[7]?

Die kirchenrechtliche Sonderstellung des Pfarrers sollte bewußt gemacht und natürlich auch problematisiert werden, damit der Kirchenvorstand seine eigenen Handlungsmöglichkeiten nüchtern einschätzen kann.

3. Jeder neugewählte Kirchenvorstand tut gut daran, die in der vergangenen Amtsperiode geleistete Arbeit zu analysieren. Danach wären die lang- und kurzfristigen Ziele der Gemeindearbeit zu bestimmen, es könnte sich ein Arbeitsprogramm für seine sechsjährige Amtszeit entwickeln. Erstaunlicherweise findet eine systematische Diskussion über die Zielvorstellungen der gemeinsamen Arbeit meines Wissens nur in wenigen Kirchenvorständen statt. Häufiger bestimmen die vom Pfarramt vorgegebenen Aufgaben und unausgesprochene Erwartungen den tatsächlichen Kurs der Kirchenvorstandsarbeit. Dann entfällt meistens auch die kritische Kontrolle geleisteter Arbeit.

Verzichtet ein Kirchenvorstand darauf, Zielvorstellungen zu erarbeiten, so ist die Gefahr besonders nahe, daß seine Arbeit von einer Buchhaltermentalität geprägt ist: Verwaltung des Bestehenden wird zur Haupttätigkeit und verhindert die Entwicklung neuer Perspektiven und Aktivitäten. Diese Tendenz wird oft dadurch gefördert, daß Experten für Finanz- und Baufragen zahlenmäßig ein zu großes Gewicht innerhalb eines Kirchenvorstandes haben. Ein Kirchenvorstand, der sich nur als Verwaltungs- und Kontrollorgan versteht, vernachlässigt die wichtige Aufgabe, an der Gemeindearbeit aktiv teilzunehmen[8] und neue Impulse zu vermitteln. Kirchenvorsteher sollten deshalb mindestens in einem Gemeindeprojekt oder einem Bereich der Gemeindearbeit mitarbeiten!

Da in den Kirchengemeindeordnungen Zielbestimmungen vorgegeben sind, die in starkem Maße interpretationsbedürftig sind[9] und zudem meist einen auf Gottesdienst zielenden Verkündigungsbegriff enthalten[10], ist es sinnvoll, Zielfindung und Festlegung der Aufgabenbereiche in kritischer Auseinandersetzung mit den Bestimmungen der jweiligen Kirchengemeindeordnung vorzunehmen.

Nach meinen Erfahrungen sind zwei- bis dreitägige Klausurtagungen besonders geeignet, um ein Konzept zu entwickeln. Solche Klausurtagungen finden in unserer Gemeinde zweimal pro Jahr statt. Die Ergebnisse werden schriftlich festgehalten, um die Kontrolle der geleisteten Arbeit zu erleichtern.

4. Ein Hauptproblem scheint der strukturell bedingte Informationsvorsprung der Pfarramtsmitglieder bzw. der hauptamtlichen Mitarbeiter zu sein. Die Kirchenvorsteher haben häufig das Gefühl, selber nicht zu wissen, was in ihrer Gemeinde vorgeht. Das wiederum führt zu einer Überschät-

zung der Kenntnisse und Fähigkeiten der ›Hauptamtlichen‹, zu Mißtrauen und Apathie aufgrund von Ohnmachtsgefühlen.
Daher ist es äußerst wichtig, die Frauen und Männer im Kirchenvorstand ausreichend über Ereignisse in der Gemeinde zu informieren. In unserer Gemeinde nehmen stets einige an den wöchentlichen Dienstbesprechungen der haupt- und nebenamtlichen Mitarbeiter teil. Kirchenvorsteher sollten auch Einblick in Arbeitsgebiete erhalten, für die sie nicht zuständig sind. Auf keiner Sitzung sollte der Tagesordnungspunkt ›Informationen‹ fehlen. Nur wenn Kirchenvorsteher sich informiert fühlen, werden sie motiviert sein, aktiv mitzuarbeiten, Entscheidungen zu treffen und die Arbeit gegenüber kritischen Anfragen zu verteidigen. Die Mitglieder des Pfarramts sollten Kirchenvorstehern die Identifizierung mit ihrer Gemeinde nicht unnötig erschweren[11]! Darüberhinaus würde eine bessere Informationspolitik in vielen Fällen auch zu einer Entlastung der Hauptamtlichen führen.

5. Der Aufgabenbereich der einzelnen Kirchenvorsteher sollte begrenzt sein. Bei der Festlegung der Arbeitsfelder müssen drei Gesichtspunkte berücksichtigt werden: 1. die Interessen und Motive des Kirchenvorstehers; 2. seine besonderen Fähigkeiten und Erfahrungen; 3. der Aufgabenkatalog, der sich von besonderen, auf die Gemeindesituation bezogenen Zielvorstellungen her ergibt. Ein Totalengagement kann von keinem Kirchenvorsteher erwartet werden, der beruflichen und familiären Verpflichtungen nachkommen muß.
Meines Erachtens überfordern die hauptberuflichen Mitarbeiter die Einsatzbereitschaft von Kirchenvorstehern, wenn sie den – in der Praxis äußerst folgenreichen – Unterschied zwischen religiösen Berufsrollen und religiösen Freizeitrollen nicht beachten[12]. Zu hohe Erwartungen schüchtern ein und lähmen das Engagement. Was spricht dagegen, daß ein Kirchenvorsteher sich auf den Bereich Konfirmandenfreizeiten konzentriert, sich für sonntäglichen Klingelbeuteldienst aber nicht zur Verfügung stellt? In vielen Gemeinden gäbe es weniger Spannungen zwischen Hauptamtlichen und (den übrigen) Kirchenvorstehern, wenn der Aufgabenkatalog eines jeden Betroffenen in gegenseitiger Absprache begrenzt würde.
Eine solche Begrenzung des Arbeitsfeldes braucht allerdings keine Einengung des Handlungsspielraumes der Kirchenvorsteher zu bedeuten! Häufig scheinen hauptamtliche Mitarbeiter zu erwarten, daß Kirchenvorsteher sich während ihrer gesamten Amtsperiode, also sechs Jahre lang, in den Arbeitsbereichen engagieren, die sie zu Beginn ihrer Amtszeit gewählt haben. Solche oft unausgesprochenen Erwartungen erzeugen Aggressionen oder Schuldgefühle bei den Betroffenen, die sich einem Rechtfertigungszwang ausgesetzt sehen. Die Bereitschaft zu ehrenamtlicher Mitarbeit dürfte dann abnehmen.

3.5

Häufig verfallen die hauptamtlichen Mitarbeiter in den Fehler, Kirchenvorsteher – die ja oft eine mehr allgemeine Bereitschaft zur Mitarbeit erkennen lassen – zu drängen, sich bereits in den ersten Wochen der Wahlperiode für bestimmte Arbeitsgebiete zu entscheiden. Erfahrungsgemäß verlangen aber diese zunächst nach einer Informations- und Hospitationsphase, in der sie erfahren können, was sich in ihrer Gemeinde hinter Begriffen wie ›Jugendarbeit‹, ›Konfirmandenunterricht‹, ›Gemeinwesenarbeit‹ konkret verbirgt.
Soweit es praktisch und sinnvoll ist, sollten arbeitsteilige Ausschüsse gebildet werden, die auch der Entlastung des Kirchenvorstandes dienen. Hier können die spezifischen Kenntnisse der sog. Laien in besonderer Weise fruchtbar werden.
Noch einmal: Es kann nicht nachdrücklich genug betont werden, daß die Differenz zwischen religiösen Berufsrollen und religiösen Freizeitrollen für die Arbeit eines Kirchenvorstandes entscheidende Bedeutung hat. Nur wenn dieser Unterschied den Hauptamtlichen bewußt ist und von ihnen ernstgenommen wird, kann eine befriedigende Absprache über die Arbeitsfelder und die Arbeitszeit der ›Laien‹ getroffen werden. Nur dann kann auch eine realistische Einschätzung der Motivation und des Interesses der Ehrenamtlichen erfolgen. Nach meinen Beobachtungen wird dieser Rollenunterschied – wenn er überhaupt wahrgenommen wird – in der Regel in seinen Konsequenzen unterschätzt[13].

6. Ohnmachtsgefühle von Kirchenvorstehern sind nur teilweise auf den Informationsvorsprung der Pfarramtsmitglieder zurückzuführen. Hauptgrund für die resignierte Passivität vieler Kirchenvorsteher dürfte das Machtgefälle innerhalb ihres Kirchenvorstandes sein[14]. Die gewählten Gemeindevertreter gewinnen dann das Gefühl, daß sie die Gemeinde nicht in dem Maße leiten können, wie es die Kirchengemeindeordnung vorsieht. Häufig besteht die Gefahr, daß der Kirchenvorstand zu einem unmündigen ›Pfarrerhilfsdienst‹ degeneriert[15]. Dafür gibt es Ursachen: besonders das Sozialprestige und die kirchenrechtliche Sonderstellung des Pfarrers. Natürlich hängt es auch von der Person des Pastors ab, ob er eine Entmündigung im Kirchenvorstand fördert.
Die Kirchengemeindeordnung der evangelischen Landeskirche Hannovers enthält zwei Bestimmungen, die eine Begrenzung des Einflusses der Pastoren ermöglichen: 1. Zum Vorsitzenden kann ein ›Laie‹ gewählt werden (§ 40); 2. Der Vorsitzende soll bei Beschlußfassungen als letzter abstimmen (§ 44). Beide Bestimmungen werden meines Wissens in vielen Gemeinden nicht ernstgenommen.
Ironischerweise droht eine Einschränkung der Leitungs- und Kontrollfunktion des Kirchenvorstandes dann, wenn in diesem Gremium neben den

Pastoren (als geborenen Mitgliedern) die Mitarbeiter (z. B. Diakone, Gemeindehelferinnen) gleichberechtigt zu Wort kommen. Dann sehen sich die sog. Laien einem starken Block von ›Funktionären‹ gegenüber[16]. Jene können ihr Amt jedoch nur dann sachgemäß wahrnehmen, wenn sie von den Hauptamtlichen nicht überstimmt werden können[17].
Es fördert die Selbständigkeit eines Kirchenvorstandes, wenn sich die sog. Laienmitglieder zu inoffiziellen Sitzungen versammeln, an denen keine Hauptamtlichen teilnehmen.

7. Auch wenn Kirchenvorsteher aufgrund bestimmter Fähigkeiten in ihr Amt gewählt werden, so haben sie doch keine gezielte Ausbildung für diese Arbeit erhalten. Langfristig können sie ihre Leitungs- und Kontrollfunktion aber nur dann sachgemäß ausüben, wenn sie sich in ihrem Aufgabenbereich weiterbilden. Auch Kirchenvorsteher müssen die für ihre Rolle notwendige Kompetenz erwerben.
Wer den Dilettantismus von Theologen beklagt und Fortbildung für Pastoren und Mitarbeiter verlangt, sollte nicht den Dilettantismus von Kirchenvorstehern fördern! Die tatsächliche Unmündigkeit manchen Kirchenvorstandes widerspricht der Vorstellung einer mündigen Gemeinde. Über den Mangel an aktiven Mitarbeitern zu klagen ist ungerechtfertigt, solange Kirchenvorstehern – die sich ja freiwillig zur Verfügung gestellt haben – nicht Gelegenheit gegeben wird, ihre Qualifikation zu verbessern.
Die Möglichkeit der ›funktionalen Einübung‹[18] in das Kirchenvorsteheramt sollte nicht überschätzt werden: angesichts der vielfältigen Anforderungen an die Kirchenvorsteherrolle muß bezweifelt werden, ob wirklich »das Amt selbst der eigentliche Lehrmeister zum Amt«[19] sein kann. Fortbildung, die von Wünschen und Defiziten der betroffenen Kirchenvorsteher ausgeht, müßte auf gemeindlicher wie auf übergemeindlicher Ebene gezielt angeboten werden.
Bisher gibt es jedoch auf allen Ebenen der kirchlichen Organisation vergleichsweise wenig Ausbildungs- und Fortbildungsangebote für Kirchenvorsteher, und auch diese sind kaum bekannt. Kirchenvorsteher sollten daher wenigstens von bereits existierenden Angeboten Kenntnis bekommen. Das schließt Eigeninitiativen eines Kirchenvorstandes natürlich nicht aus.
Bei aller Fortbildung wird man sich allerdings bewußt sein, daß die Bereitschaft der Laienmitglieder, solche Angebote wahrzunehmen, begrenzt sein dürfte. Für sie bedeutet eine Fortbildungsveranstaltung im allgemeinen eine zusätzliche Belastung während ihrer Freizeit – für hauptamtliche Mitarbeiter eher Erholung vom Gemeindealltag!

8. Bei der inhaltlichen und methodischen Gestaltung der Fortbildung für Kirchenvorsteher ist weiter zu berücksichtigen, daß die Wünsche der Kirchenvorsteher und Situationen der Kirchenvorstände differieren. Zweifellos fühlt sich mancher Kirchenvorsteher bei der Erörterung von Finanz- und Verwaltungsproblemen inkompetent[20]. Noch gravierender ist nach meinen Erfahrungen jedoch die Unsicherheit bei theologischen Problemen und Fragen, die die allgemeine Situation der Kirche betreffen[21]. Denn mangelnde Kompetenz in diesen Bereichen erschwert es ihnen, ihre Interessen gegenüber den Hauptamtlichen wirkungsvoll zu äußern und ihre Arbeit gegenüber einer kritischen Öffentlichkeit mit Argumenten zu verteidigen.

Wenige berufstätige Kirchenvorsteher werden die übergemeindlichen Kirchenblätter oder Publikationen wie »Evangelische Kommentare«, »Lutherische Monatshefte«, »Junge Kirche« regelmäßig lesen. Die Fragen zu Theologie und Kirche müßten daher, soweit möglich, während der Kirchenvorstandssitzungen diskutiert werden. Neben entsprechender übergemeindlicher Fortbildung sind Seminare und Gesprächskreise auf Gemeindeebene sinnvoll, in denen die spezifische Gemeindesituationen stärker berücksichtigt werden kann[22].

Unsere Erfahrung hat gezeigt, daß bei Fortbildungsmaßnahmen nicht genügend berücksichtigt wird, wie ein großes Aufgebot an Experten und Referenten sich eher hemmend auf die aktive Beteiligung auswirkt. Kirchenvorstehertagungen sind keine Expertentagungen evangelischer Akademien! Wenn sie Erkenntnisse der Gruppenpädagogik und Gruppendynamik aufnehmen[23] – Rollenspiele, Soziodramen, Kooperationsübungen, Gruppengespräche – sind sie geeignet, die Gefühle von Ohnmacht und mangelnder Fähigkeit zu überwinden.

9. Nur wenn die Prozesse auf der Beziehungsebene des Kirchenvorstandes aufgearbeitet werden, kann es zu einer Gruppenbildung kommen, die Voraussetzung jeder sachgemäßen Arbeit ist. Wenige Kirchenvorstände verfahren gemäß dieser Erkenntnis. Angesichts der beruflichen Anspannung der meisten Kirchenvorsteher erscheint es mir jedoch fraglich, ob Fortbildung dieses Defizit abbauen kann. Zumindest aber der jeweilige Vorsitzende und sein Stellvertreter sollten geschult sein, Gruppenprozesse zu beobachten und zu analysieren. Kirchenvorstandssitzungen sind ja oft deshalb im Ergebnis unbefriedigend, weil bei der Diskussion über Sachfragen das Geschehen auf der Beziehungsebene unbeachtet bleibt[24].

In der Arbeit von Kirchenvorständen herrscht bekanntlich die Strategie der Konfliktvermeidung. Man ist jedoch nur dann voll funktionsfähig, wenn es gelingt, Methoden der Konfliktregulierung zu entwickeln. Das gilt im besonderen im Hinblick auf die Angst mancher Kirchenvorsteher, in

Konflikte zwischen hauptamtlichen Mitarbeitern hineingezogen zu werden. Hilflosigkeit gegenüber solchen Auseinandersetzungen ruft oft eine Stimmung der Resignation hervor, die an sich arbeitswillige Kirchenvorsteher über lange Zeit lähmen kann.

10. Die sachgemäße Wahrnehmung der Kirchenvorsteheraufgabe hängt auch von der Struktur der Sitzungen ab. Bekanntlich besteht die Gefahr, daß der Kirchenvorstand bei der Fülle anstehender Beschlüsse und Verwaltungsaufgaben zu einem Abstimmungs- und Akklamationsgremium wird. Sitzungen, in denen – meist ohne angemessene Diskussion – ein Beschluß nach dem anderen durchgezogen wird, verringern die Bereitschaft zur Mitarbeit. In unserer Gemeinde ist beschlossen, mindestens auf jeder zweiten Sitzung ein Arbeitsgebiet ausführlich zu diskutieren. Informationsstand und Kompetenz des Gremiums sind auf diese Weise verbessert worden.
Gelegentlich kommt es vor, daß ein bestimmter Tagesordnungspunkt unverhältnismäßig viel Zeit beansprucht. Diese Arbeitserschwernis ließe sich beseitigen: indem der Vorsitzende zu jedem Punkt die erforderlichen Informationen und Entscheidungshilfen rechtzeitig bereitstellt und indem alle Kirchenvorsteher ›Routinespielregeln‹ einüben.

11. Viele Kirchenvorstände befinden sich in einer gewissen Isolierung von den Bezugsgruppen ihrer Arbeit. Als Gemeindevertreter ist ein Kirchenvorsteher verpflichtet, Kontakt zur Basis zu halten. Dazu reicht eine jährliche Gemeindeversammlung freilich nicht aus. Er kann nur dann die Interessen der Gemeindemitglieder wahrnehmen, wenn er selber in die Gemeindearbeit integriert ist.
Übergemeindliche kirchliche Einrichtungen sind auch den Kirchenvorstehern meist kaum bekannt. Die hauptamtlichen Mitarbeiter sollten dazu beitragen, dieses Defizit abzubauen. Beispielsweise könnten Repräsentanten solcher Einrichtungen auf Kirchenvorstandssitzungen ihre Arbeit vorstellen.
Die Möglichkeit des Erfahrungsaustausches mit anderen Kirchenvorständen wird oft nicht genutzt. Diesem Ziel dienen gegenseitige Besuche.
Viele Kirchenvorsteher sind überlastet. So können Kontakte zu nichtkirchlichen Gruppen, Verbänden und Institutionen nur in begrenztem Maße aufgebaut werden. Jeder Kirchenvorstand wird sich aber überlegen, welche Kontakte – vor allem auf der kommunalen Ebene! – für die Arbeit unverzichtbar und mit Vorrang zu pflegen sind. Eine Gemeinde, die ihre Arbeit an den Problemen und Bedürfnissen des Gemeinwesens orientiert, widmet der Herstellung solcher Verbindungen besondere Aufmerksamkeit. Am besten leisten wohl Ausschüsse diese Arbeit.

12. Betriebsblindheit verleitet Pfarrer und Mitarbeiter dazu, an ihre Kirchenvorsteher hohe Erwartungen zu richten, ohne deren Motive und ehrenamtlichen Status zu berücksichtigen. Die Frauen und Männer im Kirchenvorstand werden jedoch nur dann aktiv mitarbeiten, wenn sie das Klima in der Gemeinde und im Vorstand als angenehm empfinden. Hauptamtliche, die von Kirchenvorstehern wie selbstverständlich ehrenamtliches Engagement erwarten, sollten stärker als im allgemeinen üblich auf die persönlichen, emotionalen Bedürfnisse der Kirchenvorsteher eingehen. Warum entsprechen räumliche Umgebung und Verhandlungsklima der Sitzungen dem bestehenden Bedürfnis nach Geselligkeit und emotionaler Wärme so wenig? Auf den Klausurtagungen unseres Kirchenvorstandes nimmt die Geselligkeit – gemeinsame Spaziergänge, Spiele, Weinabende – stets einen großen Raum ein. Auch Mitarbeiterfeste kommen dem entgegen.

Gesten der Anerkennung und ›Belohnung‹ der Kirchenvorsteher halte ich für eine Grundvoraussetzung einer erfolgreichen Kirchenvorstandsarbeit. Niemand arbeitet gern ohne Resonanz, gleichsam anonym. Deshalb sollten die Hauptamtlichen den ehrenamtlichen Einsatz nicht nur intern – selbst das wird oft vergessen! –, sondern auch in der Öffentlichkeit würdigen. Die Zurüstung der Kirchenvorsteher darf sich nicht auf die Vermittlung von Informationen und Kenntnissen beschränken.

Nach meinen Erfahrungen können zweckfreie private Kontakte zwischen ›Laien‹-Kirchenvorstehern und hauptamtlichen Mitarbeitern geradezu als Aspekt der Kirchenvorstandsarbeit angesehen werden: Die informelle Begegnung führt nämlich zur Aussprache über Probleme, die auch die Kirchenvorstandsarbeit betreffen, und beflügelt die schöpferische Phantasie. Viele Ideen und Projekte der Gemeindearbeit haben hier – und nicht in offiziellen Treffen – ihren Ursprung.

IV.

Die vorangegangenen Überlegungen haben hoffentlich nicht den Eindruck vermittelt, Pastoren und Mitarbeiter seien im Hinblick auf Kirchenvorsteher stets die Gebenden, die Befähiger.
Im Gegenteil: Kirchenvorsteher können ihrerseits zur Überwindung der pfarramtlichen Betriebsblindheit beitragen, indem sie vor allem Pastoren helfen, ihre eigene Rolle nüchterner einzuschätzen, und ihnen den Komplex nehmen, letztlich doch für alles in der Gemeinde zuständig und kompetent sein zu müssen[25]. Sie würden so einen Beitrag leisten zur Überwindung der Berufskrankheit von Pastoren und Mitarbeitern: der Neigung, eigene Vorstellungen und Bedürfnisse auf die Gemeinde zu projizieren, Macht nicht

zu teilen und Aufgaben nicht zu delegieren oder Eigeninitiativen zu hemmen.

Anmerkungen:

* Quelle: Wissenschaft und Praxis in Kirche und Gesellschaft 65 (1976) 113–125.
1. Vgl. Y. Spiegel, Der Pfarrer im Amt, 1970, 61: »Sehr viel häufiger ist . . . eine faktische Nichtbeachtung der verfassungsmäßigen Rechte des Gemeindekirchenrats anzutreffen.«
2. Natürlich kennzeichnen diese Stichworte nur Ausschnitte aus der theologischen Diskussion. In der kirchlichen Praxis haben sich die skizzierten Tendenzen nicht wirklich durchsetzen können. Die Geschichte des Nachkriegsprotestantismus in der Bundesrepublik kann nicht mit den Stichworten ›Kirche für andere‹ und ›mündige Laien‹ beschrieben werden.
3. Weiterführende Überlegungen zu den Zielvorstellungen kirchlicher Praxis enthält u. a. Christof Bäumlers Thesenreihe: Kirchliche Praxis in der Großstadt, 1973 (mit Literaturangaben).
4. Die derzeitige volkskirchliche Situation läßt freilich weitgehend nur formaldemokratische Wahlverfahren zu.
5. Natürlich können nicht alle Motive bewußt gemacht werden. Solche die im kirchlichen Wertesystem als ›unerlaubt‹ gelten, werden nicht offen genannt. Dennoch sollte auf eine Diskussion über die Motive nicht von vornherein verzichtet werden. Viele dürften erst im Laufe der Amtsperiode hervortreten, wenn der Prozeß der Gruppenbildung fortschreitet.
6. In § 52, Absatz 1 der Kirchengemeindeordnung (KGO) der Ev.-luth. Landeskirche Hannovers heißt es: »Der Kirchenvorstand ist ebenso wie das Pfarramt für die Erfüllung der Aufgaben der Kirchengemeindeordnung nach § 3 verantwortlich.«
7. So heißt es beispielsweise in Art. 35 der Kirchenordnung der Ev. Kirche von Westfalen: »Die Presbyter . . . sollen dem Pfarrer (den Pfarrern) in der Führung seines (ihres) Amtes beistehen . . .« Art. 54 lautet: »Die Leitung und Verwaltung der Kirchengemeinde liegt beim Presbyterium.« Offensichtlich besteht eine Spannung zwischen der kirchenrechtlichen Sonderstellung der Pastoren und der Leitungsaufgabe des Presbyteriums. Auch das Pfarrergesetz der VELKD geht von einer prinzipiellen Vorrangstellung des Amtsträgers ›Pfarrer‹ aus. Nach § 54 der KGO Hannovers führt der Kirchenvorstand die Dienstaufsicht über die angestellten Mitarbeiter, nicht aber über die Pastoren!
Erik Wolf hat darauf hingewiesen, daß die reformatorische Lehre vom allgemeinen Priestertum gemeinderechtlich sich »nur im Sinne einer Umstellung vom Gegensatz ›Klerus und Laien‹ auf den von ›Amt und Gemeinde‹« auswirkte (Art. ›Gemeinde‹ in: ^{3}RGG, II, 1333).
8. Entsprechend wird von jedem Kirchenvorsteher in der Berliner Gemeinde Heerstraße Nord Praxisbeteiligung verlangt, »d. h. jedes Mitglied des Gemeindekirchenrates ist mindestens an einem Arbeitsgebiet praktisch beteiligt« (Bilanz der Gemeinde Heerstraße Nord, Gemeindeaufbau und Gemeinwesenarbeit, Gelnhausen 1972, 22).
9. Das gilt auch für das Gelöbnis der Kirchenvorsteher bei ihrer Einführung (Kirchenvorsteherwahlgesetz der Ev.-luth. Landeskirche Hannovers § 39, Abs. 3): »Bei der Einführung werden die Kirchenvorsteher verpflichtet, ihr Amt in Bindung an das Wort Gottes, wie es in der Heiligen Schrift gegeben und in den Bekenntnisschriften der evangelisch-lutherischen Kirche bezeugt ist, und nach dem in der Landeskirche geltenden Recht zu führen.« In den meisten deutschen Landeskirchen legen Kirchenvorsteher ein inhaltlich ähnliches, ebenso interpretationsbedürftiges Gelöbnis ab.

In vielen Fällen dominiert der Ordnungsgedanke. (Vgl. z. B. Art. 36 der KO der Ev. Kirche von Westfalen: »Ich gelobe vor Gott und dieser Gemeinde, das mir befohlene Amt in Gehorsam gegen Gottes Wort gemäß dem Bekenntnisstand dieser Gemeinde und nach den Ordnungen der Kirche sorgfältig und treu zu verwalten. Ich gelobe, über Lehre und Ordnung in dieser Gemeinde zu wachen, die mir übertragenen Dienste willig zu übernehmen und gewissenhaft darauf zu achten, daß alles ehrbar und ordentlich in der Gemeinde zugehe.«) Folgt man den Gelöbnistexten, dann scheint Bewahrung des Bestehenden, nicht aber Initiierung und Förderung neuer Perspektiven und Aktivitäten die Hauptaufgabe von Kirchenvorstehern zu sein. Der Horizont der meisten Gelöbnistexte ist begrenzt: in den Blick geraten nur die Gemeinden und ihre innere Ordnung (vgl. dazu die Stellungnahmen zum Gelöbnisstreit in der Landeskirche Hannovers in: dialog, H. 3, 1970).
10. Als vorrangige Kriterien für die Wählbarkeit zum Presbyter nennt Art. 36 der KO der Ev. Kirche von Westfalen: »fleißigen Besuch des Gottesdienstes«, »Teilnahme am heiligen Abendmahl sowie... gewissenhafte Erfüllung der übrigen Pflichten eines evangelischen Gemeindegliedes.«
11. Wie soll ein Kirchenvorsteher neue Inhalte und Methoden des Konfirmandenunterrichts oder umstrittene Formen der Jugendarbeit verteidigen, wenn er nicht hinreichend über die Probleme informiert ist? In einer solchen Situation befindet sich ein großer Teil der Kirchenvorsteher.
12. Vgl. G. Kehrer, Art. Gemeinde, in: G. Otto (Hg.), Praktisch-Theologisches Handbuch, ²1975, 255.
13. Dagegen werden theologische Meinungsverschiedenheiten als Grund für Schwierigkeiten in der Kirchenvorstandsarbeit häufig überschätzt.
14. Vgl. dazu: G. u. S. Bormann, Theorie und Praxis kirchlicher Organisation, Opladen 1971, 226 ff. R. Köster weist darauf hin, daß »Pfarrer innerhalb der Organe der Selbstverwaltung eine dominierende Stellung haben. Da die Presbyter nicht durch Laienorganisationen getragen werden, fehlt ihnen eine eigenständige Orientierung, die sie den Pfarrern entgegensetzen können« (Soziologie des kirchlichen Amtes: Religion als Beruf? in: H.-D. Bastian [Hg.], Kirchliches Amt im Umbruch, 75).
15. In diesem Sinn kritisiert Albin Lipp die »klug arrangierte Formaldemokratie – wie sie heute nicht wenigen Pfarrern im Umgang mit ›ihren‹ Pfarrgemeinderäten eigen ist« (Praxisberichte, in: H.-D. Bastian [Hg.], Kirchliches Amt im Umbruch, 178).
16. Nach meinen Beobachtungen nimmt die Zahl der Kirchenvorstände, in denen ›Funktionäre‹ die stärkste ›Fraktion‹ bilden, zu. Vgl. dazu auch: J. Muhs, Teampfarramt in modernen Wohnghettos, 1972, 109–111.
17. Die Spannung zwischen den Zielvorstellungen ›Gleichberechtigung der Mitarbeiter‹ und: ›Kontrollfunktion des Kirchenvorstandes‹ läßt sich am besten lösen, wenn die Mitarbeiter mindestens gleich stark wie die Pastoren vertreten sind, sie aber mit diesen zusammen weniger als die Hälfte der Sitze innehaben (§ 31,4 der KGO der ev.-luth. Kirche Hannovers macht eine Erhöhung der Kirchenvorsteherzahl möglich). Ein freiwilliger Verzicht der Pastoren auf ihr Stimmrecht – zugunsten der Mitarbeiter – wirft juristische Probleme auf, die in Konfliktsituationen von Gegnern bestimmter Beschlüsse vorgebracht werden können. Während des Hearings des Landeskirchenamtes Hannover zum Thema ›Kooperative und funktionsgegliederte Gemeindearbeit‹ im Oktober 1972 haben Kirchenjuristen darauf hingewiesen, daß ein Verzicht von Pastoren auf ihr Stimmrecht verfassungsrechtlich nicht unbedenklich sei (Protokoll, hg. von der Pastoralsoziologischen Arbeitsstelle Hannover, 1974, 140–141).
18. Vgl. H. Thimme, Die Kirchenältesten, ³1965, 50 ff.
19. Ebd. 51.
20. So bemängeln viele Kirchenvorsteher beispielsweise die mangelnde Transparenz der Gemeindehaushalte. Vorlagen des Kirchenkreisamtes werden nicht immer als Hilfe be-

grüßt, sondern gelegentlich als Bevormundung empfunden. Häufig ist unbekannt, welche Beschlüsse der kirchenaufsichtlichen Genehmigung bedürfen und ab welcher Höhe Anschaffungen bzw. Ausgaben, die die Pfarramtsmitglieder befürworten, vom Kirchenvorstand beschlossen werden müssen.

21. Zu diesem Ergebnis kommt auch Yorick Spiegel in seiner Berliner Pfarrerstudie (aaO. 62).
22. Im Kirchenkreis Görlitz (DDR) ist der Versuch gemacht worden, Kirchenvorsteher in einem zweieinhalbjährigen Briefkurs weiterzubilden.
23. In dieser Hinsicht erscheint mit der Kurs für Kirchenvorsteher beachtenswert, der 1974/75 von der Evangelischen Akademie Arnoldshain und dem Dekanat Büningen durchgeführt (und auf dem Kirchentag 1975 vorgestellt) worden ist.
24. Vgl. G. Kugler, Zwischen Resignation und Utopie, Die Chancen der Ortsgemeinde, 1971, 109.
25. So charakterisiert beispielsweise H. Thimme die Situation des Ältestenamts »in der gegenwärtigen Situation von Pfarramt und Gemeinde« mit den Stichworten: »Der alleingelassene Pfarrer« und: »Die untätige Gemeinde« (aaO. 23-24).

3.6 Norbert Greinacher
DAS PROBLEM DER NICHTORDINIERTEN BEZUGSPERSONEN IN KATHOLISCHEN GEMEINDEN*

1. Problemstellung

Problematisch ist schon die Bezeichnung »nichtordinierte Bezugsperson«. Vor allem in der Diskussion der »Gemeinsamen Synode der Bistümer in der Bundesrepublik Deutschland« tauchte dieser Begriff immer wieder auf. In dem Beschluß über »die pastoralen Dienste in der Gemeinde« wird der Begriff »Bezugsperson« mehrmals verwandt (z. B. 2.5.3; 3.3.1; 4.1.3; 5.3.3). Von »nicht-priesterlichen Bezugspersonen« ist aber vor allem auch in dem Beschluß der Deutschen Bischofskonferenz »Zur Ordnung der pastoralen Dienste« (28. 2.–3. 3. 1977) die Rede.
Der Begriff Bezugsperson stammt ursprünglich aus der Psychologie, genauer aus der Entwicklungspsychologie. Vor allem die psychoanalytische Entwicklungsforschung hat immer wieder auf die Bedeutung der Bezugsperson, in aller Regel der Mutter, für die gesunde Entwicklung des Säuglings hingewiesen. So heißt es etwa in einem einschlägigen Handbuch: »Wie insbesondere die psychoanalytische Entwicklungsforschung gezeigt hat, bilden sich die seelischen Instanzen und der seelische Apparat, also die seelischen Eigentümlichkeiten und Funktionen eines Menschen, aufgrund der Einflüsse früher Bezugspersonen heraus.«[1] Dabei werden die Begriffe Bezugsperson, Beziehungsperson oder Betreuungsperson im gleichen Sinne verwandt.
Ausgehend von der psychoanalytischen Entwicklungsforschung, wurde dieser Begriff dann von der Soziologie übernommen und wurde auch auf erwachsene Menschen angewandt. So heißt es in einem soziologischen Lexikon: »Bezugsperson: Bezeichnung für eine Person, mit der sich Individuen identifizieren und an deren Überzeugungen, Einstellungen und Verhaltensweisen sie die Richtigkeit und Angemessenheit ihrer eigenen Überzeugungen, Einstellungen und Verhaltensweisen messen; eine Bezugsperson ist für ein gegebenes Individuum also diejenige Person, die ihm als ›Maßstab‹ seines eigenen Lebens dient.«[2]
Von den Humanwissenschaften wurde dieser Begriff nun transferiert in die kirchliche Praxis zur Bezeichnung einer Person, die nicht ordiniert ist, aber dennoch faktisch die Funktion der Leitung einer katholischen Gemeinde übernommen hat. Obwohl dieser Begriff »nichtordinierte Bezugsperson«

sprachlich holprig und zudem von seiner Herkunft her für den Gebrauch im Hinblick auf eine kirchliche Gemeinde mißverständlich ist, da der Gemeindeleiter ja seinem theologischen Verständnis nach gerade nicht Zentrum der Beziehungen sein soll, sondern Jesus Christus der alleinige Herr der Gemeinde ist, soll der Begriff hier doch verwandt werden, weil er sich in der kirchlichen Diskussion schon ziemlich eingebürgert hat und weil es schwierig ist, einen besseren zu finden.
Viel schärfer stellt sich aber das eigentliche Sachproblem, das man so formulieren könnte: Wer soll heute und in nächster Zukunft die Leitung der katholischen Gemeinden in der Bundesrepublik Deutschland übernehmen? Die Ausmaße des Priestermangels sind bekannt[3] und auch kirchenoffiziell zur Kenntnis genommen worden. Die »Gemeinsame Synode« stellte fest: »Im Verlauf des nächsten Jahrzehntes wird die Zahl der Priester im aktiven Dienst im Durchschnitt um etwa ein Drittel abnehmen. Die Frage des Priesternachwuchses ist zu einer Lebensfrage der Kirche geworden.«[4] Die Deutsche Bischofskonferenz führt aus: »Die ganze Last des Priestermangels werden wir erst in den nächsten Jahren erfahren: Viele Gemeinden werden keinen Priester mehr in ihrer Mitte haben. Selbst wenn die Zahl der Priesteramtskandidaten sprunghaft anstiege, könnte dies keine rasche Wende bringen.«[5]
Einige Zahlen seien aber noch einmal kurz in Erinnerung gerufen. Die Zahl der Welt- und Ordenspriester in der ordentlichen Pfarrseelsorge ging im Bundesgebiet (einschließlich Berlin-West) von 14 600 im Jahre 1950 auf 11 423 im Jahre 1975 zurück. Im selben Zeitraum stieg die Zahl der Katholiken von 21,8 Millionen auf 27,0 Millionen[6]. Die Zahl der neu aufgenommenen Priesteramtskandidaten fiel von 777 im Jahre 1962 auf 312 im Jahre 1972, um bis 1977 wieder auf 569 anzusteigen[7]. Aber die Zahl der Priesterweihen fiel von 504 im Jahre 1962 auf 165 im Jahre 1977. Nach Berechnungen der Diözese Rottenburg wird im Jahre 1984 für 1025 Kirchengemeinden mit 661 Priestern im unmittelbaren Gemeindedienst zu rechnen sein[8]. Nach einer Untersuchung des »Sozialinstituts des Bistums Essen – Kirchliche Sozialforschung« werden im Jahre 1990 in der Erzdiözese Freiburg für 1138 Pfarreien bei einer Maximalprognose 808 und bei einer Minimalprognose 657 Pfarrseelsorger zur Verfügung stehen[9]. Nach einer Prognose des Bistums Trier für das Jahr 1985 werden für rund 1000 Seelsorgestellen 343 Pfarrseelsorger vorhanden sein[10].
Es kann überhaupt kein Zweifel darüber bestehen, daß das Problem einer ausreichenden Zahl von qualifizierten Gemeindeleitern zu einer zentralen Lebensfrage der katholischen Kirche in der Bundesrepublik Deutschland geworden ist. Bevor wir aber dieses Problem theoretisch angehen, soll nun aufgrund einer Fallstudie die vielfältige Dimension dieser Frage von der Praxis her beleuchtet werden.

3.6

2. Der Fall Hausen

Die Stadt Hausen selbst umfaßt 5000 Einwohner, davon rund 14% Ausländer. 58,6% der Einwohner sind katholisch (= 2936), 31,5% evangelisch und 9,9% Sonstige (darunter viele Orthodoxen und Moslems). 58% der Erwerbstätigen sind in der Industrie tätig, 40% im Dienstleistungsbereich.

Zur Pfarrei Hausen gehören die Filialgemeinden A und B und das Neubauviertel C, das verwaltungsmäßig zu Hausen-Kernstadt gehört. Daneben wird die Pfarrei D, die zwar ohne Pfarrer, aber kirchenrechtlich selbständig ist, pastoral von der Pfarrei Hausen mitversorgt. In allen fünf Teilorten leben über 4000 Katholiken. In dem gesamten Bereich sind als Theologen hauptamtlich tätig der Pfarrer von Hausen, ein Vikar und eine Pastoralassistentin. Außerdem hat die Pfarrei D einen geistlichen Pensionär, der einen Teil der seelsorglichen Aufgaben wahrnimmt. Dem Pfarrteam gehören neben dem Pfarrer, dem Vikar und der Pastoralassistentin noch die Leiterin des Kindergartens sowie eine Sozialpraktikantin an. Dieses Pfarrteam tagt wöchentlich.

Dem Pfarrer obliegen vor allem auch eine große Fülle von Verwaltungsaufgaben. Eine interne Arbeitsregelung im Pfarrteam besagt, daß der Pfarrer für Hausen und die Filialgemeinde A zuständig ist. Der Schwerpunkt der Arbeit des Vikars liegt in der Erwachsenenarbeit. Ferner ist er zuständig für die Filialgemeinden B und D. Die Pastoralassistentin ist vor allem zuständig für die Jugendarbeit und für die Filialgemeinde C. Etwa 70 Mitglieder der Pfarrei arbeiten ehrenamtlich in ca. 240 Funktionen in der Pfarrei mit. Der Prozentsatz der sonntäglichen Gottesdienstbesucher liegt bei etwa 27%. Die Pfarrei verfügt über ein sehr gut und geschmackvoll eingerichtetes Gemeindezentrum.

Die *Filialgemeinde A* besteht aus zwei Teilsiedlungen und umfaßt 300 Einwohner. Davon sind 88,8% katholisch. Das früher weitgehend agrarisch strukturierte Dorf weist heute keinen landwirtschaftlichen Betrieb mehr auf. Alle Berufstätigen gehen außerhalb der Filialgemeinde ihrer Arbeit nach. Es existieren ein Gesangverein und ein Schützenverein mit je 70 Mitgliedern. Kindergarten und sämtliche Schulen stehen nur in Hausen zur Verfügung. Zwischen den beiden Teilgemeinden steht eine katholische Kirche. Für besondere Veranstaltungen steht der alte Schulsaal zur Verfügung.

Die *Filialgemeinde B* umfaßt 329 Einwohner, davon 62,4% katholisch. Die Gemeinde hat sich in 15 Jahren von einem ärmlichen Dorf zu einem zu dreiviertel aus Neubauten bestehenden Stadtteil von Hausen entwickelt. In der Gemeinde läßt sich deshalb ein deutlicher Unterschied zwischen den zweidrittel Neubürgern und dem einen Drittel Altbürger erkennen. Der weitaus größte Teil der Berufstätigen hat seinen Arbeitsplatz außerhalb der Filialgemeinde. Es besteht die Gefahr, daß die Gemeinde zu einer »Schlafstadt« wird. Auch in dieser Gemeinde stehen weder ein Kindergarten noch Schulen zur Verfügung. Die Filialgemeinde verfügt über eine schöne alte Kirche, welche ursprünglich die Mutterkirche von Hausen war, sowie über eine ausgebaute Mühle als Gemeindezentrum. Es existiert ein Filialausschuß, zwei gemischte Jugendgruppen, eine ökumenische Frauengruppe, ein rundfunktechnischer Hobby-Kreis und eine Ministrantengruppe. Alle 14 Tage wird von einem benachbarten Pfarrer Eucharistie gefeiert. Daran nehmen etwa 40% der Katholiken teil.

Die *Filialgemeinde C* ist ein neugebautes Stadtviertel. Während die Kernstadt im Tale liegt, wurde diese »Trabantenstadt« in den letzten 15 Jahren auf der Höhe gebaut. Sie umfaßt heute ca. 2000 Bewohner, davon rund 50% katholisch. Geplant ist eine Siedlung für ca. 8000 Menschen. Das größte menschliche Problem besteht in der fehlenden Kommunikation. Der Umzug und die ihn begleitenden anderen Veränderungen der Lebenssituation bringen oft Konflikte mit sich, die durch Stichworte wie Berufswechsel, sozialer Aufstieg, schwierige finanzielle Situation, Rollenwechsel, doppelter Beruf oder Nur-Hausfrau der Frauen gekennzeichnet werden kann. Die Gefahr, daß aus der Gemeinde eine reine Schlafstadt ohne weitere Kommunikationsmöglichkeiten und Infrastrukturen wird, ist sehr groß. Halböffentliche Bereiche wie Cafes, Gaststätten, Diskotheken, Begegnungszentren fehlen weithin. Die vorhandenen Einrichtungen des Schulzentrums und einer großen Mehrzweckhalle haben vorwiegend zentralörtliche Versorgungsfunktionen für die Kernstadt und die umliegenden Gemeinden. In der Gemeinde existiert weder ein Gottesdienstraum noch ein Gemeindezentrum. Die 14tägige sonntägliche Eucharistiefeier, an der ca. 10% der Katholiken teilnehmen, findet in dem leihweise zur Verfügung gestellten Musiksaal der Hauptschule statt. Die Pfarrei besitzt eine Eigentumswohnung in der Filialgemeinde. Aus der Filialgemeinde wurde zwar ein Gemeindemitglied in den Kirchengemeinderat gewählt; dieser versteht sich aber nicht als Vertreter der Filialgemeinde. Nicht wenige der engagierten Gemeindemitglieder orientieren sich an dem Gemeindeleben in der Kernstadt. Spezifische Jugend- und Erwachsenenarbeit für diese Filialgemeinde ist kaum vorhanden.

Die *Filialgemeinde D*, die kirchenrechtlich heute noch eine Pfarrei ist, hatte bis 1972 einen eigenen Pfarrer. Seit dort wird sie von der Pfarrei Hausen mitversorgt. Seit 1976 wohnt ein pensionierter Pfarrer in der Gemeinde. Sie umfaßt 1331 Einwohner, davon sind 58% katholisch. Das ursprünglich stark agrarisch bestimmte Dorf wurde um ein großes Neubaugebiet erweitert. Die meisten Erwerbstätigen gehen außerhalb der Gemeinde ihrer Beschäftigung nach. Die Pfarrei besaß bisher einen Kindergarten, der jetzt

3.6

von der Stadt übernommen wurde. Ferner existiert eine Grundschule. Im Ort gibt es eine ganze Reihe von Vereinen.

3. Einige Folgerungen für die pastorale Arbeit

Das oberste Ziel für die pastorale Planung wird darin gesehen, im Rahmen der Pfarrei Hausen (einsschließlich der Pfarrei C) kirchliche Gemeinden zu bilden, damit christlicher Glaube möglich und tradierbar und damit Kirche erfahrbar wird. Dazu ist es vor allem notwendig, daß der Pfarrer nicht mehr als der Alleinverantwortliche angesehen, sondern die Gemeindemitglieder selbst ihre Verantwortung erkennen und ehrenamtlich bei dem Aufbau der Gemeinde mitarbeiten. Voraussetzung dafür ist, daß die Pfarrei in kirchliche Gemeinden substrukturiert wird. Als kirchliche Gemeinde soll hier verstanden werden eine Gruppe von Christen vor Ort, die untereinander und mit der Gemeindeleitung in enger Kommunikation stehen. Aufgrund der großen Zahl verschiedener, vor allem ehrenamtlicher Dienste wird die Gemeindearbeit so weit wie möglich von der ganzen Gemeinde mitgetragen. Die Gemeinde versteht sich als offene Gruppe, die sich den drei kirchlichen Grundfunktionen Verkündigung, Gottesdienst und Diakonie verpflichtet weiß.

Schon im Hinblick auf die heutige Situation, aber verstärkt im Hinblick auf die Tatsache, daß in naher Zukunft weitere umliegende Pfarreien ohne Priester sein werden und von Hausen aus mitversorgt werden müssen, ist es zunächst unabdingbar, über die drei bisherigen hauptberuflichen, im pastoralen Dienst Tätigen hinaus weitere hauptberufliche Mitarbeiter zu gewinnen.

Sodann müßten der Kirchengemeinderat und die Filialausschüsse in den Stand gesetzt werden, selbständiger als bisher Entscheidungen zu treffen. Die Aufteilung der vielfältigen Aufgaben, die bisher vor allem der Pfarrer übernommen hat, an die hauptberuflichen und ehrenamtlichen Mitarbeiter, vor allem an den Kirchengemeinderat und die Filialausschüsse erfordert ein grundsätzliches Umdenken im Leitungsstil.

Zum dritten ist es notwendig, in jeder Filialgemeinde zum Teil hauptberufliche (Filialgemeinden C und D), zum Teil nebenberufliche und ehrenamtliche (Filialgemeinden A und B) Bezugspersonen einzusetzen bzw. die vorhandenen Bezugspersonen in ihren Funktionen zu stärken. Die hauptberuflichen Bezugspersonen sollten in der betreffenden Filialgemeinde wohnen und ca. 60% ihrer Arbeit dort investieren. Mit 40% ihrer Arbeit wird ihnen eine wichtige Aufgabe für die ganze Pfarrei oder das Dekanat übertragen, z. B. Jugendarbeit, theologische Erwachsenenbildung, Altenarbeit usw. Die haupt- und nebenberuflichen Bezugspersonen werden in erster Linie von der diözesanen Kirchenleitung bestimmt werden. Die betreffenden Gemeinden sollten jedoch ein Votum abgeben, indem sie ihre Vorstellungen von der betreffenden Bezugsperson darlegen. Ehrenamtliche Bezugspersonen sollten direkt von der Gemeinde für einen bestimmten Zeitraum (etwa vier Jahre) gewählt und vom Pfarrer bestätigt werden. Um die enge Verbindung zur Gesamtpfarrei zu gewährleisten, ist es viertens unbedingt notwendig, daß einerseits in jeder Filialgemeinde ein gewählter Filialausschuß besteht, dessen Vorsitzender kraft Amtes die Bezugsperson ist, die gleichzeitig stimmberechtigtes Mitglied im Gesamtkirchengemeinderat sein muß. Darüber hinaus ist es notwendig, daß mindestens monatlich eine Besprechung der hauptamtlichen Mitarbeiter und der Bezugspersonen auf der Ebene der Gesamtpfarrei stattfindet. Was den sonntäglichen Gottesdienst betrifft, so ist fünftens vorzusehen, daß, solange die Bezugsperson nicht ordiniert ist, in den Filialgemeinden in der Regel an drei Sonntagen im Monat ein Wortgottesdienst stattfindet, der von der Bezugsperson zusammen mit seinen ehrenamtlichen Mitarbeitern, am besten einem Liturgieausschuß des Filialausschusses, gestaltet wird, während an einem Sonntag im Monat die Eucharistie gefeiert wird. Voraussetzung dafür ist, daß die Gemeinde über die Bedeutung eines solchen Wortgottesdienstes aufgeklärt wird.

Zum Problem der Zentralisierung und Dezentralisierung ist sechstens zu sagen, daß zwar eine gewisse künftige Zentralisierung sicher notwendig und fruchtbar ist, daß aber bisher die Zentralpfarrei Hausen zu dominant war und zu viele Aktivitäten an sich gezogen hat. Demgegenüber müßte das kirchliche Gemeindeleben in den Filialgemeinden – mit Unterstützung der Zentralpfarrei – intensiviert werden. Das gilt vor allem im Hinblick auf die Kinder- und zum Teil auch auf die Jugendarbeit, die Altenarbeit, die Erwachsenenbildung usw. Andere Funktionen dagegen müßten auf der Ebene der Gesamtpfarrei konzentriert werden, vor allem die Verwaltung, die Jugendleiterausbildung, spezielle Angebote für Lehrer, alleinstehende Frauen usw.

Für die einzelne Filialgemeinde besteht – siebtens – die dringende Notwendigkeit eines eigenen Gemeindezentrums. Ohne Gemeindezentrum kein Gemeindeleben! Wo ein solches Gemeindezentrum noch nicht vorhanden ist (Filialgemeinden A, C und D), muß es unbedingt geschaffen werden. Dabei ist es durchaus möglich, ein neuzubauendes Gemeindezentrum (Filialgemeinde C) so zu gestalten, daß es gleichzeitig für Gottesdienste und andere Veranstaltungen geeignet ist. Für die Filialgemeinden A und D ist ernsthaft zu überlegen, ob die bestehenden Kirchen nicht so umgestaltet werden können, daß sie auch für nichtgottesdienstliche Veranstaltungen benutzt werden können.

Um alle diese Folgerungen in die Tat umzusetzen, muß man sich von vornherein auf einen langen Lernprozeß mit der Gemeinde einlassen. Dies bedeutet, daß die Gemeinden zusammen mit ihren Bezugspersonen aufgrund von neuen Einsichten und neuen Erfahrungen befähigt werden sollen, ihre Einstellungen und Verhaltensweisen zu ändern. Wenn man mit den dazu notwendigen Fähigkeiten und mit viel Geduld einen solchen gemeinsamen Lernprozeß initiiert, so wird es möglich sein, aus einer Großpfarrei nach dem Betreuungsprinzip Gemeinden zu schaffen, die sich für ihr Gemeindeleben verantwortlich fühlen und in enger Kommunikation untereinander stehen.

4. Das Problem der Bezugspersonen in den verschiedenen Diözesen

Im Zusammenhang mit einem Projektseminar, das im Rahmen der Lehrveranstaltungen der katholisch-theologischen Fakultät der Universität Tübingen durchgeführt worden ist, wurde an alle Seelsorgeämter der Diözesen in der Bundesrepublik Deutschland ein Brief mit folgender Anfrage gerichtet:
1. Gibt es in Ihrer Diözese bereits Bezugspersonen nach den Bestimmungen der Deutschen Bischofskonferenz in ihrem Beschluß »Zur Ordnung der pastoralen Dienste«?
2. Welche Aufgabe erfüllen gegebenenfalls diese Bezugspersonen?
3. Gibt es für diese Bezugspersonen bereits vorläufige oder verbindliche Rahmenordnungen?
Von den 22 angeschriebenen Bistümern gingen 18 Antworten ein. Sie lassen sich in vier Kategorien aufteilen.
1. Sieben Bistümer (Augsburg, Berlin, Eichstätt, Essen, Fulda, Paderborn und Würzburg) schreiben, daß bei ihnen keine nichtordinierten Bezugspersonen tätig sind.
2. Im Bistum Bamberg war ein Diakon vorübergehend als Bezugsperson tätig. Im Bistum Hildesheim steht man in einer Vorbereitungsphase. Bezugspersonen soll aber nicht die Gemeindeleitung übertragen werden.
3. Die Bistümer Aachen, Freiburg, Mainz, München, Osnabrück, Passau und Regensburg haben ausführlich zu dem Problem Stellung genommen. Das Bistum Aachen wendet sich entschieden gegen hauptberufliche Laien und Diakone als Bezugspersonen. Es bevorzugt hingegen als Bezugspersonen möglichst ehrenamtliche oder andere im Kirchendienst tätige Angestellten wie z. B. Pfarrhelferinnen (-helfer), Küster usw.
Im Erzbistum Freiburg werden priesterlose Gemeinden von einem Pensionär versorgt. Sonst sind Vorsitzende oder Mitglieder des Pfarrgemeinderates Bezugspersonen. In einem Fall wohnt ein hauptamtlicher Diakon mit seiner Familie im Pfarrhaus, was sich bewährt hat. Deshalb sollen in

Zukunft hauptamtliche und nebenberufliche Diakone als Bezugspersonen eingesetzt werden. Falls diese nicht ausreichen, sollen Gemeindeassistenten(innen) eingesetzt werden.
Im Bistum Mainz wohnen acht ständige Diakone im Pfarrhaus von priesterlosen Gemeinden.
Im Bistum München wohnt in einem Fall ein Diakon im Pfarrhaus. Sonst werden priesterlose Gemeinden von anderen Priestern mitversorgt. Die Gemeindeleitung kann nicht aufgeteilt werden, auch nicht in einem Pfarrverband mit ständigem Diakon oder Pastoralreferent.
Im Bistum Osnabrück sind drei ständige Diakone hauptberuflich als Bezugsperson in priesterlosen Gemeinden eingesetzt. Sie haben weitgehend die Aufgaben des Pfarrers übernommen.
Im Bistum Passau besteht einerseits die Tendenz, in priesterlosen Gemeinden einen Diakon, Pastoralreferent oder Gemeindereferent im bisherigen Pfarrhaus anzusiedeln. In zwei Fällen wurde dies bisher realisiert. Zum anderen geht man aber von folgenden Voraussetzungen aus. Zwei Pfarreien werden von einem Pfarrer betreut bei höchstens einer Katholikenzahl von 2000 und fünf Autominuten Entfernung. Bei kleinen Gemeinden genügt ein gutes Zusammenspiel von Pfarrgemeinderat und Pfarrer der Nachbargemeinde. Größere Gemeinden können den Priestermangel durch Wohnviertelhelfer und zielgruppenorientierte haupt- und nebenberufliche Kräfte begegnen.
Vom Bistum Regensburg werden zwei Experimente beschrieben. Zum einen wohnt seit drei Jahren ein ständiger Diakon in einer Gemeinde und teilt sich mit dem Pfarrer der Nachbargemeinde die Gemeindeleitung beider Gemeinden. Zum anderen wird in einer Region ein Kurs für ehrenamtliche Laien, die in einer gewissen Art Bezugspersonen werden sollen, durchgeführt.
4. Am weitesten fortgeschritten sind Plan und Wirklichkeit der nichtordinierten Bezugspersonen in den Bistümern Limburg und Rottenburg.
In der Diözese Limburg gibt es 45 Pfarreien ohne Pfarrer im Ort, davon 25 Pfarreien, in denen theologisch ausgebildete Laien als Mitarbeiter im Pfarrhaus wohnen (fünf Pastoralreferenten; acht Gemeindereferenten; zwölf Gemeindeassistenten mit berufsbegleitender Ausbildung, darunter zwei Diakone).
Dabei wurde ein Personalverteilungsschlüssel aufgestellt. Man unterscheidet zwischen Zentralorten, die auf jeden Fall mit einem Priester besetzt werden müssen, sowie Schwerpunktorden und Stützpunktorten. Im Bistum Rottenburg sind bisher zwei Pastoralreferenten in Filialgemeinden tätig. Zwei ständige Diakone wirken in priesterlosen Pfarreien. Es ist aber vorgesehen, nach einem bestimmten Personalverteilungsschlüssel in dem Maße, wie Gemeinden keinen Priester mehr haben, Pastoralreferenten,

Gemeindereferenten, ständige Diakone oder ehrenamtliche Gemeindemitglieder als Bezugspersonen einzusetzen (vgl. Beschluß des Diözesanrates vom 4. 3. 1978 »Damit unsere Gemeinde lebt«).

5. Theologische Problematik

Auf die theologische Problematik der nichtordinierten Bezugspersonen ist verschiedentlich eingegangen worden[11]. Hier soll nur noch einmal der Kern des Problems in aller Kürze angesprochen werden.
Wir gehen dabei von einigen theologischen und empirischen Feststellungen aus, die heute im Grunde genommen von niemandem ernsthaft bestritten werden können.
1. Jede kirchliche Gemeinde, d. h. jede größere Gruppe von Christen, die regelmäßig zusammenkommen und sich den drei kirchlichen Grundaufgaben der Verkündigung, des Gottesdienstes und der Diakonie verpflichtet wissen, haben ein ursprüngliches Recht auf geistliche Leitung und auf eine wöchentliche Eucharistiefeier.
2. Leitung der kirchlichen Gemeinde und Vorsitz bei der Eucharistiefeier (sowie amtliche Lossprechungsgewalt) dürfen personell nicht voneinander getrennt werden. In aller Regel sind diese Aufgaben in einer Person zu vereinen.
3. In der katholischen Kirche in der Bundesrepublik Deutschland ist heute schon und in verstärktem Maße in naher Zukunft dieses Recht der Gemeinde auf einen ordinierten Gemeindeleiter und damit verbunden auf eine wöchentliche Eucharistiefeier ernsthaft infrage gestellt. Damit wird der Nerv des kirchlichen Lebens getroffen und eine Existenzfrage der Kirche berührt.
4. Dieses grundlegende Problem kann durch die ständigen Diakone nicht gelöst werden. Wie immer man die ständigen Diakone beurteilt, das eine ist völlig klar, daß sie nicht dazu da sind, Gemeindeleitung und Vorsitz der Eucharistiefeier zu übernehmen.
5. Wie der starke Andrang zur Ausbildung als Pastoralreferent(in) und Gemeindereferent(in) sowie die verbreitete Bereitschaft zur Übernahme von ehrenamtlichen Funktionen in den Gemeinden zeigt, ist das hauptsächliche (nicht einzige) Hindernis, genügend ordinierte Gemeindeleiter zu erhalten, der Pflichtzölibat. Wenn die Verantwortlichen in den Bistümern und auf der Ebene der Gesamtkirche ihre Verantwortung für das Leben der Kirche wahrnehmen und vor Gott und den Mitmenschen nicht schuldig werden wollen, indem sie das ursprüngliche Recht auf eine Gemeindeleitung verweigern, muß der Pflichtzölibat fallen.
So gesehen, ist die nichtordinierte Bezugsperson theologischer Nonsens.

Versteht man Bezugsperson in dem naheliegenden Sinne, daß die betreffende Person die inspirierende und koordinierende Funktion in der Gemeinde wahrnimmt, d. h. die Gemeinde leitet und die Kommunikation zu den Nachbargemeinden und zur Bistumskirche aufrecht erhält, und fügt man gleichzeitig hinzu, daß eine solche Person aber nicht ordiniert sei, dann ist dies so, wie wenn man von einer Person sagt, sie würde regelmäßig eine Klasse unterrichten, sei aber kein Lehrer. Karl Rahner drückt es so aus: »Wird jemand als Pastoralassistent faktisch zum Gemeindeleiter bestellt, dann gibt man ihm das Grundwesen des Priesters als Gemeindeleiter und verweigert ihm gleichzeitig die aus diesem Grundwesen erfließenden sakramentalen Vollmachten.«[12] Die ganze »Ordnung der pastoralen Dienste« der Deutschen Bischofskonferenz, die recht gute Ansätze enthält, krankt an diesem Grunddilemma. Man kann nicht für die Notwendigkeit von »nichtpriesterlichen Bezugspersonen« eintreten und gleichzeitig fordern, »daß tatsächlich – und nicht nur rechtlich – die Leitung der Gemeinde in der Hand des Priesters liegt« (1.6). Man kann nicht Pastoralreferenten als Bezugspersonen einsetzen und andererseits davor warnen, »daß das Profil des Pastoralassistenten/referenten in das Profil des Priesters übergeht« (4.3). Es ist deshalb nur konsequent, wenn der Beirat der Konferenz der deutschsprachigen Pastoraltheologen in seiner Stellungnahme (27.–29. 1. 1978, unveröffentlicht) feststellt: »Angesichts der zentralen Bedeutung der Eucharistiefeier und der pastoralen Notwendigkeit einer stabilen Präsenz des Pfarrers als konkrete Bezugsperson am Ort der Gemeinde besteht die vordringlichste Aufgabe darin, die Voraussetzungen dafür zu schaffen, daß jede Gemeinde von einem Priester geleitet werden kann. Falls dies nicht anders möglich ist, muß dies durch Änderung der Zulassungsbedingungen zum Priestertum ermöglicht werden« (1.4).

6. *Einige Schlußfolgerungen*

Was ist angesichts dieser Problemlage zu tun? Einige Konsequenzen sollen abschließend aufgezeigt werden.
 1. Kirche kann nur leben und für die einzelnen wie für die Gesellschaft von Bedeutung sein, wenn sie in lebendigen Gemeinden verwirklicht wird. Ohne dynamische Gemeinden hat die Kirche und damit auch christlicher Glaube keine Überlebenschance. Jede dieser Gemeinden ist aber auf einen eigenen ordinierten Gemeindeleiter angewiesen.
 2. Die augenblickliche Situation in den Gemeinden, ihr Ort in der Gesellschaft, ihre Bedürfnisse, vor allem auch ihre Versorgung mit ordinierten Gemeindeleitern muß empirisch untersucht werden. Darauf aufbauend

müssen Pastoralpläne für Gemeinden und Diözesen erstellt werden, vor allem auch im Hinblick auf die Versorgung mit pastoralen Mitarbeitern. Die jeweils Betroffenen sind dabei in den Planungs- und Entscheidungsprozeß voll zu integrieren.

3. Von größter Wichtigkeit ist, daß die Mitglieder der Gemeinden in einem schwierigen Lernprozeß von einer Betreuungsmentalität hingeführt werden zu der Einstellung, daß sie in erster Linie für das Leben in ihrer Gemeinde und für die Erfüllung der Aufgaben der Gemeinde verantwortlich sind.

4. In den Gemeinden, in denen es keine Priester gibt, muß es eine Bezugsperson geben, welche die Aufgaben der Gemeindeleitung wahrnimmt und die Verbindung zu den Nachbargemeinden und zu der Diözesankirche aufrecht erhält. Diese nichtordinierten Bezugspersonen sind eindeutig als Notlösung anzusehen, solange es nicht genügend ordinierte Gemeindeleiter für jede Gemeinde gibt.

5. Angesichts der sehr großen Unterschiede der Gemeinde hinsichtlich Katholikenzahl, soziale Strukturierung, kirchliche Praxis, Entfernung zur nächsten Gemeinde, räumliche Ausstattung, vorhandene Fähigkeiten, finanzielle Ausstattung usw. muß die Art der Beschäftigung dieser Bezugspersonen außerordentlich variabel sein, um den Bedürfnissen auf sehr flexible Weise gerecht zu werden. Der Fächer der Möglichkeiten reicht von ehrenamtlichen über nebenberufliche bis zu hauptberuflichen Pastoralreferenten(innen), Gemeindereferenten(innen), und Diakonen, die entweder ca. 60% ihrer Tätigkeit in dieser Gemeinde investieren und ca. 40% in eine Aufgabe überpfarrlicher Art oder voll in dieser Gemeinde beschäftigt sind.

6. Diese Bezugspersonen sind angewiesen auf die Existenz eines gemeindlichen synodalen Gremiums, das aus Wahlen hervorgegangen ist (Kirchengemeinderat, Filialausschuß oder dergleichen) und das die Verantwortung für die Gemeinde mitträgt.

7. Die Bezugsperson muß in einem Team zusammenarbeiten mit den übrigen hauptberuflichen, nebenberuflichen und ehrenamtlichen Funktionsträgern in der Gemeinde. Darüber hinaus ist die Mitarbeit der Bezugsperson in einem übergemeindlichen Team der Amtsträger (auf der Ebene der Pfarrei, des Pfarrverbandes oder des Dekanates) notwendig.

8. Die Gemeinde benötigt für ihr gemeindliches Leben Raum zu Gottesdienstfeiern und zu Versammlungen und Gruppenarbeit. Unter bestimmten Voraussetzungen kann dies ein einziger Raum sein. Ohne ein solches Kommunikationszentrum ist Gemeindeleben nicht möglich.

9. Alle Beteiligten werden sich von vornherein auf eine langsame Entwicklung und auf Schwierigkeiten und Rückschläge bei diesem Weg von

unseren traditionellen Pfarreien weg zu lebendigen Gemeinden hin einstellen müssen.

10. Ab sofort sind alle Anstrengungen zu unternehmen, damit der Notlösung ein Ende gemacht und aus den nichtordinierten Bezugspersonen ordinierte Gemeindeleiter werden. Die Gemeindemitglieder und ihre gewählten Vertreter werden ihr Recht auf einen eigenen ordinierten Gemeindeleiter dem Bischof gegenüber immer wieder wirksam zu vertreten haben. Die deutschen Bischöfe stehen den Gemeinden gegenüber im Wort, daß sie durch Bischof Tenhumberg feierlich auf der »Gemeinsamen Synode« gegeben haben: »Wenn Gottes Wille dann in der Kirche eine Situation schafft oder durch menschliche Mitarbeit oder auch menschliches Versagen entstehen läßt, die seinen Willen darin deutlich ausdrückt, daß es neben dem Dienst der ehelosen Priester den Dienst verheirateter Priester geben müsse, wenn also etwa die pastorale Not in einem solchen Ausmaße anwachsen würde, daß diese Lösung nahegelegt ist, wird kein Bischof sich über den durch die Situation deutlich ausgesprochenen Willen Gottes stellen wollen.«[13] Die diözesanen Räte und das Zentralkomitee der deutschen Katholiken sind hier in Pflicht genommen. Und die deutschen Bischöfe werden in ihrem Verhalten der Römischen Kurie gegenüber unter Beweis zu stellen haben, wie sehr ihnen die Sorge um die Gemeinden am Herzen liegt.

Anmerkungen:

* Quelle: Diakonia 9 (1978) 404–412.
1. Die Psychologie des 20. Jahrhunderts II, 1976, 1137.
2. Lexikon zur Soziologie, 1973, 101.
3. Vgl. vor allem: J. Dellepoort / N. Greinacher / W. Menges, Die deutsche Priesterfrage, 1961; F. Klostermann, Priester für morgen, 1970, bes. 20 f; G. Siefer, Sterben die Priester aus?, 1973; Priesterstatistik – eine Lebensfrage der Gemeinde, in: Herder-Korrespondenz 29 (1975) 227–234; F. Klostermann (Hg.), Der Priestermangel und seine Konsequenzen, 1977; Kirchliches Handbuch XXVIII, 1977; Priestermangel und Sicherung der Seelsorge, in: Herder-Korrespondenz 31 (1977) 306–312.
4. Die pastoralen Dienste in der Gemeinde 1.2.2.
5. Zur Ordnung der pastoralen Dienste 1.1.
6. Kirchliches Handbuch XXVIII, 1977, 22 f.
7. Diese und die folgenden Angaben nach »Informationen, herausgegeben vom Priesterrat und Diözesanrat Rottenburg, April 1978, 4«.
8. Informationen, Dezember 1976, 23.
9. Prognose der Priesterzahl für das Erzbistum Freiburg, 1969 (unveröffentlichtes Manuskript).
10. Imprimatur 10 (1977) 3.
11. Vgl. über die in Anmerkung 3 genannte Literatur hinaus besonders: K. Rahner, Strukturwandel der Kirche als Aufgabe und Chance, 1972; F. Klostermann, Gemeinde – Kirche der Zukunft I–II, 1974; Mitarbeiter im pastoralen Dienst, in: Pastoraltheologische Informatio-

nen Nr. 6 (Januar 1978); F. Klostermann, Zur neuen »Ordnung der pastoralen Dienste« in der Bundesrepublik Deutschland, in: Diakonia 9 (1978) 12–18; P. J. Cordes, Pastoralassistenten und Diakone, in: Stimmen der Zeit 195 (1977) 392–396; W. Kasper, Die schädlichen Nebenwirkungen des Priestermangels, in: Stimmen der Zeit 195 (1977) 129–135; K. Rahner, Pastorale Dienste und Gemeindeleitung, in: Stimmen der Zeit 195 (1977) 733–743.
12. Pastorale Dienste und Gemeindeleitung, aaO. 739.
13. Protokoll der Sitzung vom 22.–26. 5. 1974, 183.

4 Handlungsfelder

4.1 Wilhelm Möhler
HANDLUNGSFELDER DER GEMEINDE

1. Vielfalt

Gerät der Theologiestudent während eines Praktikums oder nach dem Examen in die Räder eines gut funktionierenden »Pfarreibetriebes«, wird ihn oft die Vielfalt dessen, was sich tut, verblüffen oder gar irritieren. Binnen eines halben Tages sieht er: wie der Pfarrer einer Gruppe von Erstkommunikanten die Zachäusgeschichte mittels eines Rollenspiels nahezubringen versucht; wie er eine Frau beerdigt, von der er nicht viel mehr weiß als daß sie, durch einen Verkehrsunfall aus dem Leben gerissen, einen hilflosen Ehemann und zwei Kinder hinterläßt; wie er mit dem Bauausschuß seines Kirchengemeinderates über die Renovation des Gemeindehauses berät. Zur gleichen Zeit sammeln einige Frauen für die Caritas; läßt sich ein Altenclub durch einen Dia-Vortrag über das Ziel des nächsten Ausflugs informieren; arbeitet eine Gruppe Jugendlicher am Programm der nächsten Diskothek; sucht die Pfarrsekretärin in der Kartei die Adressen von Eltern mit Kleinkindern, um Einladungen zu Gesprächsabenden über »Religiöse Erziehung« zu verschicken. Eine bunte Liste – und sie geriete noch farbiger, würde man einen längeren Zeitraum ins Auge fassen.
Wen die Vielfalt erschreckt, wer gar Mangel an christlicher Kontur darin entdeckt, mag vor dem endgültigen Urteil im zwölften Kapitel des Römerbriefes lesen[1]. Da ist die Rede: von Propheten, die die christliche Botschaft »mahnend, warnend, richtend oder tröstend und wegweisend« aktualisieren; von Lehrern, denen die »Wahrung der Tradition« – der Herrenworte, des evangelischen Erzählungsstoffes, der liturgischen und katechetischen Überlieferung, des Alten Testamentes – anvertraut ist[2]; von Seelsorgern und Almosenverteilern, die sich wohl um die »Witwen und Waisen«, das »Proletariat des Welthafens« und die dort Neuankommenden kümmern; von Gemeindevorstehern, denen wohl »organisatorische Aufgaben bis zur Gründung von Hausgemeinden und Regelung von Streitfällen« obliegen; von Pflegern, die sich der Kranken annehmen[3]. – Dem Katalog formalisier-

ter Funktionen, der wohl im Hinblick auf einen bestimmten Kreis führender Personen geschrieben ist, folgt eine Erinnerung an die Charismen der Gesamtgemeinde (wobei deren unbestimmte Formulierung an – verglichen mit den vorangegangenen Funktionsbeschreibungen – noch differenziertere Konkretionen denken läßt): »Die Liebe sei ohne Heuchelei. Verabscheut das Böse, hänget dem Guten an, in der Bruderliebe untereinander hingabefreudig, in Ehrerbietung einander höher achtend, im Eifer für die Sache nicht lässig, im Geist brennend, jeden Augenblick zum Dienst bereit! Freut euch in Hoffnung, haltet in Trübsal stand, verharrt im Gebet! Erweist Anteil den Bedürfnissen der Heiligen, seht, wo ihr Gastfreundschaft üben könnt! Segnet die Verfolger, segnet und verflucht nicht! Freut euch mit den Fröhlichen, klagt mit den Trauernden! Habt einen Sinn untereinander! Trachtet nicht nach dem Hohen, sondern beugt euch zu den Niedrigen! ... Haltet, soweit es euch möglich ist und euch anlangt, mit allen Menschen Frieden« (Röm 12,9–19). Käsemann resümiert: »Der Apostel ist weit davon entfernt, irgendwelcher Uniformität das Wort zu reden. Das würde zu einem religiösen Verband in und neben der Welt, einer Mysteriengemeinschaft mit dem Kultgott Christus führen. Die Pluriformität der Kirche ist für ihre Funktion lebenswichtig. Die Vielfalt ihrer Glieder, Gruppen und Begabungen gibt ihr den Charakter der Durchlässigkeit zu dem sie umgebenden Kosmos und macht deutlich, was es um einen in seinem irdischen Regnum präsenten Christus ist.«[4]

Die Welt, auf die sich Kirche heute zu beziehen hat, ist wesentlich differenzierter, komplexer[5] als die, in der Paulus gelebt und geschrieben hat. Entsprechend komplexer gestaltet sich heute auch gemeindliches Handeln. Freilich: wenn Differenzierung nicht als blinder, naturwüchsiger Prozeß ablaufen soll, bedarf es bewußter Bemühung um Funktionsordnung und Funktionsklärung. Daneben gibt es ein zweites Motiv für solche Bemühungen. Die vielfältigen Formen gemeindlichen Handelns waren nie nur Ausdruck des Reichtums an Charismen; in ihnen signalisierten sich immer auch binnengemeindliche Spannungen.

2. Systematisierungsversuche

Relativ einfach läßt sich die beschriebene Komplexität reduzieren, indem man nach dem Prinzip verfährt: Ubi parochus, ibi ecclesia[6]. Gemeinde ist dort, wo der *Pfarrer* handelt – bei eher passiver oder eher aktiver Beteiligung des Kirchenvolkes; eine selbständige Rolle des Kirchenvolkes ist demgegenüber nicht vorgesehen. Charakteristisch für diese »Gemeindetheorie« ist die Konzentration auf (vor allem: gottesdienstliche) Wortverkündigung, Unterricht, Sakramentenspendung und disziplinarische bzw.

seelsorglich-beratende Funktionen[7]. Der unbestreitbare Vorteil dieses Theorietypus ist seine Praxisnähe; wirklich nah ist er freilich nur der Praxis des Pfarrers, nicht der Praxis der Gemeinde als ganzer, nicht einmal der Praxis der anderen kirchlichen Berufe. Und selbst der Bereich der Pfarramtspraxis wird nur selektiv behandelt: Das Thema »Verwaltung« z. B. bleibt – sieht man von den Beiträgen des Kirchenrechts ab – zumeist ausgeklammert[8].

Ein zweiter Theorietypus versucht, die Beschränkungen auf die Pfarramtspraxis aufzuheben, indem er von der Frage ausgeht, welche *Handlungsformen* für die Gemeinde als ganze konstitutiv sind. Zumeist werden hier – wenngleich in Variationen – drei Handlungsformen unterschieden: Zeugnis – (katholisch:) Gottesdienst, (evangelisch:) Gemeinschaft – Caritas/Diakonie[9]. Neu ist daran nicht nur der Versuch, Gemeinde als ganzes zu thematisieren, neu ist vor allem auch die Bedeutung, die hier der drittgenannte Bereich »Caritas/Diakonie« gewinnt. War bisher von ihm nur in seiner disziplinarischen bzw. seelsorglich-beratenden Form die Rede, so kann nun die ganze Palette helfenden Handelns ins Blickfeld treten.

Beiden genannten Theorietypen ist gemeinsam, daß sie selten zwischen Handlungsformen und Handlungsfeldern unterscheiden. Oft fungieren die Handlungsformen als Sammel- und Oberbegriffe für verschiedene Handlungsfelder, die als zusammengehörig gedacht werden. So schlägt die Strukturkommission der Evangelischen Kirche in Hessen und Nassau folgende Gliederung in vier Fachbereiche vor:

»Fachbereich I: ›Verkündigung und Information‹
z. B. Gottesdienst und Predigt – Kasualreden – biblische Textinterpretation – theologische Information – ökumenische Arbeit – kirchliche Öffentlichkeitsarbeit – Berufsgruppenarbeit – Gemeindeseminare.
Fachbereich II: ›Erziehung und Bildung‹
z. B. Erwachsenenbildung – Jugendarbeit – Religionsunterricht – Konfirmandenunterricht – vorschulische Erziehung – Elternseminare – Eheseminare – Geschlechtserziehung.
Fachbereich III: ›Seelsorge und Sozialhilfe‹
z. B. seelsorgerliches Einzelgespräch – Kasualgespräche – Lebensberatung – Einzelfallhilfe und -Betreuung – Besuchsdienst – gemeindlicher Notdienst – Gruppendiakonie – gesellschaftspolitische Diakonie.
Fachbereich IV: ›Gemeindeaufbau und Leitung‹
z. B. Organisation und Arbeitsplanung – Gemeindebildung – Gemeindeversammlungen – Mitarbeiterschulung – Projektgruppenarbeit – Strukturarbeit und Kirchenreform – Verwaltung.«[10]
Deutlich hat bereits Anton Graf, ein Praktischer Theologe des 19. Jahrhunderts, eine gewisse Problematik in einer solchen Zuordnung erkannt: »Ein sehr großer Mangel ist ... der Umstand, daß einzelne der Mittel (das sind

in seinen Begriffen: Predigt, Kult, Disziplin, W. M.) willkürlich oder doch ohne genügende Rechtfertigung von den drei Disziplinen des Kirchendienstes, von der geistlichen Tätigkeit für die Katechumenen (Katechetik), für die zum Gottesdienst versammelte Gemeinde (Homiletik und Liturgik) und für die Einzelnen in der Gemeinde (Privatseelsorge) ausgeschlossen worden sind.«[11] Ein bestimmtes Handlungsfeld läßt sich also nicht (ausschließlich) einer bestimmten Handlungsform zuordnen: In der Katechese z. B. wird nicht nur erzieherisch gehandelt, in ihr wird zugleich auch verkündigt und informiert, geschieht auch seelsorgliche Beratung, geschieht auch Versammlung der Gemeinde[12]. Um Fehlschlüsse zu vermeiden, dürfte es daher für die beiden bisher genannten Theorietypen nützlich sein, deutlicher zu unterscheiden zwischen einer Analyse gemeindlicher bzw. pfarrlicher Praxis hinsichtlich der Handlungsformen und der Gruppierung einzelner Handlungen zu Handlungsfeldern (bzw. Fachbereichen).

Eine weitere Problematik besonders des zweiten Theorietyps ergibt sich daraus, daß er nicht nur den Pfarrer, sondern alle Christen als potentielle Träger gemeindlichen Handelns ernstnehmen will. Gewiß spricht alles dafür, gemeindliches Handeln nicht mit dem Handeln des Pfarrers gleichzusetzen. Aber ist es sinnvoll, nun alles Handeln aller Christen als Handeln der Gemeinde zu verstehen? Mir scheint im Hinblick auf die gegenwärtige gesellschaftliche Situation eine doppelte Abgrenzung erwägenswert: Von gemeindlichem Handeln ist nur dort zu sprechen, wo das Handeln von Christen erstens eher öffentlichen als privaten Charakter trägt und es sich zweitens nicht nur implizit im Rahmen der christlichen Tradition loziert.

Mit dieser »Definition« sind freilich nur die potentiellen Träger gemeindlichen Handelns umschrieben. Um von den Trägern gemeindlichen Handelns her dieses Handeln zu sichten und zu ordnen – dieser Versuch sei hier als dritter Theorietyp vorgestellt[13] –, bedarf es einer konkreten Bestimmung der *Träger gemeindlichen Handelns*. Lück unterscheidet vier Handlungsträger: das »Pfarramt«, das »Pfarrhaus«, die Kirchengemeinde als »Körperschaft« und die »Vereine«.

»›Pfarramt‹ umfaßt diejenigen Tätigkeiten des Pfarrers, die die Kirchenordnung der Evangelischen Kirche in Hessen und Nassau beschreibt mit: ›Öffentlicher Dienst am Wort in Verkündigung und Sakramentsverwaltung ... besonders in Gottesdienst, Seelsorge und Unterweisung‹ (Art. 13, Abs. 1). Ähnliche Sätze über den ›Pfarrer‹ dürften wohl in jeder Kirchenordnung stehen. Ebenfalls ›öffentlich‹ ist die Körperschaft. Die Kirchengemeinde als ›Körperschaft öffentlichen Rechts‹ wird durch den Kirchenvorstand (das Presbyterium usw.) vertreten. Artikel 7 der Kirchenordnung der EKHN bestimmt, daß der Kirchenvorstand die Kirchengemeinde nach innen und außen vertritt. Er ist somit die öffentliche Repräsentation der Kirchengemeinde. Die Komponente »Pfarrhaus« ist in ihrer Ausgestaltung wesentlich von den Interessen und Gaben der Person des Pfarrers abhängig. Das Element der »Vereine« zeigt sich in der Kirchengemeinde in sehr verschiedenartigen Gruppen und Kreisen, die sich teils als Selbsthilfe, teils als Hilfe für andere verstehen.«[14]

Den verschiedenen Handlungsträgern lassen sich also bestimmte Handlungsbereiche zuordnen: dem »Pfarramt« Gottesdienst, Amtshandlungen, Konfirmandenunterricht, Hausbesuche, seelsorgliche Gespräche[15]; der Kirchengemeinde als »Körperschaft« Verwaltung (vor allem der »profanen« Seite des gemeindlichen Lebens) durch den Kirchenvorstand, Gemeindeversammlung, Gemeindejugendvertretung, Kindergarten, Schwesternstation[16]; dem »Pfarrhaus« vom Pfarrer (je nach persönlichem Interesse und Begabung) initiierte Gesprächskreise, Veranstaltungen usw.[17]; dem Bereich »Vereine« Jugendgruppen, Kindergottesdienst, Kirchenchor, Müttertreffs, Arbeitskreis Obdachlose[18].

Der dritte Theorietyp vermittelt zwischen den beiden ersten Theorietypen. Er gewinnt – analog zum ersten – an Realitätsbezug dadurch, daß er Aktion *und* Akteur in seinem Entwurf berücksichtigt; er gewinnt – analog zum zweiten – an Weite, indem er die Pluralität der Akteure und damit auch die Pluralität der Aktionen berücksichtigt. Er vermeidet es, die Gemeinde als Ein-Mann-Betrieb zu verstehen; freilich nimmt er ebensowenig an, alle Kirchenmitglieder könnten auch in gleicher Weise Akteure des Gemeindelebens sein. Er spiegelt damit die Wirklichkeit der bundesrepublikanischen Kirchen: zwischen Heilsvermittlungsanstalt und Bruderschaftskirche – und wirkt so relativ konservativ.

3. Bemerkungen zu den Texten

Die im Folgenden vorgelegten Texte intendieren demgegenüber, soweit möglich die Gemeinde von der Heilsvermittlungsanstalt auf eine brüderliche Gemeinde hin verändern zu helfen. Einerseits sollen mehr Menschen erreicht, angesprochen und ihnen besser gedient werden; anderseits sollen sich mehr Möglichkeiten bieten, an dieser Praxis aktiv teilzunehmen und sie zu gestalten. Zugleich soll der Gefahr begegnet werden, daß dabei eine vielleicht nach innen brüderliche, nach außen aber geschlossene Gemeinde entsteht.

Von besonderer Bedeutung im Rahmen eines solchen Zielhorizontes ist die Frage nach der geeigneten Sozialform des gemeindlichen Handelns. Weder repräsentative Großveranstaltungen noch etwa der (seelsorglich-beratende) Dialog (wobei deren bleibende Bedeutung keineswegs abgestritten werden soll), sondern das Handeln in der Sozialform Gruppe scheint am ehesten die Kluft zwischen öffentlichem Disengagement und privaten Selbstverwirklichungsversuchen schließen zu können[19].

Die anderen Beiträge thematisieren, wie sich im Medium verschiedener Handlungsfelder – der Katechese, des Gottesdienstes, der Diakonie – die genannten Intentionen besser verwirklichen lassen.

Besonders deutlich werden die innergemeindlichen Kommunikationsprobleme bei der Kindertaufe. Während die (katholische) Amtskirche die Kindertaufe als »Sakrament des Glaubens, in dem Menschen, vom Heiligen Geist erleuchtet, auf das Evangelium Christi Antwort geben«[20] versteht, verstehen die Eltern sie zumeist weit unbestimmter als Hoffnungszeichen: das Leben des neugeborenen Kindes und ihr Zusammenleben mit ihm werde letztlich einen positiven Sinn haben[21]. Leuenberger[22] zeigt zum einen, wie die unterschiedlichen thematischen Intentionen sich annähern lassen. Zum zweiten fordert er, durch Taufkatechese aus der bisherigen stillschweigenden Nichtübereinkunft eine beredte Übereinkunft entstehen zu lassen. Dabei stellt sich freilich die Frage, ob die Erzielung einer solchen Übereinkunft condicio sine qua non für die Taufspendung sein soll. Während Leuenberger dazu tendiert, die Frage mit »Ja« zu beantworten, rät Zerfaß[23] zu einer »liberalen« Praxis: Einladung zum Gespräch ja – Sanktionen wie Taufaufschub eher nein. Seine Motive u. a.: es gilt, einen Gemeindeintegralismus zu vermeiden; einzelne katechetische Situationen dürfen nicht überfordert werden.

Der Beitrag von Kugler[24] widmet sich der Frage, wie dem Auszug aus dem Gemeindegottesdienst begegnet werden kann. Kirchensoziologische Untersuchungen der letzten Jahre belegen hinreichend, daß vor allem die mittleren Altersgruppen[25], Menschen, die sich als aktiv ihr Leben vollziehend verstehen[26], unterrepräsentiert sind. Der Gemeindegottesdienst gilt als Veranstaltung für die Älteren, Konservativen, Passiven, geistig weniger Beweglichen[27]. Selbst wo die Praxis des Gemeindegottesdienstes faktisch nicht total von den Anliegen dieser Gruppe bestimmt ist, dürfte bereits sein Image verhindern, daß die Einladung an die erstgenannte Gruppe, zurückzukommen, Erfolg hat. Nur klar konturierte Alternativprogramme mit spezifischem thematischem und formalem Profil werden wohl der beschriebenen Milieuverengung entgegenwirken können; nur über diesen Weg der Diversifikation dürften sich auch Chancen für die Rekonstituierung eines Gottesdienstes der *ganzen* Gemeinde ergeben.

Bedrohlicher für die Identität der christlichen Gemeinde dürfte freilich eine andere Milieuverengung sein: daß nämlich die unteren Schichten unserer Gesellschaft in ihr kaum einen Platz finden[28]. Selten haben sich die Kirchen so deutlich diesem Defizit gestellt, wie dies etwa im Beschluß der Gemeinsamen Synode der Bistümer in der Bundesrepublik Deutschland geschehen ist: »Die Arbeiterseelsorge ist ein vernachlässigtes Feld; das wenige, was geschieht, wird nicht genügend mitgetragen von der Gesamtpastoral; breites Erfahrungsmaterial liegt nicht vor. Auch darum ergibt sich die Hilflosigkeit der Kirche in der Bundesrepublik Deutschland gegenüber den Arbeitern.«[29] Koschorkes Analyse der Defizite der Beratungsarbeit[30] dürfte mutatis mutandis auch im Hinblick auf das Gesamt der gemeindlichen Praxis erhellend wirken.

Anmerkungen:
1. Vgl. E. Käsemann, An die Römer (Handbuch zum Neuen Testament 8 a), ³1974, 313–351.
2. AaO. 328.
3. AaO. 330.
4. AaO. 326.
5. H. Ludwig, Die Kirche im Prozeß der gesellschaftlichen Differenzierung, 1976.
6. Daß man nicht nur katholischerseits nach diesem Prinzip verfährt, belegt reichlich: G. Bormann / S. Bormann-Heischkeil, Theorie und Praxis kirchlicher Organisation. Ein Beitrag zum Problem der Rückständigkeit sozialer Gruppen, 1971, bes. 34–60, 150–198.
7. Exemplarisch sei hingewiesen auf zwei klassische Ausformulierungen dieses Theorietypus aus verschiedenen Epochen und verschiedener konfessioneller Prägung: J. S. Drey, Kurze Einleitung in das Studium der Theologie mit Rücksicht auf den wissenschaftlichen Standpunkt und das katholische System, hg. und eingeleitet von F. Schupp (1819) 1971, 236–249; M. Josuttis, Praxis des Evangeliums zwischen Politik und Religion. Grundprobleme der Praktischen Theologie, 1974. J. bemerkt freilich selbstkritisch: »Praktische Theologie ist hier und anderswo noch immer faktisch Pastoraltheologie. Ich kann mir diese Perspektivenverkürzung bei mir selber durchaus erklären. Ich habe als Pfarrer gearbeitet, ich bilde künftige Pfarrer aus. Ich weiß auch, daß die Konzentration auf diesen Beruf nicht gut ist. Aber ich habe es noch nicht geschafft, daraus die entscheidenden Konsequenzen zu ziehen.« (11)
8. Eine gute Einführung bietet: H. Hanselmann, Keine Angst vor Pfarramtsführung. Organisieren – Delegieren – Rationalisieren. Eine Handreichung für Pfarrer und kirchliche Mitarbeiter, ²1974.
9. Vgl. z. B. H. Fischer u. a., Die Gemeinde, 1970, 45–73.
10. R. Roessler / K. Dienst, Die Ortsgemeinde im Nachbarschaftsbezirk. Gedanken zur Gemeindestruktur nach Vorstudien der Strukturkommissionen der EKHN, 1970, 27.
11. A. Graf, Kritische Darstellung des gegenwärtigen Zustandes der Praktischen Theologie, 1841, 77 f.
12. Vgl. die entsprechende Charakterisierung des pädagogischen Handlungsfeldes bei K. E. Nipkow, Grundfragen der Religionspädagogik, Bd 2, 1975, 6 f.
13. Vgl. hierzu: W. Lück, Praxis: Kirchengemeinde, 1978.
14. AaO. 50.
15. AaO. 51.
16. AaO. 56.
17. AaO. 60.
18. AaO. 62–66.
19. Vgl. hierzu den Beitrag von D. Emeis in diesem Band S. ; eine Weiterführung, die das dort Gesagte auf verschiedene Handlungsfelder anwendet, bietet derselbe Autor in seinem Aufsatz: Gruppen als Mittträger der Gemeinde, in: Diakonia 7 (1976) 20–30.
20. Die Feier der Kindertaufe in den katholischen Bistümern des deutschen Sprachgebietes, o. J. (1971) 10.
21. Vgl. hierzu: P. M. Zulehner, Heirat – Geburt – Tod. Eine Pastoral zu den Lebenswenden, 1976, 150–162.
22. Siehe seinen Beitrag S. 268 ff.
23. Siehe seinen Beitrag S. 280 ff.
24. Siehe S. 294 ff.
25. Vgl. zuletzt G. Schmidtchen, Gottesdienst in einer rationalen Welt. Religionssoziologische Untersuchungen im Bereich der VELKD, 1973, 201.
26. AaO. 167.
27. I. Peter-Habermann, Kirchgängerimage und Kirchgangsfrequenz, 1967, 104.

28. Vgl. hierzu den Beitrag von U. Boos-Nünning, in: Y. Spiegel (Hg.), Kirche und Klassenbindung. Studien zur Situation der Kirchen in der Bundesrepublik Deutschland, 1974, in diesem Band S. 52 ff; W. Marhold, Die Kirche als Sozialisationsagent. Ein Beitrag zur Problematisierung mittelschichtorientierter Erziehungsarbeit der Kirche, in: Theologia Practica 8 (1973) 22–31.
29. Beschluß: Kirche und Arbeiter, in: Gemeinsame Synode der Bistümer in der Bundesrepublik Deutschland. Beschlüsse der Vollversammlung, Bd I, 1976, 321–364, hier: 349.
30. Siehe seinen Beitrag S. 307 ff.

4.2 Dieter Emeis
DIE GRUPPE IN DER KIRCHE*
Ein Weg zur Überwindung von Identitätskrisen im Glauben

Die menschliche Gruppe ist seit den Dreißiger Jahren unseres Jahrhunderts zu einem Thema geworden, dem sich die wissenschaftliche Forschung mit einer ständig wachsenden Intensität zuwendet[1]. Mit der Frage nach dem Menschen in der Gruppe steht zweifellos ein klassisches und fundamentales Thema der Anthropologie zur Diskussion: der Mensch als Wesen der Gemeinschaft. Die neue Weise dieser Diskussion wird zum einen durch empirische Methoden geprägt, zum anderen durch eine größere Bereitschaft des Menschen, sich die sozialen Determinanten seines Lebens bewußt zu machen. Der spätbürgerliche Individualismus revoltierte noch gegen die Gefahr, daß über der Analyse sozialer Gestalten, ihrer Rollensysteme und Spielregeln die Einmaligkeit des Individuums vergessen wird. So hob er im kulturkritischen Schlagwort von der Vermassung den Menschen in der Mehrzahl als ein triebgeleitetes, zur Irrationalität neigendes Wesen von dem besonnenen und kulturschöpferischen Individuum in der Einzahl ab. Inzwischen wird gerade die Gruppe als eine Mehrzahl von Menschen (etwa zehn bis zwanzig) sichtbar, die das Individuum in seiner Einmaligkeit nicht bedroht, sondern fördert und stützt.
Die pastoraltheologische Literatur zum Thema der Gruppe in der Kirche wurde in den letzten Jahren vor allem von zwei Seiten her angeregt. Einmal finden die therapeutischen Möglichkeiten der Gruppe dort Beachtung, wo die seelsorgliche Praxis dem leidenden Menschen zu helfen sucht[2]. Zum anderen sind es die in der Kirche spontan sich bildenden Gruppen, zu deren Verständnis man von der Gruppenforschung zu lernen sucht[3]. Die folgenden Überlegungen wollen aber nicht an diese Ansätze anknüpfen, sondern vom Problem der Identitätskrisen ausgehen.

I. Zum Aufbau der Ich-Identität, zu Identitätskrisen und ihrer Überwindung mit Hilfe von Gruppen

Das menschliche Individuum findet zu seiner Ich-Identität in einem Prozeß personaler Interaktionen, nämlich im Prozeß der sogenannten Sozialisation und Enkulturation. Das heißt näherhin: Die Ich-Identität wird aufgebaut und geordnet in der Aufnahme und Ordnung von Beziehungen zu anderen Menschen und in der Einwurzelung in ein kulturelles System von Verhaltensformen, Werten, Symbolen usw. Die Übernahme von Verhaltensformen oder die Sensibilisierung für einen Wert erfolgt im Zusammenhang von Beziehungen zu Personen, die sich auf bestimmte Weise verhalten und einen Wert achten. Unbestritten ist dabei die einstellungs- und verhaltensprägende Bedeutung der frühen Kindheit. Immer deutlicher wird aber auch, daß mit diesem Anfang der Geschichte des Individuums die Ich-Identität nicht ein für allemal gefunden ist, um dann nur noch aus diesem Anfang heraus entfaltet zu werden, sondern daß sie im Zusammenhang neuer Begegnungen, neuer Erfahrungen und neuer Aufgaben in unterschiedlich tiefgreifende Krisen gerät und weiterentwickelt wird. Aus diesem Grund sehen einige Autoren die Sozialisation als einen lebenslangen Vorgang fortwährender Labilisierung, Restabilisierung und Umstrukturierung des Verhältnisses von Gesellschaft, Person und Kultur an[4].

Einige Faktoren, durch die der Mensch in seiner Identität gestört werden kann und die auch für die pastorale Situation bedeutsam sind, sollen kurz genannt werden.

Die geographische, soziale und berufliche Mobilität, durch die das Leben vieler Menschen heute geprägt wird, ist immer verbunden mit Abschieden aus Gruppen, in denen der Mensch bisher Beziehungen aufgebaut und dabei sich selbst gefunden hatte. Nicht selten ist heute die Kleinfamilie die einzige Konstante in einem sonst außerordentlich bewegten Raum abgebrochener und neu aufzubauender Beziehungen. Dabei steht der Mensch mehr oder minder tiefgreifend und ausdrücklich wiederholt vor den Fragen: »Wer bin ich? Was wird von mir erwartet? Wie werde ich angesehen? Wer kann ich für die anderen sein?« Fragen dieser Art betreffen den Menschen auch als Glaubenden. Viele, die in ihrer Kirche bleiben und zu leben suchen, wechseln oft mehrfach in ihrem Leben ihre tatsächliche Glaubensgemeinschaft, wobei nicht nur die jeweils neuen Menschen die konkrete Glaubensgestalt variieren, sondern auch die unterschiedlichen Bedingungen, unter denen der gemeinsame Glaube sich zu bewähren hat. Es ist z. B. etwas anderes, am kirchlichen Leben in einer ländlichen Gemeinde zu partizipieren, als in einer Großstadt mit ihrer heute wohl fast überall gegebenen Diasporasituation Anschluß an eine Gemeinde zu suchen und zu finden. Es bedeutet oft eine erhebliche Umstellung, ein Frömmigkeitsverständnis, das in einem abhängigen, wenig kreativen sozialen Milieu grundgelegt wurde, beim Aufstieg in verantwortliche Positionen und beim Wechsel in schöpferische Tätigkeiten so zu verändern, daß die Relevanz des Glaubens für den neuen Lebensraum entdeckt werden kann.

In seltenen Fällen lebt der Mensch in nur einer Gruppe. In der Regel hat er auch Beziehungen zu Menschen anderer Gruppen bzw. lebt er in mehreren

Gruppen und erlebt so einen Plural subkultureller Varianten unserer Rahmenkultur. Nicht zuletzt im Zusammenhang mit der eben skizzierten Mobilität erhält der Christ auf diese Weise Kontakt mit Varianten christlicher Gläubigkeit und mit Alternativen zur christlichen Gläubigkeit. Diese Tatsache bedeutet für den Christen immer auch eine Frage an seine Identität. Diese Frage kann z. B. sehr massiv aufbrechen, wenn ein Student nach einer Zeit des Mitlebens mit einer Hochschulgemeinde in seine sogenannte Heimatgemeinde zurückkehrt und deren Leben ihm inzwischen so fremd geworden ist, daß er kaum mehr gemeinsame Intentionen erkennen kann. Ähnlich bedrängend kann die Identität im Glauben erschüttert werden, wenn der Christ einem nichtchristlichen Lebensentwurf in einem Menschen begegnet, der diesen Entwurf überzeugend lebt. Dies alles stellt den nicht im Ghetto lebenden Christen vor die ständige Aufgabe, seine Identität als dieser glaubende Christ im Plural seiner Kontakte durch Krisen hindurch zu finden und zu profilieren.

Im Vergleich zu früher sind die in den interpersonalen Beziehungen vermittelten kulturellen und subkulturellen Systeme weniger stabil. Der Bewußtseinswandel, der heute in vielen Gruppierungen zu beobachten ist, verläuft dabei *weder gleichzeitig noch gleichsinnig.* Dadurch wird das Individuum einem Feld vielfältiger Spannungen ausgesetzt. Wie sich die Ungleichsinnigkeit und Ungleichzeitigkeit von Veränderungsprozessen auf die Glaubenssituation auswirken kann, wurde in einem früheren Beitrag in dieser Zeitschrift angesprochen[5].

Aus dem bisher Gesagten sei kurz zusammenfassend hervorgehoben: Die Mobilität, der subkulturelle Pluralismus und die Ungleichsinnigkeit und Ungleichzeitigkeit der Bewußtseinsveränderungen heute lassen begründet vermuten, daß der Christ seine Identität im Glauben als Glied seiner Glaubensgemeinschaft in Kindheit und Jugend nicht ein für allemal findet, sondern durch Identitätskrisen hindurch wiederfinden muß. Zugleich sollte deutlich werden, daß die Glaubenskrise, von der heute oft sehr undifferenziert die Rede ist, auch sozial bzw. ekklesial bedingt ist. Es geht in ihr nicht nur um gedankliche und nicht nur um individuell-existentielle Schwierigkeiten. Diese hängen vielmehr mit den bisherigen und den neuen Beziehungen des Individuums zu anderen Menschen innerhalb einer oder mehrerer Gruppen zusammen. Diese Einsicht gibt zugleich den Hinweis, daß auch die Überwindung von Identitätskrisen nicht nur in Richtung einer gedanklichen und individuell-existentiellen Verarbeitung zu suchen ist. Wie der Aufbau der Ich-Identität und die Krise dieser Identität sozial bedingt sind, so ist auch die Überwindung einer Identitätskrise nicht zuletzt als Aufgabe der Neubegründung von Beziehungen zu Menschen und ihren sozialen Einheiten zu verstehen[6].

II. Die Krise des Individuums in unserer Gesellschaft und Erwartungen an die Gruppe

Die anstehende Problematik der Überwindung von Identitätskrisen darf nicht eingeengt als ein ausschließlich kirchliches Problem gesehen werden, sondern gehört in einen größeren gesamt-gesellschaftlichen Zusammenhang. Die Krise des Individuums ist ein allgemeines Phänomen in unserer Gesellschaft. »Die Brüchigkeit und Sinnentleerung vieler Strukturen menschlichen Zusammenlebens tritt immer deutlicher zutage, zugleich die steigende Vereinsamung des einzelnen.«[7] Mit anderen Psychoanalytikern erkennt H. E. Richter ein unmittelbares Symptom für die Krise des Individuums in der Ausbreitung des Bewußtseins psychischen Leidens. »Und zwar ist es eine neue Form psychischen Leidens, das die Grenze zwischen Neurose als Krankheit und Normalität zunehmend verschwimmen läßt«[8] und so auch die aufmerksam machen muß, die therapeutische Aktivität als nicht zu ihrem engeren Aufgabenfeld gehörig ansehen. Außerordentlich aufschlußreich ist die kurzgefaßte Geschichte der Heilserwartungen, die Richter in der Einleitung seines Werkes »Die Gruppe« skizziert. Zunächst gab und gibt es bis heute den Versuch, die Neurosen organisch zu erklären, und auf dem Grunde dieser Theorie gab und gibt es die Hoffnung des Individuums, »sich der Einsicht in die eigentlichen Quellen seines Leidens, in seine zunehmende Isolation und Ohnmacht, durch einen Verleugnungs- und Verschiebungsvorgang entziehen zu können« und dann »von seinen Problemen durch die Fütterung einer wunderkräftigen Arznei erlöst« zu werden[9]. Sodann versuchte man auch im Kontext der Psychoanalyse zunächst noch ein Ausweichen vor der Krise des Individuums, und zwar dadurch, daß man vielfach die Welt des Erwachsenen als eine bloß modifizierte Neuauflage der Welt des Kindes verstand und so die Illusion nährte, der leidende Erwachsene müsse nur versuchen, die Reste seiner kindlichen Enttäuschungen aufzuarbeiten, um sich zu kurieren. Richter sieht in dem Versuch, das Leiden des Individuums so zu verstehen, als leide es nur an verinnerlichten kindlichen Enttäuschungen und nicht an der gegenwärtigen Wirklichkeit, ein individualistisches Aufbegehren gegen die Angst, sich in einer Welt zu verlieren, in der man als einzelner immer weniger zählt und immer weniger zu bewirken vermag. Dieser Versuch ist symptomatisch »für den Traum des Individuums, es könnte in einer Welt, in der seine Schwäche und Ohnmacht unaufhaltsam offenbar werden, sich doch noch in sich selbst den Halt verschaffen, um den übermächtigen und immer undurchschaubarer werdenden gesellschaftlichen Kräften und Zwängen allein standzuhalten«[10]. Erst manches Scheitern auf diesem Weg hat nach Richter zu der Bereitschaft der Psychoanalytiker geführt, die aktuellen Probleme des Individuums nicht nur als verkappte Duplikate unbewältigter Kind-

heitskonflikte anzusehen, sondern sich auch den neuartigen und eigenständigen Konfliktkonstellationen des Erwachsenen-Alters zuzuwenden[11].
Richter meint nun, in gewissen Kreisen der am tiefsten von der Krise betroffenen Jugend neue Akzente im Leidensbewußtsein und in den Heilungserwartungen feststellen zu können. Der neue Akzent im Leidensbewußtsein liegt in der Einsicht, nicht als einzelner zu leiden, sondern eine große Gemeinschaft von Leidenden zu bilden. Diese Jugendlichen beschreiben ihre Krankheit unter vier miteinander verschränkten Aspekten:
»1. Es stimme etwas nicht in ihrem eigenen Inneren;
2. Es stimme etwas nicht in der Art und Weise, wie sie mit den anderen umgehen;
3. Es stimme etwas nicht in der Art und Weise, wie die anderen mit ihnen selbst verfahren;
4. Es stimme etwas nicht in der Beziehung zwischen Menschen und Gruppen überhaupt[12].«
Sie sehen sich als Träger eines persönlichen Defektes und als Glied eines defekten Kommunikationssystems. Dabei ist das Letztere das Neue. »Die Betreffenden verstehen sich primär als Mitglieder eines sozialen Zusammenhangs, und so beziehen sie ihr psychisches Leiden auch unmittelbar auf die Struktur und Dynamik dieses sozialen Zusammenhanges.«[13] Dem entspricht eine neue Heilungserwartung, nämlich der »Wunsch, daß man nicht einzeln für sich, sondern nur in einem ›Miteinander‹ das Leiden zu überwinden suchen könnte«[14]. Das gilt auch dort, wo man sein Leiden nicht als Krankheit im eigentlichen Sinn, sondern als »normale« Krise versteht, zu ihrer Überwindung aber die Gruppe als eine Existenzform sucht, »mit deren Hilfe das Individuum seine deformierten und entleerten Beziehungsformen mit neuem Sinn zu erfüllen versucht«[15].
Die Darlegungen Richters lassen die Thematik der Krise des Individuums und der Gruppe als Weg zur Überwindung dieser Krise als allgemein akut anstehendes Problem sichtbar werden. Sie verdeutlichen zudem von einer anderen Seite her, daß die Krise des Individuums – und das heißt auch dessen Identitätskrise im Glauben – nicht individualistisch verengt verstanden werden darf, sondern sich immer auch als Krise menschlicher Beziehungen darstellt und die Neuordnung solcher Beziehungen aufgibt. Schließlich werfen die Gedanken Richters auch auf die gegenwärtige kirchliche Situation ein erhellendes Licht. Wenn heute in der Kirche viele an Identitätskrisen im Glauben leiden, dann wohl nicht nur wegen der gewichtigen Inhalte, die da infrage gestellt sind, sondern auch darum, weil sich die Kirche nur sehr begrenzt in Gruppen als ein Raum anbietet, in dem diese Krisen positiv überwunden werden können. Es steht zumindest die Frage an, ob die genannten Aspekte, unter denen sich ein neues Leidensbewußtsein artikuliert, nicht auch innerkirchlich zutreffen: Das heißt, daß da etwas

im einzelnen Glaubenden und im Umgang der Glaubenden und ihrer Gruppen untereinander nicht stimmt, und daß das eine das andere mitbedingt. Damit ist die Kirche auf eine doppelte Weise herausgefordert. Einmal: Falls es zutrifft, daß auch das Leiden an der Kirche zumindest unter anderem darin seinen Grund hat, daß die Kirche als Kommunikationssystem defekt ist, so muß dies vom Selbstverständnis der Kirche her auf eine vielen anderen Problemen gegenüber vorrangige Weise ernst genommen werden, weil die Kirche eben in dem neuen, auf die Kommunion eingestellten Umgang von Menschen mit Menschen Zeichen des in Jesus Christus begonnenen und auf uns zukommenden Neuen sein soll. Auf diesem Hintergrund kann auch die weitere Herausforderung angenommen werden: Wenn die Kirche sich als Zeichen des Heiles auf das beziehen muß, woran Menschen leiden, dann steht sie heute nicht nur aus innerkirchlichen Gründen, sondern auch darum, weil das Individuum sein Leiden in unserer Gesellschaft als Leiden an sinnentleerten und gestörten Beziehungen artikuliert, u. a. vor der Aufgabe, sinnvolle und für die Beteiligten gegenseitig hilfreiche Beziehungen aufzubauen.

Daß sich die Gruppe als Weg zur Überwindung der genannten Krisensituation des Individuums anbietet, ist bereits in den wesentlichen Elementen begründet, sei aber rückblickend noch einmal festgehalten. Der erste Teil dieser Überlegungen hatte seinen Schwerpunkt in der Einsicht, daß die Ich-Identität im Glauben in interpersonalen Beziehungen aufgebaut wird, durch Verschiebungen in diesen Beziehungen gestört werden kann, dann aber auch der Neuordnung von Beziehungen bedarf, um zu einer neuen Identität zu finden. Die Gruppe in der Kirche bietet hier die Chance, in einer konkreten Glaubensgemeinschaft Beziehungen aufzunehmen und in einem Prozeß der gegenseitigen Partizipation die erneuerte Erfahrung des einen verbindenden Geistes zu machen. Im zweiten Teil lag der Akzent auf der Feststellung, daß das Individuum an seinen brüchig und sinnlos gewordenen Beziehungen leidet, dann aber auch die Therapie im weiten Sinn des Wortes in einem Angebot sinnvoller Beziehungen zu suchen ist. Hier ist es die kleine Gruppe, in der zumindest ein Anfang neuen mitmenschlichen Umgangs versucht werden kann, und es ist hier die Gruppe in der Kirche, in der diese Kirche nicht nur als analog zum übrigen Bereich der Öffentlichkeit undurchsichtige und den einzelnen entmachtende Institution, sondern auch als Raum vertrauensvoller Anteilnahme, gegenseitiger Annahme und gemeinsamer schöpferischer Gestaltung erfahren werden kann.

III. Konkretion an zwei beobachtbaren Kategorien von Gruppen in der Kirche

Diese allgemein beschreibbaren Chancen der Gruppe sollen hier nicht theoretisch weiterentfaltet werden. Anstelle dessen soll wenigstens ein kurzer Blick auf zwei der in der Praxis beobachtbaren Kategorien von Gruppen in der Kirche geworfen werden, um an ihnen exemplarisch einige Möglichkeiten der Gruppe näher zu erkennen.

Im Rahmen der theologischen Erwachsenenbildung wird in unserem Land seit einigen Jahren verstärkt der Versuch gemacht, die Teilnehmer nicht nur als Konsumenten von in Referate gepreßten Informationen anzusprechen, sondern in Gruppen aktiv bei der Suche nach einem Glaubensverständnis zu beteiligen, das nicht nur theologisch verantwortbar ist, sondern auch das tatsächliche Leben der konkreten Teilnehmer deutet und inspiriert[16]. Noch entschiedener geschieht dies in den pastoralen Gesprächsgruppen in Holland[17]. Als wichtigste Erfahrung wurde in unseren Gruppen – wenn sie gelangen, was nicht immer der Fall war – das befreiende Erlebnis des offenen, von den anderen angenommenen und ernstgenommenen Wortes artikuliert. In der Regel handelte es sich um Erwachsene, die grundsätzlich in und mit der Kirche lebten und weiterleben wollten, mit dieser Kirche und ihrem Glauben aber ihre mehr oder minder großen Schwierigkeiten hatten; sei es nun, weil sich da soviel ändert, sei es darum, weil es in zu vielem beim Alten blieb, sei es auch darum – und Äußerungen dieser Art gab es fast überall –, weil der Glaube fundamental seine Selbstverständlichkeit verloren hatte und fragwürdig geworden war. Daß man dieses sagen konnte, ohne gleich ausgeschlossen zu werden, daß man gerade auch mit seinen Schwierigkeiten weiter dazugehörte und noch in einer Treue, die sich nur in der beharrlichen Suche nach einem Verständnis ausdrücken konnte, als dazugehörig angenommen wurde, vermittelte den einzelnen in der Gruppe eine oft bisher fehlende Erfahrung von Kirche. Kirche erwies sich nicht als System, das Wahrheiten besitzt und zu glauben befiehlt, sondern als eine von der Wahrheit Jesu Christi betroffene Gemeinschaft, die sich dieser Wahrheit zu übergeben sucht, und zwar durch manche Verwirrung und Verständnislosigkeit hindurch. Im Gruppenkontakt war es in gelungenen Prozessen möglich, daß der eine eine Meinung, die er bisher als Ausdruck eines museal erstarrten Konservatismus abgestempelt hatte, als Ausdruck einer echten Sorge um bedrohte Werte kennenlernte, wie umgekehrt ein anderer die Entdeckung machte, daß eine Auffassung, die ihm bisher als leichtfertiger Ausverkauf christlicher Werte erschien, eben diese Werte für den Menschen heute zu retten suchte. Erfahrungen dieser Art haben tiefgreifende Folgen für das Selbstverständnis der Beteiligten. Im Sich-Aussprechen, Einander-Zuhören und -Fragen, kann jeder in Freiheit und Echtheit mehr Klarheit über seine eigene Identität finden als der Gläubige, der er ist und sein kann. Daß das Einander-Annehmen im Gespräch nicht immer gelang, sei hier ebensowenig verschwiegen wie die Tatsache, daß auch das Gelingen Konflikte nicht ausschließt, sondern ihr geduldiges Austragen voraussetzt. Zu den ermutigendsten Erfahrungen gehören Gruppen, die gegen Ende eines Gesprächszyklus spontan den Wunsch äußerten, gemeinsame Eucharistie zu feiern. Sie hatten sich als eine nun nicht mehr nur institutionell durch die Mitgliedschaft in der Kirche vorgegebene, sondern auch als eine im Gespräch sich findende Gemeinschaft entdeckt und wollten diese Gemeinschaft auch in deren sakramentalem Zeichen, der Eucharistie, begehen.

Die bisher skizzierte Kategorie von Gruppen in der Kirche hat in der modernen Erwachsenenbildung ihren Ursprung. Aus diesen »Bildungsgruppen« mit dem Akzent auf der Suche nach einem das Leben inspirierenden Glaubensverständnis werden zwar gelegentlich Aktionsgruppen mit dem Akzent auf einer gemeinsamen Glaubenspraxis. Doch ist von ihnen eine andere Kategorie von Gruppen abzuheben, die sich inzwischen spontan in vielen Ländern gebildet haben und direkt auf eine erneuerte und gemeinsame christliche Lebenspraxis abzielen. Diesen Gruppen liegt einmal die Erfahrung zugrunde, daß das Christentum dringend einer Verifikation im Sinne des Erweises lebensgestaltender Kraft bedarf. Zum anderen meinen die Christen in diesen Gruppen, in der großen kirchlichen Institution eine Kluft zwischen dem, was nach außen hin bekannt, und dem, was in Wahrheit gedacht und getan wird, feststellen zu müssen und zugleich ihre Ohnmacht, als einzelne Einfluß auf die erforderlichen Reformen nehmen zu können. Diese Krise des Individuums suchen sie dadurch zu überwinden, daß sie sich zusammenschließen, um in der Existenzform der Gruppe gleichsam als verkleinertes Modell der Gesamtkirche die Reform an einem konkreten Ort zu vollziehen und einander dadurch die Erfahrung zu ermöglichen, daß und wie das gemeinsame christliche Glauben die menschliche Existenz auch heute mit Leben erfüllt. Diese Gruppen oder auch andere weniger auf Lebensgemeinschaft ausgerichtete Gruppen kennen zudem noch eine andere gemeinsame Zielrichtung: als Initiativgruppen gemeinsam Impulse zur Reform sowohl der Kirche als auch der Gesellschaft zu geben. Die Vielfalt dieser Gruppen ist außerordentlich groß. Gemeinsam ist ihnen allen, daß sie die Krise ihrer Christlichkeit nicht nur als individuelle Krise verstehen, sondern auch als Symptom eines nicht mehr lebendigen kirchlichen und gesellschaftlichen Systems und so auch die Überwindung dieser Krise in einem neuen gemeinsamen Tun suchen. Der begrenzte Raum eines Aufsatzes erlaubt es nicht, die Gruppen in der Kirche näher zu differenzieren und dann nicht nur von den Chancen, sondern auch von den Gefahren kirchlicher Gruppenbildungen zu sprechen. Dazu wäre eine zumindest anfängliche ekklesiologische Interpretation und Wertung des Phänomens der Gruppe in der Kirche erforderlich[18].

IV. Drei Folgen für die pastorale Praxis

Hier seien nur noch drei nicht abschließende, sondern die anstehende pastorale Aufgabe weitereröffnende Anmerkungen gemacht.
Die vertiefte Einsicht in die soziale bzw. ekklesiale Dimension der Identität unterstreicht noch einmal die in dem genannten früheren Beitrag dieser Zeitschrift angesprochene Notwendigkeit, den Gläubigen über die zum Teil anonymen sonntäglichen Versammlungen hinaus Kontaktmöglichkeiten in Gruppen anzubieten[19]. Dabei muß es nicht die auf dauernde Kontakte angelegte Gruppe sein. Manchmal genügte in unseren Versuchen auch ein zeitlich begrenzter Kontakt, um ein neues Selbstverständnis im Glauben zu finden, das als weiterführende Partizipation am Glauben der Kirche erfahren wurde und sich auch bei der Rückkehr in eine von vielen gesuchte und wohl auch legitime relative Anonymität der größeren Gemeinde bewähren konnte.
Wenn gegenwärtig viel von dem Trend der Entkirchlichung – nicht zuletzt bei Jugendlichen – gesprochen wird, so ist dieser Trend zumindest nicht allgemein zu verstehen als Trend zu einem individualistischen Glaubensverständnis. Vielmehr teilt die Kirche als Institution das allgemeine Schicksal aller öffentlichen Institutionen in unserer Gesellschaft, daß der Mensch weniger in ihnen als in Primärgruppen und primärgruppenähnlichen Kontakten sinnvolle und fördernde Beziehungen sucht. Die eigentliche Gefahr ist nicht ein individualistisches Glaubensverständnis, sondern daß sich die Kirche nicht in Gruppen auf eine Weise erfahrbar macht, in der der Mensch, der sich isoliert und den Institutionen gegenüber ohnmächtig sieht, sich gemeinschaftlich verstehen und wirksam einsetzen lernen kann. Obwohl sich bei einigen kirchlichen Gruppen ein bedenklicher Antiinstitutionalismus bemerkbar macht, darf doch festgestellt werden, daß sich die meisten dieser Gruppen bewußt als Gruppen in der Kirche verstehen wollen. Sie signalisieren zwar einen Mangel, der mehr oder minder bewußt in den gegenwärtigen gesellschaftlichen und kirchlichen Lebensformen empfunden wird, aber auch eine Hoffnung, die einen Weg suchen läßt, auf dem neue Formen der Glaubensgemeinschaft möglich sind. Wie sich das Verhältnis dieser Gruppen zur großen und notwendigerweise auch institutionalisierten Gemeinschaft der Kirche weiterentwickeln wird, hängt nicht nur von diesen Gruppen ab, sondern auch von der Offenheit, mit der die Institution Kirche diese Gruppen als nicht nur legitime, sondern in ihrer innovierenden Kraft für die Gesamtkirche auch zu wünschende Form

christlicher Existenz schätzen lernt. Y. Congar postuliert daher: »In den Strukturen der künftigen Kirche muß es Räume geben, in denen der Mensch er selbst sein kann, in denen es ihm möglich ist, die Bedeutung der Dinge neu zu entdecken, sich frei zu äußern, anderen Menschen zu begegnen und die Kraft der Liebe zu erfahren.«[20]
Die Beheimatung der Gruppe in der Kirche ist nicht nur ein strukturelles, sondern auch ein personelles Problem. Schon in den spontan sich bildenden informellen Gruppen treten häufig Schwierigkeiten auf, in denen diese Gruppen der Hilfe bedürfen, um weiterleben und wirksam werden zu können. Hier und noch mehr bei den anderen Gruppen in der Kirche tut sich zwischen dem pastoralen Dienst am einzelnen und dem pastoralen Dienst der Leitung einer Pfarrei ein breites Gebiet des pastoralen Dienstes an Gruppen auf. Hier stellt sich die drängende Frage, ob wir in der Kirche die auf diesen Dienst vorbereiteten Helfer haben. Man wird den Gruppen in der Kirche nicht nur strukturell den Raum geben müssen, den sie zu ihrer Entfaltung brauchen, man muß auch tätig besorgt sein um Personen, die Gruppen bei ihrem Entstehen und in ihrem Leben begleiten können. Dies muß eine Kirche, die sich nicht nur als Institution versteht, sondern – um noch einmal mit Y. Congar zu sprechen – auch und gerade als ein »Ort, an dem man einander kennt und sich anerkennt, an dem man einander mit Namen rufen und eine gemeinsame Zugehörigkeit verspüren kann«, ... als einen Ort, der gestattet, »mit den anderen Austausch zu pflegen und sie zu hören, seinen Nutzen zu ziehen aus dem Vorstoß ihrer Fragen, aus ihrer Loyalität, und so zu einem tieferen, wahreren Selbst zu gelangen«[21].

Anmerkungen:

* Quelle: Diakonia 4 (1973) 223–234.
1. Eine 1966 erschienene Bibliographie zur Gruppenforschung umfaßte bereits etwa 2700 einschlägige Publikationen. Vgl. P. R. Hofstätter, Gruppendynamik, Kritik der Massenpsychologie, durchgesehene und erweiterte Neuauflage, 1971, 195. Vgl ebd. auch zum folgenden.
2. Davon wird z. B. das Buch von J. W. Knowles, Gruppenberatung als Seelsorge und Lebenshilfe, 1971, und auch das vergleichbare Engagement von D. Stollberg, Seelsorge durch die Gruppe, 1971, geprägt.
3. Wohl die bisher umfassendste Untersuchung zu dieser Thematik ist die von R. Metz und J. Schlick herausgegebene Sammlung der wichtigsten Referate des 2. Straßburger Colloquiums vom Mai 1971: Die Spntangruppen in der Kirche, 1971.
4. Vgl. die referierende Darstellung von L. Waskovics, Religionssoziologische Aspekte in der Sozialisation wertorientierter Verhaltensformen, in: Internationales Jahrbuch für Religionssoziologie III (1967) 115–146, hier besonders 135–137.
5. D. Emeis, Didaktische Aspekte der kirchlichen Erneuerung, in: Diakonia 4 (1973) 4–18, hier 14 ff.
6. Vgl. T. Brocher, Gruppendynamik und Erwachsenenbildung, 1967, 39 f.

7. H. E. Richter, Die Gruppe, Hoffnung auf einen neuen Weg, sich selbst und andere zu befreien, 1972, 25.
8. EBD.
9. AaO. 12.
10. AaO. 18.
11. AaO. 17.
12. AaO. 28.
13. AaO. 29.
14. AaO. 33.
15. Ebd.
16. Siehe den methodischen Vorschlag, dies in Gesprächsgruppen zum Holländischen Katechismus zu versuchen: D. Emeis, Lernprozesse im Glauben, ^{2}1971, 14–21; Erfahrungen dazu sind zusammengestellt in: D. Emeis, Zur Methode der theologischen Erwachsenenbildung in der Gemeinde, in: H. Fischer / W. Schöpping, Materialdienst Gemeindearbeit, 1. Lieferung 1972.
17. Siehe den Tagungsbericht »Die Bedeutung der Gruppenarbeit in der religiösen Erwachsenenbildung«, in: Erwachsenenbildung 18 (1972) 19–30.
18. Wer danach sucht, sei hingewiesen auf den Beitrag von Y. Congar, Die Spontangruppen in der Kirche aus katholischer Sicht, in dem in Anm. 3 zitierten Tagungsbericht, 191–218.
19. D. Emeis, Didaktische Aspekte, aaO. 15 f.
20. Zitiert in dem in Anm. 15 genannten Tagungsbericht 19.
21. Y. Congar, Die Spontangruppen, aaO. 157 f.

4.3 Robert Leuenberger
TAUFBEGINN UND KATECHUMENAT: DIE UMGESTALTUNG DER KINDERTAUFE*

Elternkatechumenat vor der Taufe

In der ganzen Zeit seit dem Sieg der Kindertaufe über die Erwachsenentaufe ist noch nicht genügend realisiert worden, daß die Eltern und Paten an die Stelle des früheren Taufbewerbers getreten sind. Sie sind es, die eine Entscheidung fällen, nicht nur über das Kind, sondern vorab über sich selbst. Indem sie ihr Kind zu einem Empfänger der Liebe Gottes erklären, lassen sie sich als Träger der Liebe Gottes behaften. Von jetzt an sind sie dem Kind nicht nur die natürlichen Eltern, sondern Statthalter der Vaterschaft Gottes. Damit wird ihre natürliche Elternliebe angesprochen als eine Liebe, die wie durch den Tod hindurch muß. Nicht das Kind, sondern sie als Eltern machen sich auf den Weg des Taufgeschehens. Die natürliche Elternliebe muß sich heiligen lassen, so wie die natürliche Liebe zwischen den Geschlechtern sich in der Ehe heiligen lassen muß, wenn diese nicht durch bloße Triebhaftigkeit und durch heimliches oder offenes Machtstreben bestimmt werden soll. Auch die Liebe der Eltern zu ihrem Kind ist triebhafter Art: gelenkt durch Affekte, durch welche sich die Eltern im Kinde unbewußt selber bestätigen und dieses emotionell an sich binden. Die späteren Konflikte zwischen Eltern und Kind entspringen zumeist nicht einem Mangel an frühkindlicher Liebeserfahrung, sondern einem Übermaß an affektiver, das heißt nicht durch Vernunft und Selbstentsagung disziplinierter Liebe. Die natürliche Elternliebe muß lernen, was sie vermag, wo ihre Grenzen liegen und wo ihre Gefahren. Sie muß sich selbst überwinden lernen, um wahre Liebe erst zu werden. Deshalb darf man wohl sagen, sie müsse sterben und auferstehen. Die Eltern müssen ihre Elternschaft in die »Taufe« geben.
Damit sind aber auch die Eltern, nicht das Kind, erstes Ziel kirchlicher Seelsorge und Erziehung. Die Kirche hat die Wichtigkeit der Taufvorbereitung der Eltern erst in neuer Zeit entdeckt. Doch sind Formen eines »Taufelternseminars«, wie Werner Jetter das Elternkatechumenat bezeichnet, noch selten anzutreffen.[1] Zumeist bleibt es beim Taufgespräch zwischen dem Pfarrer und den Eltern kurz vor der Taufe. Angesichts der heutigen Situation muß aber auch das beste Taufgespräch als ungenügend bezeichnet werden. Sowohl die kurze Zeit, die zur Verfügung steht, wie der

Zeitpunkt knapp vor dem Taufgottesdienst verhindern, daß ein Bewußtmachungs- und Lernprozeß zustande kommt. Statt daß im Taufgespräch die Taufmotive der Eltern, gerade auch die vermeintlich unechten, ernst genommen und geklärt werden, statt daß das Verhältnis von Eltern und Kind zum theologischen Thema wird, konzentriert sich das Gespräch in der Regel auf allgemeine Glaubensfragen, auf vage Aspekte einer »christlichen Erziehung« und schließlich auf die Durchführung der Zeremonie selbst. Diese Praxis bildet im ganzen ein Zeichen dafür, daß die Taufe, seit man sie an Kindern durchführt, nicht als Prozeß, sondern als kultischer Akt verstanden wird.

Da es der Kirche an bewährter Erfahrung des Elternkatechumenats mangelt, bekommt jeder Versuch, der Taufe ihre Gestalt wiederzugeben, notwendig den Charakter eines modellartigen Entwurfs. Entwürfe dürfen nicht Vorschriften sein. Sie müssen wenige, aber notwendige Bedingungen aufweisen, unter denen ein sinnvolles Elternkatechumenat stehen sollte, so daß dabei den Ausführenden ein Höchstmaß an Freiheit gewährt wird. Diese Bedingungen dürften etwa folgende sein:

1. Das Elternkatechumenat hat den Charakter eines Bewußtseins- und Lernvorgangs. Es erstreckt sich somit über eine längere Zeit

Das Elternkatechumenat fordert Opfer an Zeit und Arbeit. Solche Opfer zu fordern, soll sich die Kirche nicht scheuen. Sie leidet im großen und ganzen nicht daran, daß sie ihre Glieder überfordert, wohl aber daran, daß sie diese unterfordert. Bei der Taufe von Kindern geht es heute nicht mehr darum, eine gute und gefährdete Sache zu erschweren, sondern einem vielfach durch Mißverstand und Mißbrauch entstellten Brauch wieder eine verantwortbare Funktion zu geben. Über das Maß der Anforderung sollte man nicht streiten. Es gilt, Erfahrungen zu sammeln. Ob es sich um Kurse handeln soll, die sich über einige Wochen oder über ein Vierteljahr erstrecken, oder um ein mehrtägiges Seminar in Form einer Freizeit, oder um beides, ob das Katechumenat Aufgabe der Einzelgemeinde oder einer Region sein soll, das alles mögen zunächst offene Fragen bleiben.

2. Das Katechumenat findet in Gruppen statt, die immer mehrere Elternpaare umfassen

Das übliche Taufgespräch leidet in der Regel daran, daß bei ihm Taufeltern und Pfarrer die einzigen Partner sind. Das Gespräch erhält auf diese Weise einen zu amtlichen und einen zu privaten Stil in einem. Es käme aber darauf an, durch den Bewußtseins- und Lernvorgang sich eine »Gemeinde« bilden zu lassen. Eine wesentliche Funktion des Elternkatechumenats könnte die sein, Kommunikation unter den Elternpaaren zu schaffen. Dietrich Stollberg bemerkt, daß »drei bis vier Sitzungen mit ca. sechs Taufeltern ... gesprächsweise mehr über den Sinn der Taufe (vermitteln) als ein Einzelgespräch anhand der Taufagende«[2]. Der Pfarrer könnte bei einem solchen Gespräch die Funktion der Amtsperson ein Stück weit verlieren und zu einem Gesprächsteilnehmer unter anderen werden. Seine Rolle müßte vornehmlich die sein, Anreger und Katalysator des Gesprächs zu sein. Bei einem guten Verlauf könnte die Gesprächsgruppe bisweilen sogar in eine Phase geraten, wo sie den Pfarrer nicht mehr braucht. Es könnten sich auch Leute in einer Gemeinde oder einer Region finden, die das Gespräch in gewissen Phasen seines Verlaufs ebensogut oder besser als der Pfarrer leiten können. Sie erhielten ihrerseits eine theologische Hilfe. Die Rolle, die dem Pfarrer darüber hinaus zukäme, müßte neu überdacht werden.

Durch das Gruppengespräch würde die Einzelberatung zwischen dem Pfarrer oder dem Gesprächsleiter und einem Elternpaar nicht ausgeschlossen, sondern erst recht motiviert. Dieses wäre dann entlastet von der allgemeinen Taufthematik und offen für spezifische Fragen, die im Verlauf des Kurses vielleicht erst aufbrechen. Damit wäre ein Prozeß eingeleitet, welcher über den Tag der Taufe hinaus Bestand haben könnte.

3. Thema des Katechumenats ist nicht nur der überlieferte Inhalt des christlichen Glaubens, sondern die Situation der Eltern, die ihr Kind zur Taufe bringen. Beide Themen sind aufeinander zu beziehen und eins muß durch das andere interpretiert werden

Die üblichen Taufgespräche leiden ferner daran, daß sie sich entweder in Allgemeinheiten zu ergehen pflegen oder anhand der Taufagende zu einem nachgeholten Katechismusverhör zu werden drohen. So wird die Aufspaltung der Taufe in einen christlich-kirchlichen und einen gesellschaftlich-familiären Anlaß gefördert oder doch bestätigt. Entweder gibt sich der Pfarrer familiär, oder die Taufeltern geben sich kirchlich: beides oft in Verleugnung ihrer wahren Haltung und Erwartung.

Die Möglichkeit des Katechumenats wäre aber die, nicht nur der Taufe, sondern auch dem Glauben Funktion zu geben. Das bedeutet, daß der Text des Katechumenats zunächst keineswegs der Wortlaut des Tauf-Credos sein sollte, sondern die Situation einer Elterngruppe, welche ihre Kinder zur Taufe angemeldet haben. Darauf hat neuerdings besonders H. J. Thilo hingewiesen.[3] An der Situation, in welcher die Eltern bei der Geburt eines Kindes stehen, kommt das »Credo« überhaupt erst sinnvoll zur Sprache. Das heißt freilich nicht, daß dessen Wortlaut repetiert und katechismusartig ausgelegt werden müßte. Den Glauben zur Sprache bringen heißt, ihn als Dimension des Lebens erst noch zu entdecken. Ein lehrhafter Glaubensunterricht pflegt dies oft mehr zu verhindern als zu fördern, wenn auch der rechten theologischen Belehrung sehr wohl ihre Zeit zukommen soll. Der Gesprächsverlauf in der Gruppe und die Thematik müßten weitgehend von den Teilnehmern abhängen. Sicherlich muß dabei die Motivation, welche die Eltern zur Taufe führt, eine dominierende Bedeutung finden. Erst indem die heimlich-magischen und die gesellschaftlich-familiären Motive ausgesprochen werden, können sowohl die Eltern als auch der Pfarrer entdecken, daß es sich dabei weder um Dinge handelt, welche man auf sich beruhen lassen darf, noch um solche, welche mit der Taufe, wie die Kirche sie versteht, nichts zu tun haben. Eine Gruppe, welcher man zur Bewußtmachung der verborgenen Motivationen Zeit läßt, vermöchte den christlichen Sinn der Taufe weitgehend selbst zu entdecken. Es käme dann allerdings darauf an, hier nicht belehrend vorzugreifen, sondern, was sie Schritt für Schritt und erst tastend entdeckt, mit ihr gemeinsam weiterzuführen. Die Funktion des Gesprächsleiters könnte nur die sein, zur weiteren Entdeckung Mut zu machen. Dazu braucht es allerdings Übung. Mit dem Postulat eines Taufkatechumenats verbindet sich, was hier nur nebenbei bemerkt sein möge, auch jenes einer spezifischen Ausbildung der Pfarrer.

Die Klärung und Verarbeitung der Taufmotivation dürfte in den Fällen, da das Gespräch gut verläuft, das ganze Katechumenat ausfüllen. Gerade dann müßte sich das Verlangen nach theologischer Information einstellen, und nur dann vermöchte eine Belehrung fruchtbar zu werden. Es müßte sich jetzt erweisen, daß eine theologische Wahrheit nur soweit wahr ist, als sich in ihr die Wahrheit einer menschlichen Situation ausspricht. Daß ein Kind nicht den Eltern gehört, und auch nicht der »Gesellschaft«, sondern daß mit ihm ein unableitbarer Anspruch in die Welt gekommen ist: diese »natürliche« Einsicht rührt an die Gottesfrage. Sie bildet den Erfahrungshintergrund des ersten Artikels. Und die Folge, die sie für die Beziehung zwischen Eltern und Kind und zwischen dem Kind und der Gesellschaft hat, ist nicht ohne Beziehung zu den Lebensdimensionen des zweiten und des dritten Artikels des Glaubensbekenntnisses. An der theologischen Taufbelehrung muß es sich erweisen, daß christlicher Glaube die natürliche Erwartung der Eltern nicht verdrängt, sondern ihr begegnet, und daß eins am andern erst ganz verständlich wird.

4. Der Besuch des Katechumenats durch die Eltern, die ihr erstes Kind taufen lassen wollen, ist Bedingung für die Zulassung zur Taufe.

Um eine theologisch verantwortbare Taufsituation zurückgewinnen zu können, muß die Kirche an der Verbindlichkeit des Elternkatechumenats vor der Taufe streng festhalten und nur in Notfällen, wie der Erkrankung eines Elternteils, darauf verzichten. Nur so wird ein Kriterium der Selektion innerhalb der Volkskirche geschaffen, welches weder künstliche Bekenntnisforderungen schafft noch Unredlichkeiten bestätigt. Eine Selektion nämlich darf heute nicht erfolgen durch die Forderung nach einem Bekenntnis, so wie dieses in herkömmlicher Weise verstanden wird, aber sie kann erfolgen durch die verbindliche Einladung, eine Situation, die die Glieder der Kirche jetzt zu bestehen haben, verantwortlich – vor Gott – in Arbeit zu nehmen.

Es ist eine offene Frage, in welcher Zahl Taufeltern eine solche Zumutung zurückweisen würden. Es gibt bereits Erfahrungen, die zeigen, daß diese Zahl vielleicht so erschreckend groß nicht wäre. Denen aber, die zurückschrecken, soll die Gemeinde auf keinen Fall nachgeben, wohl aber nach den Gründen fragen, die sie einerseits für die Taufe des Kindes, andererseits für die Rückweisung des Katechumenats haben. Ein Gespräch, in dem diese Gründe an den Tag kämen, könnte sich geradezu zu einem eigenen Katechumenat entwickeln: vorausgesetzt daß es einem Pfarrer oder einem anderen Glied der Gemeinde gelingt, es in rechter Menschlichkeit zu führen. Im ganzen aber muß es der Kirche auf die ankommen, für welche die Taufe eines Kindes überhaupt wieder einen Inhalt erlangen soll.

5. Die Katechumenatszeit findet ihren Abschluß in einem Taufgottesdienst, den die Gemeinde zu fest bestimmten Zeiten durchführt.

W. Jetter schlägt vor, die Taufgottesdienste nur noch zu bestimmten Zeiten, zum Beispiel vor hohen Festtagen wie Ostern, durchzuführen.[4] Dem ist beizupflichten. Nur so wird die Taufhandlung aus der seltsamen Zwitterstellung einer halb privaten und halb kirchlichen Zeremonie befreit, in der die Tauffamilie ein Scheinbekenntnis zu der Gemeinde und die Gemeinde ein Scheinbekenntnis zu der Tauffamilie ablegt und wo bisweilen der Gottesdienst die Taufhandlung und die Taufhandlung den Gottesdienst stören – und wo die Predigt, statt »Predigt von der Taufe« (M. Mezger) zu sein, notgedrungen an dieser vorbeigeht und sie damit zum Beiwerk des »eigentlichen« Gottesdienstes macht.

Taufgottesdienst und Taufliturgie

Der Taufgottesdienst schließt das Elternkatechumenat ab: anders sollte die Kirche Taufhandlungen nicht durchführen. Bildet der Taufgottesdienst den Abschluß des Elternkatechumenates und ist er auf dieses bezogen, dann wird von ihm her auch seine Gestaltung weitgehend bestimmt sein. In jedem Fall sollen sich die Teilnehmer mit dem Taufgottesdienst identifizieren können. Darum müßte auch das Thema seiner Durchführung eine Aufgabe des Katechumenats bilden. Eine gute Elterngruppe fände sich wohl in der Lage, den Taufgottesdienst weitgehend selbständig vorzubereiten und auch durchzuführen. Aber auch sonst müßten die Erfahrungen, die in der Zeit des Katechumenats gemacht worden sind, aufgenommen und bis in die Sprache der Liturgie hinein verarbeitet werden.

Die Worte, welche den Gang der gottesdienstlichen Handlung konstituieren, und die liturgische Form der Handlung selbst repräsentieren das Taufverständnis der Gemeinde, und damit sind sie repräsentativ auch für den Grad ihrer religiösen Ehrlichkeit. Sie sind aber repräsentativ auch für den Grad der Ehrlichkeit der ganzen Kirche. Darum ist zu verlangen, daß in ihnen Durchsichtigkeit der Sprache herrscht und daß die christologische Tiefe nicht preisgegeben wird, die der Taufe eigen ist. Die überkommenen Taufformulare lassen es oft an beidem fehlen, und dies ist kein geringer Grund für alle übrigen Mängel unserer Taufpraxis.

Die Situation des Täuflings, an dem jetzt eine Handlung vollzogen wird, ist durch das Taufformular nun aber so lange nicht in vollem Umfang respektiert, als verschwiegen wird, daß die Handlung später seiner Zustimmung bedarf, um dem Wesen der Taufe ganz zu genügen. Kommt dies in der Taufliturgie nicht zum Ausdruck, so wird den Eltern und Paten eine Verantwortung aufgeladen, die ihr Vermögen übersteigt – und das heißt: die im voraus nicht ernst genommen wird. Man beachte etwa, mit welchem Gewicht in der schon erwähnten württembergischen Taufagende vom Jahre 1965 die Folgen der Taufe liturgisch beschworen werden: »Christus spricht: Wer da glaubt und getauft wird, der wird selig werden. Wer aber nicht glaubt, der wird verloren sein. Wer mit Wissen und Willen diese Gnade verwirft, kann nicht errettet werden.« Die letztliche theologische Wahrheit dieser Worte soll hier nicht zur Diskussion stehen. Aber offensichtlich kann sie nur bei einer Taufe von Erwachsenen ganz verstanden und verbindlich genommen werden. Das Beispiel zeigt, daß die gewaltige Verschiebung der theologischen Akzente, die durch den Sieg der Kindertaufe vollzogen wurde, liturgisch noch nicht hinreichend verarbeitet worden ist.

Wie aber steht es mit der Symbolik der Taufhandlung? Die Frage ist berechtigt, ob und wieweit sich Menschen einer technisch verwalteten Welt in der sakralen Symbolsprache einer vergangenen Zeit noch wiederzufinden vermögen. Die Frage stellt sich gewiß nicht nur für die Taufe, aber für sie stellt sie sich auffallend anders als etwa für das Abendmahl. Zwar ist es auch bei diesem keineswegs selbstverständlich, daß seine Symbolsprache noch jedermann verständlich ist. Aus zwei Gründen ist die Situation hier aber einfacher als bei der der Taufe. Einmal sind, wie hier schon dargelegt wurde, die Elemente Brot und Wein von sich aus verständlicher und

eindeutiger als die kümmerlich gewordene Taufhandlung. Zum andern steht hinter der eucharistischen Feier des Abendmahls die ältere Form der »Agape«, des Liebesmahls; auf diese einfache Mahlfeier läßt sich die Erinnerung zurücklenken, und auf sie hin läßt sich der Geheimnischarakter der Eucharistie immer wieder transparent, durchsichtig machen. Dies ist auch der Grund dafür, daß die Abendmahlsfeier den Ansatz bietet für Neugestaltungen von einer bisweilen großen Überzeugungskraft.[5]
Bei der Taufhandlung jedoch ist durch die Praxis der Kindertaufe die ursprüngliche Sinnfälligkeit und der Symbolgehalt des Tauchbades bis zur Unkenntlichkeit dahingeschwunden. Die heutige Taufhandlung an Säuglingen ist beinahe nur noch das Symbol eines Symbols. Darum ist kaum abzusehen, wie aus der Taufhandlung an Säuglingen eine Formvertiefung oder -erneuerung, ähnlich wie bei der Abendmahlsfeier, zu entwickeln wäre. Gewiß läßt sie sich durch ein anderes Zeichen nicht einfach »ersetzen«. Religiöse Symbole sind nicht auswechselbar oder gar machbar, auch nicht in einer technischen Welt. Möglich und notwendig ist es aber, durch die Worte der Liturgie die Erinnerung an die ursprüngliche Symbolik bewußt zu machen und sie auf diese Weise zu bewahren. Denn daß die Tradition der Symbolsprache nie abgebrochen wurde, das gewährt immerhin auch heute noch ihre Verständlichkeit.
Wenn die Taufliturgien sich in dieser Hinsicht nur nicht allzu spröde verhielten! Und auch nicht die Tauftheologien! Die Tauflehre K. Barths etwa enthält insofern eine Ungereimtheit, als sich die Deutung der »Wassertaufe« als eines »ethischen Handelns«, das heißt ausschließlich als »Antwortgeben« und als »freie Tat des Menschen«, der Symbolik des Taufgeschehens widersetzt, wo doch der Täufling etwas an sich geschehen läßt. Der Widerspruch dieser Auffassung zum Vorgang der Taufe würde nicht aufgehoben, wenn statt kleiner Kinder Erwachsene getauft würden.
Bei den bestehenden Liturgien aber müßte es aufhören, daß die Handlung mit Wasser mechanisch und unerläutert vollzogen wird, wie es sich vor allem in der Schweiz eingebürgert hat, wo etwa von den sechs Taufformularen für die Kindertaufe des Zürcher Kirchenbuches vom Jahre 1969 nur ein einziges die symbolische Bedeutung des Wassers überhaupt erwähnt und wo der Verlauf der Handlung als solcher nirgends eine Sinndeutung erfährt. Die Folge ist der in der Schweiz besonders zaghafte Gebrauch des Wassers, welches kaum jemals über den Säugling ausgegossen wird – also eine fatale Abstrahierung und Intellektualisierung der Handlung. Bezeichnenderweise tritt in den genannten Zürcher Formularen an die Stelle des christologischen Bezugs nicht selten die Pädagogik, indem die Liturgie einseitig die Aufgabe der Eltern hervorhebt und der Taufgottesdienst als ganzer unter einen vornehmlich ethischen Aspekt gestellt wird. Man versteht, daß die Tauflehre K. Barths gerade in diesem Klima entstanden ist.

Dagegen verdient die Württemberger Taufordnung hervorgehoben zu werden:
»So sprechen wir also über diesem Kind den Namen des dreieinigen Gottes aus. Wir bekunden damit: Gott, der Schöpfer und Herr unsres Lebens, will dem Getauften um Christi willen ein gnädiger Gott und Vater sein und ihm seinen Heiligen Geist schenken, damit er durch den Glauben als sein Kind lebe.
Wir nehmen das Wasser zum Zeichen, daß Gott selbst den Getauften reinigen will, von Sünde und Schuld. Er will alles widergöttliche Wesen in Jesu Tod versenken.
Wir legen dem Getauften die Hand auf zum Zeichen, daß Gott selbst ihn haben will für ein neues Leben in seiner Kirche und in seinem kommenden Reich.«

Elternkatechumenat nach der Taufe

Ein Katechumenat der Eltern nach der Taufe ist eine Folge, wie das vorangehende Katechumenat eine Bedingung der Taufe ist. Seine Gestalt müßte deshalb eine andere sein. Man wird nicht Eltern zu Schulkursen aufbieten können, aber man ist verpflichtet, sie als Taufeltern immer wieder anzusprechen. Ein Elternkatechumenat nach der Taufe könnte gewiß nur auf der Freiwilligkeit der Eltern beruhen. Dabei müßte es sich erweisen können, daß die Kirche etwas anderes ist als ein Kult- und Weltanschauungsverband, der seine eigenen Interessen zu verfolgen hat. Es wäre schon viel, wenn die Teilnehmer eines Katechumenatskreises, der sich vor der Taufe gebildet hat, auch später regelmäßig zu freien Veranstaltungen eingeladen würden – und wenn es nur zu einem Tee im Pfarrhaus wäre. Die Eltern sollen vor allem erfahren, daß sie der Kirche nicht gleichgültig geworden sind. Zwei Themen müßten dabei voneinander unterschieden werden: das der frühkindlichen Erziehung und das spezifische Thema der Religionserziehung im Vorschulalter.
An der Weise, wie die Affektbeziehungen zwischen Mutter und Kind, aber auch zwischen dem Kind und den übrigen Gliedern der Familie in den ersten Monaten und Jahren nach der Geburt sich gestalten, fallen bekanntlich lebenswichtige Entscheidungen. Es ist kaum die Sache von Pfarrern, Fragen der frühkindlichen Erziehung zu erörtern, wohl aber von Erziehern, Psychologen und Ärzten. Vor allem aber sollte es möglich sein, daß Eltern untereinander ihre Erfahrungen austauschen. Wenn sich im Katechumenat vor der Taufe ein Elternkreis gebildet hat, so wird er sich möglicherweise in der Lage finden, sich auch später als Gruppe zu behaupten und Elternerfahrungen in Richtung der sogenannten »Balint-Methode« zu besprechen,

indem man im Erfahrungsaustausch auf sein eigenes Verhalten und seine Reaktionen aufmerksam wird. Die Kirche darf sich von solchen gewiß anspruchsvollen Aufgaben der Elternbegleitung nicht distanzieren, indem sie meint, damit ihren Kompetenzbereich zu überschreiten. In den Beziehungen zwischen Eltern und Kind ist menschliches Schicksal angelegt. Sie sind damit ein Gebiet der kirchlichen Seelsorge, auch dann, wenn es nicht der Pfarrer ist, der hier als Seelsorger wirkt. Seelsorge könnte durch solche Gesprächskreise ein Stück weit in die natürlichen Lebensbereiche hineinwachsen und so den reinen Individualbezug, in den sie weitgehend geraten ist, durchbrechen. Sie würde zur Gruppenseelsorge der Laien, orientiert an einem konkreten Thema der Lebenserfahrung. Die Motivation zu ihr bleibt die Taufe. Aber die Taufe motiviert nur dann zur Behandlung solcher Themen, wenn sie durch einen ersten Erziehungsprozeß der Eltern vorbereitet wurde.

Was die Frage der Religionserziehung im Vorschulalter betrifft, so ist sowohl die Ahnungslosigkeit wie die Ratlosigkeit über das Mögliche und Notwendige unter den Eltern groß. Wann beginnt die Mutter, mit dem Kind zu beten? Soll sie überhaupt mit ihm beten, auch dann, wenn sie selber zu beten verlernt hat? Was heißt das überhaupt: mit seinem Kinde beten? Wie geschieht es? Wie bildet sich das Gewissen des Kindes? Wie redet man mit dem Kind von Gott? Wann und wie erzählt man ihm Geschichten aus der Bibel, und welche? Wie kommen die Wunder der Bibel so zur Sprache, daß sich nicht falsche Anschauungen im Kind festsetzen? Wie spricht man von Weihnachten, und wie feiert man sie? Wie vom St. Nikolaus, wie vom Osterhasen?

Das Problem der religiösen Erziehung wird für die Eltern besonders schwierig, wenn sie verschiedenen Konfessionen angehören. Gerade diese Situation aber wird sich in Zukunft immer mehr einstellen. Es liegt auf der Hand, daß die Eltern dann einer besonderen Beratung bedürfen. Wo Eltern aus einer konfessionsverschiedenen Ehe einer Katechumenengruppe angehören, wäre zu überlegen, ob nicht ein Geistlicher der anderen Konfession für die Besprechung gewisser Fragen beigezogen werden könnte. Das gilt vor allem dann, wenn das Kind in einer anderen Konfession aufwachsen soll als in der seiner Mutter.

Doch auch abgesehen von solchen Erschwerungen finden sich die Eltern zumeist ohne Hilfe nicht durch, weshalb bei manchen jungen Familien jede Form religiöser Erziehung wegfällt. Die Gepflogenheit, Taufen von Kindern unbekümmert um diese Tatsachen fortzusetzen, ist bedenklich genug. Das fortgeführte Angebot eines Katechumenats erscheint als die einzige Möglichkeit, der Situation zu begegnen, wobei sich gewiß jeder Optimismus von selbst verbietet. Es ist wohl möglich, daß die Kirche dadurch, daß sie die Taufe an konkrete Bedingungen knüpft, zu deren gesellschaftlicher

Problematisierung wesentlich beiträgt. Es ist auch mit Sicherheit anzunehmen, daß sich bei solchen Kursen Schwierigkeiten bieten, daß Pfarrer der Aufgabe nicht gewachsen sind und an ihrer Stelle sich andere Leute nicht zur Verfügung stellen. Aber die Kirche darf nicht scheuen, was ihre tatsächlichen Stärken und Schwächen öffentlich und vor ihr selbst ins Licht stellt. Nur indem sie dies tut, findet sie die Möglichkeit, Schwächen zu überwinden. Als heillos schwach würde sie sich erst dann erweisen, wenn sie aus Furcht, ihre gesellschaftliche Position zu gefährden, eine Praxis weiterbetreibt, die sie daran hindert, die wahren Aufgaben, die sie an der Gesellschaft immer noch hat, wahrzunehmen ...

Zur Neugestaltung des Patenamtes

Das Patenamt ist seiner Herkunft nach ein Amt der Kirche. Als solches läßt es sich heute nur zurückgewinnen, wenn mit dem Gedanken eines Taufkatechumenats Ernst gemacht und dieses so oder anders auch auf die Paten ausgedehnt wird. In seiner ursprünglichen Gestalt war das Patenamt denn auch an das Katechumenat gebunden und hatte der Pate in diesem seine feste Rolle, nämlich als Begleiter und Ratgeber des Katechumenen. In einem Katechumenat, wie es hier umrissen wurde, übernehmen diese Funktion in gewissem Sinne die Gesprächsleiter und die übrigen Träger des Kurses. Sie sind neben dem Pfarrer die Repräsentanten der Kirche und entsprechen dem Patenamt in dem Sinn, in welchem es Augustin verstanden hatte, nämlich als Träger der Liebe Christi, die in der Kirche wirksam ist. Es wäre sachgemäß, von der Trägerschaft des Katechumenats als von einer kollektiven Patengruppe zu reden. Das Patenproblem wäre im Sinne der Tradition der Kirche am besten gelöst, wenn sich in den Gemeinden ein Team verantwortlich wüßte für die kontinuierliche Organisation und Führung des Elternkatechumenats, namentlich auch für die Begleitung der Eltern nach der Taufe. Gemeindeglieder, die das Katechumenat selber schon besucht haben, könnten sich anschließen und sich bestimmter Elternpaare besonders annehmen. Das dürfte vor allem in besonderen Situationen notwendig sein, wie sie etwa bei konfessionsverschiedenen Ehen auftreten oder bei belastenden Umständen, zum Beispiel bei ledigen Müttern.
Die Patengruppe als kirchliche Funktionsträgerschaft schließt die Fortdauer und Umgestaltung der bisherigen Tradition nicht aus. Man könnte dabei unterscheiden zwischen einer »kirchlichen Patengruppe« und den »Familienpaten«. Die radikalste Lösung wäre gewiß die, daß als »Familienpaten« nur Leute in Frage kommen, welche schon einen Katechumenenkurs besucht haben. Jedenfalls müßten zu den Katechumenenkursen immer auch

die künftigen Paten eingeladen werden, wobei für sie einzelne Zusammenkünfte besonders veranstaltet werden könnten.
Es besteht allerdings die Gefahr, daß man mit solchen Forderungen an den tatsächlichen Möglichkeiten vorbeiredet. Eine Neukonzeption des Patenamtes in der genannten Richtung könnte sicherlich nur als zweiter oder dritter Schritt in solchen Gemeinden ins Auge gefaßt werden, in denen das Elternkatechumenat sich gut eingebürgert hat. Aber auch da, wo eine Neukonzeption des Patenamtes noch nicht möglich erscheint, ist seine Funktion neu und vor allem besser zu durchdenken, als dies in der Regel bei Taufgesprächen oder gar in der Taufansprache getan wird. Die sinnvolle Funktion der Familienpaten erweist sich, sofern sie überhaupt wahrgenommen wird, vor allem in den kritischen Phasen des Familienlebens. An seinen Paten kann dem Kind bewußt werden, daß die Familie nicht die einzige Instanz ist, wo ihm Liebe und Autorität begegnen. Das Patenamt kennzeichnet die Grenze der Familie. Es verhindert, daß sich die Familie autonom in sich verschließt. Wenn es faktisch nur wenigen Paten gelingt, eine entsprechende Funktion wahrzunehmen, so liegt die Schuld nicht selten darin, daß sie nur bei offiziellen Gelegenheiten wie Geburtstag, Weihnachten, Konfirmation usw. in Erscheinung treten. In Wahrheit neigen die Paten dazu, die gefühlsmäßige Beziehung zu unterschätzen, die vom Patenkind her zu ihnen besteht. Allzu oft merken sie nicht, wie ein Kind heimlich auf sie wartet, sie verehrt und auf sie stolz sein möchte, oft noch lange über das Konfirmandenalter hinaus.
Die Rolle der Paten ist freilich oft dadurch gefährdet, daß sie für das Kind als Parteigänger der Eltern erscheinen. Sie geraten dann leicht in die Rolle eines Übervaters oder einer Übermutter hinein, indem sie noch mehr als Vater und Mutter die Familienautorität symbolisieren, und das heißt überhöhen. Nur eine beständige Kontaktpflege vermag dies zu verhindern. Auch dann bleibt die für das Kind oft schwer zu definierende Rolle des Paten vielen Zufällen ausgesetzt. Wo aber das Vertrauen erhalten bleibt, da wachsen in den kritischen Phasen auch die Möglichkeiten der Begleitung. Ein Pate vermag unter Umständen nicht nur zwischen Eltern und Kind zu vermitteln, sondern auch in andern Konfliktfällen, wie sie etwa zwischen dem Kind und der Schule entstehen können, in der Konfirmandenzeit zwischen dem Kind und dem Pfarrer usw. Der Pate ist ein unbefangenerer, weil eher von Affekten freier Vertreter des Kindes als die Eltern.
Es ist gewiß nicht leicht, der Patenaufgabe zu genügen. Aber die relative Distanz zum Elternhaus bietet dem Paten doch die Möglichkeit, dem Kind zum älteren Freund beziehungsweise zur erfahrenen Freundin zu werden. Wenn sich in einer solchen Rolle Autorität und Liebe für das Kind vereinigen, versieht der Pate ein Amt der Kirche auch dann, wenn dies dem

Patenkind nicht bewußt wird. Denn Kirche ist überall gegenwärtig, wo einem Menschen Güte und Verantwortung vereint begegnen.

Anmerkungen:

* Quelle: R. Leuenberger, Taufe in der Krise. Feststellungen – Fragen – Konsequenzen – Modelle, Quell Verlag, Stuttgart 1973, 93–115 (gekürzt).
1. W. Jetter, Was wird aus der Kirche? Beobachtungen – Fragen – Vorschläge, 1968, 202.
2. D. Stollberg, Seelsorge praktisch, ²1970, 49.
3. H. J. Thilo, Beratende Seelsorge. Tiefenpsychologische Methodik dargestellt am Kasualgespräch, 1971, bes. 107 ff.
4. W. Jetter, aaO. 202.
5. Als Beispiel: G. Traxel (und Team), Fremde. Politische Pfingstnacht Langnau im Emmental. In: K. Marti (Hg.), Politische Gottesdienste in der Schweiz, 1971, 13 ff.

4.4 Rolf Zerfaß

DIE EINBINDUNG DER SAKRAMENTENKATECHESE IN DEN GEMEINDEAUFBAU*
Chancen und Grenzen einer neuen Praxis

1. Vorbemerkungen

1.1 Sakramentenkatechese als Paradigma
Gerade wer »das katechetische Wirken der Kirche« so breit ansetzen möchte, wie dies im Arbeitspapier der Synode geschieht, kommt nicht an der Frage vorbei, womit er in der konkreten Gemeindearbeit denn nun am besten beginnen könne. Ob Katechese als wiederentdeckte Elementarfunktion gemeindlichen Lebens bei uns Fuß fassen wird, dürfte entscheidend davon abhängen, wie sie gerade in der Anfangsphase von den Gemeinden erlebt und aufgenommen wird. (Wer den Anfang hat, hat mehr als die Hälfte, sagt Aristoteles.)
Wie nicht zuletzt das enorme verlegerische Engagement erkennen läßt, hat sich bei uns in der Bundesrepublik in den letzten Jahren die Sakramentenkatechese als ein pastoralstrategischer Ansatzpunkt erster Ordnung erwiesen. Deshalb soll im folgenden an diesem Paradigma durchgespielt werden, was sich in der Gemeinde tut, sobald sie die Einführung in ihr sakramentales Leben wieder in die eigene Regie übernimmt – aber auch, was sich an der Sakramentenkatechese ändert, wenn in ihr die Gemeindeperspektive zum Durchbruch kommt. Beide Aspekte zusammen werden den pastoralen Stellenwert von Gemeindekatechese überhaupt in den Blick treten lassen[1], und damit den Gesamthorizont offenhalten, innerhalb dessen nur sinnvoll über Chancen und Grenzen einer neuen pastoralen Praxis gestritten werden kann.

1.2 Rüsselsheim als Modell
Wer Praxis analysieren will, kann nicht konkret genug werden; deshalb sei hier auf das »Rüsselsheimer Modell« verwiesen[2], dessen übersichtlicher Gesamtplan am besten erkennen läßt, worauf es uns ankommt: In acht senkrechten Spalten werden die Aktivitäten des Pfarrgemeinderates, der Gemeinde, der Eltern, der Gruppenleiter, der Kinder (unterteilt nach Katechesen, Feiern, Gottesdiensten) und der Schule einander zugeordnet und damit die dynamisierende, stimulierende Wechselbeziehung zwischen den Größen »Gemeinde« und »Sakramentenkatechese« vor Augen geführt.

Folgende Grundzüge verdienen ausdrücklich genannt zu werden[3]:
– Als bekanntestes Charakteristikum der Gemeindekatechese gilt ihre Abtrennung vom schulischen Religionsunterricht; in Rüsselsheim bemüht man sich freilich, ein totales Nebeneinander zu vermeiden. Man ist um eine lockere Zuordnung des Lehrstoffes der Schule zur gemeindlichen Katechese bemüht.
– Unter dem Stichwort »Kinder« werden drei Spalten einander zugeordnet, die erkennen lassen, wie man bemüht ist, kognitives und affektives Lernen zu kombinieren, also die Erlebnisdimension von Fest, Feier und Gottesdienst ernst zu nehmen.
– Die Rubrik »Gruppenleiter« läßt erkennen, daß man vom Frontalunterricht konsequent auf den Gruppenunterricht umsteigt und daß solche Gruppenunterweisung nicht nur den Kindern, sondern auch den Gruppenleitern selbst zugute kommt, weil sie in den Prozeß der didaktischen Reflexion hineingenommen werden und damit für sich neu entdecken, was sie in den Gruppen an die Kinder vermitteln.
– Parallel zu dieser Arbeit mit den Gruppenleitern liegt die Arbeit mit den Eltern; auch sie werden nicht nur durch moralische Appelle zur Mitarbeit verpflichtet, sondern durch Aufgreifen ihrer eigenen Unsicherheit in Sachen religiöser Erziehung zur Mitarbeit befähigt.
– Darüber hinaus wird sogar die »Gemeinde« durch Pfarrbrief, Predigt und Begegnung zwischen Kindern und Gemeinde auf die Initiation neuer Mitglieder in den Kreis des Gemeindelebens vorbereitet und ebenso mit den Gruppenleitern und dem Ergebnis ihrer Arbeit konfrontiert.
– Schließlich wird der Pfarrgemeinderat als Planungs- und Kontrollgruppe zu dem ganzen Projekt in Beziehung gesetzt: Er erscheint als der eigentliche verantwortliche Veranstalter dieser Arbeit.

1.3 Der handlungswissenschaftliche Ansatz als Methode
Nicht nur die Seelsorge, auch die Praktische Theologie ist auf Intuition angewiesen, wenn es gilt, Neuland zu betreten. Aber der Intuition muß die Reflexion folgen, Ratschläge wollen verantwortet d. h. in ihren Voraussetzungen und Konsequenzen offengelegt sein.
Das bislang durchsichtigste Verfahren zur Klärung des Geltungsanspruchs praktisch-theologischer Ratschläge ist der handlungswissenschaftliche Ansatz, d. h. die methodisch saubere Trennung zwischen humanwissenschaftlichen und theologischen Erwägungen (Daten, Theorien, Methoden) zur Sache. Erst auf diesem Hintergrund können Konvergenzen zwischen Theologie und Empirie festgestellt und als Basis der praktischen Empfehlungen kenntlich gemacht werden[4]. Darum wird auch im folgenden stets scharf zwischen der sozialwissenschaftlichen und der theologischen Interpretation unterschieden.

2. Die Chancen der Einbindung der Sakramentenkatechese

2.1 In sozialwissenschaftlicher Sicht

Sakramentenkatechese ist in soziologischer Sicht ein Sozialisationsinstrument der Kirche, d. h. eine Einrichtung, die dazu dient, neue Mitglieder zur Übernahme zentraler kirchlicher Verhaltensmuster und Werte zu bewegen. (These 1)

(1) Unter *Sozialisation* versteht man ganz allgemein den komplexen Prozeß des Hineinwachsens eines einzelnen Menschen in die besonderen Lebensgewohnheiten und Wertvorstellungen einer Gruppe oder auch der Gesamtgesellschaft, zu der er gehört. Dazu müssen wir uns in Erinnerung rufen: Wir Menschen tun und planen, was uns gut und richtig erscheint, lassen uns also in unserem Verhalten von bestimmten Wertvorstellungen leiten. Diese Wertvorstellungen gibt es aber nur in bestimmten Gruppen, nicht abstrakt im Universum. Denn Gruppen sind nichts anderes als Zusammenschlüsse auf der Basis gemeinsam zu realisierender Wertvorstellungen. Weil man Werte, Ziele am besten gemeinsam erreichen kann, schließt man sich zusammen, sichert die eigenen Werte, indem man sich auf sie verpflichtet und sie durch die Ausbildung von Verhaltensnormen und Sozialstrukturen, also durch die Ausbildung gesellschaftlicher Institutionen absichert. Jede Gruppe kann deshalb graphisch dargestellt werden als ein Kreis, in dessen Mittelpunkt bestimmte Werte stehen.

Der einzige Weg zur Erschließung dieser Werte führt über die Gruppenmitgliedschaft. Im Klartext heißt dies: Kein Mensch erlebt Werte unmittelbar; alle Dinge, die ihm unter die Augen kommen, haben bereits einen Namen und eine Bewertung durch die Menschen, die mit diesen Dingen umgehen. Wir erleben also die Welt immer schon als eine sprachlich ausgeschilderte, mit negativen oder positiven Bewertungen qualifizierte Welt, als die Umwelt unserer Eltern, unserer Kultur, in der wir aufleben. Alle Wirklichkeitserfahrung ist also sozial vermittelt.

(2) Dies gilt prinzipiell auch für die *Vermittlung religiöser Werte*, religiöser Lebensstile und Weltansichten[5]. Auch der Glaube ist ein Verhalten, das nur im »Umgang« erlernt werden kann. Glaube wächst nicht durch die Bewältigung von Lehrstoffen, sondern von Lebenssituationen, im Austausch mit anderen Glaubenden. Wie wir die Welt nicht unmittelbar, sondern als eine immer schon sprachlich ausgeschilderte Welt erleben, so macht uns auch der Erfahrungsschatz der Glaubensgemeinschaft für die Erfahrung Gottes sensibel. Nur in der Gemeinschaft der Glaubenden ist der Glaube auf die Dauer »plausibel«.

(3) Wird die Vermittlung des Glaubens in dieser Weise als Sozialisationsprozeß verstanden, so gewinnen die klassischen *Sakramente der Eingliederung* in die Kirche (Taufe, Firmung, Eucharistie) jenen pastoralen Kontext

wieder, den eine punktuelle Sakramentenvorbereitung (»Mein Jesus und ich«) aus den Augen verloren hat. Die Sakramente werden nämlich zu bestimmten gesellschaftlich herausragenden Fixpunkten im Sozialisationsprozeß; ihr Empfang dient zur Kennzeichnung derer, die als vollintegrierte Mitglieder der Gemeinschaft angesehen werden können. Soziologisch betrachtet dienen sie zur (wesensnotwendigen) Abgrenzung der Gruppe gegenüber den Außenstehenden: Wer gehört zu uns, und von wann ab endgültig?

(4) Die *Sakramentenkatechese* im engeren Sinne (vgl. Modell Kalteyer) ist also nichts anderes als eine besonders intensive Sozialisationsphase innerhalb eines schon viel länger andauernden vielschichtigen Sozialisationsprozesses, wie er mit der frühkindlichen religiösen Erziehung in der Familie beginnt und über die Schule, die Medien, die Öffentlichkeit, die informellen Kleingruppen, in denen der Jugendliche heranwächst, gefördert oder auch gestört wird. Die zweite religionssoziologische These versucht nun zu erklären, weshalb wir gerade jetzt eine solche Aufmerksamkeit auf den Sozialisationsprozeß (und darin speziell auf die Einführung in das sakramentale Leben) verwenden. Die Religionssoziologie ist nämlich nicht nur in der Lage, im Soziologenjargon zu beschreiben, was ein Pfarrer donnerstagnachmittags im Pfarrsaal mit anderer Leute Kinder tut, sondern sie ist auch geneigt, ihm zu bescheinigen, daß er, heutzutage, da etwas außerordentlich Wichtiges tut.

Der gegenwärtige Akzent auf einer sorgfältigen gemeindenahen Sakramentenkatechese signalisiert den Willen der Kirche, den Ausfall der gesellschaftlichen Sozialisationskanäle, die bisher im Dienste und im Interesse der Kirche wirksam waren, zu kompensieren (These 2)

(1) In der *vorindustriellen Gesellschaft* waren ja die kirchlich-religiösen Werte und Normen nicht nur harmonisch in das Wertsystem der Gesellschaft eingebettet, sondern fungierten geradezu als deren tragendes Element. Die Vermittlung christlicher Glaubensinhalte erfolgte deshalb während des gesamten Mittelalters weniger auf dem Weg einer expliziten Katechese, als vermittels der Kunstwerke, der Sprache, des Brauchtums der mittelalterlichen Öffentlichkeit. Und umgekehrt diente noch bis in die Neuzeit hinein die Bibel als das meistverbreitete Lehrbuch des Latein- bzw. des Deutschunterrichts. Die Gesamtgesellschaft war also ein Garant für die Wirksamkeit der Kirche und für ihren Fortbestand. Entsprechend läßt sich die Volkskirche geradezu als eine religiöse Institution definieren, die sich zum Zweck der Überlieferung ihrer Werte, Normen und Symbole aller wesentlichen Sozialisationsträger einer konkreten Gesellschaft bedienen kann.

(2) Im Umbruch zur *Industriegesellschaft* hat die Kirche diese zentrale und integrative Position in der Gesellschaft eingebüßt, weil sich die Gesellschaft

im Ganzen ausdifferenziert hat; an die Stelle eines Gefüges konzentrischer Kreise ist ein System sich überlappender sozialer Kreise getreten. Entsprechend ist die Kirche aus dem Zentrum, aus einer weltanschaulichen Monopolstellung in eine offene Markt- und Konkurrenzsituation zurückgedrängt worden.

(3) Aufgrund dieser Differenzierung der modernen Gesellschaft hat sich das Zusammenspiel der verschiedenen Sozialisationsträger gelockert. Infolgedessen erscheint der einzelne Mensch heute nicht mehr in sich ergänzende soziale Gebilde eingeordnet, sondern steht im Spannungsfeld miteinander konkurrierender Wertsysteme. Weil er sich aber in dieser Weise einer wachsenden Zahl verschiedener und gegensätzlicher Ansprüche, Wertsysteme und Verhaltensnormen gegenübersieht, muß er, um zu überleben, zu ihnen allen in Distanz gehen. So erklärt sich das Phänomen der nur mehr »partiellen Identifizierung mit der Kirche«, das u. a. die Synodenumfrage zutage gefördert hat. In der Sprache der Sozialisationstheorie ist dieses Phänomen einer nur mehr auswahlhaften Übernahme des Glaubens der Kirche[6] Ausdruck für eine elementare Schwächung des traditionellen »Sozialisationsapparates«, dessen Wirksamkeit in der Vergangenheit auf dem guten Zusammenspiel kirchlicher und gesellschaftlicher Sozialisationseinrichtungen basierte. Deshalb kann man den Säkularisierungsprozeß, der gerne als fortschreitender Abfall weiter Bevölkerungskreise von der Kirche beschrieben wird, auch als einen »fortschreitenden Prozeß des Verlustes wichtiger Sozialisationsträger von seiten der Kirche«[7] betrachten. Unter »Gemeindekatechese« lassen sich dann alle Bemühungen zusammenfassen, den Ausfall gesellschaftlicher Sozialisationskanäle, die bisher im Dienste und im Interesse der Kirche wirksam waren, zu kompensieren.

2.2   In theologischer Sicht
Theologisch gehört die Einführung neuer Mitglieder in das sakramentale Leben der Kirche weder in die Verantwortung des Klerus, noch in die der Familien, sondern in die der Gemeinde, denn die einzelnen Sakramente sind Lebensäußerungen der Gemeinde und bleiben nur im Zusammenhang mit der Gemeinde als dem »Ursakrament« plausibel (These 3)
Diese These wirkt auf den ersten Blick schon allzu praktisch. Sie enthält eine Behauptung, wer als eigentlicher »Sozialisationsträger« zu gelten habe, aber auch eine theologische Aussage über den Zusammenhang zwischen dem Ursakrament und den einzelnen Sakramenten.
(1) Um mit dem letzteren zu beginnen: Die Lehre von der *Kirche als Ursakrament* versucht, zentrale Begriffe der Sakramentenlehre auf die Ekklesiologie zu übertragen, und damit eine Ekklesiologie zu formulieren, die »Kirche« nicht juristisch und organisatorisch, d. h. von den Strukturen (Ämter, Hierarchie, Kompetenz), sondern von den Lebensvollzügen her

denkt (Wort, Sakrament). Die Berechtigung und Fruchtbarkeit einer solchen Ekklesiologie ist unbestritten. Ich möchte sie darum nur ein wenig weitertreiben:
– Wir haben bei dieser Lehre bisher zu einseitig die Großkirche vor Augen (Peterskuppel – Konzil: signum elevatum in nationibus) und zu wenig die Gemeinden: Sind sie wirkmächtige Zeichen der Gegenwart Gottes in der Welt? Von der Sakramentenlehre wissen wir, daß die gültige Setzung des Zeichens Bedingung der heilschaffenden Gnade ist; was passiert eigentlich, wenn das Zeichen »Gemeinde« (innerhalb dessen sich alle Einzelsakramente ja ereignen) unzureichend (unwürdig/ungültig/unglaubwürdig) gesetzt wird? Gibt es eine Gegenwart Gottes in Gemeinden, die nur juristisch, aber nicht »empirisch« als Gemeinden Jesu identifiziert werden können?
– Bei der Lehre vom »Ursakrament Kirche« haben wir bisher ausschließlich von den Sakramenten her auf die Kirche geschaut und theologische Schlußfolgerungen gezogen. Nun wäre aber auch die umgekehrte Perspektive auszuarbeiten: von der Kirche bzw. Gemeinde her auf die Sakramente, unter der pastoralen Perspektive, daß mit der Glaubwürdigkeit von Kirche und Gemeinde die Glaubwürdigkeit und Sinnhaftigkeit einzelner Sakramentsvollzüge steht und fällt. Viele Jugendliche haben heute nicht mit der Eucharistie oder Buße als Einzelvorgang Probleme, sondern die mangelnde Faszination des Gemeindelebens und der Großkirche macht ihnen die Einzelvollzüge suspekt. Und mit Recht. Wenn die Grammatik nicht mehr stimmt, kann ich nicht so tun, als könnten einzelne Sätze noch ihre Gültigkeit behalten. Die Sakramente sind nichts anderes als Verdichtungen christlich-kirchlicher Lebensvollzüge; sie leben als Sprachhandlungen von der Gültigkeit der Grammatik des kirchlich-gemeindlichen Lebens.
Für die Sakramentenkatechese heißt das: Kann man eigentlich Kinder an sakramentale Einzelvollzüge hinführen und dabei das Ursakrament (= die konkrete Gemeinschaft derer, die hier im Geist Jesu leben) völlig an der Seite lassen (bis hin zu der expliziten Warnung an die Gemeinde, am Weißen Sonntag ja nicht die Erstkommunion-Messe zu besuchen: Alle Plätze sind für die Familienangehörigen reserviert!).
Dieses Ursakrament Gemeinde als Milieu, als Gruppe von Menschen, die Gesichter und Namen haben, mit denen man befreundet sein kann, ist wie verlorengegangen; man kann es Kindern oder Konvertiten gar nicht vorzeigen. Denn die übliche Gemeinde (inklusiv ihrer offiziellen Vertreter im Pfarrgemeinderat) ignoriert die Anwärter auf künftige Vollmitgliedschaft eigentümlich.
Man kann es nicht nur bei den Initiationsfeiern selbst beobachten (z. B. Firmung am Werktag, zur Arbeitszeit!), sondern auch deutlich am Gemeindeetat ablesen: Werbungskosten sind dort nicht vorgesehen (man vergleiche

4.4

damit andere gesellschaftliche Großgruppen, mit denen Kirche sonst gern parallelisiert wird: Gewerkschaften, Parteien, usw.).
(2) Dies hängt mit einer jahrhundertelangen Delegation dieser zentralen Aufgabe an subsidiäre, sekundäre Instanzen zusammen:
an den Klerus (seit dem Zerfall eigentlichen Gemeindelebens in der Spätantike fühlt er sich durchs ganze Mittelalter erstverantwortlich) bzw. an die Familie (in der Konsequenz der Kindertaufe zu Recht, aber eben doch subsidiär, und dieses Abschieben zeigt eben heute, nach dem Zerfall des bergenden sozialen Milieus, seine katastrophalen Folgen).
Der Sinn der Forderung in These 3, die Gemeinde als den erstverantwortlichen Sozialisationsträger zu betrachten, ist aber nicht bloß ein organisatorischer, sondern diese organisatorische Maßnahme soll die Gemeinde mit der Frage konfrontieren, ob sie selbst noch das »Ursakrament« ist, das den Einzelsakramenten, die in ihrem Raum gespendet werden, die innere Plausibilität verleiht.

2.3 Zusammenfassung der Konsequenzen, die sich aus dem Gemeindebezug ergeben

(1) Wir haben wohl gut daran getan, nicht sofort auf die Ebene pastoraler Rezepte abgestiegen zu sein, sondern zunächst die Sinnfrage gestellt zu haben. Es gibt nämlich einen Sinnlosigkeitsverdacht bei den Menschen, die uns in der BRD zwar (noch) ihre Kinder zur Einführung in das sakramentale Leben überlassen, aber das mit unübersehbaren Zeichen der Skepsis tun, weil ihnen der Sinn des Ganzen nicht mehr plausibel ist. Dieser Sinnlosigkeitsverdacht sollte nicht nur hinter vorgehaltener Hand, sondern offen und redlich in den Elternrunden besprochen werden. D. h. praktisch: Die Eltern dürfen nicht vorschnell als Helfer bei der Einführung ihrer Kinder vereinnahmt werden, sondern es muß ausreichend Raum gegeben werden, daß sie zu einem neuen Verhältnis zum sakramentalen Geschehen kommen können, durch Aufarbeitung ihrer Vorbehalte. Erst dann werden sie mitarbeiten können!
(2) Die Vorbehalte der Eltern hängen m. E. mit dem geschilderten Plausibilitätsverlust der Kirche und ihres Gemeindelebens eng zusammen[8]. Das Image der Gesamtkirche ist – nach dem Aufbruch des Konzils und Johannes XXIII – bedrückend. Der restriktive Kurs in Sachen Sexualmoral, Ökumene, Priesterfrage, Weltbevölkerungsprobleme, Theologische Forschung läßt immer weniger Leute hoffen, daß im Innern dieser Kirche überhaupt noch Werte lebendig sind, die zu vermitteln lohnt. Wie Kardinal Döpfner sagt: Die Kirche wird von Jugendlichen wie Erwachsenen vielfach als Hindernis erlebt, und ihre Selbstprädikation als *signum elevatum in nationibus* macht die Menschen nicht ärgerlich, sondern einfach sprachlos und traurig. Aber auch das örtliche Gemeindeleben ist wenig faszinierend.

Wo ist denn z. B. Buße, Metanoia, Selbstkritik in einer Gemeinde lebendig? Ist uns die eigene Orgel nicht allemal wichtiger als die Sozialstation in den Anden? Und wie hüten wir unsere Grundstücke, unseren Pfarrsaal! Wenn es aber die Metanoia nur mehr in der Einzelbeichte gäbe, und wenn faktisch kaum noch Erwachsene diese Einzelbeichte in Anspruch nehmen – welchen Sinn hat es dann, Kinder in dieses aus dem Kurs gekommene Verhaltensmuster zu sozialisieren? Wie lange werden diese Kinder brauchen, um zu merken, daß dieser Wert in den christlichen Gemeinden selbst außer Kurs geraten ist? Voraussetzung wirksamer Sakramentenkatechese ist also, daß wir die »res sacramenti« (Vergebung, Freude, Brüderlichkeit, geistiges Leben aus dem Geist Jesu) in den Gemeinden als erlebte Werte, als geistgewirkte Gaben plausibel und manifest zur Darstellung bringen. Hier liegt die Bedeutung z. B. der Bußandacht (aber auch des sog. »Politischen Nachtgebets«): daß in der Gemeinde öffentlich Schuld aufgedeckt, auch die Mitschuld an ungerechten Sozialverhältnissen (z. B. gegenüber der Dritten Welt) ins Bewußtsein gerückt wird. Die Hans Küng angebotene Hand der Versöhnung hat zu tun mit der Glaubwürdigkeit des Bußsakraments im Elternabend.
(3) Gemeindenahe Sakramentenkatechese hat zu Recht den Weg aus der Schule in den Pfarrsaal gewählt. Aber sie bleibt auf halbem Weg stecken, wenn sie nur den Frontalunterricht durch Gruppenunterricht, den Religionslehrer durch Gruppenkatecheten oder Mütter ersetzt und das kognitive Lernen durch affektive Momente anreichert; wenn im übrigen aber die Kinder unter sich bleiben. Vielmehr muß es zu einem wechselseitigen Kennenlernen zwischen Anwärtern und Gemeinde, zwischen Kindern und Erwachsenen kommen; zu einem Geben und Nehmen.[9]
(4) Voraussetzung für eine solche Sakramentenkatechese ist die Fähigkeit mit Gruppen zu arbeiten, das methodische Instrumentar der Gemeinwesenarbeit einzusetzen, damit wir, wie das Konzil gefordert hat, die Charismen einer Gemeinde wecken, und zum Zug bringen[10].

3. Die Grenzen dieser Perspektive

3.1 Einwände aus sozialwissenschaftlicher Sicht
Naive Begeisterung für gemeindenahe Sakramentenkatechese ist in der Gefahr, die Möglichkeiten der Gemeindebildung in einer hochdifferenzierten Gesellschaft zu überschätzen; um Enttäuschungen zu vermeiden und damit nicht neuer Schaden entsteht, empfiehlt es sich, die Interessen bewußt zu machen, die hier im Spiel sein könnten. (These 4)
(1) Die differenzierte Gesellschaft als System sich überlappender Sozialkreise läßt keinen Zweifel daran, daß die Identität von profaner Wohngemeinde

und eucharistischer Mahlgemeinschaft endgültig vorbei ist, weil sie eine homogene und immobile Sozialordnung zur Voraussetzung hatte (cuius regio, eius religio)[11]. Das hat zur Folge, daß wir, sobald wir ein schärferes Gemeindeprofil anstreben – progressiv oder konservativ – nicht mehr alle Bewohner des Pfarrbezirks auf diesen Gemeindestil verpflichten können, d. h. sie praktisch zum »Auswandern« animieren.
Auch alle, die sich auf einen besonderen Gemeindetypus einlassen, werden sich (von Ausnahmefällen, wie der »Integrierten Gemeinde«, abgesehen) nur mehr partiell mit der Gemeinde identifizieren, weil sie im Streß der diversen Ansprüche, die von den verschiedenen Institutionen der Gesellschaft her auf sie einstürmen, gar nicht anders überleben können. Deshalb führen utopische Ansprüche in Sachen Gemeinde häufig zu Überforderung und Resignation der Mitglieder. Wir müssen uns also realistisch auf ein von den gesellschaftlichen Voraussetzungen her immer labilisiertes (flexibles, vorläufiges) Gemeindeleben einrichten (Weggenossenschaft. Man kommt und geht, gibt sich Geleit für eine Weile)[12].
Frage: Wie kann ich dies bereits in der Buß- und Eucharistiekatechese vermitteln, statt die Illusion einer »Pfarrfamilie um den Familientisch des Abendmahles« zu nähren? Oder brauche ich selbst diese Illusion?
(2) Welche Interessen stehen eigentlich hinter dem neuen Gemeindekatechese-Boom? Geradeheraus gefragt: Wessen Interessen? Wessen Hoffnungen? Wieviel wird das neue Engagement in der Gemeindekatechese, jetzt, da es zur »Welle« geworden ist, und zur »Masche« zu werden droht, auch gespeist von der Schulmüdigkeit der Pfarrer und von der Skepsis der Oberhirten gegen den Religionsunterricht der Laientheologen?
Es wäre sicher falsch, solche Motive als die einzigen hinzustellen; dafür gibt es zu viele positive Gemeindeerfahrungen (vgl. die Berichte von Isolotto bis Scharnhorst). Aber wenn solche Nebenmotive überhaupt vorhanden sind, können sie unbemerkt zu Hauptmotiven werden, und der Stil, in dem wir mit Hilfskatecheten oder Eltern umgehen, macht denen mitunter schlagartig klar, was die Hauptmotive sind: Es geht ja gar nicht um die Gemeinde, sondern es geht darum, daß »bei uns was los ist«! Da werden wirklich die Sakramente umfunktioniert, instrumentarisiert, um die Gemeinde wieder auf Trab zu bringen und dem Gemeindeleiter zu Erfolgserlebnissen zu verhelfen.
Es gibt auch eine Flucht aus der Schule in den Pfarrsaal, in die Betriebsamkeit der Gemeindekatechese, und für das Erleben dieser Betriebsamkeit nimmt mancher gute Pfarrer nur allzu bereitwillig die Ghettosituation in Kauf, in die er langsam mit seiner Sakramentenkatechese schlittert.
Deshalb fordert These 4 das ständige Bemühen um eine Aufhellung der Motivation, nicht nur der Eltern, sondern aller Beteiligten; fragwürdige Motive im Zusammenhang mit der Sakramentenspendung gibt es nicht nur

bei Eltern, die der Kirche fernstehen, sondern auch bei Kirchenmännern, die den Menschen fernstehen, weil sie in einer erschreckenden Weise den eigenen liturgisch-pastoralen Betrieb mit der Sache Gottes identifizieren (also den Unterschied zwischen *sacramentum* und *res sacramenti* nicht mehr machen können).
Deshalb auch hier die theologische Begrenzung unserer Erwartungen an die neue pastorale Praxis.

3.2 Grenzen in theologischer Sicht

Es gab in den zwanziger Jahren ein schlimmes, integralistisches Mißverständnis des »*sentire cum ecclesia*«; zum Schlagwort erhoben eignete es sich vorzüglich als Schlagstock, um Andersdenkende aus der Kirche herauszuprügeln, zu Andersgläubigen zu machen. Der Fehler lag in einer primitiven Gleichsetzung der konkreten römisch-katholischen Kirche der Jahrhundertwende mit dem Reich Gottes.
Was wir inzwischen über den »eschatologischen Vorbehalt« gelernt haben, über die wesenhafte Differenz zwischen Kirche und Basileia, gilt es sinngemäß auf die Gemeinde als *ecclesiola* zu übertragen, damit es nicht zu noch unerträglicheren Integralismen auf Gemeindeebene kommt.
Sakramentenkatechese hat deshalb nicht nur in das Gemeindeleben hinein zu sozialisieren, sondern immer darüber hinaus: in die Gesamtkirche, die getrennten Kirchen und die kommende Basileia. Sie darf nie nur die Integration, sondern muß immer auch die Emanzipation des künftigen Gemeindegliedes im Auge haben (These 5)
In dieser These gibt es Feststellungen, die leichter und schwieriger aufgenommen werden können:
– *leichter*: der Zusammenhang zwischen Gemeinde und Gesamtkirche (weil in unserer traditionellen katholischen Katechese stark dominant): Wir hatten ja einen Überhang des Kirchenbewußtseins, bei fast völligem Fehlen des Gemeindebewußtseins.
– *schwieriger*, weil ungewohnter: die Basileia als eigentliches Sozialisationsziel und als kritische Begrenzung kircheneigener Sozialisationsziele! Z. B. ist es unter dem Aspekt der kommenden Basileia ja etwas schwer zu begründen, warum Bußandachten nicht sakramental aufgewertet werden dürfen. (Unter kirchenorganisatorischem Gesichtswinkel ist dies leichter verständlich.) Ähnliches gilt wohl für den Streit über die Zulassung Geschiedener zur Eucharistie und über die Plazierung der Bußerziehung vor oder nach der Eucharistieeinführung. (Ist das Sakrament der Versöhnung wirklich so wenig attraktiv, daß wir es nur zusammen mit der gesellschaftlich zelebrierten Erstkommunionfeier an junge Christen herantragen können? Und wenn ja, was ist dann mit der dekretierten Reihenfolge pastoral gewonnen?)

Mir scheint aber, daß bei der Entscheidung solcher praktischer Alternativen die Frage, was dem Kommen der Gottesherrschaft besser dient, nicht ausgeblendet werden darf, denn wem in aller Welt sollen die Sakramente dienen, wenn nicht der kommenden Welt? Nur so kommen wir doch aus einer Defensivpastoral heraus, die verzweifelt um jeden Meter Boden, um jedes leerstehende Haus kämpft, und darüber alle Chancen einer missionarischen, von der Hoffnung auf die Verheißungen Gottes getragenen Seelsorge verpaßt.

– *noch schwieriger*, fast völlig tabuisiert ist der Gedanke, daß wir, indem wir junge Menschen in den Initiationssakramenten zu Gliedern unserer Kirche machen, zugleich in ein Gliedverhältnis zu den anderen Kirchen setzen, die mit uns auf die endgültige Offenbarung der Kinder Gottes warten. Die ökumenische Verbindlichkeit der Eingliederung in die Kirche, im altkirchlichen Taufstreit bereits gesichert, wird trotz wachsender Mischehenzahl bislang erfolgreich aus dem Bewußtsein verdrängt[13].

Zusammenfassend läßt sich die theologische Kritik der Akzentuierung des Gemeindebewußtseins innerhalb der Sakramentenkatechese in den Schlußsatz von These 5 fassen: Es geht nie nur um Integration, sondern stets auch um Emanzipation. Die wesenhafte Offenheit der Gemeinde für die Basileia verbietet es, in der Sakramentenkatechese Sozialisationstechniken zu verwenden, die auf bloße Anpassung an den (noch) laufenden Betrieb aus sind. »Die Bemühung um den Menschen, die im Rahmen dieser bestimmten Gemeinde erfolgt, kann niemals die Integration in diese Gemeinde zum Selbstzweck haben«[14], sie muß immer auch wollen, daß bei ihren Mitgliedern die Fähigkeit zu kritischer Distanzierung vom Status quo im Blick auf die Erfordernisse der Basileia erhalten bleibt und wächst: Die herrliche Freiheit der Kinder Gottes.

3.3 Pastorale Konsequenzen aus den Grenzen der Gemeindeperspektive in der Sakramentenkatechese

(1) Die geschilderten Grenzen bewahren uns zunächst selbst in der Nüchternheit, die uns wohl ansteht, weil und solange die Basileia noch nicht da ist, und sie helfen uns vielleicht auch dazu, anderer Leute Kinder zu einem nüchternen Glauben zu führen. Es ist ja kein Kunststück, Kinder über ein Vierteljahr hin in Spannung zu halten auf »den schönsten Tag ihres Lebens«!

Aber was kommt danach? Wenn sie merken, daß die Gemeinde keine Familie, die Kirche nicht einig und allumfassend, daß sie auch keine Gemeinschaft von Brüdern und Schwestern ist, sondern daß dies alles nur auf einer transempirischen Ebene gilt?

Wäre da nicht eine religiöse Frühaufklärung redlicher und (aufs Ganze der religiösen Entwicklung gesehen) förderlicher?

Müßten wir nicht analog zur Sexualaufklärung lernen, rechtzeitig und schrittweise auch die Realität einer im Glauben uneinigen, dem Geist Gottes Widerstand leistenden Kirche an die Kinder heranzutragen, damit ihr unverbrauchter kindlicher Elan, ihre Verständnislosigkeit für die Herzensstarrheit der Alten für die Umkehr in der Kirche fruchtbar werden? Oder müssen wir nicht auch in der ökumenischen Frage umkehren, und »werden wie die Kinder«, wenn wir weiterkommen wollen? Und wie wollen wir das eigentlich lernen ohne die Kinder?

(2) Aus der geschilderten Zielhierarchie wären sodann praktische Kriterien abzuleiten: zur Unterscheidung zwischen erlaubten und unerlaubten Sozialisationsmethoden sowie zur praktischen Entscheidung von Konflikten.
– Methoden: Wieviel Zwang ist noch vertretbar, z. B. wieviel Klassendruck bei Erstkommunion, Firmung, Beichte? Sanktionen für Eltern, die den Taufaufschub wünschen? Kann unsere Sakramentenkatechese der Basileia dienen, wenn sie jenen wunderbar freiheitlichen Charakter der Einladung vermissen läßt, der Jesu Rede vom Kommen der Gottesherrschaft kennzeichnet?
– Konflikte: Z. B. mit den Kollegen im Dekanat über das Ausmaß an »Einheitlichkeit im Dekanat«. Unterscheidung zwischen richtiger und falscher Rücksicht auf die Wünsche der Eltern (betreffs Kerzen, Blaskapelle, Prozession usw.).

(3) Schließlich mag uns das Bewußtsein vom eschatologischen Vorbehalt vor falscher Absolutsetzung von Teilzielen und Teilterminen bewahren. Wir betrügen ja nicht nur die Kinder, sondern auch uns selbst mit der ständigen Fixierung auf Teilziele: die nächste Adventszeit, die nächste Erstkommunion, Firmung, Volksmission.
Gleichen wir darin nicht dem törichten Kornbauern?
Um es mit einem Axiom der Gemeinwesenarbeit zu sagen: Der Prozeß selbst ist das Ziel! Die Stunde, die ich mit Kindern, Eltern oder Helfern verbringe – die darin sich ereignende gläubige Verarbeitung von Erfahrungen, Ängsten, Erfolgen, Begegnungen ist bereits das Ziel, nämlich jenes brüderliche Miteinanderleben, das das sichtbare Zeichen der Präsenz Gottes in unserer Welt ist, jenes Ursakrament, das die einzelnen Sakramente nur ausfalten.

4. Ein paar Fragen zum Schluß

»Die Einbindung der Sakramentenkatechese in den Gemeindeaufbau« – in dieser Formulierung unseres Themas wird anscheinend vorausgesetzt, wir wüßten, was Sakramentenkatechese ist, und wüßten auch, was Gemeinde-

aufbau ist, und es komme eigentlich nur darauf an, die Sakramentenkatechese noch etwas konsequenter in den Gemeindeaufbau einzubeziehen.
Indem wir soziologisch und theologisch zu beschreiben versucht haben, was wir tun, wenn wir Sakramentenkatechese halten, und wie sich die Sakramentenkatechese verändert, sobald man in ihr den Gemeindeaspekt konsequent zur Geltung bringt, wurden wir gezwungen, auch zu überdenken, was wir unter Gemeindeaufbau verstehen wollen, in sozialwissenschaftlichem und theologischem Realismus verstehen dürfen.
Damit kamen auf einmal neben den Kindern und den katechetischen Unterrichtsmodellen, mit denen wir uns sonst ausschließlich zu beschäftigen pflegen, auch wir selbst ins Spiel, mit den heimlichen Fragen, die wir an die Sache haben, in die wir verstrickt sind und in die wir andere Menschen, darunter Kinder, verstricken. Diese heimlichen Fragen (Lohnt sich das Ganze? Hat es etwas mit dem Evangelium zu tun? Ist es etwas, in das ich meine Lebenszeit verschwenden kann? Hilft es denen, für die ich es tue, zu leben?) verdienen mehr Aufmerksamkeit, als wir ihnen einzuräumen pflegen. Denn von ihrer Beantwortung hängt entscheidend ab, ob die vorhandenen Modelle von uns mit Gewinn aufgegriffen und sogar um jenes Stück weiterentwickelt werden können, das nur wir beisteuern können: in unserer Gemeinde, mit unseren Kindern, Eltern, Freunden, als Erweis des Geistes und der Kraft, die gerade uns geschenkt sind.

Anmerkungen:

* Quelle: G. Bandler (Hg.), Erneuerung der Kirche durch Katechese. Zum Synodenpapier »Das Katechetische Wirken in der Kirche«, Patmos Verlag, Düsseldorf 1975, 91–107.
1. Diese Arbeit versteht sich denn auch als Ausweitung und Konkretisierung meines Beitrags: Zum pastoralen Stellenwert der Gemeindekatechese, in: Kat. Bl. 99 (1974) 136–140.
2. Vgl. A. Kaltheyer (Hg.), Katechese in der Gemeinde, 1974.
3. Der dem Buch beigegebene Faltplan wird hier in der Spaltenfolge von rechts nach links besprochen.
4. Vgl. F. Klostermann / R. Zerfaß, Praktische Theologie heute, 1974, 164–244.
5. Literaturüberblicke zur Problematik religiöser Sozialisation finden sich u. a. in dem Anm. 1 zitierten Beitrag und bei W. D. Bukow / G. Czell, Zur Theorie der religiösen Sozialisation in der Familie, in: Theologia Practica 10 (1975) 90–111.
6. Vgl. P. M. Zulehner, Religion nach Wahl, 1974.
7. L. A. Vaskovics, Religionssoziologische Aspekte der Sozialisation wertorientierter Verhaltensformen, in: Int. Jahrbuch für Religionssoziologie 3 (1967) 115–146, 126.
8. P. Berger / Th. Luckmann, Die Gesellschaftliche Konstruktion der Wirklichkeit, 1969, 124 f; P. M. Zulehner, aaO. 25–36, 99–101.
9. Hier können wir noch einiges von den Nachbarländern (Holland, Frankreich, Skandinavien lernen), die seit langem gezwungen sind, die Sakramentenkatechese in Blockveranstaltungen für Kinder und Eltern an wenigen Wochenenden zusammenzuziehen und entsprechend kreative Formen entwickelt haben, wie Kinder und Erwachsene im Kochen,

Aufwaschen, Gottesdienst und Spiel zusammenwirken. Vgl. aber auch die Anregungen bei A. Kaltheyer (s. o. Anm. 2).
10. Entsprechende Vorschläge machen A. Exeler / N. Mette / H. Steinkamp, Curriculumentwurf für ein Begleitstudium: Tätigkeitsfeld »Gemeindearbeit – Gemeindeaufbau«, in: Studium Katholische Theologie 4, 1975.
11. G. Siefer, Katechese als Sozialisationsinstrument der Kirche, in: Kat. Bl. 99 (1974) 153–156.
12. G. Kugler, Zwischen Resignation und Utopie. Die Chancen der Ortsgemeinde, 1971.
13. Daß gerade hier ein fruchtbarer Anstoß für die Elternarbeit mit konfessionsverschiedenen Paaren liegt, unterstreichen G. Biemer / J. Müller / R. Zerfaß, Eingliederung in die Kirche (Pastorale), 1972, 23.
14. M. Josuttis, Praxis des Evangeliums zwischen Politik und Religion, 1974, 116.

4.5 Georg Kugler
FAMILIENGOTTESDIENST ALS ZWEITES PROGRAMM*,1

A. Kein Familiengottesdienst ohne Gesamtkonzeption

I. Der Stellenwert des Gottesdienstes der Gemeinde
Man kann über den Familiengottesdienst nicht sprechen, ohne darüber nachzudenken, welche Bedeutung der Gottesdienst im Rahmen der Gemeindearbeit[2] innerhalb einer Industriegesellschaft hat. Alle neueren Untersuchungen führen zu zwei wesentlichen Erkenntnissen:

1. Barrieren vor dem Gottesdienst   Dem Gottesdienst sind im Blick auf seine Reichweite objektive Grenzen gesetzt. Das bedeutet, daß diese Grenzen unabhängig von der Rolle des Predigers oder der besonderen Form des Gottesdienstes gelten. Diese Schranken lassen sich mit den Stichworten kennzeichnen, die eine urbane Gesellschaft charakterisieren: Mobilität, Anonymität und Pluralismus. Vermutlich sind das auch die Ursachen für den langsamen und schleichenden Rückgang der Gottesdienstbesucherzahlen. Konkreter, gleichsam in der Maßstabverkleinerung, werden die Grenzen in der Erwerbstätigkeit und dem Milieu verschiedener sozialer Gruppen sichtbar. So kommt nach unseren Untersuchungen die berufstätige Frau mit Kind nur noch selten in den Gottesdienst. Das Milieu als Barriere vor dem Gottesdienst zeigt sich wiederum in der Tatsache, daß unter den Gottesdienstbesuchern Arbeiter und Lehrlinge fast ganz fehlen. Sie stellen die Gruppen, die hier stark unterrepräsentiert sind. Für sie ist der Gottesdienst offenbar kein Angebot. Insofern ist eine der Grenzen zum Gottesdienst ziemlich identisch mit der Sprachgrenze zwischen der Arbeiterschaft und der gehobenen Mittel- und Oberschicht. Sicher liegen die Dinge nicht ganz so einfach, aber als allgemeine Aussage dürfte dem kaum mehr zu widersprechen sein.

2. Die Chancen eines zweiten Programms   Die mögliche Reichweite des Gottesdienstes ist größer als oft angenommen wird. Das bedeutet, daß mehr Menschen zum Gottesdienst kommen könnten als dort tatsächlich vorhanden sind. Das Reservoir möglicher Gottesdienstgänger ist somit längst nicht ausgeschöpft. Dies ist aber nur zu erreichen, wenn die Gemeinden sich entschließen, neben den Normalgottesdiensten ein weiteres »zweites« oder »drittes« Programm zu entwickeln. Daß es möglich ist, bestimmte Ziel-

gruppen besser anzusprechen, soll am Familiengottesdienst deutlich werden. Es gibt solche, bei denen etwa 30% der Besucher angeben, sonst nicht zum Gottesdienst zu kommen. Das ist nach unseren Beobachtungen ein höherer Prozentsatz als bei den teilweise schon etablierten Jugendgottesdiensten.
Wenn der Gottesdienst nicht mehr alle Menschen erreichen kann, hat er damit eine exzentrische Rolle in der Gemeinde erhalten. Neben ihm müssen andere Versammlungs- und Arbeitsformen stehen, die auf Menschen einladend wirken. Darum kann die Einführung neuer Gottesdienste nicht isoliert gesehen werden. Sie muß im Zusammenhang einer Arbeitskonzeption stehen.

II. Der Stellenwert eines Familiengottesdienstes innerhalb einer Arbeitskonzeption
1. Das Verhältnis zum normalen Gottesdienst Viele Gemeinden addieren neue Versuche, auch Gottesdienste, zu dem Bestehenden hinzu. Das Ergebnis ist eine Überforderung der Kräfte. Gemeindearbeit kann aber heute nur noch im Dreischritt von Analyse, Formulierung einer Konzeption und der permanenten Kontrolle der Arbeit geschehen. So sollte ein Familiengottesdienst nur entstehen, wenn er zwingendes Ergebnis einer Analyse der Gemeinde- und der kommunalen Verhältnisse ist. Ist man von seiner Notwendigkeit überzeugt, so steht er in einem besonderen Verhältnis zu den normalen Gottesdiensten der Gemeinde. Er kann den »Haupt«-Gottesdienst nicht ersetzen. Einmal deshalb, weil er der Gottesdienst der Kerngemeinde ist, die diese gewohnte Form braucht, obgleich das nicht bedeutet, daß hier keine Änderungen möglich oder gar nötig sind. Andererseits muß man trennen, wenn man eine neue Gruppe besonders erreichen will. Wenn zum Beispiel ältere Menschen im Gottesdienst besonders stark vertreten sind, wird das Gefälle in diese Richtung immer stärker. Das gleiche gilt auch für den Familiengottesdienst. Er wird um so anziehender für junge Familien, je stärker diese Gruppe im Erscheinungsbild dominiert. So ist eine Profilierung der Gottesdienste notwendig, um sie für bestimmte Gruppen offener zu gestalten. Darum die Trennung, das »zweite Programm«.

2. Das Verhältnis zum Kindergottesdienst Viele Kindergottesdienste wurden abgeschafft in der Hoffnung, über Familiengottesdienste an die Eltern heranzukommen. Das hat sich im ganzen als Irrtum erwiesen. Zudem ist das Besondere des Kindergottesdienstes, die Kindgemäßheit, die sich besonders in Gruppenarbeit ausdrücken kann, nicht beachtet. So ist dringend davor zu warnen, ihn zu vernachlässigen. Familien- und Kindergottesdienst müssen daher neu aufeinander bezogen werden. Anstöße dazu könnte die »Arbeitshilfe für den Kindergottesdienst« des Burckhardthaus-Verlages

geben³. Hier sind Ansätze vorhanden, wobei allerdings das, was Familiengottesdienst sein könnte, nur am Rande sichtbar wird.

3. Notwendige Kombinationen Die Zuordnung des Familiengottesdienstes zu anderen Aktivitäten der Gemeinde wurde schon erwähnt. Eine gute Gemeindekonzeption zeichnet sich dadurch aus, daß verschiedene dieser Aktivitäten zu einem Domino-System zusammengefaßt werden. Dadurch sind Rationalisierungen möglich, die Gesamtarbeit wird besser. So ist es zum Beispiel möglich, Kinderarbeit, die Arbeit mit Müttern, Zielgruppenseminare für Familien und den Familiengottesdienst zu einer Teilkonzeption zu verbinden. In Neubaugebieten wiederum könnten konkrete kommunalpolitische Aktionen im Familiengottesdienst ihre öffentliche Plattform finden. Unter diesen Aspekten bekäme die Kindertaufe einen neuen, politischen Akzent. Wenn eine Gemeinde ihre Kinder tauft und damit erklärt, daß Jesus zum Herrn dieser Kinder geworden ist, kann sie nicht dulden, daß andere Herren über diese Kinder herrschen wollen (1. Korinther 7,23). Die Kindertaufe bekommt von daher eine überraschende Bedeutung für das Engagement einer Gemeinde in der kinderfeindlichen Umwelt eines Neubaugebietes. Im Familiengottesdienst kann so demonstriert werden, daß in der Gemeinde Jesu das Kind, im Gegensatz zur Gesellschaft, in der Mitte steht, so wie Jesus trotz der Erwachsenenwelt von damals Kinder zu sich gerufen hat.

B. Typen und Motive

I. Motive für den Familiengottesdienst
Familiengottesdienste sind nicht mehr selten. Die Gründe, die dazu geführt haben, sind allerdings sehr unterschiedlich. Nicht immer sind sie Ergebnis einer Analyse, eines konkreten Bedarfes der Gemeinde. Es gibt ja auch sicher andere Wege dazu. Nur sollte man sich die Motive, die dazu führten, bewußtmachen, um sie theologisch befragen zu können. Einige treten besonders hervor:

1. Unbehagen am Kindergottesdienst Auch der Kindergottesdienst ist in den Strudel der Gottesdienstproblematik geraten. Es zeigt sich, daß man auch hier nicht einfach weitermachen kann wie bisher. Viele Kindergottesdienste sind einfach abgestorben. Die Gründe dafür mögen in der unpassenden Zeit, in Verkehrssituationen, in weiten Wegen liegen oder auf das Konto des immer stärker werdenden Wochenendtourismus gehen. Ein Familiengottesdienst erscheint daher manchen Gemeinden ein Ausweg aus

dem Dilemma zu sein. Das Problem Kindergottesdienst wird dadurch nicht gelöst.

2. Der Versuch, über Kinder Eltern zu erreichen   Es wurde schon erwähnt, daß manche Pfarrer hofften, durch den Familiengottesdienst die Eltern der Kinder zum Kirchgang zu bewegen. Diese Rechnung ging vor allem dort nicht auf, wo der Familiengottesdienst nichts anderes als die allsonntägliche Normalform darstellte. Es zeigte sich auch, daß dazu weniger Kinder als zum Kindergottesdienst kamen. Das liegt einerseits in der Struktur des Erwachsenengottesdienstes, andererseits aber auch darin, daß es nun Kinder erster und zweiter Klasse gibt. Viele Kinder empfinden hier erst deutlich, daß ihre Eltern nicht mitgehen, wenn sie »intakte« Familien neben sich sitzen sehen. Diese Probleme sind durch »Wahlfamilien« mit Kindergottesdiensthelfern zu überwinden.

3. Familiengottesdienst als liturgische Einübung   Im Zuge der Liturgiereform gab es genug Versuche, den Kindergottesdienst liturgisch besser auszustatten. Man vergaß es dem Kindergottesdienst offensichtlich nicht, daß er eine niedere, unliturgische Vergangenheit in Gestalt der englischen Sonntagsschule hat. Dazu kam nicht selten das Ziel, Kinder so in den voll ausgestatteten Hauptgottesdienst einzuüben. Konsequenterweise ging man dann auf einen gemeinsamen Gottesdienst über. Im Hintergrund steht damit der Gedanke, daß die Gemeinde als Familie Gottes gemeinsam in einem Gottesdienst vertreten sein müsse. Daß dieser Gedanke schon angesichts der soziologischen Verhältnisse nicht realisierbar ist, braucht kaum erwähnt werden.

4. Familiengottesdienst aus Verlegenheit   Viele Familiengottesdienste entstanden einfach dadurch, daß der Kindergottesdienst, der normalerweise nach dem Hauptgottesdienst durchgeführt wurde, unliturgischen Spätgottesdiensten weichen mußte. Diese sind zweifelsohne wichtig. Man kann aber das Problem nicht dadurch lösen, daß man den vorausgehenden Gottesdienst der Gemeinde ohne jegliche Veränderung einfach als Familiengottesdienst deklariert.

II. Typen
Die Motive haben auch Typen geprägt. Eine kurze Charakterisierung mag genügen.
1. Parallelgottesdienst (Typ A)   Ob man hier von Familiengottesdienst reden kann, ist sehr zu bezweifeln. Gemeinsam ist hier eigentlich nur der Gottesdienstweg. Sonst sind Eltern und Kinder getrennt, da der Kindergot-

tesdienst in einem anderen Raum zeitlich parallel zum Hauptgottesdienst stattfindet. Diese Konzeption ist nicht sehr befriedigend.

2. Gemeinsamer Gottesdienst bis zur Predigt (Typ B) Diese Form bietet vor allem in der Diaspora erhebliche Vorteile. Eltern und Kinder sind in dem normalen Hauptgottesdienst bis zur Predigt zusammen. Es folgen getrennt Predigt und Gruppenkatechese. Die Probleme dieser Form wurden schon besprochen.

3. Der neue Familiengottesdienst (Typ C) Der vorliegende Bericht wendet sich vornehmlich diesem Versuch zu.

C. Der neue Versuch

I. Zielvorstellungen
1. Gottesdienst als Gesprächseröffnung Die Weitergabe biblischer Tradition findet heute fast nur noch durch »Funktionäre« statt. Der alttestamentliche Gedanke, daß der Sohn den Vater fragt (z. B. 5. Mose, 6,20), hat unter uns kaum mehr eine Gestalt. So soll dieser Familiengottesdienst das Gespräch neu eröffnen. Das erfordert eine ganz neue Gestaltung, an deren Ende nicht ein Punkt, sondern ein Doppelpunkt steht. Nach unseren Erfahrungen ist das möglich. Eine Reihe von Tests nach den in dieser Veröffentlichung aufgeführten Familiengottesdiensten hat dies bestätigt.

2. Gottesdienst als Einübung in die Partnerschaft Dieser Vorgang hat aber auch noch andere Folgen. Wenn Väter und Söhne miteinander über die Fragen des Glaubens reden, entsteht ein neues Verhältnis zwischen ihnen. Wenn der Glaube auf Selbstbestimmung und Kooperation aus ist, die zeitgemäßen Formen der Freiheit eines Christenmenschen im Glauben und in der Liebe, dann werden auch bestehende Familienautoritäten hinterfragt. Insofern hat der Familiengottesdienst auch eine stark erzieherische Funktion. Er soll helfen, Eltern und Kinder zu einem neuen partnerschaftlichen Verhältnis zu führen.

3. Gottesdienst als Demonstration In der weiteren Konsequenz liegt die bereits schon angedeutete »politische« Bedeutung des Familiengottesdienstes. Wenn die Gemeinde so ihre Kinder und Familien ernst nimmt, muß sie sich abheben von den oft familien- und kinderfeindlichen Verhältnissen in ihrer gesellschaftlichen Umgebung.

4. Das Fest der Narren[4] Die eben gegebene Zielvorstellung hat einen stark pädagogischen Akzent, der jedoch nicht mißverstanden werden darf. Es geht nicht um eine neue Form des Unterrichts, wohl aber um einen wesentlichen Akzent des Gesamtkatechumenates einer Gemeinde. Ergänzend dazu tritt die Vorstellung, daß der Familiengottesdienst einen spielerischen, festlichen Charakter haben soll. Es wird ein Stückchen Freude der Kinder Gottes sichtbar, zugleich die Hoffnung der Christen. Man darf hier die sozialpsychologische Bedeutung dieses Festes nicht übersehen. Angesichts vieler beengter und grauer Wohnverhältnisse, die gerade in Neubaugebieten Fantasie und Spiel töten, hat dieser Gottesdienst eine therapeutische Funktion. Er kann ein starkes emotionales Defizit decken, was viele andere Gottesdienste aufgrund der Intellektualisierung in der Predigt kaum vermögen.

II. Grenzen für die Zielvorstellungen
Einige selbstkritische Überlegungen zu diesen Zielvorstellungen müssen angesichts der Wirklichkeit unserer Gemeinden doch angestellt werden. Es gibt Hindernisse, die die Verwirklichung äußerst erschweren.

1. Vorprägungen Man muß sehr deutlich sehen, daß die neue Form des Familiengottesdienstes oft im Widerspruch steht zu dem, was den Eltern als Gottesdienst bisher begegnet ist. Sie müssen darum auch in der neuen Form das »wiedererkennen«, was sie bisher erlebt haben. Nur so bewahrt man sie vor Verhaltensunsicherheit, die sehr schnell in Ablehnung umschlagen kann. Aus diesem Grund ist zu einer vorsichtigen Ausweitung der neuen Gottesdiensterfahrungen zu raten. Gerade am Anfang. In jedem neuen Gottesdienst muß Altes, Bekanntes enthalten sein. Auch für Kinder ist dieser Gesichtspunkt wichtig. Sie sollen ja einmal den Schritt zu anderen Gottesdiensten tun, die viel stärker von den alten Formen geprägt sind. Sie müssen auch hier »wiedererkennen« können. Insofern sollten einzelne liturgische Stücke, wie Credo, Kyrie und andere immer wieder vorkomen. Es besteht hier sogar die Chance, sie einmal zu interpretieren. So bekommen sie eine Bedeutung, die auch später festgehalten wird.

2. Passive Haltungen Auch wenn immer wieder betont wird, daß die Gemeinde in den bisherigen agendarischen Formen mit beteiligt ist, sieht die Wirklichkeit doch anders aus. Daß jemand feste liturgische Stücke übernimmt, ist noch keine Mitbeteiligung. So ist die Konsumhaltung für unsere Gottesdienste charakteristisch. Sie zu überwinden ist schwer genug. Das wird zunächst dadurch geschehen müssen, daß der Gottesdienst nicht

mehr mit dem einen Mann steht und fällt. Wenn neben dem Pfarrer Gemeindeglieder als Handelnde erscheinen, ist das ein Anfang. Es hat sich übrigens sehr schnell ergeben, daß der Theologe innerhalb eines handelnden Teams nicht mehr im Talar erscheint. Dies geschah völlig zwanglos und für alle selbstverständlich. Hier wird etwas davon deutlich, daß die ganze Gemeinde Gottesdienst feiert. Nächste Schritte müßten sein, einen freien Raum zu schaffen, in dem Spontaneität sich entwickeln kann. Am Beispiel des Gebetes, das auf Zurufe aus der Gemeinde hin frei gestaltet wird, kann das Gestalt gewinnen. Auch im Spiel ist spontanem Handeln Raum gegeben.

3. Vorherrschaft der Reflexion   Vom Vorherrschen des Intellektes in unserem Gottesdienst als Grund für das Wegbleiben ganzer Gruppen wurde schon gesprochen. Im Familiengottesdienst wirkt es tödlich. So muß darauf geachtet werden, daß nicht »über etwas« gesprochen wird. Dennoch erwarten viele eine Predigt »mit Niveau«. Es sollte aber mehr darum gehen, Prozesse anzustoßen, durch die sich die Sache selbst Gehör verschafft und bewußtgemacht werden kann. Es geht um gedeutete Praxis. Am Beispiel des abgedruckten Erntedankfamiliengottesdienstes wäre zu zeigen, wie Erfahrungen, die direkt im Gottesdienst gemacht werden, besprochen werden können.

4. Hemmende Kirchenräume   Viele empfinden den Kirchenraum sehr stark als Grenze. Weniger deshalb, weil er als sakraler Raum gilt. Das Festliche des Familiengottesdienstes muß sich damit nicht unbedingt stoßen. Für eine Auflockerung aber bietet er viele Schwierigkeiten. Das beginnt mit der Form des Raumes und der Akustik und endet bei den festen Bänken. Dennoch lassen sich diese Schwierigkeiten überwinden. Es muß darauf geachtet werden, daß aus dem Raum heraus gehandelt wird. Nicht der Chorraum darf die Mitte sein. Die Einbeziehung des Gesamtraumes, der gesamten Gemeinde also, ist noch stärker voranzutreiben. Eine Gemeinde, die in diesem Gottesdienst lebt, wird dies nur dankbar begrüßen. Am besten eignen sich für Familiengottesdienste die Montage-Gemeindehäuser in den Neubaugebieten oder in der Diaspora. Aber auch auf Campingplätzen zeigt sich, daß Familiengottesdienste dieser Gestalt ein besonderes Instrument der Arbeit sein können. Das gilt nicht nur für die fahrbaren »Kirchen Unterwegs« mit ihrer großen technischen Ausrüstung, sondern gerade für Dienstgruppeneinheiten, die ein kleines Versammlungszelt zur Verfügung haben. Die gelockerte Atmosphäre in der Freizeitwelt bietet dazu gute Voraussetzungen. Eine Reihe der folgenden Entwürfe ist auch auf Campingplätzen erprobt worden.

III. Gestaltung
Die Zielvorstellungen des neuen Familiengottesdienstes erzwingen eine eigene Gestaltung. Eine Voll-Liturgie erweist sich hier als Hindernis. Das ist kein grundsätzliches Votum gegen den agendarischen Gottesdienst. Er hat an anderer Stelle seine Bedeutung. Aber die Flexibilität, die von dem jeweiligen Thema oder Text her gefordert ist, darf nicht eingeengt werden. Dazu kommt noch eine andere Seite. Kinder können nur für eine bestimmte Zeit Aufmerksamkeit aufbringen. Auch wenn man für sie bewußt Pausen setzt, in denen sie sich in der ihnen gemäßen Weise beschäftigen können, kann der Gottesdienst eine Zeitspanne nicht überschreiten. Länger als 50 Minuten sollte er nicht dauern. Damit ergibt sich auch aus diesen Gründen ein Verzicht auf eine liturgische Ausstattung im gewohnten Sinn.
Viele Entwürfe haben folgenden Aufriß:
Vorspiel
Begrüßung durch ein Gemeindeglied
Lied (evtl. Introitus, Kinderchor, Kanon usw.)
Eingangsgebet
Lied (siehe oben)
Glaubensbekenntnis (evtl. alte oder neuere Formulierung, Glaubenslied)
Mittelteil (Sprechszene, Ansprache usw.)
Lied (siehe oben)
Gebet und Vaterunser
Segen
Nachspiel (Liedvers usw.)
Einzelne dieser Stücke sollen noch besonders besprochen werden.

1. Die Begrüßung Sie trägt sehr stark zur Vermenschlichung des Gottesdienstes bei und hat im wesentlichen drei Aufgaben. Zunächst soll sie tatsächlich Begrüßung sein. Zugleich aber will sie in das Thema einführen. Sie soll damit eine gewisse Erwartungshaltung ausdrücken. Schließlich gehören dazu einige technische Bemerkungen zum Ablauf des Gottesdienstes. Wir sind dazu übergegangen, die sonstigen Abkündigungen der Gemeinde auf die Rückseite des Programms abzudrucken, um hier unnötige Längen zu vermeiden.

2. Das Gebet Das Eingangsgebet wurde meist in einer kurzen, prägnanten Weise gehalten. Am Schluß stand gelegentlich ein freies Gebet. Nach Matthäus 18 hat das Gebet Verheißung, über das sich die Gemeinde einig geworden ist. Darum werden in diesem Fall Eltern und Kinder gefragt, was nach allem Gehörten Grund zum Danken und Bitten sein könne. Überraschenderweise beteiligen sie sich sehr stark. Ein Teammitglied hat die Aufgabe, diesen Prozeß anzustoßen und die Gebetsanliegen zu sammeln.

Jemand anderes macht sich Notizen. Er hat daraus ein freies Gebet zu formulieren, in dem die Vorschläge, wie sie von Eltern und Kindern gemacht wurden, wiederzuerkennen sind.

3. Das Credo   Um die Kontinuität der Gestaltung aller Gottesdienste zu wahren, wird das Apostolische Glaubensbekenntnis immer wieder einmal im Familiengottesdienst verwendet. Daneben tritt das Glaubenslied...

4. Lied und Musik   Im Familiengottesdienst soll die Gemeinde viel singen. Folgende Möglichkeiten haben sich für uns ergeben:
a) Choräle   Auf einzelne Choräle wollen wir nicht verzichten. Auch hier geht es um die Kontinuität mit der Kirche. Allerdings meinen wir, daß der Inhalt mancher Lieder nur dadurch wiedergewonnen werden kann, daß man sie in einen besonderen Kontext stellt.
b) Moderne Lieder und Chansons   Auch das moderne Lied hat sich durchgesetzt. Dazu gehören vor allem die 111 Kinderlieder zur Bibel[5]. Diese Lieder bilden nicht selten den Ausgangspunkt für die Konzeption eines Gottesdienstes.
c) Offenes Singen   Der Kanon hat sich sehr bewährt, besonders anstelle des Introitus. Besser ist es jedoch, immer einen guten, zum Thema passenden Kanon parat zu haben, der dazwischengeschoben wird, wenn ein Gottesdienst im Blick auf die Aufmerksamkeit der Kinder »durchhängt«. Hierher gehört auch das offene Singen und die damit verbundene Möglichkeit zwangloser Verkündigung. Rhythmische Begleitung, auch das Händeklatschen fördern zudem die Spontaneität im Gottesdienst.
d) Wechselgesang   Neue Möglichkeiten ergeben sich durch den Wechsel von Vorsänger und Gemeinde. Hier ist von den Gospelsongs der amerikanischen Kirchen, aber auch aus der deutschsprachigen Folklore viel an Methodischem zu lernen. Es ist durchaus denkbar, daß auf diese Weise neue spontane Lieder entstehen können. Hier könnte ein begabter Kantor oder ein Künstler der Gemeinde ein neues Betätigungsfeld finden.
e) Kinderchor   Mit der Verwendung von Chören im Familiengottesdienst sollte man zurückhaltend sein. Das gilt auch für den Kinderchor. Hier kann leicht wieder eine Konsumentenhaltung erzeugt werden. Zum Einsingen neuer Lieder, aber auch im Wechselspiel zwischen Gemeinde, Chor und Vorsänger sind sie unentbehrlich. Es sollte darauf geachtet werden, daß Chöre nicht von der Empore aus singen, sondern unmittelbar vor der Gemeinde stehen. Das ist besonders für Kinder wichtig.
f) Orffsches Instrumentarium   Große Bedeutung gewinnt das Orffsche Instrumentarium... Dieses Instrumentarium gibt die großartige Möglichkeit, erzählte oder gelesene Texte zu betonen. Hier tritt Aussagekraft neben

das Festliche. Es ist nur schade, daß es auf diesem Gebiet bisher zu wenig Experimente gibt.

IV. Hauptproblem Verkündigung
Die Konzeption des neuen Familiengottesdienstes setzt voraus, daß Eltern und Kinder von Anfang bis Ende am Gottesdienst teilnehmen. Damit ergibt sich das Problem, wie man Menschen von fünf bis sechzig Jahren und mehr erreichen soll. Es geht also nicht um einen Erwachsenengottesdienst, bei dem Kinder dabei sind. Auch nicht um einen Kindergottesdienst, den Erwachsene um der Kinder willen besuchen. Beide Seiten sollen gleichzeitig ernst genommen werden. Freilich gibt es eine untere Altersgrenze für die Gesamtanlage. Sie liegt je nach Gemeinde zwischen 4 und 6 Jahren. Die Entwürfe sind danach zu beurteilen. Ob das Problem überhaupt zu lösen ist, muß sich zeigen. Die abgedruckten Beispiele stellen einen Versuch dar, der kritische Einwände herausfordern wird.

1. Lösungsmöglichkeiten
a) Der Monolog des Charismatikers Es gibt Stimmen, die meinen, daß diese Aufgabe nur von Charismatikern gelöst werden kann. Tatsächlich gibt es Prediger, die das können. Eine Analyse ihrer Predigten zeigt, daß sie sich weder auf das Niveau der Kinder oder der Erwachsenen, noch auf eine mittlere Lage festgelegt haben. Der Prediger wendet sich vielmehr abwechselnd an Kinder und Erwachsene. Um es bildhaft zu sagen, er klettert wie ein Frosch auf der Leiter auf und ab, wechselt dadurch Ebene und Stil.
b) Die Trennung in der Anrede Eine andere Lösungsmöglichkeit sehen manche darin, die Erwachsenen- und Kinderpredigt auseinanderzuhalten. Kindergärtnerinnen können viel besser mit Kindern sprechen. Darum übernehmen sie die Erzählung der biblischen Geschichte für die Kinder. Der Pfarrer schließt eine Kurzpredigt an. Diese wendet sich an die Erwachsenen. Sie kann kurz sein, weil der Text in der Kindererzählung bereits aufleuchtete.
c) Eine Darstellung mit verschiedenen Tiefen Die beiden vorausgehenden Lösungsmöglichkeiten gehen von der bisherigen Predigttradition aus, die im Laufe der Jahrhunderte eine Art Monopolstellung bekommen hat. Andere Kommunikationsformen, die zum Beispiel im Bereich der Katechetik entwickelt wurden, blieben ohne Einfluß auf die Predigt. Erst in letzter Zeit, so bei Jugendgottesdiensten, ergaben sich andere Möglichkeiten neben dem reflektierenden Monolog, der nur Erwachsene erreicht. Und selbst da nur einzelne Schichten. Es müssen Darstellungsformen gefunden werden, die verschiedene Verstehenstiefen haben, um so gleichzeitig die unterschiedlichen Altersgruppen anzusprechen. Es wäre dann möglich, mit einer

Darbietung gleichzeitig verschiedene Gruppen jeweils in ihrem Verstehenshorizont zu erreichen. Einige Beispiele dafür:
Die Erzählung. Im Gegensatz zur reflektierenden Rede erreicht sie alle Gruppen. Sie weckt in ihrer Bildhaftigkeit und in der Darstellung eines Geschehens die Fantasie der Kinder. Sie sind interessiert. Der Erwachsene hört die gleiche Geschichte mit einem ganz anderen Interesse, wenn dieser Geschichte eine Problemstellung vorausgeht, die dann wie eine Kerze hinter einem Transparent wirkt. Ihm sagt so die Geschichte mehr, sie ist ihm Antwort auf das Problem, das vorher angerissen wurde. Man kann es durch eine Beispielsgeschichte, einen Zeitungsausschnitt, eine Anspielszene aufwerfen. Die darauf folgende Erzählung einer biblischen Geschichte wird von den verschiedenen Altersgruppen unterschiedlich, verschieden intensiv mit der Problemstellung verknüpft. Gerade diese verschiedenen Verstehenstiefen ergeben das Gespräch. Der kleine Junge fragt hinterher seinen Vater: Warum hat man die Geschichte erzählt? Die ältere Tochter hat die Antwort darauf gehört und versucht, es in ihrer Weise auszudrücken. So ergibt sich ein Gespräch. Eine Kurzansprache von einer Minute in der Sprache und Problematik der Erwachsenen kann für diese weitere Impulse geben.
Das Bild. Es spricht ebenfalls unterschiedlich an und kann in ähnlicher Weise verwendet werden. Variationen dazu wären Dias, Film, Plakate, Kollagen, Flanellbilder. Gerade diese können im Vollzug der Erzählung eine starke interpretierende Bedeutung bekommen. Leider gibt es zuwenig gute Flanellbilder. Aber auch der Umgang mit Bildern in einer Zeitschrift oder Einzelbildern, die verteilt werden, tun ihren Dienst. Beispiele bringen die folgenden Entwürfe.
Das Spiel. Jeder kennt vom Theater her die Wirkung der Handlung. Es ist eine faszinierende Darstellungsform, die ebenfalls verschiedene Verstehenstiefen hat und Gespräche provoziert. Stegreifspiele, Laienspiel, gebundene Sprechszenen gehören hierher. Sie müssen auf Nebenwirkungen gut untersucht werden. So kann ein Krippenspiel eher die Aussage verschütten, als sie transparent zu machen.
Die Symbolhandlung. Vor allem aus dem Alten Testament ist sie uns bekannt. Wenn Jeremia mit einem Joch auf der Schulter durch die Straßen Jerusalems geht, begreift ein Kind, was damit gesagt ist. Wenn er ein Gefäß zertrümmert und dieses Geschehen interpretiert, ereignet sich ein ähnlicher Vorgang.
Die provozierte Selbsterfahrung. Es können Situationen geschaffen werden, die Kindern und Eltern Erfahrungen vermitteln. Der im Entwurf gebrachte Erntedankfest-Familiengottesdienst zeigt dies. Gesellschaftsspiele leben davon, daß sie den Teilnehmern Erlebnisse schenken. Darin liegt ihr Spielwitz. Hier liegt ein Schatz ungehoben, der typische menschliche Probleme und Erfahrungen birgt. Man müßte die Gesellschaftsspiele auf ihre Aussa-

gekraft untersuchen und den Mut haben, sie im Familiengottesdienst zu verwenden. Eine kurze Reflexion über die gemachten Erfahrungen genügt, um die Verkündigungsaussage unmittelbar verstehbar zu machen.
Das Lied. Musik ist eine Kommunikationsform, die genau wie die Erzählung unterschiedliche Verstehenstiefen hat. Fragen, die nur vordergründig rational gestellt sind, aber einen emotionalen Hintergrund haben, können nicht rational beantwortet werden... Der Versuch, die Antwort über das Lied zu geben, das auf die eigentliche Frage nach der Geborgenheit antwortet, zeigt diese Möglichkeit an.

2. Das Problem Gesetzlichkeit   Nicht nur im Kindergottesdienst, sondern gerade auf unserem Feld ergibt sich die Gefahr der Gesetzlichkeit. Die moralische Fragehaltung des Kindes und die Erziehungstendenzen der Eltern scheinen hier einen gefährlichen Sog auszuüben. Gesetzlichkeit im Familiengottesdienst wäre nicht nur aus theologischen Gründen problematisch. Es geht nicht nur um das Evangelium, das ermuntert und befreit. Festlichkeit und Freude hätten keinen echten Grund, wenn die gesamte Aussage gesetzlich orientiert wäre. Aber auch die bestehenden Machtverhältnisse in der Familie würden dadurch gestärkt. Es würde auf Kosten des Kindes gepredigt.
Lebenshilfe vom Evangelium her muß nicht gesetzlich sein. Sie erweist sich aber erst als Hilfe zum Leben, wenn sie ermuntert, befreit und zum Loben und Danken führt. Einander anzunehmen, so wie Christus uns angenommen hat, bringt Menschen nach dem Apostel zum Lob Gottes (Römer 15,7). So muß schon in der Gestaltung verhindert werden, daß diese Gefahr Wirklichkeit wird. Dazu ist zu sagen:
a) Problemorientierte Christusverkündigung   Ein kurzer Blick auf die hier vorgelegten Entwürfe zeigt, daß sie zum größten Teil problemorientiert sind. Sie gehen nicht von Bibeltexten aus, sondern vom Kontext der Familie und deren Umkreis. Der Sitz im Leben ist auch dort gesucht worden, wo es um ausgesprochene Gottesdienste zum Kirchenjahr ging. Diese Darstellungsform ist nicht neu. Die paulinischen Paränesen, sowie die synoptische Tradition zeigen diese Verkündigungsform. Der Christuspsalm in Philipper 2 steht eben nicht isoliert da. Voraus geht die Problematik der Gemeinde, das Uneinssein, in dem jeder über dem anderen sein möchte. In diese Fragehaltung hinein gleitet die Aussage des Christuspsalmes, der »dogmatische« Teil. Das menschliche Problem wird durch diese christologische Aussage eröffnet und orientiert. Es wird so deutlich, wer dieser Jesus für uns ist. Es ist bezeichnend, daß nach unseren Perikopen-Ordnungen über den Christuspsalm ohne Kontext zu predigen ist. Christus in der Problemstellung verkündigt, verhindert Gesetzlichkeit; es sei denn, daß man diesen Jesus nur als Vorbild verkündigen möchte. Daß er auch Vorbild ist, daß an

seinem Verhalten unser Verhalten orientiert und befreit wird, das muß allerdings festgehalten werden.

b) Ernstnehmen unterschiedlicher Rollen   Eine Differenzierung der Aussage im Blick auf Erwachsene und Kinder verhindert ebenfalls einflächiges Moralisieren. Die Versuche könnten zeigen, ob das gelungen ist. Durch diese Differenzierung ist es möglich, auch das spezifische Verhalten der Erwachsenen am Christuszeugnis zu messen. Ihnen ist etwa zu sagen: Ihr Väter, reizet euere Kinder nicht zum Zorn (Epheser 6).

c) Gesprächsanstöße   Gerade die Zielvorstellung, daß der Gottesdienst Gesprächseröffnung sein müsse, verhindert, daß hier fertige Rezepte gliefert werden. Denkanstöße ermöglichen einen differenzierten Umgang mit der Aussage.

Anmerkungen:

* Quelle: G. Kugler, Familiengottesdienste. Entwürfe – Modelle, Einfälle, Gütersloher Verlagshaus, Gütersloh ²1972, 11–30 (gekürzt).
1. Die Überschrift wurde vom Herausgeber eingefügt.
2. Die folgenden Abschnitte ausführlicher in: G. Kugler: Zwischen Resignation und Utopie. Die Chancen der Ortsgemeinde, 1971.
3. I. Adam (Hg.), Arbeitshilfe für den Kindergottesdienst, 1970.
4. Harvey Cox: Das Fest der Narren, Stuttgart und Berlin 1970.
5. G. Watkinson, 111 Kinderlieder zur Bibel, 1968.

4.6 Martin Koschorke
DAS GEGENWÄRTIGE BERATUNGSANGEBOT UND DIE UNTERSCHICHTEN*

These 5:
Die zur Zeit praktizierten Beratungskonzepte und -angebote sind überwiegend von Angehörigen der mittleren Schichten für Angehörige der mittleren Schichten entwickelt worden, auf einem Hintergrund, in einem Rahmen, mit Zielsetzungen, Methoden und Mitteln, die den Angehörigen der mittleren Schichten gemäß sind. Die Angehörigen der unteren Schichten, vor allem der mittleren und unteren Unterschicht, erleben diese Beratungsangebote als ihnen nicht gemäß und fremd.
Um diesen Tatbestand zu verdeutlichen, soll ein – in den Mittelschichten erfolgreiches – Konzept von Beratung den sozialen Bedingungen der Unterschichten gegenübergestellt werden. Nach diesem Konzept stellt Beratung einen Prozeß dar, in dem der Berater versucht, mit dem Ratsuchenden eine Beziehung aufzunehmen. Ziel ist, daß der Ratsuchende Fähigkeiten erwirbt, über aktuelle Anlässe hinaus generell besser mit seinen Konflikten umzugehen oder sie zu lösen. Dies soll auf einem Weg geschehen, der dem Ratsuchenden entspricht. Dem Ratsuchenden wird dabei die Initiative des ersten Schrittes überlassen. Die Beratungsbeziehung ist von seiten des Beraters eine berufliche und zeitlich limitierte. Darum findet die Beratung an neutralem Ort statt.
Die Begrenztheit dieses Konzepts für die Unterschichten will ich an folgenden Stichworten zeigen: Zugang zur Beratung, institutioneller Rahmen, Ziele und Voraussetzungen, Methoden und Mittel der Beratung, der Berater als Angehöriger der Mittelschichten.

These 6:
Angehörige der Unterschichten haben schwerer Zugang zur Beratung.
Um Beratung in Anspruch nehmen zu können, sind bestimmte Kenntnisse und Fähigkeiten notwendig, die Angehörigen der Mittelschichten im allgemeinen zur Verfügung stehen, für Mitglieder der Unterschichten jedoch ernsthafte Hindernisse darstellen.
1. Erforderlich ist die *Kenntnis der Existenz von Beratung* oder Beratungsstellen, oder die Fähigkeit herauszubekommen, daß es so etwas wie Beratung gibt.

2. Erforderlich ist weiter das *Wissen, um was für eine Beratung es sich handelt,* bzw. in welchen Fällen und für welche Probleme gerade diese Stelle und diese Art von Beratung infrage kommt. Falls jemand dieses Wissen nicht hat, müßte er motiviert und in der Lage sein, nachzufragen, sich zu informieren (»Fragen kostet nichts«).
In den Unterschichten ist dagegen allgemein eine geringe Kenntnis von Behörden und Institutionen und deren Funktionen bzw. Angeboten anzutreffen. Dies gilt speziell für die Beratung. Angehörige der Unterschichten sind auch weniger in der Lage, sich diese Informationen zu verschaffen oder sie in ihrer Umgebung zu erhalten. Sie sind häufig in Unkenntnis über ihre Rechte und ihnen zustehende soziale Leistungen, oder sie unternehmen keine Schritte, um sie zu erlangen. Ein Problem muß schon recht massiv sein, bevor man sich nach außen, an Behörden oder eine Beratungsstelle, um Hilfe wendet. Diese Tatsache weist auf den Abstand der Unterschichten zum Bereich des öffentlichen sozialen und politischen Lebens hin und auf die Abgeschlossenheit ihrer Subkultur.
Informationen über Hilfsmöglichkeiten werden eher von Mund zu Mund weitergegeben. Dabei wird auf Erfahrungen aus Familie, Verwandt- und Nachbarschaft zurückgegriffen. Aus diesem Kreis erhalten und erwarten die Angehörigen der Unterschichten auch Hilfe in Notsituationen und Lebenskrisen.
Um Beratung in Anspruch nehmen zu können, muß man
3. *wissen, wie man* mit einer Beratungsstelle *Kontakt aufnimmt* (ist schriftliche, telefonische oder persönliche Anmeldung angezeigt und zu welchen Zeiten?);
4. *über die Mittel verfügen, Kontakt aufzunehmen* (z. B. über ein Telefon; es muß Papier und etwas zum Schreiben zur Hand sein);
5. *fähig* sein, die *Kontaktaufnahmemittel zu benutzen.*
Angehörige der Unterschichten sind relativ ungeübt, Kontaktaufnahme mit Behörden usw. zu organisieren. Um einen Brief zu schreiben, bedarf es eines besonderen Energieaufwandes. Angehörige der Unterschichten haben Schwierigkeiten, sich schriftlich auszudrücken. Sie haben eine Scheu vor Korrespondenz mit Behörden, auch weil Behördenbriefe oft objektiv schwer verständlich sind. Ungeübtheit im Gebrauch des Telefons bewirkt Unbeholfenheit im Ausdruck, ja überhaupt eine Scheu vor dem Telefon. Im übrigen besaßen 1969 nur 12,5% der Arbeiter Telefon. Öffentliche Fernsprecher sind in Arbeitervierteln relativ selten und häufiger außer Betrieb.
Zusammenfassend läßt sich sagen: Die Kontaktaufnahme mit einer Beratungsstelle fordert von den Angehörigen der Unterschichten eine überdurchschnittliche Anstrengung. Als Vorbedingung für Beratung müssen sie in der Lage sein, aus eigener Initiative den Graben zwischen sich und dem

öffentlichen Bereich der Behörden und Institutionen zu überspringen, also ihre soziale Isolation zu überwinden, die gerade Anlaß und Grund für zahlreiche persönliche Schwierigkeiten ist.

These 7:
Der institutionelle Rahmen, in dem Beratung geschieht, wird von den Angehörigen der Unterschichten als fremd und feindlich erlebt. Er bewirkt Gefühle von Hilflosigkeit und Abhängigkeit und mobilisiert bestehendes Mißtrauen und Ressentiments gegenüber Behörden und Institutionen, oder sogar Apathie.

In These 6 wurde eine ›technische‹ Barriere, die zwischen den Unterschichten und den gesellschaftlichen Institutionen besteht, angesprochen. Eine Voraussetzung, den Zugang zur Beratung überhaupt zu suchen, ist die Bereitschaft zur Beratung, das Vertrauen: da kann mir geholfen werden, oder zumindest doch das Fehlen von Mißtrauen.
In den Unterschichten bestehen nun ausgesprochene Scheu und Mißtrauen gegenüber Behörden und Institutionen. »Mitglieder der Unterschichten haben ... weniger ›Beziehungen‹ in öffentlichen Einfluß- und Geltungsbereichen als Angehörige von Mittel- und Oberschichten; sie haben weniger Einblick in öffentliches Geschehen; sie können sich mit ihren Interessen gegenüber Gerichten, Schulen und Behörden weniger zur Geltung bringen.« Auch Beratungsstellen werden von den Unterschichten zunächst einmal als Behörde erlebt (zumal der Zugang zur Beratung für Ratsuchende aus den Unterschichten oft über behördliche Maßnahmen läuft). Das bestätigt eine Befragung von berufstätigen verheirateten Frauen zwischen 20 und 30 Jahren aus Österreich. Auf die Frage nach der Erwünschtheit von Beratungsstellen wurde »der allgemeine Wunsch nach Beratungsstellen ... unabhängig von Beruf, Sozialschicht und Religion sehr deutlich ausgedrückt (80%). Aber die Bereitschaft zum Besuch tritt erst mit steigender Schulbildung häufiger auf. Wenn über 90% der Abiturientinnen aussagten, daß sie allein oder mit dem Mann eine Beratungsstelle besuchen würden, gegenüber einer weit geringeren Zahl der übrigen, ist diese Einstellung eine Voraussetzung dafür, daß in der Praxis Frauen mit höherer Schulbildung auch eher eine Beratung erfahren werden«.
Die Vorbehalte und das Mißtrauen in den Unterschichten haben u. a. damit zu tun, daß das Leben sich in den Unterschichten nach anderen Regeln und Werten abspielt als in den öffentlichen Institutionen. Behördliche Vorgänge sind oft *anonym* und *unpersönlich.* Die Erledigung eines persönlichen Anliegens, an das Gefühle und Erwartungen geknüpft sind, wird zu einem Vorgang, erhält eine Nummer, bedarf einer Masse oft unverständlichen Papiers. Eine solche Arbeits- und Kommunikationsweise ist Unterschichtsangehörigen fremd und befremdet sie. Denn in ihrer stark von familisti-

schen Werten geprägten Subkultur geschieht Hilfe direkt, spontan, persönlich, ohne großes Reden und viel Papier, auf solidarischer Basis.
Behördliche Vorgänge und Zuständigkeiten sind den Mitgliedern der Unterschichten *undurchsichtig*. Weiterverweisen an eine andere Tür oder Stelle wird als Zurückweisung erlebt. Zur Unkenntnis der behördlichen Wege und Vorschriften kommt eine Unbeholfenheit im Vertreten persönlicher Angelegenheiten. Ein solches Verhalten bestärkt dann noch die Vorurteile der Angestellten und Beamten, und die faktische Benachteiligung der Unterschichten in und durch Behörden und Institutionen.
Angehörige der Unterschichten erleben sich als den Behörden relativ schutzlos *ausgeliefert* – und sie sind es auch. Sie erleben sich als *abhängig* und machtlos: Die Behörde ist groß und mächtig, ich bin klein. Stark fühlen sich Arbeiter beispielsweise im Kollektiv. Erfolge und Verbesserung ihrer Situation erreichen sie in solidarischer Aktion, oft gegen Institutionen, und nicht im individuellen An-die-Tür-Klopfen und Reden. Die Summe der negativen Erfahrungen, die Unterschichtsangehörige mit Behörden machen, bestärken ihre Scheu und ihre Ressentiments und fördern Resignation und soziale Apathie.
Nun sind Beratungsstellen in diesem Sinn keine Behörden. Doch welche Erfahrungen und Gefühle werden wiederbelebt, wenn ein Arbeiter ein Büro betritt?
Da ist einmal die Regel, daß zwei Menschen, die sich zum ersten Mal in einem geschlossenen Raum gegenübersitzen, Angst haben. Dabei ist der Berater im Vorteil, weil es ›sein‹ Zimmer ist, die ihm gewohnte Umgebung. Für Arbeiter jedoch kommt noch einiges hinzu: »Die Atmosphäre in den Bürostuben ist ihm fremd; schon die Abgeschlossenheit der Räume hat etwas Distanzierendes, Ausschließendes. Er ist es gewohnt, daß er seine Arbeit jederzeit sichtbar, kontrollierbar, gleichsam ›öffentlich‹ vollziehen muß.« Dadurch also, daß Beratung Teil einer Institution ist und sich ganz selbstverständlich in einem Büro bzw. Beratungszimmer abspielt, entstehen bei Angehörigen der Unterschichten grundsätzlich zwangsläufig Assoziationen wie: die anderen, die in den sauberen Hemden, die Studierten, die da drüben, oder sogar die da oben, also Assoziationen von Schichtdifferenz und Herrschaftssituation. Im Beratungszimmer befinden sich die Angehörigen der Unterschichten nicht in einem herrschaftsfreien Raum, den Bezügen ihres Alltagslebens entnommen, sondern sie stehen in einem von Herrschaft und Abhängigkeit gekennzeichneten Beziehungsfeld. Der Berater wird sich dessen kaum je bewußt, einmal weil Unterschichtsangehörige gewohnt sind, sich den jeweiligen Situationsanforderungen anzupassen, und zum anderen, weil aus Scheu vor Institutionen und Resignation nur wenig Mitglieder der Unterschichten in die Beratung kommen. Daß zum Beispiel die Objektivität psychologischer Tests für Angehörige der Unter-

schichten sehr fraglich ist, weil auch die Testsituation (gerade bei Kindern) in der oben dargestellten Weise konstelliert ist, sei nur am Rande erwähnt.
Zusammenfassend läßt sich sagen: Vorbedingung zum Zustandekommen von Beratung ist bei Angehörigen der Unterschichten, daß der Ratsuchende die Folgen der sozialen Isolation seiner Schicht, nämlich Passivität, Ressentiments und negative Erfahrungen überwindet. Der Ratsuchende muß zu aktivem Handeln im Eigeninteresse fähig sein. Das heißt: Voraussetzung für das Zustandekommen von Beratung ist unter Umständen genau das, was das Ergebnis einer erfolgreichen Beratung sein könnte.

These 8:
Die Zielvorstellungen der Beratung (Aktivierung individueller Selbsthilfefähigkeiten, mehr individuelle Autonomie usw.) fordern von den Angehörigen der Unterschichten die individuelle Bewältigung von Konflikten, die weitgehend sozial verursacht sind. Sie stehen in direktem Gegensatz zu den in ihrer Subkultur bewährten kollektiven Konfliktslösungsstrategien. Bei dem Versuch, die genannten Zielvorstellungen im Prozeß einer Beratung in die Realität umzusetzen, werden beim Ratsuchenden bestimmte Voraussetzungen unterstellt: die Fähigkeit der Generalisierung und des Transfers von einer Situation in die andere, Verhaltenskonsistenz, ein relativ weiter Planungshorizont usw. Außerdem wird angenommen, daß in der Beratung ein relativ herrschaftsfreier Kommunikationsraum bestehe, und daß herrschaftsfreie Kommunikation dem Ziel der Beratung auch von Angehörigen der Unterschichten dienlich sei.
Die *Zielvorstellungen* der Beratung lassen sich etwa folgendermaßen beschreiben:
Durchsichtigwerden der Konflikte des Ratsuchenden, Eintritt in die Ursachen der Konflikte, Abbau von Erstarrungen beim Ratsuchenden;
Erwerb der Fähigkeiten, eigene Bedürfnisse besser wahrzunehmen, durchzusetzen und die Realisierungsmöglichkeiten eigener Wünsche besser abzuschätzen;
Aktivierung individueller Selbsthilfefähigkeiten beim Klienten (der Berater soll nur ›Hilfe zur Selbsthilfe‹ leisten),
insgesamt also Ichstärkung und in deren Folge ein vom Ich kontrolliertes Verhalten des Ratsuchenden.
Diese Zielvorstellungen sind sehr stark auf den Ratsuchenden als Individuum ausgerichtet. Das ist im Grunde auch bei neueren Beratungsansätzen nicht anders, in denen die Beziehung des Ratsuchenden zu seinem Partner bzw. das Interaktionsfeld, in dem der Klient sich bewegt, Gegenstand des Beratungsgesprächs ist. Denn auch in diesem Fall werden die Konflikturachen überwiegend beim Individuum oder bei den Individuen gesucht. Die

diesen Beratungszielen zugrunde liegenden Werte wie: mehr Autonomie, mehr Selbständigkeit, mehr Freiheit usw. haben ebenfalls eine individualistische Tendenz.
Die genannten Zielvorstellungen der Beratung beinhalten unausgesprochen bestimmte *Voraussetzungen*, die ich nun im einzelnen betrachte.
1. Steht im Mittelpunkt der Beratung der Ratsuchende mit seinen Konflikten, so wird die *Ursache der Konflikte* hauptsächlich *im Ratsuchenden als Individuum* gesehen. Minderung des Konfliktdrucks oder Konfliktlösung – in dem Sinn, daß der einzelne mehr Freiheit verwirklicht – ist möglich, sofern die soziale Umwelt so gestaltet ist, daß das Individuum entweder potentiell mehr Freiheitsspielraum hat als es gegenwärtig wahrnimmt, oder sich mehr Spielraum verschaffen kann. Diese Situation entspricht der sozialen Lage der Mittelschichten, sowohl in ökonomischer Hinsicht als auch – daraus folgend – alle Lebenszusammenhänge und das subjektive Lebensgefühl betreffend. Die Beratung mit ihrem Ziel: individuelle Selbstverwirklichung versetzt den einzelnen in die Lage, das soziale Lebensziel seiner Schicht, nämlich: individuelle Selbstverwirklichung, individuelles Fortkommen, soviel Anteil am sozialen Kuchen wie möglich, besser zu erreichen.
In den Unterschichten dagegen läßt der starke soziale Situationsdruck für individuelle Selbstverwirklichung und Freiheit wenig Spielraum, wenn er überhaupt besteht. Persönliche Konflikte sind weit stärker durch äußere Faktoren direkt verursacht, zumindest veranlaßt. Wird beim Klienten der Unterschichten die Konfliktursache nun überwiegend in individuellen Faktoren gesucht, so gerät er in Schwierigkeiten:
Einmal mit seinen Erfahrungen: Der Klient wird implizit für seine – soziale – Situation verantwortlich gemacht, erfährt aber tagtäglich, daß das ungerechtfertigt, zumindest einseitig ist.
Zum andern mit den Werten seiner Umwelt: Die Ethik der individuellen Selbstverwirklichung und Entfaltung liegt quer zu zentralen Werten seiner Subkultur.
Schließlich mit der objektiven Realität: Geht einerseits Beratung von den subjektiven Konfliktursachen aus in der Hoffnung, der Ratsuchende werde auf diese Weise fähig, seine soziale Umwelt zu gestalten oder zu verändern, ist aber andererseits der Situationsdruck und die Notwendigkeit zur Anpassung so stark wie gezeigt, so hat Beratung wenig Aussicht auf Erfolg. Es sei denn, es gelänge in der Beratung, den Ratsuchenden auf die Ziele der Beratung hin zu orientieren und das heißt, ihn aus seiner Schicht herauszuheben. Das wird aber, weil sich die Sozialisation der Unterschichten von der in den Mittelschichten unterscheidet, nur in Einzelfällen geschehen können und stellt schon deshalb keine Lösung des Problems: Beratung für die Unterschichten dar.

2. Nach dem zu These 5 beschriebenen Beratungskonzept wird im allgemeinen zwischen Konfliktanlaß und Konfliktursache unterschieden. Das Problem des Ratsuchenden sei, so wird angenommen, nicht der akute Konflikt, sondern seine Unfähigkeit, diesen Konflikt selbst zu bewältigen. Aufgabe der Beratung ist es dann, die Konfliktursache soweit wie möglich zu beseitigen, also die Unfähigkeit des Klienten zu eigener Aktivität anzugehen in der Hoffnung, auf diesem Wege werde der akute Konflikt (-anlaß) und ähnliche Situationen in der Folgezeit dann besser bewältigt werden können.

Mit einer solchen Konzeption wird beim Ratsuchenden vorausgesetzt eine *Fähigkeit der Generalisierung* (der Ratsuchende kann aus einer bestimmten Situation allgemeine Einblicke in seine Lage und Motivationen gewinnen) *und zum Transfer* (der Ratsuchende kann die in der Beratungsstunde erworbenen Einsichten auf andere Situationen übertragen und dort – positiv – anwenden). Diese beiden Voraussetzungen implizieren beim Ratsuchenden *Verhaltenskonsistenz*, d. h. das Verhalten wird auch in unterschiedlichen Situationen nach einem einheitlichen Orientierungsmuster gestaltet.

Ich-Stärkung verstehe ich als einen Beitrag zum Erwerb der Fähigkeit, sich auch widersprüchlichen Anforderungen gegenüber einigermaßen konsistent zu verhalten. Damit erwartet der Berater als Ziel der Beratung ein Verhalten von seinem Klienten, das der Tendenz zu stärker situativen Problemlösungen in den Unterschichten widerspricht. Auch im Verhalten der Unterschichten zeigt sich durchaus eine Konsistenz: Sie besteht darin, die einzelnen Situationen ›angemessen‹ zu bewältigen, d. h. entweder dem sozialen Druck oder falls möglich spontan den eigenen Impulsen zu folgen.

Mit der Erarbeitung genereller Verhaltensleitlinien, was bis zu einem gewissen Grad die Disziplinierung spontaner affektiver Regungen notwendig macht, bewirkt die Beratung zweierlei: *Entweder* werden Unterschichtsklienten in der für ihre soziale Schicht unabdingbaren situativen Verhaltensorientierung verunsichert bzw. müssen für die gleiche Verhaltensleistung eine größere Anstrengung aufbringen. *Oder* die Beratung bestärkt nur, was man die Inkonsistenz der Wertorientierung der Unterschichten oder ihre »Kulturambivalenz« nennt. Gemeint ist, daß die Unterschichten neben dem eigenen auch mit dem offiziellen Wertsystem (dem der Mittelschichten) vertraut sind »und sich damit an zwei grundlegend verschiedenen Wertsystemen orientieren können«. In beiden Fällen hätte der Klient aus den Unterschichten durch die Beratung zur Bewältigung seiner Konflikte nichts hinzugewonnen.

3. Beratung versteht sich häufig als ›*Partnerschaft auf Zeit*‹, wobei die Betonung zunächst auf dem Wort *Zeit* liegen soll. Bei Beratungsbeginn ist

der Berater darauf eingestellt, daß der Beratungsprozeß sich möglicherweise über Wochen oder Monate hinziehen wird. Diese Bereitschaft unterbreitet er dem Ratsuchenden ausgesprochen oder unausgesprochen als Angebot. Voraussetzung der Beratung ist damit beim Ratsuchenden die Bereitschaft und Fähigkeit zu Planung auf lange Sicht und Vertrauen in die Zukunft (»ich komme nicht zu kurz, wenn ich die sofortige Lösung des Problems verschiebe«).

Diese beiden Einstellungen laufen grundlegenden Erfahrungen der Unterschichten entgegen. Der Einfluß des Wunsches nach spontaner, auf den Augenblick bezogener Lebens- und Problembewältigung auf die Beratungs*dauer* ist inzwischen eindeutig nachgewiesen: Angehörige der Unterschichten sind weniger geneigt, nach einem Aufnahmetest oder Erstinterview wiederzukommen. Beratungs- und Therapiezeiten sind bei Klienten aus den Unterschichten signifikant kürzer als bei Angehörigen der Mittelschichten. Die Notwendigkeit zu einer längerfristigen Beratung ist Unterschichtsangehörigen auch weniger einsichtig, während die oberen Schichten eher motiviert sind, eine Gesprächsreihe als sinnvoll zu empfinden. Nach *Hollingshead* und *Redlich* sind in den Unterschichten eher kurzfristige, unterstützende Psychotherapie bzw. Beratung oder sonstige Therapien (pharmakologische usw.) erfolgreich, während in den oberen Schichten intensive, ich-stärkende Psychotherapien überwiegen. Dabei ist aber zu beachten, daß Unterschichtsangehörige oft von vorneherein als für intensive Beratungen oder Psychotherapien weniger geeignet gehalten werden und nach den vorliegenden Untersuchungen im allgemeinen auch schlechter beraten und behandelt werden, auch unabhängig von ihren begrenzten finanziellen Möglichkeiten. Allerdings äußern sie selber den Wunsch nach handfesten Beratungsmethoden.

Besteht in den Unterschichten die Neigung, Probleme direkt zu lösen, wenn sie auftreten, dann bedeuten lange Wartelisten den Tod für die Aufnahme der Beziehung zu Unterschichtsklienten.

An dieser Stelle sei eine Bemerkung über die Literatur eingefügt, auf die ich mich in diesem Abschnitt bezogen habe und im folgenden noch beziehen werde. Untersuchungen, die sich mit Beratung befassen, so wie sie oben (zu These 5) definiert ist, sind selten. Die meisten Arbeiten handeln vom psychotherapeutischen oder psychiatrischen Gesprächs- bzw. Behandlungsprozeß. Zwischen Psychotherapie bzw. psychiatrischer Behandlung einerseits und Beratung andererseits besteht jedoch ein enger Zusammenhang. Das gilt gerade im Verhältnis beider Arbeitsbereiche zu den Unterschichten. Arbeiten, deren Ergebnisse sich auf die Beratung nicht anwenden lassen, habe ich nicht herangezogen.

4. Beratung als ›*Partnerschaft auf Zeit*‹ – mit der Betonung auf *Partnerschaft* – wird oft als das Angebot einer Kommunikation in einem relativ

herrschaftsfreien Raum verstanden, in dem der Ratsuchende Verhaltensweisen und Einstellungen ausphantasieren und ausprobieren kann, die ihm in seinem Alltag so nicht möglich sind, ohne daß er dafür gleich die gewohnten entmutigenden Sanktionen erhält.
Nun ist nach dem, was ich zu These 7 über den institutionellen Rahmen der Beratung geschrieben habe, schon sehr fraglich, ob Unterschichtsangehörige Beratung als einen herrschaftsfreien Raum erleben. Auch Sprache, Kleidung und Verhalten des Beraters signalisieren seine Zugehörigkeit zu den Mittelschichten (dazu These 10).
Es sei jedoch einmal angenommen, es gelinge dem Berater nach einigen Beratungsstunden das Gewicht dieser Herrschaftsbezüge entscheidend zu verringern. Dann wird mit der These, Beratung sei *Partnerschaft* für eine bestimmte Zeit, immer noch vorausgesetzt, daß die in einem relativ herrschaftsfreien Raum eingeübten Muster des Fühlens, Denkens und Verhaltens Orientierung bieten auch in Bereichen, die starkem Machtdruck, Situationszwängen und Repression unterliegen. Bedenkt man, daß ein Arbeiterkind im Laufe seiner Sozialisation weder in der Familie noch in der Schule, noch später am Arbeitsplatz Erfahrungen im Umgang mit herrschaftsfreier Kommunikation sammeln kann, sondern sich im Gegenteil ständig Situationszwängen beugen muß, so wird unwahrscheinlich, daß diese Art von Beratung hier Hilfe leistet.
Noch weiter in seiner Kritik geht *Bernstein*. Er meint, daß die Bemühung, in Therapie bzw. Beratung einen Raum mit herrschaftsfreier Kommunikation zu schaffen, dem Ratsuchenden aus den Unterschichten Orientierungshilfen entziehe und ihn sozial isoliere. Damit werde das Gegenteil von dem ereicht, was die Beratung beabsichtigt.

These 9:
Die Beratungsmethoden und -mittel (Kommunikation anstelle von Aktion; Abstinenz in der Beziehung seitens des Beraters; überwiegend Verwendung verbaler Kommunikation) entsprechen nicht den Konfliktbewältigungstechniken und Interaktions- und Kommunikationsweisen der Unterschichten. Sie lösen darum häufig Befremden und Mißtrauen aus.
1. Beratung vollzieht sich in der Regel als *Kommunikation statt* in *Aktionen.* Es wird mehr geredet als etwas getan. Dem Ratsuchenden der Unterschichten leuchtet wenig ein, daß Reden, Sich Unterhalten, ›Schwätzen‹, etwas ist, das Probleme beseitigt, zumal wenn organische Ursachen vermutet werden. Das Problemlösungsverhalten der Unterschichten ist vielmehr stark aktionistisch. Das gilt auch für Konflikte in der Familie. Bei Erziehungs- oder Eheschwierigkeiten wird eher mal zugegriffen. Ebenso äußert sich Sympathie in Aktivität (etwas kaufen, etwas für die Familie, den Mann, die Frau oder die Kinder tun). In diesen Zusammenhang paßt auch der

relativ schnelle Entschluß zu Trennung oder Scheidung. Wenn Aktivität jedoch nicht weiterhilft, wenn der Angehörige der Unterschichten sich trotz aktiver Bemühungen als der Situation unterlegen und ohnmächtig erfährt, dann kann die Aktivität schnell umschlagen in Resignation, Rückzug aus der Konfliktsituation, Alkoholismus und Apathie.
Der Vollzug der Problemlösung, wie ihn Berater und Klient in der Beratung auf kommunikativer Basis gemeinsam unternehmen, bringt den Ratsuchenden aus den Unterschichten infolgedessen in Gegensatz zu dem Problemlösungsverhalten, das er gelernt hat und gewohnt ist. Die Beratung versetzt den Ratsuchenden in eine relative Passivität. Sie mutet ihm außerdem den *Transfer von Kommunikation in Aktion* zu. Das heißt: er muß die in einer speziellen Situation im relativ passiven Verhaltensmodus der Kommunikation erworbenen Einsichten allein im alltäglichen Lebensbereich in Aktion umsetzen.
2. Wie dem Ratsuchenden aus den Unterschichten in der Regel in der Beratung mehr Aktivität gemäß wäre, so erwartet er sie auch vom Berater. Das wird besonders deutlich in Beratungszentren, die das Angebot somatisch-medizinischer, psychiatrischer und psychotherapeutischer Therapie vereinen. Angehörige der Unterschichten haben meist den Wunsch, daß, wenn sie schon einmal beim Arzt oder Therapeuten sind, auch etwas geschieht: eine gründliche medizinische Untersuchung, eine handfeste Therapie, Medikamente, Spritzen, Einsatz technischer Apparatur (was u. a. den Eindruck vermittelt, dem Aufwand nach den oberen Schichten gleichwertig behandelt zu werden) oder Arbeitsbefreiung. Gesundheitliche Probleme gelten als körperlich bedingt, auch psychische Probleme werden als körperliche Erkrankung dargestellt oder angesehen, wozu vermutlich mindestens in Deutschland auch die einseitig naturwissenschaftliche Ausrichtung der klassischen Medizin beigetragen hat. Erziehungsschwierigkeiten haben mit Psychologie nichts zu tun. Man möchte eher von Symptomen befreit werden als sich einer umfassenden Behandlung auch der Krankheitsursachen unterziehen. So besteht in Unterschichten wenig Verständnis für einen Beratungs- oder Therapieprozeß auf Dauer, ja für Beratung und Therapie überhaupt. Auch damit mag zusammenhängen, daß – wie oben auf 151 schon berichtet – organische Therapien (pharmakologische, Schock usw.) und diese unterstützende Kurzberatung bei Klienten aus den Unterschichten überwiegen, in den oberen Schichten dagegen häufiger Psychotherapien und analytisch orientierte Beratung anzutreffen und erfolgreich sind.
Angesichts einer solchen Einstellung führt die – methodisch begründete – *Abstinenz des Beraters* im Blick auf Äußerungen über seine Person und im Weitergeben persönlicher Ansichten und Ratschläge bei Angehörigen der Unterschichten zu noch stärkeren Frustrationen als in den Mittelschichten. Der Klient aus den Unterschichten will etwas haben und etwas hören. Er

will einen Rat vom ›Studierten‹, nicht die Solidarität des ›Studierten‹. Der Berater mag seine Gründe haben, sich auch angesichts dieser Erwartungen abstinent zu verhalten. Nur: Erfährt der Arbeiter beispielsweise in seiner Schicht ein Hilfsangebot, so steht ihm der andere spontan und mit der ganzen Person zur Verfügung.

Die Abstinenz und Zurückhaltung des Beraters und sein kontrolliertes Verhalten hinsichtlich spontaner Äußerungen erlebt der Ratsuchende aus den Unterschichten nicht als Beziehungsangebot und auch nicht als Chance, selbst aktiv zu werden, sondern als Indifferenz, Passivität und Desinteresse.

Da ihm Indifferenz und Desinteresse von ›denen aus den Büros‹ wohlbekannt sind, überträgt er massiv seine einschlägigen Erfahrungen auf den Berater. Außerdem überläßt der Berater, indem er Ratschläge verweigert, die Bewältigung der konkreten Konfliktsituation und die Einübung neuen Verhaltens dem Ratsuchenden ganz allein.

Die Abstinenz des Beraters erstreckt sich in der Regel auch auf Hausbesuche beim Klienten, unter anderem wegen der dann unübersichtlichen Übertragungssituation. Damit wird von vorneherein eine Anzahl von Klienten vom Beratungsangebot ausgenommen. Beispiel: Eine Arbeiterfrau und Mutter von drei Kindern – 4 Jahre, 2 Jahre und 6 Monate, ohne Kindergarten – wendet sich in einem sehr unbeholfenen Brief voller Fehler an die Beratungsstelle mit der Bitte um ein Gespräch. Sie hat die Initiative ergriffen. Eine zusätzliche Aufforderung, in die 7 km entfernte Beratungsstelle zu kommen, bliebe mit Sicherheit unbeantwortet; die Frau könnte den Besuch der Stelle gar nicht verwirklichen. In einem solchen Fall schließen sich methodische Korrektheit und Beratung aus, was meist zugunsten der Methode gelöst wird und zuungunsten des Ratsuchenden, dem die Methode dienen soll.

Schließlich weise ich darauf hin, daß die Vorstellung von der Abstinenz des Beraters in der Beziehung zu einem Angehörigen der Unterschichten ohnehin teilweise eine Fiktion ist. Denn in einer positiven Beziehung werden die Verhaltensweisen des Beraters »selbst ›Modell‹ ... für soziales Verhalten der Klienten«.

3. Das entscheidende *Kommunikationsmittel* in der Beratung, wie auch in den therapeutischen Verfahren der meisten Schulen, ist die *Sprache*. Die Verbalisierungsschwierigkeiten, die der Klient aus den Unterschichten hat, sind weder ein Zeichen für Ausdrucksunfähigkeit noch ein Mangel an Intelligenz oder Sensibilität, sondern weisen hin auf eine Ungewohntheit der introversen Beschäftigung mit sich selbst und eine Ungeübtheit, bestimmte Dinge sprachlich zu fassen. Die Sprache hat in den Unterschichten andere Funktionen und eine andere Struktur als in den oberen Sozialschichten. Die Sprachweise der Unterschichten macht »den Benutzer für eine

besondere Form sozialer Beziehung empfindsam«, nämlich für eine Beziehung, »die eindeutig ist und in der die Autorität klar umrissen als Handlungsmaßstab dient«. Sie fördert »die Solidarität mit der Gruppe auf Kosten der Signalisierung spezifischer Unterschiede zwischen ihren Mitgliedern« und erleichtert »die direkte Umsetzung von Gefühlen in Handlungen... Bedeutungsveränderungen (werden) wahrscheinlich häufiger nichtsprachlich als durch Änderung in der Wahl sprachlicher Mittel signalisiert«. Dagegen hilft diese Sprachweise dem Benutzer weniger, »seine Intentionen, besonderen Ziele, Überzeugungen und Motivationen in Worte zu fassen (und) von anderen derartige Mitteilungen aufzunehmen«.

Die Kommunikationsschwierigkeiten zwischen dem Berater und dem Ratsuchenden aus den Unterschichten liegen also darin begründet, daß für beide die Sprache eine unterschiedliche Funktion hat. Das allerdings merkt der Berater oft gerade dann nicht, wenn er den Ratsuchenden gut zu verstehen glaubt, weil er den Hintergrund des Gesagten nicht voll erfassen kann. Der Ratsuchende der Unterschichten kann beim Mittelschichtsberater zwar Verständnis voraussetzen, aber nicht von der Basis des Einverständnisses ausgehen, das ihm bei Angehörigen seiner eigenen Schicht begegnet. Er muß sich bemühen, ihm Selbstverständliches auszusprechen, nach Möglichkeit in einer Sprachweise, die nicht die seine ist. Der Berater dagegen nötigt, ohne Bedenken und vermutlich ohne es zu wissen, dem Ratsuchenden sein Kommunikationssystem auf. Als verbindlich gelten laut Spielregel die Kommunikationsmittel dessen, der sich ohnehin in der stärkeren Position befindet. Die Kommunikationsmöglichkeiten des anderen dagegen kommen kaum zur Geltung.

These 10:
Neben der Unkenntnis der sozialen Lage der Unterschichten und den Sprachbarrieren sind es mehr oder weniger bewußte Vorbehalte des Beraters gegenüber dem Unterschichtsklienten, die das Entstehen der für erfolgreiche Beratung erforderlichen Beziehung erschweren oder verhindern.
Ihr Verhalten, ihre Sprache, Kleidung usw. offenbaren dem Ratsuchenden aus den Unterschichten ihre Zugehörigkeit zu einer anderen Schicht und signalisieren damit soziale Distanz. Daß Unterschiede in Erwartungen und Werten zwischen Klienten und Berater bzw. Therapeuten Dauer, Verlauf und Erfolg des Beratungsprozesses beeinflussen, ist hinreichend nachgewiesen. Es ist auch reichlich belegt, daß Berater und Therapeuten die gleichen Urteile und mehr oder weniger bewußten Vorurteile gegenüber den Unterschichten haben wie andere Angehörige der Mittelschichten auch. An die objektiven Schwierigkeiten in der herkömmlichen Beratung mit Unterschichtsklienten (Neigung, das Problem eher als organisch denn als emotional verursacht zu sehen; Wunsch, vom Symptom befreit zu werden;

geringere Verbalisierungsfähigkeit; weniger Schulbildung) haften sich Vorurteile. Für Beratung und Psychotherapie wirkt sich das in günstigeren Prognosen für Angehörige der oberen Schichten aus. Aus diesen Ergebnissen läßt sich sowohl auf die geringe Eignung der Unterschichtsmitglieder für Beratung schließen als auch auf die Begrenztheit der Beratungsmethoden. Beides ist sachlich zutreffend, sofern man Beratung mit den gegenwärtigen Formen ihrer Ausübung gleichsetzt. Ob ich die Grenzen und Mängel beim anderen suche oder bei mir, das ist jedoch – genau wie in vielen Beratungsfällen – ein entscheidender Unterschied.
Die Vorbehalte der Berater sind zweifellos einer der Faktoren, die bewirken, daß Angehörige der Unterschichten schlechtere Beratung und Behandlung erfahren. Derartige negative Erfahrungen schlagen sich dann in zurückhaltender Beurteilung der Berater seitens der Unterschichtsmitglieder nieder: Eine amerikanische Studie ergab beispielsweise, daß in den oberen Sozialschichten eine positive Einstellung zum Berater bei denjenigen häufiger war, die Beratung in Anspruch genommen hatten; in den Unterschichten dagegen war eine positive Einstellung auch bei ehemaligen Klienten genauso selten wie bei denen, die nie mit Beratung in Berührung gekommen waren. Solch eine Zurückhaltung wiederum ist wenig geeignet, den Berater und seine Einstellungen – und dann auch die Beratungsbeziehung – positiv zu beeinflussen.
Die meisten Berater werden vermutlich eine relative Unkenntnis und falsche Vorstellungen von den Lebensbedingungen der Unterschichten als eine Beschränkung ihrer Beratungsfähigkeiten anerkennen. Nun lassen sich falsche Vorstellungen bei gutem Willen teilweise revidieren. Tiefgreifender werden die Beratungsfähigkeiten der Berater jedoch neben den in These 9 genannten Kommunikationsbarrieren beeinträchtigt durch vorbewußte, verdrängte, unerwartete bzw. unerkannte Werte. Derartige Wertsysteme können dann wie Kanäle die emotionalen Reaktionen des Beraters vorzeichnen und ihn bestimmte Verhaltensweisen des Ratsuchenden als positiv oder negativ erscheinen lassen. Da diese Wertsysteme die Grundlage des Wahrnehmungssystems des Beraters darstellen, ließen sich solche Grenzen der Beratungsfähigkeit nur durch eine mit Wechsel der sozialen Umwelt verbundene Persönlichkeitsveränderung oder überhaupt nicht aufheben. Das gilt auch für Berater mit gesellschaftskritischem oder historisch-materialistischem Bewußtsein.
Konflikte können weiter entstehen, wenn Berater nach Beratungsmethoden verfahren, die im Gegensatz zu ihren therapeutischen Wünschen und ihrer Ausbildung stehen. *Kaplan* u. a. berichten über Erfolge mit aktiv und direktiv geführten Kurztherapien bei Unterschichtsklienten und über gleichzeitige Unzufriedenheit der behandelnden Therapeuten.
Einfühlbar ist mir auch die Neigung in manchen Beratungsstellen oder

Therapiezentren, Klienten mit höherer Bildung und größerem Anspruch den erfahreneren oder besser ausgebildeten Beratern oder Therapeuten zu geben. Dadurch werden natürlich Ratsuchende der Unterschichten benachteiligt. Wieweit die für die USA festgestellte Angst von Beratern vor Prestigeverlust, wenn sie sich mit Klienten der Unterschichten befassen, auf die BRD zu übertragen ist, weiß ich nicht.

Zusammenfassend läßt sich sagen: Da Beratung nach dem oben beschriebenen Konzept nicht unabhängig von Person und Fähigkeiten des Beraters geschehen kann, gilt für die Beratung dasselbe, was *Ruesch* für die Psychotherapie feststellte: »Die gegenwärtig üblichen Methoden der individuellen Psychotherapie ... sind Methoden, die zum Gebrauch unter Leuten bestimmt sind, die annähernd zur gleichen Sozialschicht gehören und allgemein eine größere Anzahl von Einstellungen teilen.«

Anmerkung:

* Quelle: M. Koschorke, Unterschichten und Beratung, in: Untersuchungen aus dem Evangelischen Zentralinstitut für Familienberatung Berlin 7, ²1975, und: Wege zum Menschen 25 (1973) 129–163, hier: Teil 3, 142–155 (ohne Anmerkungen). – Der Artikel bietet in seiner Originalfassung in Anmerkungen und einem umfangreichen Literaturverzeichnis eine reichhaltige Literaturdokumentation, die hier aus Raumgründen weggelassen wurde (der Herausgeber).